THE EMOTIONAL LIFE
OF THE TODDLER

トドラーの心理学

1・2・3歳児の情緒的体験と親子の関係性援助を考える

Alicia F. Lieberman

アリシア・F・リーバーマン［著］

青木紀久代・西澤奈穂子［監訳］

伊藤晶子［訳］

福村出版

日本の読者のみなさまへ

　本書の日本語版を通して、みなさまとつながり合えることを大変光栄に思います。私は 2008 年に、児童精神科医の渡辺久子先生のお招きで日本を訪れ、美しい日本の各地を巡り、このたび本書の日本語版の監訳をされることとなった青木紀久代先生をはじめとする、赤ちゃんやトドラーの幸せに深く思いを寄せる方々と出会う機会に恵まれました。このときの体験は、私にとっていつまでも忘れられない思い出です。この本が、こうして日本で手に取っていただけるようになったことを、とても光栄に感じます。

　青木紀久代先生は、日本の乳幼児メンタルヘルスを牽引される中で、2014 年に拙書『子ども‐親心理療法　トラウマを受けた早期愛着関係の修復』（*Psychotherapy with Infants and Young Children: Repairing the Effects of Stress and Trauma on Early Attachment*）の翻訳を主導され、子ども‐親心理療法の理念を日本に紹介してくださり、この日本語版を大学や大学院での発達・臨床心理学の教育にも取り入れてきてくださいました。その青木先生の長く意義深い貢献のおかげで、新たに本書『トドラーの心理学』（*The Emotional Life of the Toddler*）の日本語版プロジェクトが可能となりました。

　子育てのやり方には、国によって文化に根ざした多くの違いがあり、こうした違いには敬意を払うべきだと強く思っています。一方、私は、世界中の赤ちゃんやトドラーが、保護や愛情、世界を安全に探索できること、自分の国の文化を教わることという、共通したニーズを持っていることにも気づきました。また、彼らが抱く恐怖も似通っています。愛する人と離れているとき、子どもは悲しくてつらい気持ちになります。また、自分が愛されないこと、傷つけられること、良い子ではないことを、とても心配しています。こうした恐怖や心配は、睡眠障害や癇癪（かんしゃく）といった、親や大人にとって理解しにくいことの多い、さまざまな行動として表れます。

　トドラーと大人は、お互いに世界を違ったふうに見ています。それは、それ

ぞれが持つ能力やニーズが異なるためです。本書が試みているのは、家庭生活がより仲睦まじいものとなるように、子どもの内なる世界を大人がわかる言語に翻訳して伝えることです。トドラーが生活の中で見せる情緒的な側面には、その表現が激しいことや、手がかかることがありますが、それは、成長するということは大変なことだからです。孫を持つ児童心理学者として、私が今言えるのは、子どもの人生に関わる大人が、子どもに愛情と理解と支えを示す努力をし、それと同時に物事の善悪について教える場合、その家族の幸福度はより高く、子どもはより元気に育つものだ、ということです。

　親や周りの大人に大事にされていると感じる子どもは、他の人のことや社会を大事にすることを学びます。一方、子どもが私たちに教えてくれることもたくさんあります。私たちは親になると、子どもを育てながら、自分の子ども時代を追体験します。小さい頃に喜びや慰めをもたらしてくれた体験を、子どもとの関わりの中で思い出し、繰り返す機会が多くあります。また、自分が味わった子ども時代の痛みを、わが子には別のやり方で関わることで、修復するチャンスも与えられます。子どもが感じる悲しみ、恐怖、怒りを理解し、それを大切に扱おうとするとき、そして彼らと喜びを一緒に分かち合うとき、私たちは子どもとともに、自分の情緒を育てることができるのです。

　最後になりますが、サンフランシスコ・ベイエリアで乳幼児メンタルヘルス分野に携わる同僚の一人である西澤奈穂子先生が、日本の青木紀久代先生と伊藤晶子氏とともに、この翻訳プロジェクトに関わってくださったことに、心から感謝の意を表します。

　本書をお読みくださり、ありがとうございます。この本がみなさまの子育てという豊かな体験のお供をする、良き友人となることを願っています。

真心を込めて
アリシア・F・リーバーマン

第1版のための謝辞

　全ての書物は、それを出版物という形にして世に送り出してくださった方々への贈り物です。本書を書き上げるにあたって、多くの人が私と歩みをともにしてくださいました。この本の至るところで、そのみなさんの声が私自身の声と合わさり、一つになって紡ぎ出されています。

　私が若い頃に指導を仰いだ恩師に、3人の類(たぐ)いまれな女性がいます。「自分はどんな人間になりたいのか」ということを私に気づかせてくれた方々です。

　メアリー・エインズワースは、私がアメリカに来て間もない頃に、大学院生として師事することとなった女性です。私を研究に導き、赤ちゃんや親を観察する方法を手ほどきし、愛着理論の「言葉」をくださいました。それらは時を経て理論の理解が深まるほどに、より使いやすくなっています。さらに私の博士論文の指導者として、母国語と異なる言語で執筆する喜びの扉を開き、その先へと続く旅路を歩む準備を整えてくださいました。以来ずっと私にとって、信頼できる頼もしい安全基地のような存在であり続けています。

　セルマ・フライバーグからは、「癒やし」について教わりました。彼女は、心の痛みというものがどのように世代から世代へ、親から子どもへと受け継がれるのかについて、熟知しておられました。また、心の隔たりの連鎖を断ち切り親密さと愛情を取り戻すべく、思慮深く率直に、巧みに語りかける方法もご存知の方でした。指導することが喜びであった彼女の教えは、いつまでも生き続けています。

　マージョリー・ハーレーは、乳児期以降の世界を私に見せてくださいました。多くのことを与え、多くの期待をかけてくださったおかげで、私自身が自分を豊かにすることができました。

　また、2人の優れた指導者が私を現在の道に向かわせてくれました。ジョセフ・アデルソンは、私に書くことを勧めてくれただけでなく、考える意欲をかき立ててくださいました。ピーター・ブロス・ジュニアは、相手の話を真の意味で「聴く」方法を知っていることでどれほど多くのことが可能になるかとい

うことを身をもって示し、私に常にそのことを思い出させてくれる、すばらしい臨床家でした。

　幸運にも私は、最初の仕事をスタンレー・グリーンスパンのもとで見つけることができました。知識に対する博士のあふれんばかりの探究心は、その知識を人に届けたいという情熱と同じくらい強いものでした。乳児が生まれつき備えている感受性に関する見解は、予防的介入における重要な一歩を切り開くきっかけとなりました。この分野の最先端で活躍する専門家と仕事をする機会に恵まれたのは光栄でした。

　こうした「過去」と同じく「現在」にも同じくらいの感謝を伝えたいと思います。今、私が取り組んでいる「乳幼児－親プログラム」（Infant-Parent Program）は、あらゆる意味において、私の第二の家と言えます。ディレクターであるジェリー・ポールには、何年にもわたって見事なリーダーシップを発揮し、私を鼓舞してくれていることに心から感謝しています。本書には、一緒に考えをめぐらせ、議論し合い、構成を練り直し、記憶をたどり、時にはトドラーの内的世界をただひたすら想像しながら、ともに過ごした多くの幸せな時間が刻み込まれています。

　同僚であり親しい友人でもある仲間たちとも、一緒に仕事ができて幸せです。ジュディス・ペカースキー、グレーム・ハンソン、バーバラ・カルマンソン、スティーブン・セリグマンにも感謝しています。教育活動や臨床活動、さらには日々の運営上の業務にさえ、仲間意識と知的好奇心の精神を注いで取り組んでくれています。日常の業務にいきいきと打ち込むことができるのは、そのおかげです。

　本書の旧稿を読んだ大切な仕事仲間たちからは、たくさんのアドバイスをいただきました。メアリー・エインズワース、ベリー・ブラゼルトン、エミリー・フェニチェル、ジャンヌ・ミランダ、アリエッタ・スレイドは、注意深く本書を読んだうえでの示唆に富んだコメントをくださいました。感謝の気持ちでいっぱいです。

　編集者であるスーザン・アレヤーノは、惜しみなく私をサポートし、本書をわかりやすいものにすべく的確な仕事をしてくださいました。彼女自身もトドラーを持つ母親であり、焦点を切り替えるタイミングを心得ていたのです。本書は彼女のアドバイスから多くの恩恵を受けました。

　本書の中で紹介している具体的なエピソードや事例には、実在するトドラー

や家族の姿も描かれています。このご家族の方々には、私を迎え入れて一緒に課題に取り組ませてくださったことに、心から感謝しています。みなさんのご協力なくしては、本書が生まれることはありませんでした。

　ステファニー・バーグは、直近の作業を担当してくれた編集者であり、本書の原稿の入力作業に敢然と取り組んでくれました。新しく入力した章を返してくれるときの彼女のほほ笑みと落ち着きは、励みになることもあれば、「早期警報」となることもありましたが、その判断はいつも正確でした。進行管理アシスタントであるアン・クリアリーは、手の届かないゴールはないこと、そして手を伸ばせば彼女がパートナーとしてそこにいてくれることを、私に気づかせてくれました。

　本書の大部分は、仕事が終わった後に自宅で執筆したものです。夫であるデーヴィッド・N・リッチマンは、その深い思考と感情で、常に私自身の思考と感情を豊かにしてくれる存在ですが、執筆中もいつも変わらずそばで支えてくれました。孤独な作業をしているときに誰かに寄り添ってもらえることの意味を、彼は教えてくれました。これはほんの一例で、他にも感謝したいことは数えきれないほどあります。本当にありがとう。

アリシア・F・リーバーマン

第 2 版のための謝辞

　本書の第 1 版が出版されてから、25 年が経ちました。この間、世界でも、そして私の人生においても、多くの出来事がありました。私は今や、愛するトドラーを孫に持つおばあちゃんです。孫とともに過ごし、その豊かな心の世界が持つ多彩な側面を目の当たりにするにつけ、トドラーがいかに深い感情体験をしているか、どれだけ切実に私たちからの理解を求めているかという認識を新たにしています。彼の愛情あふれる両親が、子どもへの責任と大人の生活上のさまざまな必要性とのバランスをうまく取っているのを観察していると、幼い子どもやその子育てをする人々にとって、いかに多くのことが様変わりしたかがわかります。その一方で、いかに多くのことが今も変わらずそのままであるかということにも気づかされます。ますます変化の速度を増す文化の中で、自分なりの子育てを模索する現代の親御さんや養育者の方々にとって、この第 2 版が長く信頼できる手引書となってくれたら —— それが私の願いです。幼い子どもと過ごすささやかな、日々の一瞬一瞬の魔法は、私たちがそのためのスペースを用意すれば、いつだってすぐ手の届くところで起きるのです。

　第 1 版の冒頭でお礼を申し上げたみなさんへの感謝の気持ちは、今も変わらず深く持ち続けています。今ではこの気持ちは、幼い子どもとその家族への支援という目標を中心に据えた同心円を一緒に描く協働者として、最近パートナーとなった方々にも広がっています。カリフォルニア大学サンフランシスコ校トラウマ・リサーチ・プログラム（UCSF Child Trauma Research Program）では、幸運なことに、トレーニングプログラムの指導、コミュニティの活性化、国内外での普及活動、そして研究活動において、ナンシー・コンプトン、ミリアム・エルナンデス・ディムラー、シャンドラ・ゴッシュ・イッペンという方々にご参加いただくという、大変貴重な機会に恵まれました。面倒見が良く優秀な私たちの臨床家チーム —— ローラ・カストロ、グロリア・カストロ、マルキータ・メイズ、グリセルダ・オリバー・ブーチョ、ヴィルマ・レイエス、マリア・トーレス ——は、治療モデルの発展、実施、改良のために、確固たる信念で献身的に取り組ん

でいます。エミリー・コーホーズ、ルイーザ・リベラ、チューズデー・レイ、アルー・ゴンザレスの熟練したスキルと仕事への情熱なくしては、研究の目標を達成することは不可能でした。アメリカ国立子どもトラウマティックストレス・ネットワーク（National Child Traumatic Stress Network）は、ロバート・ピノースとジョン・フェアバンクの指導のもと、暴力や不運な出来事によって人生が損なわれてしまっている子どもたちを支援する実践コミュニティを提供してくれました。私の友人であり仕事上のパートナーでもある、ウィリアム・ハリス、フランク・パトナム、リサ・アマヤ・ジャクソン、カレン・パトナムは、知識を行動に転換すべく私たちが奮闘するうえで、惜しみなく知恵を貸してくれました。

　担当編集者のメアリー・スー・ルッチには、熱心にサポートしてくださったことに感謝しています。彼女の有能なスタッフ、特にザッカリー・ノールは、制作の全ての面において、創造的な姿勢で応えてくれました。代理人であるジェリ・トーマには、その知恵と高いスキルに感謝しています。ロビー・ハリスは、書物には子どもの人生を変える力があるのだということを私に教えてくれる、最高の案内人です。本書のあらゆる面で助けてくれた、リア・ソドヴィックのサポートは、見事としか言いようがありませんでした。本書をすてきな写真で飾ってくれたトドラーたち、そして、文章にいきいきとした命を吹き込む、すばらしい写真をシェアしてくださったご両親たちに、心から感謝を申し上げます。それらの多くを撮影した写真家のエリカ・ディムラーには、その優れた技術と写真を共有してくださった寛大さに感謝しています。

　親愛なるパトリシア・ヴァン・ホーンと肩を並べて一緒に過ごした多くの年月は、これからもずっと私の行動の全てに染みわたっています。私たちに残された彼女の思い出が祝福となりますように。

　前と同じくこの第2版も、大部分は仕事が終わった後に自宅で、いつも私を支えてくれる夫のデーヴィッド・N・リッチマンが一緒にいるところで執筆しました。夫の深い思考と感情は、私の中の思考と感情をいつも豊かにしてくれます。また、孤独な作業をしているときでさえ、誰かとともに過ごせる恵みを与えてくれます。前作から変わらずこのことに、そしてそれ以上のことに、心から感謝しています。

アリシア・F・リーバーマン

目　次

第 1 章

人生早期の関係が子どもの心に大切なわけ

　1 歳から 3 歳くらいの子ども（以下、トドラーと呼びます）と暮らす日々は、とても刺激的です。地面に落ちている泥だらけの葉っぱに何という驚きが隠れているかとか、お風呂でバシャバシャするのが最高に楽しいとか、そんなことをこれほど説得力を持って教えてくれる存在が、他にいるでしょうか。子どもにはその瞬間瞬間を生きる才能、何てことのない物事に驚きを見つけ出す才能があって、自分の大好きな大人たちが再び日々のささやかな喜びと出会えるようにと、その才能を分けてくれるのです。

　ところが、子どもには厄介な面もあります。頑固で予測がつかないのは有名な話で、やることといったら理解不可能なことだらけ、対処するのも一苦労です。時折、親はいつの間にか「意志の強さコンテスト」に出場しているような気分になり、力の差があるはずのこの勝負にすんなり勝利できないことを、何となく恥ずかしく感じます。ただひたすら途方に暮れることもあります。子どもが何を求めているのかを突き止めるのは難しく、子どもも自分で説明することはできず、できることといったらやってみせることだけです。親がようやくそのメッセージを解読し適切に対応してくれるまで、子どもは何度も同じことを繰り返しやってみせるのです。

　「ぜひとも説明が聞きたい！」と思いたくなる子どもの行動はいくつもあります。たとえば、

- ブレアは怒ったりイライラしたりすると、壁に頭をぶつける。

- エディはおなかが空くと泣くけれど、お母さんが作ってくれる夕飯のおかずはどれも食べようとしない。
- サンドラは、絵本に長い鼻を揺らす象の絵が出てくると、叫び声を上げて隠れようとする。
- レーニャはお父さんの手をパッと放して、隣の牧場を疾走する馬を目がけて走っていってしまう。
- メアリーはお母さんを家中探し回るのに、実際に見つけるやいなや、部屋を飛び出す。
- マーティは抱っこされると泣いて、下ろされると「抱っこして」を繰り返す。

　ここに挙げたもののみならず、子どもの行動というのは、大人からすると理屈に合わないものばかりです。どうしてわざわざ痛いことをしたり、おなかが空いたまま過ごすことを選んだり、何でもない絵を怖がったり、自分から危険に向かっていったり、お母さんを見つけたと思ったら逃げ出したり、安らぎを求める気持ちと拒む気持ちを同時に感じたりするのでしょうか？

　ところが、大人から見ると不可解でも、トドラーにとってはこうした反応はどこもおかしくないのです。なぜなのか、それをこの本で説明してみたいと思います。本書は、これまで私が子どもを観察してきてわかったことや、子どもやその家族と関わった臨床活動から得た経験、発達に関するさまざまな理論、最近の研究結果などをまとめたものです。骨格をなすテーマは愛着理論に基づいています。愛着理論は、精神分析学者のジョン・ボウルビィ（John Bowlby）と心理学者のメアリー・エインズワース（Mary Ainsworth）が発展させた理論であり、生後 3 年間は母親と少数の大切な大人との親密な関係が、子どもにとって極めて重要であると説いています。愛着理論では、トドラーというのは自分に安心と安全を与えてくれる存在として信頼できる大人が少なくとも一人いれば、幸せで有能な子どもに育つということを大前提としています。この人間関係における基本的な安心感を基にして、世界がどんなふうに機能しているかを探索し、新しいスキルを試す原動力が育まれるのです。[1, 2]

　この時期に子どもが獲得していくものの中で、情緒面で最も重要とされているのは、「何でもできるようになりたい」「一人でやりたい」という衝動と、そ

れと同時にわき起こる「親の愛情と保護がほしい」といった、時には矛盾した気持ちとの折り合いをつけられるようになることです。自分で歩けるようになったばかりの子どもの行動を見れば、このことはよくわかります。親の近くにいたかと思うと、一人で何かをしに行き、また戻ってくる。そして発見したものを親に見せる、ちょっとくつろぐ、ハグや抱っこで「充電」する、といったことを済ませてから、再び探索をしに出かけていきます。これは自律したいという欲求と保護を得たいという欲求とのバランスの取り方を練習しているのです。探索し学びを得るために、子どもは自分が一人で行動している間、親がそこにいて見守ってくれているという安心感が必要なのです。

　親は子どもが乗り出す探索行動の拠点としての役割を果たすわけです。子どもの体験に対し、親が励ましたり理解を示したりして対応するとき、この拠点は「安全基地」となります。親の支えに子どもは安心感を覚え、この安心感のおかげで、もっと先まで行ってみようという自信がわいてくるのです。

　親という安全基地の使い方は、子どもによって違います。生まれつき内気で引っ込み思案の子どもは、一人で探索する準備ができるまで、より長い時間を親の近くで過ごします。とても活発で、すかさず目新しいものに釘づけになるため、めったに基地に戻らない子どももいます。生まれつきの気質の傾向は、トドラーが探索の際、親などの養育者を安全基地としてどう使うかに特徴的に表れます。

　しかし多くの親は、1ヵ所にじっと留まっているわけでも、いつまでもずっと子どもに対応し続けられるわけでもありません。安全基地である親も人間なので、子どもの相手をする以外に毎日するべきことがいろいろあります。親であること以外に、多くの役割があるのです。日々の生活の中でしなければならない用事はいくつもありますし、仕事、人づき合い、プライベートの時間も必要です。親と子どもがそれぞれに持つバラバラのニーズについては、お互いがそこそこ満足する方法でバランス良く折り合いをつける必要がありますが、この「満足」という言葉が意味することもまた、家族によって違い、そして発達の過程で変化します。それには、社会において与えられる機会や受けるプレッシャー、親の属する文化において望ましいとされる基準や価値観、親子おのおのの個性や親子関係のスタイルが影響しています。家族の調和を目指すうえでは、満足とは工夫しだいで得られることが多いもの、ということを覚えておく

と役に立ちます。イギリスの小児科医・精神分析家であるドナルド・ウィニコット（Donald Winnicott）は、母子関係の理解を深めたことで有名ですが、彼は「ほど良い母親」（good-enough mother）という言葉を生み出しました。世の母親たちや世間一般の人々が、完璧な母親というものが存在する、または存在すべきという幻想を手放せるように、と思ってのことです。誰もが憧れるものの手の届かない理想的な人生を、自分はわが子に与えることができないという罪悪感や後悔にさいなまれているとき、「ほど良い」という言葉をマントラのように繰り返している母親は多いのです。

　子どもが歩き出して間もない時期の親には、自分の望みや計画を先延ばしにしたり、見直したりすることがよくあります。自分で動き回りたいと子どもが体と心で訴えかける欲求に、緊急かつ迅速に、しかも切れ目なく注意を向け、素早く行動に出る必要があるからです。生後 18 〜 24 ヵ月の頃、子どもがよりしっかりと立てるようになり自制心が育ってくると、親は何もかも子どもに合わせなければというプレッシャーが少しずつ軽くなっていきます。そして次第に、親は自分が子どもに合わせるのではなく、子どもが大人の計画に合わせてくれることを期待するようになります。

　身体的・情緒的安全は、トドラー期を通してずっと最優先事項です。なぜなら何が安全で何が危険かの判断において、親は子どもの自制心や判断力に頼ることはできないからです。動くこと、探索することへと子どもを突き動かす原動力は、行動の結果を予期する能力よりもずっと強力です。論理的思考、抽象的推論、自己抑制、長期的計画を司る脳の領域の発達には長い時間がかかり、成人期早期まで完全には成熟しないこともあります。そのため、生後数年は最も危険な時期であり、落下、やけど、非食品や有毒物の摂取、溺水といった命に関わるようなものから軽度なものまで、さまざまな事故に遭遇する可能性が最も高いという、ぞっとするような特質を備えていると言えるのです。親や養育者は、世界がどうなっているかということで頭がいっぱいの、探索一筋のトドラーの素早い動きに予想がつかず、ついてもいけず、不意打ちを食らってしまうかもしれません。

　身体的安全は、親や養育者が発揮する、危険の出どころを特定し即座に対応する能力にかかっていますが、そのためには子どもがどこにいるかに常に注意を向けていなければなりません。情緒的安全というのは、子どもが、親や養育

者は自分を守ってくれ、自分が出す欲求のサインに応えてくれる、と感じられる体験を一貫して持ち続けることで生まれます。身体的な危険と安全は通常わかりやすいものですが、情緒的安全は、白黒がはっきりした体験ではありません。生後2～3年目に非常によく見られる、親子間の「権力争い」の多くは、危険への認識が両者でまったく異なることや、親子それぞれの意向がしばしば両立せず交渉の余地もないことが発端となっています。動き回ることに対するトドラーの底抜けの意欲、お昼寝の拒否、走り去っては何かに登り、走っては飛び跳ねるという目まぐるしいペースのせいで、親や養育者はヘトヘトです。親子の不満を和らげるのに有効な戦略としては、次の2つが考えられます。それは、常に親が介入する必要性を減らすため、子どものための「安全な空間を作る」という方法と、いくらほしがってもあげられないものから子どもの気を他のものにそらすことで、「注意の方向を切り替える」という方法です。この意味では、身体的安全と情緒的安全は密接に関連していると言えます。

　社会のルールなどを身につける、いわゆる社会化のプレッシャーが生じ始めるのもこの時期です。トドラーは短い間に、親からの多くの期待に応えることを求められるようになります。私たちは彼らに、赤ちゃんでいることの満足感を手放し、それと引き換えに、やや漠然とした「成長の喜び」を手にしてほしいと願います。一方、ほとんどのトドラーは、トイレトレーニングやミルクからの卒業、一人でのおねんね、家の中のルールに従うことなんて、苦労のわりにはたいして良いことがない押しつけだ、というふうに体験します。その気にならなければやらない、無理やりやらされそうになると癇癪を起こす。これが子どもの反応です。しかしこうした抵抗には、情緒面での犠牲が伴います。親の機嫌を損ねて愛されなくなるのが怖く、その恐れは、分離不安、睡眠障害、理由のない恐怖といった、トドラーに共通する困難として表れます。

　トドラーのニーズに応えるために、子どもを保護する存在としての親の養育機能は、子どもの年齢とともに変化します。もはや子どもの往来をどっしりと支え、子どもの欲求のサインに応える外的な安全基地としての役割が第一の機能ではなくなります。この段階では、子どもが親のパートナーとして意見の不一致を処理し、お互いの関係を損なわずに済む解決策を見つけられるよう、親は子どもをサポートしなければなりません。

　親と子は対等ではないため、このパートナーシップは必然的に不均衡なもの

となります。子どもは具体的な選択肢をいくつか与えられ、適切であれば主導権を握ることを許されるかもしれませんが、親は子どもを育てる責任を担い、重要な決断を下さなければならないのです。親が自信を持って権力を発揮しているとわかると、幼い子どもは安心します。この考え方は、「安心感の輪」（Circle of Security）という、その名のとおりの育児介入プログラムの中で、親に対する助言として伝えられます。このプログラムでは、親は「より大きく、より強く、より賢く、そして優しく」あることが奨励されています。

親とのパートナーシップは子どもにとって、恐れや深い悲しみ、怒りや不満の渦中にいるときに、頼もしい協力者として機能してくれます。なぜならパートナーシップは、絶望感や挫折感から自分を守ってくれるからです。「たとえ今起きていることが嫌なことでも、そのストレスに耐え、他のことに楽しみを見つけることはできる」と子どもは学びます。困難な時期を乗り越えられるように子どもを手助けするという、親の支持的な態度が、次第に子どもの一部として取り込まれていきます。最初は外にあった安全基地が、多くの相互交流を通じて徐々に自信や安心感といった内的体験へと姿を変え、育ちつつある子どもの自己感の一部として、ますます安定したものとなっていきます。子どもは親からのケアや保護を、親がいないときでさえ、自分の中に取り入れられるようになります。このように習得したことを統合していく長い過程において、トドラー期というのは早期の極めて重要な段階なのです。

パートナーシップはいつも円満とは限りません。お互いの意見が合わない場合、必ずしも双方が満足する形で決着がつくわけではないからです。思春期以前に一番それが多く見られるのが、このトドラー期です。癇癪、わめき声、反抗、ぶつ・手が出る、すねる、イライラ、怒りは、トドラーのいる家庭では非常に頻繁に見られます。生涯を通して見られる、他者と深く関わろうとするときにつきものの困難が、早い時期のこうした場面に映し出されているのです。ある程度のアンビバレントな要素は、あらゆる人間関係に不可欠です。誰かを愛し頼る気持ちが強まれば強まるほど、その人との葛藤が自分の思いどおりに解決しなかったときの失望感と不満は、一層激しくなるものかもしれません。

常に子どもの気分や望みに同調しそれに応えることは、できないことであり、また望ましいことでもありません。無条件の服従は、「他の人のニーズも同等に正当であり、時にはそちらを優先しなければならないこともある」というこ

20

とを理解する子どもの能力を妨げてしまいます。子どもに屈して言いなりになっていると、親は自己感を失う恐れがあり、親子双方にとって良くない結果となってしまいます。親子のパートナーシップには、当然ながら、しばらくの間は対等でない関係を保つ必要があります。大人の権威を試し、その結果を受け入れることで、子どもは社会的な期待（望ましさ）について学び、欲求不満耐性や他者のニーズや望みに合わせる力といった、社会的・情緒的スキルの幅を広げられるようになるのです。

　「親子の目的のミスマッチには子どもの成長を促進する潜在力がある」ことを肝に銘じておくことが、時にはなかなか難しいこともあります。なぜなら親は子どもに共感する気持ちがあるため、子どもの望みを叶えてやれないことを、あたかも自分のせいのように感じてしまうからです。しかしミスマッチは、たとえ不愉快なものであっても、子どもにとって有益なものになる場合もあります。多くの研究から、親のほどほどに感受性の高い応答が、子どもの安定した愛着を育む可能性が高いということがわかっています。子どもへのこうした「多過ぎず、少な過ぎず」の感受性は、親が共感と現実を統合したパートナーシップの姿勢を身につけられるとき、豊かになるのだと言えます。これには、話に耳を傾け、子どもの考え方や感情へ理解を示し、親子の目的が異なることもあるということを認め、お互いの違いを調整し、たとえ子どもにとって満足できない結果でも、必要であれば親としての優先事項を主張する、といった努力が含まれます。子どもの情緒的な回復力は時間とともに育つもので、問題解決、葛藤解決、決定権が持てない不満への対処スキルについて、日々練習することが必要となります。優しいながらも断固とした態度を取ることによって、「大人はちゃんとわかって行動しているのだ」と子どもを安心させることができ、また他者のニーズに対する現実的な認識や敬意を促すうえで、親がお手本になることができるのです。

　トドラーの発達は、あらゆる面で「安全基地があるかどうか」「親子のパートナーシップがあるかどうか」に左右されます。トイレトレーニングといった発達の節目の出来事や、分離への恐れ、睡眠の乱れなど、多くの子どもに共通して見られる不安は、この観点から考えるとより理解しやすくなります。保育園に預けられる、両親が離婚するといった、ストレスの高い外的な出来事に対する子どもの反応についても、この概念で捉えるとより明確に、そして容易に

対処できます。

　安全基地は、生物学上の両親、養子縁組をした両親、シングルペアレント、同性カップルからなる両親、そして信頼できる保育者との間にも築かれます。父親と母親のどちらもいる家庭での父親の役割は、抱っこされていた赤ちゃんがトドラーに成長するとき、より目立ってくることが多いでしょう。文化の影響や家族の状況、その人の個性によって、子どもの生活における父親の役割形成の仕方は大きく変わってきますが、トドラー期に父親による関わりが増える例が多く観察されるのは、次のような研究結果と関連があるかもしれません。それは、平均的に父親は、トドラーが今や飛び込もうとしている大胆な探索や難しい遊びを促進する傾向が、母親に比べて強いということです。[4] 幼い子どもと両親との関係に関する研究では、父親との安心できる関係は、乳児期以降の子どもの健康な発達に対して保護的に作用するとしています。たとえばある研究では、ストレスを感じたときに父親に慰めを求めるという形で、父親との安定した愛着を示す子どもは、父親との関係が不安定な子どもに比べて、学校や同年齢の子どもの集団において、問題行動が少なく能力が高いということがわかりました。[5] また別の研究では、両親のどちらとも不安定な関係を示すトドラーは、どちらとも安定した関係を持つトドラーよりも、6歳6ヵ月時点での問題行動が多く見られたものの、少なくとも一方の親と安定した関係を持っている場合は、こうした問題行動を取ることが少ないという結果が示されました。[6] 相次いで発表される数々の研究で、支持的な父親の存在は子どもにとって有益であり、たとえ両親が別居していても、子どものために共同で養育を行なうパートナーシップを築ける場合には、同じことが言えるという見解が支持されています。[7]

これは、子どもとの面会交流に関してもう一方の親と交渉中であるシングルペアレントや離婚した親にとって、重要なメッセージです。離婚した家庭のトドラーや親が体験する事柄については、第9章で詳しく見ていきます。

シングルペアレントや同性カップルの親といった、伝統的な型にはまらない家族構成のもとで育つトドラーにとって、こうした研究の成果は何を意味するでしょうか。入手できる証拠から一貫して示されるのは、友人や家族のサポート、勤務時間の柔軟性、十分な収入と十分な社会的資源、利用する保育への満足感があれば、シングルペアレントは発達のどの点から見ても子どもを健康に育てることができる、というものです。両親がそろった家庭で幼少期を過ごした子どもの場合、親子関係の情緒的な質が、子どもの健康な発達を予測する唯一最大の要素となります。同様に、同性カップルの両親のもとで育つ子どもの研究でも、異性カップルの両親の場合と同じような要因（育児ストレス、育児のやり方、夫婦関係の適応度など）が、子どもの情緒的適応、同年齢の子どもたちや大人との関係の質、自分の性自認、学業成績を含む心の健全さに影響を与えることがわかっています。こうした要因は、親の性的指向とは関連がありません。同性カップルの親からの報告で多いのは、トドラーや就学前の年齢の子どもが、自分たちとは違う家族構成があることを知ったとき、「私にはママはいる？」「僕のパパはどこ？」と尋ねるというものです。ごく幼い子どもでさえ、他とは異なる家族構成について、愛する大人からわかりやすく簡単な言葉で説明されれば、それを理解し受け入れることができます。自分の家族構成について最初に人に説明するのは、幼い子どもかもしれません。3歳のメアリーが、食料品店のレジカウンターで店員にやってみせたように――「サム・パパが私に怒鳴ったとき、ポール・パパはやめろって言ったの」。全米幼児教育協会（The National Association for the Education of Young Children: NAEYC）は、親や教育者が文化理解を促す一手段として、家族構成の多様性について幼い子どもと率直に、気楽に、誰も排除されないという考え方をもとに話すときに役立つ資料や、どんなタイプの家庭の子どもにも疎外感を覚えさせないための素材を充実させています。子ども向けに書かれたロビー・ハリス著『私の家族のすべて』（*Who's in My Family: All About Our Families*）という本は、親がこの話題について幼い子どもと初めて話す際に役に立ちます。

　子どものためになることとして親が持っている信念や、そのために実行している習慣は、文化的価値観によって形成されますが、この価値観は親が意識的に気づいていなくても、非常に強力な情緒的パワーを帯びています。こうした価値観や習慣から、親は子育てのありとあらゆる局面においていろいろな情報

を得ています。たとえば、赤ちゃんはどこで誰と寝るか、トイレトレーニング
はいつから始めるかといった具体的な判断から、さまざまな状況において子ど
もが言っていいことと悪いこと、やっていいことと悪いことといった、善悪の
区別についての大人の期待に至るまで、さまざまな情報があります。遊びの重
要性や、赤ちゃんに語りかけることの価値、男女の役割、母親や父親が背負う
期待に関しては、文化によって考え方が異なります。というより、子育ての全
ての領域が文化の影響を受けると言ってもいいくらいです。一方、文化的価値
観もまた、家族の人種的・民族的・宗教的・国民的アイデンティティー、移民
や移住の経験の有無、経済的・社会的状況、学歴、性的指向、性自認といった
多くの要因によって左右されます。文化的集団というのは均質ではありません。
たとえば、人種は同じでも、民族性、宗教、経済的・社会的条件、性的指向、
性自認はさまざまです。人は誰でも同時に複数の文化的アイデンティティーを
持つものですが、それは誰もが複数の異なるグループに属しているからです。
場合によっては、マイノリティーの中のマイノリティーになってしまうことも
あります。たとえば、ある国において、ある人の宗教や性的指向が、本人が属
していると考えるマイノリティーの民族グループにおいて主流であるものとは
異なる場合に、こうしたことが起きます。また、所属する集団に浸透している
文化的価値観に対する親の受容度や満足度が、子育ての価値観や習慣に、より
一層の文化的ばらつきを与えます。たとえば、極めて信仰心の厚い両親の場合、
子どものどんな行動が許されてどんな行動が許されないかについて、同じ民族
的・人種的・国民的・宗教的集団に属すものの信仰心の薄い人とは、異なった
基準を持っているかもしれません。社会における文化的多様性が世界規模で拡
大するにつれ、自分とは異なるアイデンティティーの集団に属する母親や父親
や親類を持ち、さまざまな面で自分のことを多文化的だと考える人、またその
子どもたちは、ますます増えてきています。

　社会が変化するということは、つまり文化的価値観とは生き物であり、変化
するものであり、一人ひとりの親や一つひとつの家族の個性を通して成り立つ
ものであるということです。どの文化的集団であっても、親の目的は共通して
います。それは、わが子を健康な大人、社会の有意義な一員に育てることです。
この目的を達成するには、多種多様な価値観や習慣をくぐり抜けなければなり
ません。「どうしたら健康な子どもに育てられるか」ということに関して専売

特許を持つアイデンティティーや文化的集団は一つとしてありませんし、文化的多様性のすばらしさが、世界や私たちみんなを豊かにしてくれるのです。第2章以降では、トドラーがどのように考え、感じ、成長の課題に立ち向かうのか、親は子どもがこうした課題をより大きな自信と喜びとともに乗りきるために、どう手助けできるかについて説明しますが、本書には筆者自身の（しばしば無意識の）文化的影響も反映されていると言えるでしょう。親である読者のみなさんには、本書の全ての内容について、自分にとって大切な価値観に照らしながら、個人的信念や文化的信念に合う形に直したうえで取り入れていただければと思います。

　親子はお互いに助け合って成長します。子育ての中で、親は自分自身のことも育てているのです。自分が子どものときの感情を再び体験し、もしかしたら自分の親に向けていた行動や寄せていた気持ちを、わが子とともに繰り返している自分に気づくかもしれません。思いもよらない、理屈抜きにわき起こる感覚（優しさ、喜び、うれしさ、あるいはもっと暗い、悲しみ、恐れ、不満、怒り）を通じ、体の方が心よりも多くのことを思い出すこともあるでしょう。子育ては親に、自分の子ども時代をやり直し、それをもっと良い体験に書き換えるチャンスをくれます。トドラーとの出会いは全て、昔のパターンにしがみつく引き金にもなれば、自分が望む親の姿によりフィットした、新たな対応を編み出すチャンスにもなります。この本をきっかけに、親が「自分がしてもらいたかった子育て」を子どもにしてあげられるようになれば、幸いです。

第2章

トドラーって何？

「愛情いっぱいな様子の母親が、子どもに一人で歩く方法を教えている。子どもの体を直接手で支えることにならないよう十分な距離を取りつつ、両腕を子どもの方に差し伸べている。子どもの動きをまねながら、子どもがよろめこうものなら、パッと手でキャッチするかのように、素早く体をかがめる。『一人ぼっちで歩いているんじゃないんだ』と子どもが信じられるように……。それだけではない。母親の顔がまるで、ごほうびや励ましであるかのように子どもを招き寄せる。これがあるため、この子どもは目の前の困難ではなく母親の顔をしっかり見つめながら、一人で歩いているのだ。じかに触れていない母親の腕を見て自分を励まし、その腕の中に駆け込みたい一心で、絶え間ない努力をする。そしてママに助けてほしいことをアピールしながらも、そのまさに同じ瞬間、心の中でかすかに思う。僕、ママなしでもできるってことじゃないかな、だって一人で歩いてるんだもん、と」

これとよく似た例では、2歳半のリンダが母親にそっとささやきます。「私は赤ちゃんでもあるし、大人でもあるの」（母親は涙が出そうなほど感激し、「ママも同じよ」と思いました）。

この2つのエピソードから、生後2年目という時期の大切なポイントが見えてきます。トドラー（1、2、3歳児）とは、「補助なしで歩けるかどうか」によって定義されます。一人で歩く能力は、およそ生後12〜30ヵ月の間に発達し確立しますが、これは親子にとって、ぴったりくっついて過ごしてきたそれまでの1年と比べると、劇的な変化です。しかしリンダが知っているとおり、変わ

らないものもあります。赤ちゃんのときと同じように、これからも時々は親に
くっついていたいということです。ところが自立に向かう中でトドラーは、も
う自分でいつ、どこに行きたいかを決めることができます。親を、必要不可欠
の（たまに非協力的なこともある）移動手段として、頼る必要がないのです。

　新たに獲得したこの自律性はトドラーの自己概念に革命をもたらします。ト
ドラーにとっての情緒面での最大の課題は、親から離れて探索するというワク
ワクした喜びと、それでも親が変わらずにそこにいてくれるという安心感とを
統合させることです。ここでの親の仕事は（これが楽ではないのですが）、子ども
が動けるようになったために生じる新たな未知の危険から上手に子どもを守る
こと、そしてそれを、子どもが少しずつ自分で自分を守れるようになる過程で
何度も繰り返すことなのです。

　多くの場面で、またありとあらゆる状況で、トドラーと親は、近接（近くに
いること）の安心感と、探索と発見がもたらす喜びとの間でお互いに満足のい
くバランスを見つけるべく、折り合いをつける必要があります。

　子ども時代というのは、ある意味、大人の生活に見られるチャレンジとジレ
ンマの早期実験センターだと言えます。おそらくこの時期に私たちは、どの
年齢よりも劇的に、２つの強力かつ相反する衝動に直面すると言えるでしょう。
１つは、「親密な関係の中の守られた空間に身を置いて安心したい」という衝動。
もう１つは、「自由気ままで何の制約もない、後に残る人を振り返ることなく
自在に羽ばたける探索に、颯爽と飛び立ちたい」という衝動です。

　トドラーはこの２つの衝動をとても強烈に感じており、近接と探索にまつわ
る特有の体験は、長期にわたって重要な意味を持ちます。一生涯続く私たちの
個性の多くは、この２つの衝動を自分なりに表現し、バランスを取り、統合す
る、そのやり方によって決まってきます。人生のあらゆる分岐点において別の
やり方を試してみることもあるでしょう。めくるめくような冒険の時期もあれ
ば、内省的で動きの少ない時期もあるはずです。しかし結局のところは、「注
意深さ／大胆さ」「なじみ深さ／目新しさ」「親密／自律」の両者の間で、やや
捉えどころがないものの最も「自分らしい」と思える独自のバランスを、何度
も繰り返し再構築する傾向があるのです。

　「トドラーって何？」という問いにシンプルに答えるなら、こうです。生ま
れて最初の１年間の、親にほぼ100パーセント頼っていた時期から一歩抜け出

し、今や世界を発見しそこに自分の居場所を見出したくてたまらない、トドラーとはそんな小さな存在です。探索したいという刺激によってトドラーは前に進んでいきますが、支えとなる関係を頼りにできる能力が、引き続き子どもの学ぶ力の核であることには変わりありません。

脳の発達は何によって決まる？

大人に全面的に頼りきった状態から、自律性や、情緒面での自己調整と互恵性をどんどん身につけていくという発達の背景には、脳回路の急成長と統合とが見られますが、そのスピードは子どもの人生の他のどの時期にも勝るほどの速さです。脳の発達は周りのことと無関係に生じるわけではなく、周囲の環境において体験する事柄、特に愛着対象を核として広がりつつある人間関係の輪に大きく依存しています。脳が時間をかけて徐々に発達し、神経可塑性（新しい体験に応じて変化し適応する脳の能力）が生涯にわたって続く一方で、生後丸2年が経つ頃までには、脳の重さが大人の脳の80パーセント近くにまで達します。つまり、この時期は脳の成長スピードが最も速いということで、これ以降の脳の発達の足場となる基礎構造を形づくっていると言えます。ハーバード大学子ども発達センター（The Center on the Developing Child）は、発達および神経生理学に関する6つの中心概念をまとめていますが、そこには神経科学研究と子どもの発達の研究における、近年の目覚ましい進歩の融合が見て取れます。[2]

- 脳は時間とともに徐々に形成されるが、脳構造のかなりの部分は生後数年間に作られる。
- 脳は遺伝子と体験との相互作用によって発達し形づくられる。この相互作用は、感覚刺激や安定した応答性の高い人間関係などといった、周囲から取り込まれた情報や体験などの影響を受ける。
- 脳構造および発達するスキルは、「下から上」の順に築かれる。つまり基礎となる神経回路とスキルが、時間をかけて、より進歩した回路とスキルを形成する基盤を提供する（たとえば、まず喃語を発し、その後に言葉を覚え、次にその言葉を用いて、より長く複雑な文を作る）。

- 情緒的・社会的・認知的機能の領域は密接に結びつき、またダイナミックに作用し合っているため、心の状態、社会的能力、認知的能力は相互に影響し合う。
- 保護的なケアでは軽減されないほどの強力で慢性的な高いストレスは、体のストレス管理システムに負荷をかける。そして高いレベルでストレスホルモンを絶え間なく放出し、それはやがて脳組織にとって有害なものとなり、脳の発達、健康、行動、学習に悪影響を及ぼす可能性がある。
- 幼少期に、健康な発達のために必要な望ましい状態を与えることは、長期的な健康のために最も有効である。なぜなら脳の可塑性は人生早期が最も高く、年齢とともに低くなるからである。

　もちろん脳の発達は、それ自体が目的ではありません。脳の発達は、生物的・社会的・文化的要因の相互作用を通じて体と心はしっかりと結びついているという、「子どもの全体像」の文脈の中で理解される必要があります。成長につれ複雑になる子どもの行動的・精神的構造とその統合は、そうした相互作用により生み出されるのです。乳幼児期の情緒的健康は、次のように定義づけることができます —— それは、情緒を調整することで調整不全な状態から回復する能力、信頼の置ける人間関係を維持し対立関係を修復する能力、探索し、学び、不満に対処できる能力、これらがあることです。これらは全て、その子どもの家族の社会的・文化的価値観や期待という文脈において見ていく必要があります。こうした幼い頃の情緒的健康における一つひとつの側面が発展して、大人になったときの情緒的健康につながるのです。また、このそれぞれの側面には、調和と不和を統合する努力と、修復への探求が必要とされます。というのも、調整不全、不信、不満、葛藤は、人間が経験するものとして避けられない要素だからです。成長と学習という一生涯続く過程の中で、脳の発達は、遺伝的プログラミングによって動き出し、遺伝的・体質的特徴と周囲の環境の中で体験した事柄との相互作用、特に子どもが人生の最も早期に持つ人間関係の情緒的な質によって形づくられます。その意味では、人間関係というのは子どもの生理機能に織り込まれていくものだと言えるでしょう。なぜなら、親の応答性が、子どものストレスへの反応や社会的行動を司る神経系の発達を形づくるからです。

環境的な条件は子どもの発達だけでなく、親が身体的・情緒的にどれだけ子どもに対処可能か、どのような育児を行なうかにも影響を及ぼします。たとえば、貧困は親子双方にとって高ストレスの状況をもたらします。貧困にある家族は、十分な栄養をとることや、安定した住まいと安全な地域環境の確保、安定した交通機関の利用が困難なことがあり、そのために日々の負担が重くのしかかり、親子で余暇を楽しんだり遊んだりする時間や気持ちの余裕が持てなくなるかもしれません。貧しい家庭の親は良質な保育や子どもを豊かにする教育的な活動（これらは一般的に高額で見つけにくい）を通じて、子どものこうしたストレスを和らげることができないかもしれません。何百万もの子どもとその家族が、こうした条件の影響を受けています。年齢別に見ると、最も貧しい暮らしをしているのは幼い子どもたちです。アメリカにおいて生後36ヵ月未満の子どものうち5人に1人が、連邦政府が定める貧困レベル以下の収入しかない家庭で暮らしています。貧困にある幼い子どもと家族の試練は個人的な問題に留まりません。なぜならそれは、トドラーが大人になる中で、健康、学歴、経済的生産性への長期的な影響を通して、国家の基礎を織りなす構造にも響いてくるからです。しばしば引用されるアフリカのことわざにあるように、「一人の子どもを育てるには村全体が協力しなければならない」のです。

　子どもを健康に育てるための手助けとして、何ができるでしょうか。この章では、発達に必要な主な栄養源として、子どもと子どもの養育に関わる人々とのダイナミックな相互作用に、特に焦点を当てます。また、トドラーの探索における2つの主要な舞台にも注目します。つまり、子どもが歩く、話すといった新しいスキルを試す「外の世界」と、自分自身を知り、好きになり、社会の一員となるための下地を与えてくれる新しい感覚、感情、思考の在りか、すなわち心と体という「内なる世界」です。本章では、子どもがこうした探索活動を行なう際に必要とする保護とサポートについて、親や

養育者が支持的な対応をするために、どのような備えができるかについて説明します。

世界を発見する

　トドラー期には人間の動機づけの基本となる2つのもの、つまり「愛着」と「探索」の関係を再構築することになります。この2つは独特の行動で表現されるため、親はその都度、子どもが何を求め、何を必要としているかを知ることができます。愛着行動は、親のそばに来たり、後を追ったり、姿が見えないと探したり、抱っこを求めて手を伸ばしたり、ハグをしたり、抱きついたり、しがみついたりして、親に近づこうとする行動です。こうした行動は子どもが近接と安心を求めていることを示しています。探索行動は、歩いたり、登ったり、走ったり、ジャンプしたり、周りの世界を調べたりするために、親から離れようとする行動です。このとき優勢となっている原動力は、「世界を知りたい」という思いです。

　子どもが愛着と探索を試しているとき、親もそれに応えて2つの相補う養育行動を容易にこなせるようになる必要があります。そばにいて愛情のこもった世話をする「守る」行動と、子どもが怖がらずに探索できるよう促す「手放す」行動の2つです。

　1歳8ヵ月のジーニーは、初めてパーティーに出かけました。両親と一緒に会場に着いたジーニーは、知らない家の中でたくさんの知らない人と対面しました。ジーニーは母親のスカートをつかんで顔をうずめ、時折、心配そうな顔で周りを見ます。パーティーに招いてくれた女性が魅力的なおもちゃで気を引こうとしますが、到着してからの15分間というもの、ジーニーは両親にぴったりくっついて離れません。この慣れない状況の中で安心感を得るために、親のそばにいたいのだということは明らかです。ジーニーの両親はこのことに気づき、無理強いしませんでした。その代わり、ジーニーの気持ちが落ち着くように、知っている人や部屋の中にあるきれいなものなどを指差します。そのうち大好きな顔見知りの9歳の男の子を見つけて、ジーニーは少しずつリラックスしてきます。誘われ

て一緒に遊ぶことにしましたが、行っておいでという両親からは目を離しません。やがて、他の子どもたちの後を楽しそうについて回るようになりますが、何分かおきに両親のところに戻ってきては、抱っこを求めたりおもちゃを見せたりします。

1歳6ヵ月のハリーは朝からずっと、「コエン」（公園）に行きたいと言っています。まだ9時ですが、この日曜日の朝、ハリーは6時半から起きているのです。父親はベッドの中でハリーとくっつきながら、息子をかわすために、おもちゃを渡したり、その場しのぎの約束をしたりします。「朝ご飯を食べたらね。まずパパが起きて、シャワーを浴びて、それから公園に行こう」。このやり取りに、ちょっとの間、ハリーは満足でした。両親の寝室と自分の部屋を行ったり来たりして、父親の脇に一緒に遊びたいおもちゃを持ってきます。そして何分かおきに「パパ、起きた？　コエン行く？」と尋ねます。ようやく公園に着いた頃、ハリーは父親の手を離し、喜びいっぱいで滑り台の方へ駆けていきます。探索したくてたまらないのです。父親がすぐ後ろについてきてくれていることもわかっています。しばらくの間、一人で滑り台に上って遊んでいました。何度もやったことのあるお気に入りの遊びです。父親はうれしそうに眺めながら、息子が何かすごいことをしたときにはたまに感想を言います。少ししてハリーは、今度はブランコで遊ぶことにしました。父親の方を振り返り、「パパ、ブランコ」と言いながら、父親の手を取ってそちらの方向に歩いていきます。ここは父親の助けが必要なところとわかっていて、それが得られるものと期待して、何の疑いもなく振り返ったのです。

安全基地

上の2つの例から、子ども側の「愛着」と「探索」のバランスは、親側の「保護」と「探索への励まし」とのバランスとよく似ていることがわかるでしょう。物事がうまくいっている場合、親は安全基地として機能し、子どもはそこから探索に繰り出したり、癒やしを求めて疑いなく戻ってきては、再び出かけていったりできるのです。

こうした親の役割から、子どもの愛着行動と探索行動のバランスは、「安全

基地行動」という、まさにその機能をぴったりと言い表した表現で呼ばれています[6]。学習と探索という課題に夢中になっているトドラーは、怖い、疲れた、困ったというときに、親を慰めと安全が得られる聖域として利用します。

　子どもがべったりと離れなかったり、大人の目には安全としか思えないような状況で抱っこをせがんできたりすると、大人はイライラしてしまうことがよくあります。たとえば、子どもがトイレまでついてくる、知らない人に頭をポンと触られて泣き出す、ごくおとなしい犬を見かけただけで必死にしがみついてくる、夜、眠りに就かずに「誰か一緒にいて」と大声で呼ぶ、などなど。こういうときには、いら立ちを感じるかもしれません。

　こうした行動は、親にとってはなかなかつらいものです。しかし幼い子どもが、暗やみや、一人ぼっちに（または知らない人と一緒に）されること、大きな音や急な動きなどの慣れない強い刺激といった、ごくありふれた状況を怖がることは、実は適応的なことなのです。人間の進化の過程を考えると、こうした状況では、たとえば事故や捕食者からの攻撃という形の危険にさらされるリスクが高いということと関係しています。子どもも含め、人間は生物学的に危険のサインを察知する能力を備えていて、安全を最大にし生存を高めようとする生まれつきの行動メカニズムによって反応するのです[7,8]。このメカニズムの一つが、「保護を求めて信頼できる人の近くに移動する」という、まさにトドラーが動揺したときに本能的に取る行動なのです。

　移動は、まだ言葉を話せない時期の子どもの気持ちを雄弁に物語る指標です。近接と接触を求める行動（愛着行動）は、子どもが怖がっていて、より安心感を得るために助けを必要としていることを意味します。親から離れる行動（探索行動）は、子どもが安心感を十分に感じており、安心よりも新しいことを見つけたいと思っていることを示します。子どもの発達が促されるのは、親がこうした行動の意味を見極めて適切に対応できるときと言えるでしょう。

早期の恐れを真剣に受け止める ── 生存に必要な仕組み

　幼い子どもにとって、日々の生活の一部として日常的に危険が潜む状況に直面し、それにおびえることはよくあることで、ストレスと恐れは発達において不可欠なものの、ありがたくない存在です。ストレスと恐れは、予測のできる標準的で対処可能なレベルのもの（例：子どもが初めて保育を体験する際に感じる

苦痛）から、親を「自分を守ってくれる力がある人」とは信じられなくなるほどのトラウマ体験（例：痛い医療処置を受ける、暴力的な場面を目撃する、虐待を受ける）の結果、生理的・情緒的バランスにおいて長期にわたる過度な調整不全を来たすレベルのものまで、幅があると言えるでしょう。ストレスとトラウマに対処するときには、たいてい以下の3つのステップをたどります。

1. 潜在的な危険を認識する。
2. 効果的な対処方法を選ぶべく現状を見極める（例：逃げる、闘う、その場で凍りつく、誰かに助けを求める）。
3. 最も有用だと思われる対処方法を使う。

　通常、この3つのステップはほんの一瞬で起こり、生存にとっては不可欠なものです。乳児やトドラー、就学前の子どもが最も頻繁に使い、かつ確実な対処メカニズムは、愛着行動を用い、親を頼って親密な接触や安心を得ようとする方法です。保護を求める子どもの努力に応えて、親が身体的・情緒的に寄り添ってあげることは、情動調整と安心感を子どもが取り戻す手助けをするうえで重要な要素です。
　脳の発達に関する最近の研究により、危険と安全のサインを感知し、意味づけをし、反応する作業を司る脳の領域（扁桃体などの大脳辺縁系）は、生後1年目ですでに機能していることが明らかになっています。生後1ヵ月からスタートし、12年間にわたって扁桃体と海馬の成長のMRI画像を撮るという長期的な研究によると、脳の急成長のピークは2歳頃であり、脳の容量の増大率は生後数年間が一番高いということです。研究者たちはこの結果から、乳児期は神経の発達の臨界期であると結論づけています。「感受期」というのは、発達中の脳が、特に体験による影響を強く受け、脳の性能に長期的な変化をもたらし得るような発達段階を指すために用いられる概念です。人生早期の脳の発達の感受期において、保護的なケアでは軽減されないほどの強烈で慢性的なストレス、またはトラウマ体験があった場合、その反応として、恐怖反応を司る脳の領域で過剰な神経結合が起きるかもしれません。そしてその子どもには、不安やその他の情緒的な困難を抱えるリスクが高くなることもあるでしょう。それに対して、安定した愛着関係を持ち、自分が何かを必要とするサインを発す

れば親が対応してくれる、という一貫した体験を持っている子どもは、より上手に恐ろしい体験のストレスから立ち直ることができます[10]。たとえばある研究で、見知らぬ人が近づいてくるとき（いわゆる危険を示す自然な手がかり）の生後24ヵ月のトドラーの様子が観察されました。その研究では、自分の母親のもとにためらいなく近寄っていく子どもは、母親に近寄ろうとしなかった子どもよりも生理的ストレス（凍結、恐怖反応）を感じている兆候が見られませんでした[11]。恐怖のサインに対して親から保護的な関わりをしてもらえる子どもは、「甘えん坊」や「駄々っ子」になるどころか、情緒面での回復力がより高まるのです。それは親を信頼することを学ぶことを通して、自分自身を信頼することができるようになるからなのです。

トドラーには保護が必要

　安全基地行動が取れるおかげで、子どもは自分で自分の身を守ることができ、積極的で主体的な行動ができるようになります。実はトドラーは自分の中にモニターシステムを備えていて、それによって周囲の様子をスキャンし、危険や安全を感じる状況を把握できるようです。とはいえ、自分では理解できず予期できない多くの危険に対しては相変わらず無防備なため、親はその安全を守るために引き続き気を配らなければなりませんが、同時に子どもの自己管理能力を強化し伸ばせるやり方で、大人の対応を調節することも大切です。

　慣れない状況にいるとき、トドラーは親の居場所をチェックし、そこから比較的近い場所に留まることで自ら率先して自分を守ります。イギリスの研究者が収録した15分間の記録を見てみましょう。ロンドンのある公園で、母親がベンチや芝生の上に座っている間に公園中を動き回る子どもの行動について、何組かの親子の様子が記録されています。その結果、少しの例外はあるものの、子どもは自分で動く範囲を決めていて、母親から約60メートル以内に留まっていることがわかりました[12]。これは、母親が「このくらいなら安全だろう」と見積もっていた距離と偶然にも同じでした。母親はその範囲内に子どもがいるときには子どもを連れ戻すようなことはしませんでしたが、その外に出ていってしまったときは連れ戻しました。しかし約70パーセントの子どもは、決して連れ戻されてしまうほど遠くに行くことはありませんでした。外に出たいと思えばその機会はあったのに、安全でありつつも、ありがたいことに、母親に

直接体をつかまれ動きをコントロールされることのない距離を保ちながら、巧みに自分の探索をやってのけたのです。

　安全基地行動の極めて複雑な様子が、この研究の別の側面に光を当てることによって、はっきりと浮かび上がってきます。トドラーは母親から遠ざかる、または近づくといった、小さな「行動ユニット」の中で動きます。子どもの移動のほとんどは、こうしたユニットで説明できます。母親は子どもの活動の中心として機能し、子どもは母親がどこにいるかに応じて自分の行き来を調整します。特に重要なのは、子どもが母親の近く（約1メートル以内）にいるときは、1ヵ所に留まっていることが多かったということです。母親から離れて遊ぶ時間は短い傾向にありました。別の言い方をすれば、子どもは自分が現に一番安全な場所にいるときに最も安心感を覚え、その場所でより長い間過ごそうとするというわけです。

　母親から離れているとき、子どもは母親をちらりと見たり面白いものを指差したりして、常に母親の位置をチェックします。母親は通常、こうした行動には注目しません —— ただ一つの大きな例外を除いては。つまり、もし子どもがリードを付けていない犬のような危険をもたらし得るものを指差したら、すぐに子どもを近くに呼び寄せるか、子どもがそれに従わなければ抱きかかえに行きます。このことからわかるのは、指差しは、何が安全で何が危険かを親の対応を通して知るのに有効な、重要な動作だということです。子どもが指差したものが安全なものだった場合、母親は注目しないか、少し興味を示すだけでした。危険そうなものだった場合は、子どもを保護するためのはっきりとした行動に出ました。

　この研究の中で見られる母親の行動は、子どもが安全で安心して過ごせるために親に何ができるかを明らかにしています。母親は子どもの探索を邪魔するようなことはしませんでしたし、常に子どものそばにいる必要も感じていませんでした。子どもが発するサインを捉え、いつでも対応できるものの侵入的になることなく過ごしていたのです。そうしながらも、保護が必要なときは、すぐさま子どものもとに駆けつけました。

　親がすぐに行動できるよう、いつも準備万全でいることは不可欠です。なぜなら、トドラーに自ら進んでわが身の安全を守ろうとする能力があるなんて、決して保証できないからです。幼い子どもが周囲の様子をモニタリングするメ

カニズムは、よく発達してはいるものの、十分に成熟するまでには長い時間がかかります。たとえば、トドラーの遠方視力はまだ完全には発達していないので、やや遠くにあるものが脅威となるかどうかを正確に評価することはできません。さらに現代社会では、生物学的感覚を基にした危険のサイン（暗やみ、突然の大きな音、動物、一人でいること）は、身の安全を脅かす数えきれないほどの脅威のうちのごく一部の例に過ぎません。スピードを出して走る車や、見ず知らずの一見親切そうな人、階段やエレベーターにも、危険は潜んでいるかもしれません。挙げればきりがないですし、トドラーは生物学的にも、また経験を通してでも、そのような危険を予測するようにはできていないのです。自分の身を守れるようになるための道のりは、決して終わることのない、長く骨の折れるものなのです。

　これはどういうことかというと、保護を求める能力は子どもにもともと備わっているにせよ、子どもの安全は、危険を予測する能力がより発達している大人に大きく依存しているということです。幼少期の死亡原因の第1位が事故だというのは、子どもがいかに弱い存在かを再認識させるぞっとするような事実です。あらゆる状況で、大人には素早く独断で子どもを守る必要があります。子どもが激しく抵抗することはよくあるものですが、それでも必要なのです。また、見たところ安全そうな状況で、親がケガを予測できないこともあるでしょう。さらに、子どもが事実でなく誤解に基づいて激しい恐怖反応を示す場合もあります。心理学者で心理療法家のアリエッタ・スレイド（Arietta Slade）は、「恐怖を想像する」（imagining fear）という心の中の働きについて書いていますが、これは幼い子どもの立場に身を置いて、外からの危険と内的体験としての危険との両方から子どもを守るための対応方法として紹介されています。[13]

安全基地は心の中のバランスのメタファー

　子どもが危険に遭遇するのは、動き回っているときだけではありません。有害な物質を口にするかもしれないし、マッチや先のとがったもので遊ぶかもしれないし、重いものを引っ張って自分の上に落とそうとするかもしれません。子どもが世界と出会うとき、恐怖と危険はつきもので、そこから安心と保護の必要性が生まれます。自律的に行動するときは、子どもはどうしてもパラドックスに直面してしまいます――探索する自由はあるのに、内からのブレーキ

（恐れなど）と外からの制限（親から禁止されるなど）の人質となってしまうのです。

　安全基地の概念は、トドラーがこの新しい発達段階で体験する情緒的な駆け引きを表した、便利なメタファー（比喩）です。親は、いつ探索していつ親のそばにいるかを、子どもが自分で区別できるよう手助けをします。この過程で子どもは少しずつ、自分は安全で守られているのだと感じると同時に、自分は積極的に外とつながりを持ち、有能であり、自立に向かって突き進んでいるのだと信じられるようになるのです。初めは親そのものを表していた安全基地が、子どものパーソナリティを形づくる安定した要素として、心の中に内在化するのです。

　近接と探索のバランスの取り方を身につける中で、トドラーはまた別の、感情的ジレンマに直面します。親に近づくことと親から離れることは、その時々で次のようなことを意味するのです。それは、「親密 vs 自律」「社会への帰属 vs 個人の満足」「束縛された人質 vs 自由への飛翔」「服従と屈辱 vs 自己のパワー」「愛 vs 憎しみと隔たり」です。

　トドラーはこうした状況を全て体験します。なぜなら「自分には力があって強い」か「自分は小さくて弱い」かのどちらかを自覚する事態に、絶えず直面しているからです。どこかに走り去っていって向こう見ずなことをするかと思えば、ほんの数分しか経たないうちにべったり離れずグズグズし始め、あれをやって、これをやってと言ってきます。

> 　部屋の端から端まで一度も転ばずに歩けたとき、ジョニーはまるで自分が無敵になったような気がします。でも、お兄ちゃんが邪魔してきて、押されて床に倒れると、恥ずかしさで心が崩れ落ちてしまうような気持ちになり、相手に噛みつきたくなります（お兄ちゃんに追いつくことができればの話ですが！）。父親が助けに入って兄を叱り、ジョニーを元のように立たせてやると、ジョニーの心の中に再び希望と勝ち誇った気持ちがわき上がります。望むもの全てが手に入るような気がします。また数分後、すっかり疲れ切った頃には、「あんなに遠くまでなんて、もう二度と行けないんじゃないかな」と心配になり、わっと泣き出してしまいます。

　親から見ると、これは途方に暮れる状況です。もし大人が、一日の中でトド

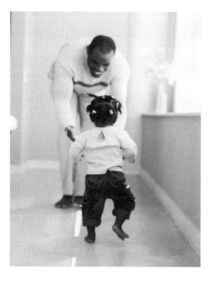

ラーが持ち得るあらゆる感情をフルに体験し、体を張って経験したとしたら、精神的に消耗して倒れてしまうことでしょう（子どもについていこうと頑張るあまり、こうなることはよくあります）。実際のところ、トドラーと暮らすということは、親はあらゆることに対して準備ができていなければならないということです。それでも子どもは少しずつ感情体験や、感情表現の調節ができるようになり、やがてトドラー期の大騒動は収まって、その後就学する頃までの比較的円満な時期に移っていくのです。

　自分の力で行動できる人に対して敬意を表す表現が、英語にはたくさんあります。たとえば、「あの人は遠くまで行けるだろう（成功するだろう）」「彼女は二本の足で立てる人だ（一人前だ）」「彼は真っすぐな人だ（正直な人だ）」などです。こうしたほめ言葉は正確ではあるものの、自律に伴う目に見えないマイナス面を過小評価しているようです。自分の足で遠くまで行くことには危険が潜んでいます。一人ぼっちで無防備で、転んでケガをする可能性もあります。トドラーの積み木遊びには、タワーを作っては崩すという行為が見られますが、これは移動するという新たな離れ業をやってのけた途端、いきなり転んでしまうというよくある様子を象徴的に表しています。タワー崩しを実行することで、子どもはいつも自分に起きている状況を作り出しているのです。言い換えると、その状況をコントロールし、自由自在に扱おうとしているわけです。

　遊びは子どもが安心しているときにしか見られません。タワーを作って崩すという一連の遊びは、自分が強い立場（たとえば、座っているときなど）に身を置いたまま、大変だったときのことを思い出す作業です。実際にひどく転んだときに、遊んだりはしません。そういうときにはママやパパの方を見ます。ところが、親が助けてくれるのは大歓迎ではあるものの、危険でもあります。というのも、ママはまた転ぶのを心配して、今より遠くに行くことを禁止してしまうかもしれないからです。立ち上がるやいなや母親の腕から急いで離れてい

くトドラーが多いのも、なんら不思議なことではありません。不運な出来事から立ち直るのは子どもの方が大人よりもずっと早く、すぐにまた出かけたくてたまらなくなります。この時期の子どもにとって最大の不満の一つは、引き止められることなのです。

安全基地行動は発達とともにどう変化する？

　トドラーの愛着行動と探索行動のバランスは決して静的なものではなく、そのときの状況、たとえば親の機嫌や子どもの機嫌など、多くの要因によって変動します。探索への衝動が優勢な時期が何週間も続いた後、ひどくべったりの時期が来ることもあり、そうなると親はわが子の退行が深刻だと心配になります。その逆もあるでしょう。何週間も続いたべったり状態が探索へのパワフルな刺激に取って代わられると、親は、つい最近まで心配していたあの甘えん坊なところが、今も少しくらい残っていればいいのに……と懐かしく思います。しかしこうした変動はあるにせよ、大まかな発達の傾向は見えてきます。以下にそれをまとめてみましょう。¹⁵

「年少トドラー」── 歩行と言葉

　生後12 〜 18ヵ月の年少トドラーは、この世界の中を動き回れるという、新しく身につけた能力に鼻高々です。立った姿勢だと物事がこれまでとは違った角度や視点から見えてくるので、子どもはこの新しい移動のスキルを何度も練習します。親のもとに戻って一緒に過ごす時間も短いことが多く、ほんのちょっと親に触れるだけということもあります。世界に向かってのスリル満点の船出です。この偉業にあまりにも没頭しているため、ぶつかったり転んだりしても、しばらくの間はまったく無頓着なこともあるでしょう。大事なのは、練習を続け、新たな発見をし、スキルをマスターすることなのですから。

　この時期において鍵となるのは、ウキウキとした高揚感です。どこかに駆けていっては親に追いかけられ、抱き上げられるのがうれしくて、キャーッと甲^{かん}高い声を上げる。これが大好きで何回も繰り返す ── このゲームは幼いトドラーにとって、象徴的な意味でとても重要です。移動が必ずしも一人になる、見捨てられることを意味するわけではないということ、親は子どもを意思の芽生えに任せて放っておくつもりはなく、親自身が望んで子どもを何度でも連れ

戻したいと思っているのだということを知り、安心します。疲れきった親にしてみれば、このゲームは、終わりのないおふざけのように思えるかもしれませんが、子どもにとっては「自立と一体感は共存し得る」という極めて重要なことを再確認する作業なのです。

　制限の枠を超えたときには親による連れ戻しが必要、ということは、親が連れ戻さなかった場合にどうなるかを見てみると一番よくわかります。子どもは転ぶかケガをするかしてしまい、その出来事は笑いではなく涙で終わってしまうことでしょう。このときの親からの暗黙のメッセージはこうです。「自分一人で、調子に乗って浮かれて離れていったら、困った目に遭うよ」。子どもが安全だと知覚できる体験や感覚の幅が、早くも狭まってしまうのです。

　移動という体験において中心的な役割を果たすのは、子どもの体です。両脚は、歩く、登る、跳ねる、走るといった驚くべきことを成し遂げます。それと同時に、脚はやる気満々の小さなお手々の僕でもあります。今や、いつも自分に手招きしていた色鮮やかな磁器の人形に触るため、化粧台をよじ登ることもできます。台所のママのところに、自分の部屋からぬいぐるみを全部引きずって持ってくることもできます。キャビネットの下に潜り込み、長い間見つからなかったおはじきを発見して、口に入れることもできます。しばらく静かにして姿をくらませることだってできます —— しまいには、親の机によじ登り、そこにあった本のページを念入りに破っているところを見つかってしまうのですが。

　こうした探求を可能にする魅力的な主体が、体です。この年齢になると、子どもは初めて鏡に映った自分の姿を認識できるようになり、大喜びで自分や自分以外の人の目、鼻、耳、髪、手、足を指差してその名称を口にします。自分の性器にも初めて興味を持ち始め、熱心に調べて、その呼び方を知ろうとします。乳歯が次々と生えてくると、何でも嚙みたいという抑えられない衝動を体験します。子どもが夢中になって何かをしているときに多いのは、おへそをつつく、性器を指でいじる、鏡を見つめる、何かをモグモグと嚙む、つま先を丹念に調べる、といったことです。

　身の回りにある重要なものの名前を知ることは、歩くのと同じくらい画期的な達成事項です。ものの名前が言えるようになる能力と歩く能力がほぼ同時期に現れるというのは、驚くべき対称性です。創世神話によると、世界は「言」

を通して生まれたとされます（新約聖書『ヨハネによる福音書』第1章）。人間の子どももまた、自分が見出しつつある世界に名前をつけることで意味を作り出しているのです。そうした名前の中には、その文化全般で採用されている言い方とぴったり一致するものや、それに近い言い方のものが見られます。「ママ」「パパ」「ワンワン（犬）」「マンマ（ご飯）」などです。一方、まったく奇抜な、子どもが自分で使うために考えた不思議な名前もあります。言葉を通じて意味を作り出す喜びは、移動を通じて行動範囲を広げていく喜びと同じくらい、ワクワクするものなのです。

　歩行と言葉は一体となって働き、トドラーに「自分の力で安心を見つけられる」という新たな自信を与えてくれます。

> 　子猫を追いかけている1歳6ヵ月のアリは、追跡の楽しさに完全に夢中になっています。振り向くと、母親はすぐ近くではなく後ろの方、これまでで一番自分から離れたところにいるのが見えます。アリの顔には一瞬、ショックと「信じられない」という表情が浮かびましたが、すぐに立ち直って子猫をまた追いかけます。「だあれ？　だあれ？」と言いながら。これは、アリがあまりにも遠くまでふらりと行ってしまったときに、息子の気を引いて戻らせようとして母親が呼びかける言葉です（「誰が来るかな？」という言い方で）。今やアリは自ら必要性を感じて、自分を励まそうとその呼びかけを使ったのです。

親を失う恐れ　親や信頼している養育者が近くにいるとき、子どもは新しいスキルに大得意になります。けれども親がその場から離れようとすると、子どもはたいていしがみつき、行くのを止めようとして、泣いたり抗議したりします。親がそばにいない間、子どもの気分は抑制的で控えめになったり、または活動レベルが下がって探索への興味が弱まったりすることもよく見られます。いなくなった親との心安らぐ思い出にすがるかのように、内向的な様子を見せます。外に安全基地がないときは、幼い子どもは記憶と想像によって、それを頑張って心の中に思い起こす必要があるのです。発達のこの早い段階では、「目に見えない」ことは必ずしも「心の中からいなくなる」ことではないということを、トドラーはまだ知らないからです。

控えめな気分は親が戻ってくると消えてしまいます。再会のときに見られる子どもの反応は、その子ども自身のスタイルや、親との関係をどのように体験しているかを表す指標となります。ある子どもは、親を見るやいなや、溜まっていた緊張を解き放つ手段として、わっと泣き出します。また、ある子どもは、挑発的な様子を見せたり反抗的になったりして、ケンカをしかけてきます。相反するアンビバレントな気持ちは、親の体によじ登りながらも親を押しのけたり、親の脇を軽く蹴ったりする行動として表れることもあります。子どもの控えめな気分は、親が戻ってきた後も回避という形でしばらく残ることもあります。親に近づくのではなく、顔を背けたり離れていってしまったりすることもあります。まるで何も起こらなかったかのように、親の呼びかけを完全に無視して遊び続ける子どももいます。

　こうしたさまざまな反応は、親の不在に対してどのように怒りや苦痛を表すかという、一人ひとりが独自に持っているスタイルを反映しています。親は本当に戻ってきたのではなくて、またすぐに身体的または情緒的にいなくなるのではないかと、子どもは心配しているのかもしれません。子どものアンビバレントな迎え方というのは、また親と離されて再び体験することになる失望感から、自分を守ろうとする試みなのです。この子どもの不安を和らげるために親にできることはいろいろあります。子どもと一緒にいるときに子どもの気持ちに寄り添う、子どもから離れる前にバイバイを言う、「戻ってくるよ」と約束する、再会のときは、たとえ初めは子どもから拒絶されたとしても喜びと愛情を持って迎える、などです。本書の第7章と第8章で、親子の分離の難しさと、そのときの苦痛を和らげるために親に何ができるかに焦点を当て、詳しく説明します。

　とはいえ、多くのトドラーにとって分離はそれほど大変ではなく、再会のときは喜んで親を迎える場合が多いものです。ここでもまた個々の反応の仕方はさまざまで、子どもそれぞれの独自のスタイルが映し出されます。離れたところから親に笑いかけたり挨拶したりする子どももいれば、親におもちゃを見せる子どももいます。近寄ってきて抱っこをせがむ子どももいるでしょう。これらは全て、探索的な遠ざかり行動というよりは、愛着促進の行動です。このようなアンビバレントではない反応から、親は一時的に不在なときだって変わらず自分のために存在してくれているのだ、と子どもが信じていることがわかり

ます。心の中にある安全基地が、親が戻るまでの隙間を埋めてくれるのです。

　一体感が強くなり過ぎたときなどは、短気で非協力的に振る舞うことによって、子どもが反抗する場合もあります。以下の事例を見てみましょう。

> 　1歳2ヵ月のナタリアと母親は、週に一度、幼児水泳教室に通っています。プールの中を一緒にザブザブと進む間、ナタリアは45分間、母親にしがみついています。レッスンは好きなのですが、レッスンが終了して、母親がシャワーを浴びさせ服を着せようとすると、必ず怒って不機嫌になり、反抗的になるのです。母親は、プールの中では不可欠だった母親への強い依存から、娘がいったん離れる必要があることに気づきました。そこで、レッスンの後は、ナタリアが自分から母親に近づいてくるまで、一人で好きなように走らせます。母親ともっと一体感を感じたい、という心の準備ができた様子をナタリアが見せたところで、「シャワーをして着替える時間よ」と伝えます。今度はナタリアは機嫌良く言うことを聞きます。自分で探索する機会を持てたので、これ以上、母親への依存に飲み込まれる感じがしないからです。

　この例から、子どもが望むものを理解するために、敏感な親がいかにして子どもの言葉にならない手がかりを利用しているかが見えてきます。ナタリアの母親は自分の引き際を見極め、子どもが戻ってくるのを辛抱強く待つことによって、ナタリアの安全基地として機能したのです。子どもに無視されたり追い払われたりすると、親は拒絶されたような気持ちになるかもしれません。そんなときは、今は子どもとの関係を築いている途中であり、親が不満や傷つきを感じたときにどう反応するかによって、その関係のあり方は変わり得るということを思い出すとよいでしょう。自分が拒絶されたからといって子どもを拒絶すると、親も子どもも怒りを手放すことができず、対立は長引きます。子どもというのは、親が「自分は愛されている（または愛されていない）」「大切に思われている（または二の次にされている）」と感じずにはいられなくする、とてつもない力を持っています。親にもまた同様に、子どもをそんな気持ちにさせる強い力があります。ある瞬間に子どもが親をどんなふうに扱ったとしても、親は子どもよりも強くて分別があるのだ、子どもの感情の激変やアンビバレント

な振る舞いに対し、親は同じ反応を返すことなく持ちこたえられるのだという メッセージを、子どもは一貫して受け取る必要があります。自分が子どもより も強く分別があると思えないときや、子どもによってかき立てられる激しい感 情を潔くやり過ごすことができないときは、気持ちが落ち着いた後に、起きた ことを振り返るべくその経験を活用するのもよいでしょう。こうして振り返る ことで自分自身や子どもの体験を理解することができ、その結果、次なる難し い瞬間に対し、より上手に備えられるようになります。

　この姿勢は、主たる養育者である両親のうち、トドラーがあるときは母親の 方を好み、あるときは父親の方を好むという状況がある場合（この年齢では非 常によく見られる現象です）に、特に効力を発揮します。赤ちゃんは母親と父親 （同性カップルの場合は、2人の母親または2人の父親）のどちらも大好きかもしれ ませんが、それぞれと独特の関わり方をしながら、両者の間を切れ目なく行っ たり来たりするようになります。1歳になるまでの間に、それぞれの大人を 「親としてどう利用するか」に関して変化が見られることが多く、またストレ スを感じる状況では、こっちの親しかダメ、という場合も出てくるかもしれま せん。母親と対等に育児を行なっている父親の多くが、自分が子どもを慰めた いと思っても、子どもは母親に向かって「抱っこして」と泣きながら手を伸ば すばかりで、何だか拒絶されたような気持ちになると言います。同性カップル の親も同じで、子どもにストレスのない状況では両親ともに等しく反応しても、 苦痛を感じる場面になると一方の親だけを好むと報告しています。一方の親を もう一方の親よりも好む傾向は、子どもの人生のさまざまな段階において何度 も変化することもあれば、変化しないこともあります。あるいは、ある活動を するときはこっちの親がいい、別の状況ではもう一方の親を求めるというよう に、状況によって決まっている場合もあるでしょう。シングルペアレントであ る親の語りの中には、家で子どもが親として頼れるのは自分しかいないことの プレッシャーにまつわる話がよく出てきます。このプレッシャーを減らすため に、他のシングルペアレントの親子と住居を共有できる環境を整えたり、支え と安心を与えてくれるシングルペアレント家庭の人たちのコミュニティを築い たりする人も多く見られます。

　家族の情緒的雰囲気（親を含め養育に関わる大人が、お互いにどうつき合って暮ら しているのか、子どもに対する価値観、期待、働きかけをお互いにどう調整し合うのか）

は、子どもがそれぞれの大人との関わりの中で体験しているかもしれない動揺を静めるのに役立ちます。大人同士が相手をおとしめたり、子どもに気に入られている者と競ったりすると、そこから生じる緊張が、攻撃性、睡眠の問題、激しく頻繁な癇癪といった子どもの症状として表れることがよくあります。親同士の対立や親子間の対立は避けられないものですが、大人が問題解決に向けて協調的な態度でもって努力することで、お互いの望みやニーズが合わない状況でさえも情緒的には寄り添うことができる、というメッセージが子どもに伝わるのです。この問題解決のための努力が、長い目で見ると、安定した家族関係と安全で親密な関係を築くのに一役買ってくれます。両親が子育てを担う者として、お互いに協力的なパートナーシップを築くことができるとき、全員が勝者となるのです。子どもにとって安心感のある家族の雰囲気作りを目指して努力するうえで、多くの親が、自分自身も小さい頃に感じていた不安な気持ちを癒やすことができるのだと気づきます。そして自分の内面で、またはもう一方の親や子どもとの間で、避けようがなく繰り返し襲ってくる心の揺れは修復可能なものであり、自分の本質をなすものではないのだと信じられるようになるのです。

移行期──不安の高まり

　およそ生後 18 ヵ月になるまでに移動のスキルは達成され、もはや子どもの生活の中に動き回りたいという執着は見られなくなります。歩行はそれ自体が目標ではなくなり、目標への手段に変わります。マスターしようという努力が、移動そのものから移動によって達成し得る目標に向かうようになるのです。

　この発達は心理的な矛盾をはらんでいます。多くの子どもは生後 18 ヵ月前後に分離不安が最大になります。母親から短時間離された子どもの反応を調べた長期的研究によると、泣くという反応の頻度は、だいたいその時期にピークとなり、以降、徐々に減ってきます。[17] 同様に、児童精神分析家のマーガレット・マーラー（Margaret Mahler）らは、この時期に「シャドーイング」（shadowing）と呼ばれる行動が発現すると言います。それは、子どもが母親の一挙手一投足を絶えず観察する行動のことを指します。[18]

　またこの時期は、母親の注意を引きたいという子どもの要求がさらに強まります。生後 22 ヵ月のダイナは、母親が他の人と話を続けようとすると、決

まって「私とだけしゃべって!」と叫ぶようになりました。生後24ヵ月のマイケルは、車に乗っている間、母親が隣に座って自分とだけ話すのなら家族で出かけてもいい、と言いました。母親のコップの水を飲みたがったり、母親の皿のものを食べたがったりする子どももいます。また、自分の食事を少し分けてくれるとか、面白いものを持ってきて母親のひざの上にどんどん載せてくることもあります。要求がましくなる、叫ぶ、泣く、という組み合わせは、母親を独り占めしたいという願いが叶わなかったときによく起きることです。ちょっとした切り傷やケガに過敏になることもよくあり、また何かが壊れたりなくなったりすると、尋常でない悲しみ方をすることもあるでしょう。

　なぜトドラーは、一人で過ごせる能力が高まったこの時期になって、これまでよりも親にべったりになり、さらに愛情を求めるようになるのでしょうか。それはこのように考えるとうなずけます。移動と探索に夢中になっている生後12〜18ヵ月の時期に続いて、トドラーは、親が今も変わらず保護と情緒的サポートを与えてくれる存在だと再認識する必要があるのです。いざ移動をマスターしてしまうと、今度はそれに伴う問題をより強く自覚するようになります。以前よりも上手に自分で立てるようになったと自分で思うからこそ、歩く練習をしている間には後回しになっていた、親の保護と近接を得たいという思いに浸ることができるのです。

　このプロセスを説明するのに、ここでも安全基地のメタファーが役に立ちます。探索のために遠ざかる行動と親の近くに戻ってくる行動とを日々刻々と切り替えるのと同様に、長いスパンで見ても、子どもは成長の過程で探索か親密かのどちらか一方により積極的に取り組む時期があります。トドラー期に関する多くの事柄は、「子どもは愛着と探索という2つの動機に徐々に向き合いつつあり、それらを自分らしい独自のスタイルに統合しようとしている」という観点から理解できます。そしてこの独自のスタイルは、生涯にわたって比較的変わりにくいものとされます。

年長トドラー ── 内なる気づきと社会化

　2歳の誕生日を迎える頃になると、親は言葉や象徴遊びを通して、子どもの内的世界をより理解しやすくなります。物と同じように感情にも名前をつけることができるようになり、うれしい、悲しい、怒っている、などの気持ちをと

ても誇らしげに教えてくれます。「私（me）」「私のもの（mine）」が、自分の大切なものを奪おうとする世界に対する魔よけのような言葉になります。2歳の子どもが他の子どもと出会ったときに、お気に入りのおもちゃを手につかんで、「私のよ」と言うのは珍しいことではありません。このような子どもは、「予防は最良の治療」だということをすでに知っているのです。

　言葉で語ることのできない感情は、しばしば象徴遊びの中で表現されたり、行動を通して再現されたりします。行動で表現することは、子どもにとって一種の想起と言えます。

　　2歳のときに母親を亡くした小さなロンダは、洗濯カゴから靴下を出してきて、家中にばらまきました。母親が家具のほこりを払うのに、古い靴下を使っていたのです。ベビーシッターに、「靴下をカゴの中に戻してね」と言われ、そのとおりにしましたが、1つだけ戻さずに取っておきました。「全部戻さないとダメよ」と言われると、ロンダは悲しそうな顔になり、靴下を胸に抱いて部屋の隅に行きました。この場面には、彼女が言葉で伝えられなかったことが表れています。ロンダはママが恋しくて、ママに抱きつきたかったのです。

　親の愛を失う恐れ　新しく獲得した想像力や空想力は、子どもの内的世界を豊かにします。その結果、年長のトドラーは、より複雑な恐れの感覚を身につけます。年少トドラーが、主として母親が実際にどこにいるかを心配し分離と喪失を恐れる一方、年長トドラーは、より繊細な、しかし同じくらいぞっとする恐怖と闘います。それは、「親に認められないこと」です。当然のことながら、これは子どもにとって親の愛を失うのと同じことなのです。この年齢で繰り広げられる親との会話の中で最も重要なものは、親からの「あなたに怒っているときでも、大好きなのは変わらない」というメッセージです。この信じがたいほどの朗報もトドラーが吸収するペースはゆっくりで、このメッセージを理解するには正真正銘の認知面での離れ業をやってのけなければなりません。親の怒った顔と轟きわたる声（親がもっと自制の効いたタイプであれば、いつになく冷たい態度）といった直接的で強烈に具体的な体験と、これまでに蓄積してきた過去の愛情深いやり取りの記憶（今となってはあまりにも遠くて頼りなく思

える記憶）との釣り合いを取る必要があるのです。

　怖い親を目の前にして、心温まる過去の出来事を思い出すのは難しいものです。大人でもこんな試練に向き合えば、相手への信頼を失うことは多いですし、「また元のように万事順調と思える日は来るだろうか？」と自問することもあるかもしれません。親自身が「自分には愛することと怒ることが同時にできる」ということを折に触れて思い出す必要がありますし、子どもを安心させようとする過程で初めてこのことに気づく親もいます。

　「喜ばせたい」という願い　親の愛を失う恐怖には良い面もあります。トドラーは親の愛を失わないためなら、ほとんど何をしたってかまわないと思うのです。このことは子どもが社会意識を、最終的には道徳心を発達させるのに、おおいに役立ちます。子どもは親に対する愛情が（はっきり表に出てきていないときでさえ）あまりにも強いため、自分の行動を変えようとするのです。たとえば、人を叩いたり噛んだりしないようにする、お友達におもちゃを貸してあげる、トイレの習慣を身につける、などです。この「認めてほしい」という願望は、子どもが社会化する過程で、親にとって最も頼もしい協力者となります。この願望に訴えかける方が、罰で脅すよりもずっと効果的で健全です。

　1歳10ヵ月のエマは、ほしいものが得られないと金切り声を上げるという困った癖を身につけてしまいました。こうなるたびに両親は断固として言います。「やめなさい、エマ。耳が痛いよ」。もし娘がやめなければ、両手を耳に当ててこう言います。「これで聞こえなくなった」。1週間あまりで金切り声はみるみる少なくなり、2週間が過ぎる頃には完全になくなってしまいました。

　2歳4ヵ月のデーヴィッドは、赤ちゃんの弟を噛んでしまいました。母親が叱ります。「デーヴィッド、それはやっちゃダメだと言ったでしょ。ママ、とても怒ってるのよ」。デーヴィッドは母親に近寄り、母親のひざに顔を埋めて、胸が張り裂けるほど泣きます。母親は、噛まれてまだ泣き叫んでいる赤ちゃんをなだめるのに手一杯です。最初のうちはデーヴィッドが嘆き悲しんでいても寛容でいられず、その余裕もありませんでしたが、

しばらくして息子の頭をなでて言います。「ママだって、あなたに怒るのはイヤなの。でもね。噛んじゃいけない。ダメなことよ」。デーヴィッドは真剣な顔つきで母親を見つめ、頭を左右に振って言います。「ダメなこと」。母親は今度はもっと優しい声で、「ダメなこと」と繰り返し、デーヴィッドがまた遊びに戻れるように促します。それから数日の間、デーヴィッドが噛みつくような動きをしては、首を振って「ダメなこと」と一人で言っている様子が見られました。

この子どもたちが親の期待に応えようとしているのは、親を喜ばせたい一心からです。成長過程にあるトドラーは、親に認められたいと思うものの、そのことで頭がいっぱいというわけではありません。ある程度の不満には耐えられるし、自分の意思を主張するときと他の人の意思に従うときの、両方を柔軟に行き来できます。また、発達の良好な子どもは、あらゆる情緒をある程度違和感なく感じることができます。3歳のマイケルは、面倒見の良い母親に「楽しい？」と尋ねられ、こう答えました。「楽しくて、悲しくて、怒ってて、噛みつきたくて、べったりしたい甘えん坊だよ」。マイケルは自分のハッピーな面だけを認めるという誘惑を拒んだのです。

親は子どもの内なる「親を喜ばせたい願望」というギフトを無駄遣いしないよう、気をつけなくてはなりません。親が批判的になり過ぎると、子どもの情緒的な発達がうまくいかないことがあります。このような子どもは親の愛を失うのではないかと過剰に心配し、過度に従順になるかもしれません。あるいは、それとはまったく逆に、自分の思いどおりにするための唯一の方法として反抗的な態度を取るということもあります。親に反対されるとわかっているので、その反撃に備えるためです。過度な服従であれ、しぶとい拒絶であれ、子どもがギブ・アンド・テイク（譲り合い）の能力を柔軟に使えないことを示しています。

このどちらかのパターンが子どもに見られる場合、親は子どもへの態度や期待、対応の仕方について、自分自身を注意深く振り返ってみるとよいでしょう。子どもへの要求を減らし、もっと安心感が持てる支持的な姿勢を示し、たくさんほめてあげるようにすれば、ほどなく問題が軽くなる可能性があります。第3章、第7章、第8章では、この時期によく見られる困難な課題や不安につい

て詳しく見ていき、その対処法として具体的なステップを提案します。

意思を主張したいという衝動　逆説的ではありますが、子どもは親を喜ばせたい一方で、何度も親を怒らせ、失望させるという危険を冒すことも必要です。なぜならこの年齢では、自分に忠実であることが、逆らいがたい原動力になるからです。「衝突－解決－仲直り」のサイクルは、その激しさの度合いを変えながらも一日中起こるものですが、これはトドラーの心理的成長の基盤となります。このサイクルにより、子どもは自分が親のクローンではなく自律した意思を持つ存在であること、愛する人との衝突は避けられないこと、怒りを感じても乗りきれることを学ぶのです。偉大な小児科医であるベリー・ブラゼルトン（T. Berry Brazelton）が指摘するように、トドラー期の子どもに一番大切なことは、（ちょっとジレンマを感じながらも）「独立宣言」をすることなのです。[19]

自分の体を発見する

　健康に育っているトドラーの好奇心は、留まるところを知りません。じっとしているときでも体の不思議を発見するのにすっかり夢中になっています。自分を触る、つつく、引っ張る、鏡に映っているのが自分だと気づく、体のいろんな部分の名前を知って喜ぶ、そして性別による違いに魅了される ── 芽生えつつある自分らしさと安心感や不安感は、体を通して得る体験によって力強く形成されるのです。

自己認識
　生まれて間もない赤ちゃんは、鏡に映った自分の姿に興味を示します。生後4ヵ月頃には自分自身に笑いかけます。生後8〜12ヵ月では、笑ったりバブバブ言ったり、うれしそうに体を揺らしたりして、しきりに興奮した様子を見せます。こうした楽しそうな反応は鏡がゆがんでいたとしても変わりません。赤ちゃんが一番興味を持つのは、自分が動くと鏡に映る姿がどう変わるかであって、その行為はおもちゃをギュッとつかんで音を鳴らしたりモビールを揺らしたりするのと、まるで同じです。鏡に映る赤ちゃんが「誰」なのかという

疑問は頭に浮かばないようです。

こうした反応は1歳にもなると目に見えて変化します。生後13〜15ヵ月の子どもは、鏡の中の自分を見つめるとき、真剣で落ち着いた様子を見せます。鏡がゆがんでいると、自分が見ているものを理解しようと熱心に見つめます。誰かが内緒で子どもの顔に印を付けると、年少トドラーの場合、自分ではなく鏡の方の印をためらいがちに触るかもしれません。映っている子どもが自分だとは、まったく認識していないのです。

生後18ヵ月頃になると、子どもは鏡の中の像が自分だと認識している様子を見せ始めます。このことを結論づける証拠として最もわかりやすいのは、子どもの顔にこっそり口紅で印を付ける実験です。年齢が低い子どもは、自分よりも鏡の中の姿の方を指差します。生後18ヵ月を過ぎると、鏡を指差すよりも自分の顔の印を触るようになります。[20]子どもが自分のことを指すのに、「私は（I）」「私に（me）」「私のもの（mine）」といった代名詞や、自分の名前さえも正しく使い始めるのは、これとほとんど同じ時期です。

こうした観察から示されるのは、子どもはこの年齢になると、自分を外側から見つめることも内側から感じることもできるようになり、客観的に自分自身を体験することができるようになるということです。この重要な発達によって子どもの自己認識が深まり、自分の外見にさらに関心を持つようになります。親たちの報告によると、だいたいこの時期に、子どもは自分の着るものや見た目に関してはっきりとした意見を持ち始めるとのことです。

2歳のエイミーは、パーティーに行くために母親に服を着せてもらっています。冬なので、母親は賢明にもウールのセーターなどの暖かい服を選びます。ところが、エイミーは「サマードレス、サマードレス！」と叫びます。母親はサマードレスを着るには寒過ぎることを説明しますが、エ

イミーはどうしても譲りません。母親が着せられないよう、両腕と両脚を
くねらせます。その間ずっと、あまりにも頑固に叫び続けるので、母親は
パーティーに行くのをあきらめ、夫に一人で行ってと頼みます。

またこの初期の段階では、自分がいつもと違った外見に変わると、たったそ
れだけで自分を外から見る能力が簡単に妨げられてしまいます。

1歳10ヵ月のジェシカは、他の子どもに顔を噛まれてしまってから数
日間、唇が腫れていました。その間ずっと繰り返し鏡のところに行っては、
小さな声で何度も「ジェシカ？」と言いながら、心配そうに自分を見つめ
るのでした。見た目が変わっても自分は自分のままなのか、尋ねているよ
うに見えました。

また、親がお面を着けているのをトドラーがとても嫌がるという場面もよく
観察されます。目の前でお面を着けるところを見ていても嫌がるのです。目で
見てわかる直接的な変化にはあまりにも説得力があるため、「外見が変わって
も中身は変わらない」と認識する新しい能力を圧倒してしまうのです。ハロ
ウィーンを不安がり、怖いとすら思う子どもがいるのはこのためです。周りの
人がいつもの姿からすっかり変わってしまうのですから。こういうことを知っ
ておくと、親はそれほどがらりと見た目が変わらない衣装を選ぶとか、街頭で
トリック・オア・トリートをするのはやめて（子どもにとっては怖過ぎるかもし
れません）、こぢんまりとした設定で祝うことにするなどして、子どもを助ける
ことができます。

2歳の誕生日が過ぎると、子どもの鏡への反応は、より自信に満ちた堂々と
したものになります。この年齢ではもう、口紅の印が顔に付いていたら、それ
を拭き取るか、辺りを見回して口紅を探し、自分で付けてみようとするかも
しれません。ところが、ゆがんだ鏡に対しては心配そうな表情を見せます。子
どもはまだ、「自分が鏡の中でどう見えるか」という感覚を発達させている最
中なので、大きな変化が起きると、自分自身が本当に変化したと解釈してし
まうのです。鏡に仕掛けがあるなんて思いつかないわけです。その意味で、ト
ドラーはすでに大人と同じように、自分がどう見えるか、「外側からの見え方」

と「内側での感じ方」がどう関係するか、ということに重きを置く性質を持ち始めていると言えます。

性別の認識と性への好奇心

　内側と外側がどうマッチするかについての興味は、ごく自然のことながら性器への注目につながります。年齢を問わず子どもは自分を触るのが好きですが、トドラーの場合は新しく芽生えた目的意識があるのです。1歳を過ぎると尿道や肛門をコントロールする能力が高まります。その結果、自分の性器に意識が向くようになり、肛門と性器の感覚をよりしっかり区別できるようになります。自分の体をじっくり見ることで自分がどんなふうにできているかを発見し、また自分の行動とそれによって生じるさまざまな快い感覚とを、直接結びつけるのです。

　性器とそれがもたらす快感の発見は、とてつもなく大きな誇りと活力の源となります。トドラーは裸で走り回って、見せびらかし、ほめてもらうのが大好きです。不思議がいっぱいの体が、脚光を浴びているからです。

　2歳6ヵ月のアイラは、自分のおちんちんを持って、おしっこをしながら宣言します。「これはエンパイア・ステートだよ」（このビルの写真を建築家の父親がアイラに見せて、とても大きくて美しい造りなんだよ、と話したばかりでした）。

　トドラーが自分の体に感じる快感がその後どうなっていくかは、親の対応によって大きく影響を受けます。快感を感じていることに対して快く対応すれば、子どもの体験は、親からの受容というしっかりとした確かな基盤に根を下ろすことになります。

　だからといって、子どもの自己顕示を全て称賛し、ほめたたえなければと思う必要はありません。個人の基準や文化的規範は大切ですし、どんな行動が人前でするのに適切か、どんな行動がその家庭や環境では許されないのかという判断は、個々の親や所属する社会の集団に任されています。

　楽しみを握りつぶすことなく、恥の感情を引き起こすことなく、子どもが社会に適合するのを助けるのは、親が教える具体的な内容よりも親の口調や態度

です。性器以外に何か夢中になれるものを与える方法は、ほとんどの状況でうまくいきます。好ましくないと思う状況に子どもがあまりにも没頭している場合は、次のようなことを言ってみるとうまくいくかもしれません。「自分の体を触ると気持ちいいよね。自分の部屋かお風呂でやるといいよ。これはプライベートなことだからね」

　性器はプライベートなものだという理解を、幼い子どもがどのように発達させるかは、4歳のマシューと2歳の妹のエレナのやり取りによく表れています。エレナは兄がおしっこをする様子にすっかり見とれ、そのおちんちんに触りたがりました。マシューはきっぱりと、「ダメ、エレナ。これは僕のおちんちんだよ。プライベートなところだから、誰も触らないものなんだ」と答えました。マシューは両親から教わったことをしっかりと身につけていたのです。次の例では、同じような場面でのある父親の対応の仕方が描かれています。

　　2歳のメアリーは、いつものようにバスルームにふらりと入っていき、父親がトイレでおしっこをするのを熱心に見つめます。こういうことは何度かあり、メアリーはそのたびに、どんどん出てくるおしっこに注目しています。ところがある日、メアリーは目を丸くして父親のペニスを見つめ、手を伸ばしてそれを触ろうとします。父親は面食らって、「メアリー、ダメだよ。これはプライベートな部分だ」と言って、下着の中にしまいます。メアリーはとても神妙な顔をして、それから立ち去ります。それ以降、父親は「プライベート」という言葉の意味を娘に示すために、バスルームのドアを閉めるようになりました。

　ペニスやヴァギナ（膣）は、気持ち良さを与えてくれるばかりではなく、他の子どもと自分との比較をも可能にします。およそ生後18ヵ月までに、自分の性別についての感覚はしっかりと定着し、自分は他の男の子たちと同じく男の子なんだ、または自分は他の女の子たちと同じく女の子なんだ、と認識するようになります。子どもたちは誰も彼もが比べ合いっこをし、この勢いは衰えることなく、5〜6歳になるまで続きます。こうした比べ合いは双方にとって面白いものではありますが、ちょっとした不安も引き起こします。

ローリは友達のニックと一緒にお風呂に入っているとき、こう尋ねます。「あなたのすてきね、ニック」。ニックは、そうだね、とニッコリしますが、お返しにほめることはしません。一瞬の間を置いて、ローリは言います。「私のもすてきって言って」。子どもは、自分がありのままで「すてきだ」という安心感を、心から求めているのです。

年長のトドラーやそれ以降の就学前の子どもの多くが、男女の性器の違いにかなり夢中になり、思いつく限りの説明をさまざまに試みます。

オスカーは母親に、「どうして女の子にペニスがないか知ってるよ。神様が全部男の子にあげて、女の子の分がなくなっちゃったんだ！　それで、あげられなかった子には、穴をあけたんだよ！」

マシューは別の説を思いつきます。「ママ、たぶん、ママのペニスはお尻の中にあるんだよ。他にありそうな場所、ないよね？」

自分が男の子か女の子かを知り、その性別に満足しているからといって、子どもが「自分は男の子でもあるし、女の子でもある」という考えを捨てているかといえば、そうではありません。自分の空想を言葉にできる子どもの中には、自分にはペニスもヴァギナもあるときっぱり断言する子も多いのです。男の子はかなり長い間、自分は妊娠して赤ちゃんを産み、その子のママにもパパにもなれると信じています。女の子は母親とも父親とも結婚する計画を立て、男の子は胸が大きくなって赤ちゃんにおっぱいをあげたいと思います。誰だって何もかも手に入れたいのです。ここでもまた、他の多くの状況で見られるのと同じように、トドラーは外の世界のルールによって制限されることを拒否します。たとえ、それが生物学上の制限であっても。

人間は男の子か女の子かのどちらかであって両方にはなれない、という気づきは喪失感を伴います。これは子どもの遊びの中でしばしば象徴的に表現されます。以下は、母親との遊びで表すことを通して、何かがなくて寂しい気持ちをローリが表現したときの場面です。

ローリ　（人形の服を脱がせながら）この子がどうなったか見てみましょう。

母　親　どうなったの？

ローリ　病院に行かなくちゃ。

母　親　どうして病院に行かなくちゃいけないの？

ローリ　尻尾がなくなっちゃったから。

母　親　病院に行ったら、どうなるの？

ローリ　注射してもらうの。

母　親　尻尾はどうなるの？　また生えてくるの？

ローリ　ううん。カエルが私の尻尾をかじっちゃったから。

　　　　（間）

ローリ　ママには、尻尾ある？

母　親　ないわ。

ローリ　もらったら？　犬から。（そう言って笑い、おもちゃの馬に乗って走
　　　　り去ります。その馬には、しっかり尻尾がついていました。）

　別の場面では、ローリは母親に頼んで両脚の間にニンジンをテープで留めて
もらい、それからニンジンをブラブラさせたまま、興奮してクスクス笑いなが
ら家中を走り回りました。また別のときには、便器の前で立ったまま男の子の
ようにおしっこをしようとしているのを、父親に目撃されています。

　女の子がおちんちんをほしいと思うことや、堂々と、またはひっそりとこの
願いを表現することは、広く受け入れられています。一方、男の子だって、大
きいおっぱいがほしい、妊娠したいと思うことについては、それほど多くの人
に知られていません。以下の場面は、生後 28 〜 34 ヵ月にこうした願いが現れ
たアリの例です。これが起きたのは、母親が 2 人目の子どもを妊娠している
ときでした。

　アリは腕にしっかりと人形を抱えています。そしてこう言います。「泣
かないで、赤ちゃん。ミルクをあげますからね」。そして人形におっぱい
をあげるまねをします。

　アリは小さな枕を自分のセーターの中に入れ、「赤ちゃんが生まれるん

だよ」と言いながら、家中を行進します。

　アリはひどい便秘で、おまるに座っています。ウンチを出そうと力むと、少し痛みます。そしてこう言います。「たぶん、赤ちゃんが生まれるんだ」

　アリは鏡に映る自分の姿を真剣な顔で見つめ、こう言います。「僕の大きなおなかを見て。みんな、赤ちゃんがいるって思うよね。僕が食べ過ぎちゃったからだなんて、誰も信じないだろうなあ」

　両方の性別の恩恵にあずかりたいという子どもの願いに応えるベストな方法は、その気持ちに共感し、子どもが直接求めてきたときにだけ正しい情報を与えることです。ローリやアリが見せたような希望的推測や空想遊びは、有害になるどころか、子どもに自分のペースで現実を探索できる安全な環境を提供します。あれこれ試す中で、子どもは物事に対する自分なりの説明を思いつきます。親は子どもが直接求めない限り、子どもの説明を修正しないのが一番です。子どもの非現実的な考え方は一時的には役に立っており、子どもなりに準備ができると、徐々により正しいバージョンの現実に更新されていくのです。親の役割は、そばにいて、子どもが知りたがる事実を、求める以上の情報をつけ加えることなく与えてあげることです。

　3歳のマーティンは、妊娠中の母親に尋ねます。「ママ、赤ちゃんのこと好き？」。母親は、大好きよ、と答えます。そこで、マーティンは知りたくなります。「じゃあ、どうして赤ちゃんを食べちゃったの？」

　そこで、子どもがどのように作られて、どのように生まれるのか、母親が長い説明を子どもに聞かせたとしても無理はないでしょう。しかしマーティンの母親はそうせずに、息子が尋ねたことにだけ答えるという賢い選択をして、こう言いました。「食べたんじゃないのよ、マーティン。ママのおなかがとっても大きいのは、赤ちゃんってお母さんのおなかの中で大きくなるからよ」。マーティンは目を見開いて聞いていますが、何も言いません。2日後、この情報の意味を飲み込んでから、マーティンは次に理にかなった質問をしま

す。「僕もママのおなかの中で大きくなったの？」。マーティンがどんどん大きくなって生まれる準備ができるまでの様子を母親が話している間、マーティンはうれしそうにニコニコしています。それから4ヵ月して妹が生まれると、今度は次の質問を思いついたのでした。「妹はどうやって出てきたの？」

　子どもは、ぽつりぽつりと断片的に質問します。それは受け取った情報を、時間をかけて理解するからです。自分がどんなものなら対処できるかを知っていて、もう十分だと思ったら尋ねるのをやめます。私たちはこのサインを尊重すればいいのであって、大人が必要と思い込んでいる知識を十分に学んでいないからといって、心配しなくてもよいのです。

「体から出るもの」について学ぶ

　トドラーは体のあちこちを使って実験するのが大好きですが、それと同じく体から出るものにも興味津々です。

　1歳7ヵ月のマックスは、自分の小さな揺り椅子に座って、陶酔したような表情を浮かべています。指を右の鼻の穴に入れて、長く伸びた鼻水をゆっくりと引き出します。長引いた風邪の産物です。

　1歳8ヵ月のモニカは最近、おまるを使い始めたところです。おまるに座って両脚を大きく開き、温かいおしっこを手に滴らせています。

　2歳4ヵ月のアンドレは、髪の毛を切るのを嫌がります。「僕の髪の毛だよ。僕が作ったんだ」と言って、わんわん泣きます。両親はヘアクリップを使って、切った髪の毛を元の場所に留めます。その2ヵ月後、父親が散髪してもらいながら床屋さんと愛想良くおしゃべりしている様子を見てからは、髪を切るのを嫌がらなくなりました。

　1歳7ヵ月のサンドラは、バスルームの壁に、ウンチを几帳面に塗りたくっているところを発見されます。

　2歳6ヵ月のトビアスは、おしっこをしながら、おちんちんをいろんな

方向に動かします。そして「おしっこで絵が描けるよ！」と大声を上げます。

1歳6ヵ月のティナは、長く続いていた癇癪がちょうど治まったところです。まだ顔に残っている涙をそっと触り、考え深げにその指をなめます。

1歳3ヵ月のソフィアは、爪切りを嫌がります。「私のよ、私のよ」と言って泣くのです。

2歳4ヵ月のサミーは、キッチンのテーブルの上に、小さなツバの小山を注意深くこしらえます。

2歳6ヵ月のレティシアは、母親と一緒に食料品店で列に並んでいるとき、大きなおならをします。「おならが出た！」と上機嫌で発表します。

このような体験は、自分の体で何が作られるかということに子どもが親しむための基盤となります。おしっこ、ウンチ、爪、髪の毛、涙、鼻くそ、唾液、おなら —— これらは全て、魅力たっぷりの探索エリアなのです。

子どもは、大人から見ればこうした行動が受け入れがたいということを知りません。体を社会に適合させるプロセスは、ゆっくりで根気がいるものです。トドラーは（多くの大人もそうですが）、体にしつけを施すよりは、それをほめたたえる方がずっと好きなのです。

子どもが自分の体や排泄物について知るときというのは、興味と喜びを持って学ぶか、きまり悪さや恥ずかしさを覚えながら学ぶかのどちらかです。それは多くの場合、親の対応に左右されます。体を楽しむことは、「物事には、それがどんなに楽しくて、どんなに自然なことに思えても、プライベートなものもあるのだ」という学びと強く結びついています。プライベートな領域とみんなに知られてよい領域について教えてあげながら、子どもの体への好奇心を応援することができると、子どもは自分自身を探索するために使う安全基地の領域に、身体感覚を持ち込むことができるようになるのです。

心の仕組みを発見する

　心と体は切り離せないため、体を探索することは心を探索することと密接に関連しています。トドラー期は、自分自身や他者の心の状態を考えることのできる「内省的自己」の始まりの時期です。自分自身について考え、そして他者の考えを推測するという新しい能力は「心の理論」（theory of mind）と呼ばれています。なぜなら子どもはこの能力によって、他の人がどのように考え感じているか、どう振る舞うだろうかということを予測できるからです。トドラーが獲得するこの発達のルーツは乳児期にあります。新生児でさえ、人の顔の表情や声の調子、匂い、振る舞いに対し、控えめにであれ調子を合わせて反応します。たとえば、「静止顔実験[21]」と呼ばれる優れたデザインによる実験は、相互交流を認識する赤ちゃんの能力について私たちが理解を改めるのに有効です。この実験ではまず、生後2〜9ヵ月の赤ちゃんを持つ母親や父親に、赤ちゃんと向き合い仲良くじゃれ合うようなやり取りを数分間してもらい、次にこの楽しい交流を中断して、一度顔を背けてから、今度は無表情・無反応な顔で赤ちゃんの方を向いてもらいます。赤ちゃんは、また相互交流のやり取りができると期待していたのに、それがこんなふうに突然終わったことに対し、はっきりとした苦痛を延々と示すという反応をしました。この苦痛は、しゃっくり、よだれなどの生理的な調整不全の乱れを示す兆候や、親から目を背ける行動、発声の減少、ぐずり、そして親の注意を取り戻そうと粘り強く努力し続ける様子、などという形で表れました。1〜2分後に親が再び反応してくれるようになると、赤ちゃんは再び親と関わりを持ち始めますが、ストレスのサインは、喜びを示すサインの減少や黙ったままのやり取りの増加という形で残ることが、しばしばあります。この研究を含め、さまざまな実験的研究からわかることは、赤ちゃんは生まれたときから他の人の情緒的なサインに敏感であり、社会的な期待が満たされない場合には動揺すること、そしてチャンスがあれば途絶えてしまった交流を修復しようと乗り出すものの、必ずしも瞬時に修復することはできないということです。

　相手が示すサインを読み取り、解釈し、場合によっては反応することができる能力は、生後5年間のうちに次第に洗練されたものとなっていきます。「自

意識」を伴った情緒は生後18ヵ月頃に顔を出しますが、子どもはこの時期、自分というものをより強く意識するようになり、きまりの悪さ、恥ずかしさ、罪悪感、プライドを見せるようになります。人とのやり取りにおいて、何か自分の間違いに気づいたときの反応の仕方には個人差がありますが、それはこの時期にはっきりと目に見えて表れるようになります。ある研究では、研究者の「お気に入りの人形」を自分が壊してしまった、と思ったときの2歳児の反応にさまざまな形が見られました。中には人形を直そうとする子どもたちもおり、こうした行動は、子どもが罪悪感を覚え、その償いをしようと努力していることの表れである可能性が高いと実験者は解釈しています。別の子どもたちは、まるでそのことを恥じているかのように研究者から顔を背けました。この年頃はまた、他の人に対して共感する力が育つ時期でもあります。相手の苦痛の原因を探ろう、力になろうとする努力もその一つです。

　1歳8ヵ月のサミーは、他の子どもがテーブルに頭をぶつけて泣いているのを、真剣な表情で見つめています。するとその子に近づき、自分のテディベアを差し出しました。

　2歳のリンダは、うっかりカップを割ってしまい、思わず目をつぶって両腕で自分の頭を覆います。壊れたカップを見て母親が不快感を示すと、リンダは母親に自分のプラスチック製のコップを差し出しました。

　この幼い子どもたちの行動からは、2人とも相手が何を感じているかを理解しており、気分を良くしてあげたいと思っていることがわかります。たとえ、自分が同じように感じているわけではなくてもです。リンダの場合、母親が機嫌を損ねたのは自分がカップを割ったせいだということも自覚していて、恥ずかしさや罪悪感といった自分自身の感情を体験することもできています（さらには、この苦痛を伴う状況を、目をつぶることで避けようと試みています）。その一方で、自分の失敗を正し、代わりのもの、つまり自分のコップを差し出すことで、母親の気分を良くしようと努力もしています。

　「〜するふり」ができる能力は、自分自身と他者の内面の状態を理解するという新しい能力の早期の表れです。これには見かけと現実の違いについて実

験する行動も含まれます。「ふり」をする際、子どもはその状況について、事実の側面と見せかけの側面の両方がわかっている必要があります。実際、トドラーは偽の状況が「あたかも」事実であるかのように振る舞いますが、遊びと現実に関する実験を進める中で、両者が明確に違うことを学びます。やがて3〜4歳頃までには、この「ふり」の能力は、相手の立場に立って考えることのできる能力へと、次第に姿を変えていきます。これは「自分が今、実際にいる位置から見えているものが、他の人の位置から見えているものと同じとは限らない」ということ、また「自分が知っていることを相手も知っているとは限らない」ということを理解する時期と言えます。

　心の理論に不可欠な要素として、子どもは自分や他の人の気持ちを、親を含む信頼できる大人に知ってもらう必要があります。「ともに感じてもらう」（Being felt with）という言葉は、心理学者のエルナ・ファーマン（Erna Furman）が作り出した表現ですが、これは親に自分の気持ちに気づいてもらえて、それを言葉にしてもらったときに、ごく幼いトドラーでさえも体験する「気持ちを発見した」感覚を言い表しています。その様子は次の事例の中に見て取れます。

　　生後13ヵ月のメアリーはある日、不機嫌な様子で走り回り、おもちゃを蹴飛ばし、母親が「一緒におやつを食べましょう」と言うのも無視していました。母親はその様子をしばらく眺めた後で、「メアリー、あなたはママに怒っているのね」と言いました。メアリーは動きを止めて、戸惑った様子で首をかしげている母親の方を見ます。母親は「そうよね、物を蹴って走り回って、ママのところに来ようとしなくて、全然うまくいっていないようなときって、あなたが怒っているときよね。まあいいわ。誰だって怒るものだから」と言いました。メアリーの顔は、まるで何かが急に腑に落ちてしっくりきたかのように、安堵でぱっと明るくなりました。メアリーは立ち止まって背筋をぴんと伸ばして立ち、繰り返します。「怒ってる。怒ってる」。母親は「そうね、怒ってるって、ママに言ってくれればいいのよ」と言いました。誰かに理解してもらい、それを余すことなく言葉というシンボルに込めてもらうことを通して、自分自身を知る。この体験は、あまりにも快くまた深く自己を理解する機会となったため、メアリーは自分が怒っていることすら忘れてしまいました。メアリーの怒り

は後で再び表れましたが、そのときはその怒りの原因を、母親が自分をベビーシッターに預けて出かけたことと結びつけることができたのでした。[24]

　メアリーの母親は、娘が母親の理解と受容を通して自分自身のことを知り、受容する手助けをしていたのです。子どもはまた、他者の視点について学ぶ、つまり道徳意識の下地となる能力を身につける際にも、大人の力が必要です。次のごく一般的な事例は、親のサポートのおかげで、子どもが自己調整と、他者の気持ち、善悪の違いについて同時に学ぶことのできた場面を描いています。

　1歳10ヵ月のアンドリューは、お友達が遊んでいるトラックがほしいのですが、お友達が貸してくれないので、その子の腕を強く噛んでしまいます。その子の母親はかんかんになって、アンドリューを手荒につかんで引きはがし、アンドリューのことを「悪い子」と言いました。アンドリューはしくしくと泣き始めます。アンドリューの母親は相手の母親に対する怒りを抑えながら、「この子は悪い子ではありません。噛まないようにすることを、学んでいるところなんです」と言います。そして息子を抱え上げて、気持ちが落ち着くまで抱っこします。それから感情を込めた厳しい口調で息子に言います。「噛みたくても噛んじゃダメ。それはやってはいけないことよ。噛まれると痛いの。わかる？　それにあなたが痛いことをしたから、お友達は泣いているのよ」。アンドリューは母親を静かに見つめ、目を背け、下りようとして身をよじります。それから15分間ほど、静かにおとなしくしています。母親はその日、しばらく経ってから、息子が自分の腕をそっと噛むふりをしてはその腕をじっと見つめて、それから「ダメ」というように黙って首を振る様子を目にします。

　この例には、何層にも重なったたくさんの意味が込められています。アンドリューの母親は、相手の母親への自分の怒りを抑えて、目の前の状況が子ども同士の小競り合いから大人同士のケンカに発展することを防ぎつつ、自分の意識を息子の体験に集中させることができました。さらに、相手の母親に叱られた後の息子のつらい気持ちに共感的に応じながらも、そのように共感するからといって、わが子が人を傷つけるという社会的に容認できないやり方で攻撃性

を表現したこと、別のやり方を学ぶ必要があるという事実を見失うことはありませんでした。最初に息子の最も際立った感情（息子自身のつらい気持ち）に働きかけることで、母親は息子を落ち着かせ、意識を外に向ける力を息子に回復させました。これによって、息子の意識が自分の激しい感情から母親が教えようとしていることに向き、その時点で、噛んではいけないことを教えるときに必要な足場作りができたのです。このように、情動調整と社会化に同時に注意を向けることで、アンドリューは自分が友達を噛んだときにその子が感じたであろう気持ちを、自分も感じる練習をすることができました。この事例からわかるように、自分自身の心と相手の心についての学びはトドラー期に始まって、情緒的・社会的・認知的側面の発達を伴って進むのです。これらの側面は人間関係を媒介としながら、相互に同調し合って働いています。

　心についての理解や「ふり」をする能力は、負の側面はあるものの有用ですが、おおいに役に立つことであるにもかかわらず、ごまかしや嘘とも縁のある、非常に受け入れがたいとされる能力でもあります。何とも居心地の悪い現実ですが、真実を自分の目的にかなうように変える人間の性（さが）というものは、進化の過程において発達したスキルなのです。敵よりも抜け目なく動くことがしばしば生き残るための鍵であった、危険かつ競争の激しい環境がその背景にあります。幼い子どもの場合、恥や罪悪感といった自意識の感情の芽生えは、承認されたいという欲求や自分の無知をごまかしたいという願望と関連しながら生じます。詩人のコルネイ・チュコフスキー（Kornei Chukovsky）は、自分の無知をごまかさなければと思ったときに子どもが見せる創造性を、心温まるいきいきとした描写と解説により紹介しています。

　　2歳の男の子が、おばさんとの散歩の途中、本の売店に立ち寄った。お店の人に「字は読める？」と尋ねられると、「うん、読める」と答えた。すると、お店の人は男の子に1冊の本を渡して、読んでごらんと言った。男の子はおばさんのまねをして、ポケットの中を手で探り、「眼鏡を家に忘れてきちゃった」と答えた。この子がもし自分の能力のなさに気づいてさほど苦悩していなかったら、こんな駆け引きじみたごまかしの手段に出ることなどないだろう。何がどうあれ、この子は自分のことを能力が高く知識があると考えたいのだ。このようなごまかしが、その子にとって差し

当たり必要なのだということは明らかである。自己主張の本能というのは通常、この年頃にはかなり強いものなのだ。[25]

　自己主張が無邪気で取るに足りないものであれば、子どもに本当かどうかを問いただすようなことはしないのがベストです。私たちはみな自分を守る必要があり、時には受け入れがたい弱点から自分を保護してもらいたくて、愛する人たちの思いやりに頼るものでしょう。トドラーだって例外ではないのです。

第3章

親子が挑むさまざまな試練

　「トドラー（1、2、3歳児）というのは、そもそも頑固で反抗的で拒絶的なものだ」という考え方が広く信じられています。ある意味、これは便利な考え方です。わが子との永遠に続くかのように思えるバトルを切り抜け、ヘトヘトになった親は、こう心配するかもしれません。自分が育てている子は救いようのないモンスターで、この先、敵味方を問わず誰かの反感を買いながら生きていくのではないか、と。こんなとき親は、「真犯人」は子どもの年齢であって子どもの持って生まれた性分ではない、と考えることで自分を慰めます。年齢はもちろん変わります。でも、性分が変わるかどうかは、断言できないのですから。

　小さい子どもを育てることがストレスの多い仕事なのは事実です。家の中での母親と就学前の子どもの様子を観察した結果によると、軽度から中程度の対立は 3 分に 1 回発生し、深刻な対立は 1 時間に 3 回起きたとのことです。子[1, 2, 3, 4]どもが小さければ小さいほど、こうしたトラブルの頻度は高くなります。2 ～ 3 歳の子どもと母親の間の対立は、4 ～ 5 歳の子どもに比べると、2 倍の頻度で生じます。その結果、トドラーの母親は強烈な緊張や疲労をしょっちゅう体験[5]するので、こうした母親のことを、思わず「非認定被害者」と表現した著述家もいるほどです。この考え方は必要以上に悲観的です。生後 14 ～ 27 ヵ月の子[6]どもに関する研究では、子どもの反抗的な態度は、自ら進んで言うことを聞く従順な行動と同じ頻度で起きており、母親の支持的な態度、子どもへの自律の促し、抑うつ症状の低さといった、母親側の力量を測る要因とも関係があることがわかりました。母親にたくさん反抗する子どもほど、自分の方から母親と

のやり取りを始めることが多く、母親にほほ笑みかける頻度も高かったのです。さらに、反抗は年齢とともに見られなくなっていき、それに代わって、交渉などによる問題解決に向かう行動が多く見られるようになりました。

　こうした結果は、親からの要求に対するトドラーの反抗や抵抗というのは、発達や親子関係の問題というよりは、むしろその状況をコントロールしたいという年齢相応の望みからくることが多い、という考え方を裏づけるものと言えます。小児科医のT・ベリー・ブラゼルトンによれば、トドラー期は「独立宣言」の時期です。トドラーの反抗を発達の観点から眺めれば、そしてちょっとしたユーモアの心を持って見てみれば、トドラーを育てることによる負担やストレスも軽減されるかもしれません。ある母親が、娘がなかなかおもちゃを貸してくれず、うんざりした気持ちになっていたとき、気の毒に思ったその子のおばさん（母親のきょうだい）にこう言われました。「リナちゃんは、『イヤ』は最終宣告じゃないってことを、教えようとしてくれているのね」。それから娘はようやく折れて、おもちゃを貸してくれました。そのときリナは、母親におもちゃの車を渡すのを断固として拒否していたのですが、おばさんが優しい口調で、「でも、ママはリナちゃんと一緒に遊びたくて仕方がないのよ。ママに車を渡してくれるかな？　そしたらその車がどのくらい速く走れるか、見せてくれるわよ」と言うと、すぐさま言うことを聞いたのでした。リナは母親の要求の意図を一度理解すると、その後はもうその要求を「おもちゃを奪われる脅威」と捉えることはなくなり、母親やおばさんとおもちゃを共有しながら、夢中になって楽しく遊んだのです。

　全ての対立がこのようにスムーズに解消されるわけではありません。この章の内容は、この年齢で見られる問題の全てに明確でスピーディーな解決策があるわけではない、という前提に立っています。何度も何度も訪れる対立もあるでしょう。いら立ちや不満や後悔の念が、その時々で激しさを変えながら襲ってくるテーマもあると思います。

　本章の目標は、手っ取り早い解決策を提供するのではなく、トドラーや親の感情体験を描き出し、この年齢における数々の試行錯誤や試練の意味を理解するための心構えを示すことです。トドラー期の大変さ（拒絶、反抗、癇癪、八方塞がり、親の欲求不満、怒り、疲労）は必要かつ避けられないこと、それどころか越える価値のあるハードルなのです。なぜならこうしたハードルは、子ども

が自分のニーズや望みを自覚するだけでなく、他の人のニーズや望みにも配慮できる一人の人間になることを、学んでいくためのものだからです。この過程に身を置く子どもを手助けするには、親子それぞれの年齢にふさわしい権利と責任とは何かを親が意識することによって、親が子どもとギブ・アンド・テイクの関係を築いていくことが必要になってきます。安全基地がどのようにパートナーシップに進化するか、そのパートナーシップがどう発展するか、またそれに付随してどのような動揺が起きるかを中心に、これから見ていきましょう。

親が体験する事柄

　子育てはどうしてそんなに感情的な負荷が高いのでしょうか。一つには、孤独になりがちだということがあります。昔は親や親戚からサポートを得られたものですが、それがなくなり、専業主婦（主夫）の親は他の大人に手伝ってもらうことも相手をしてもらうこともなく、家事をしながらひたすら子どもに対応しなければならない、という事情もあるでしょう。その重荷に加え、誰にも認められず評価もされないということがあります。なぜなら、昔から主婦（主夫）は「働いていない」と思われているからです。場合によっては、掃除、縫い物、料理、洗濯、アイロンがけ、買い物、雑用、家計管理、請求書の支払い、車での送り迎え、家族のスケジュール管理をしたうえで、子どもを育み、良い刺激を与え、社会に適応させられるよう、時間とエネルギーを確保している場合があるというのに。

　家族の中の子どもの人数や年齢によりますが、無償の労働に費やされる時間は、子どものいない家庭よりも子どもがいる家庭の方が、一日あたり最大6時間半長いのです。父親と母親の一日の時間の使い方を5分間隔で記録した結果の分析によれば、この増えた無償労働をどちらが担うかで高い割合を占めているのは母親であり、母親は、以前は自分の身の回りの世話（睡眠も含む）や余暇の活動に費やしていた時間を、幼い子どものために充てている傾向があるのです。

　この枠組みで、親子間で対立が生じる頻度の高さ（そして、そのたびに話し合いや解決が必要だという事実）を見てみると、親（とりわけ家事の大部分を担う母親）

が多くのことを抱えていることは明らかです。ストレスを感じて過剰な負担を抱えていると、健康な子どもの頑固な決意に対処するのに有用な、忍耐力や回復力を十分に総動員するのは難しそうです。子どもが放つエネルギーたるや、親のすり減った神経と疲れた体への襲撃のように感じられることもあるかもしれません。子どもの断固とした反抗が、どこからどう見ても個人攻撃に思えてしまうこともあるでしょう。パートナーシップの態度が大事だなんていう説は、象牙の塔にこもった道徳主義者が考え出したことだとしか思えないかもしれません。そんなときは葛藤状況から身を引き、別の場所で気持ちを落ち着かせるタイムアウトの時間を少し取って、自分と子ども双方の体験についてじっくり考えてみるのが有効なこともあります。児童精神科医のダニエル・シーゲル（Daniel Siegel）と幼児教育の専門家であるメアリー・ハーツェル（Mary Hartzell）は、「親自身の心の中を見つめる子育て」（"parenting from the inside out"）という言葉を新しく作り出しました。子どもだけでなく自分自身の感情をも理解することが、いかに子育ての困難を乗り越えるのに不可欠であり、信頼し合える家族関係を築くための青写真を与えてくれるかということを表現しようとした言葉です。[10]

安全基地を妨げるもの

　前章で、トドラーは親を安全基地として利用し、そこを拠点にしながら自分自身のことや世界のことについて学ぶと説明しました。これは親も子どももリラックスしていて、うまくやっているときには機能します。対立の真っただ中では、近接と探索の有意義なバランスを見つけることが、関係者全員にとってひどく骨の折れるプロセスとなってしまうことがあります。

　親とトドラーとの間に困難が生じるときには、4つの要因が関係しています。それは、安全か安全でないかについての意見の不一致、「全て思いどおりにしたい」という子どもの欲求、個人の意志というこの新しい感覚に伴う反発や拒絶的態度、親がダメと言った後に起きがちな癇癪、の4つです。どの要因も、子どもが生後12〜24ヵ月のときに直面する認知面や情緒面での難しい課題を親が理解することにより、扱いやすくなります。

トドラーと親の感じ方の食い違い

　トドラーと親は、安全についてまったく正反対の意見を持っていることがあります。こうした不一致は多くの場合、何が危険につながるのかについての解釈が両者で異なるために生じます。

　1歳10ヵ月のデーヴィッドは、道路を渡る際に母親と手をつなぐのを嫌がります。車や混雑した道は都会で暮らすこの子の生活の中ではおなじみのものですし、大人が平然と使うのも見ています。それが自分の安泰な生活の脅威になるなんて、理解できません。どうして、デーヴィッドはみんながするのと同じように、道路を一人で渡ってはいけないのでしょうか？

　2歳のラティーシャは、夜、なかなか寝つくことができません。「おばけが来る」と言います。暗がりにおばけが出ることはない、と両親はわかっていますが、このことをラティーシャに納得させることができません。二人はベッドの下やドアの後ろにおばけがいないか、大げさに探すふりをして、確認するたびに「ここには、おばけ、なし！」と大きな声で言います。そして娘に、玄関のドアは鍵がかかっていて、おばけは入ってこられないよと伝えます。常夜灯をつけておく方法も、娘を安心させるのに有効です。

　2歳6ヵ月のナサニエルは、マッチで遊んでいるところを見つかってしまいました。父親に大きな声で叱られ、ナサニエルは憤然として答えます。「パパだってやるじゃない！」。父親は「お前がパパみたいに背が高くなったら、やってもいいんだよ」と答えます。それ以降、マッチは子どもの手の届かないところに、注意深くしまっておくことになりました。

　1歳3ヵ月のセスは、家の暖炉の中にある赤々とした燃えさしに魅了されています。すると、ふと前によろめき、母親がすんでのところで引き戻しました。セスは叫びます。「キラキラ！　キラキラ！」

初めて映画館に行った２歳４ヵ月のエイミーは、周囲の照明が消えたとき、叫び声を上げて「外に出して」とせがみました。何をやって安心させようとしても、その努力は無駄でした。

　２歳６ヵ月のカーミルは、おじさんの家にあるアフリカのお面を見るたびに泣いてしまいます。「悪者だ」と言うのです。このお面は本当の人ではないよ、と言って安心させようとしても、ほんの少し落ち着かせるくらいにしか役に立ちません。

　ここに挙げた例から、トドラーは、大人にとっては何てことのない状況をなぜだか怖いと捉えることや、自分で決めた、親が恐怖で震え上がりそうな行為へのチャレンジに、のんきな自信を持っていることがわかります。

　トドラーと大人が世の中を同じふうには見ていないのは明らかです。セルマ・フライバーグ（Selma Fraiberg）は、幼少期に関する有名な著作の中で、幼い子どもの思考に見られる魔術性について語っています[11]。子どもは因果関係について個人的な結論を見出し、自分や親が持っている力の大きさやその限界に関して自分なりの考えを持っています。そして何が本物で何が偽物か、何が安全で何が怖いものか、何が生きていて何が生きていないかについて、ユニークな持論を発展させるのです。

　子どもは常に自分や周りの人に起きることを理解しようとしていて、自分の理論が有効だと思えば、自分が新たに身につけた推理力に強い誇りを持ちます。

　２歳６ヵ月のマルクは、目が覚めると結膜炎になっていました。母親は「目が赤いね」と言います。マルクは鏡で自分の姿を見て、悲しげに言います。「赤いものをたくさん見ちゃったからだ」。そして、その日は赤いものを見ないように気をつけていました。この治療法にとても強い自信があるようです（実際に効果があったようで、次の日には目は治っていました）。

　物事がスムーズに解決しないこともあります。世界の仕組みに関する自分の空想に、確信が持てなくなることだってあります。この年齢の子どもが抱く一見奇妙な恐れは、不完全な因果的推論に基づいているものですが、それが発覚

することはありません。なぜなら自分が考えていることを説明する言語能力を、子どもはまだ身につけていないからです。

> 　1歳6ヵ月のシンシアは、この1週間ずっと、お風呂に入るときに大きな声で泣き叫んでいます。プールは大好きなので、水が怖いわけではないと両親はわかっています。よく観察してみるとその理由がわかりました。湯船の中にいるときは、母親につかまっていられれば最終的にはリラックスできます。ところが、お風呂が終わって水のあぶくが排水口に吸い込まれるときに、叫び声を上げて母親にしがみつくのです。母親は、先週、小さな動物のおもちゃが排水口に流されたことを急に思い出します。そして娘が何を恐れているかがはっきりしました。「おもちゃが水と一緒に消えてしまうなら、私もそうなってしまうかも」

　こういう不合理な恐怖を大人が笑ったり、面倒なことになっていら立ったりすることも多いでしょう。しかし、こうした恐れを取り除く一番シンプルな方法は、その恐れを真剣に受け止めてあげることです。熱心に話を聞いてあげる。子どもが信じている内容を明確にするために質問をする。安全を守る約束をしたうえで子どもが安心できる説明をする（「ママはここよ」「ちゃんと面倒見るからね」「絶対にケガをさせたりしないよ」）。これらは、その感じ方に敬意を払っていること、必ず子どもを守るつもりであることを、子どもに伝える良い方法と言えます。

何でも思いどおりにしたいトドラー

　移動が自由自在にできるようになると、それとともに個人の意志の感覚が新しく発達してきます。「ほしい。いるの」。ジェシカは、ただ何かがほしいというだけでは自分の切羽詰まった心理状態が完全には伝わらないのではと恐れて、このように言います。当分の間、この方法はジェシカが望むもの全てに適用されます。母親の新しいネックレス、おばさんの家にある人形、ショーウィンドーにあるおもちゃ、夕飯後のために大事に取ってあるクッキー。彼女の言う「ほしい。だからいるの」という等式には、人を操ろうという作為的な意図はありません。たくさんのものを持つことによって、もっと大きくなりたい、だ

から好きなものは何でも手に入れたいのだと伝えようとする、最大限の努力なのです。

　望みが満たされると子どもは大喜びで有頂天となり、心のうちで充足感と達成感を経験します。ほしいもの（風船など）をもらった瞬間に子どもの顔に浮かぶ気高い表情は、おなじみのものです。しかし子どもは、楽しいことがいくつもあって、それらが両立しないとき、どれか一つを選ばなければならないという状況に幾度となく直面します。全部叶えたいけれど、たいていは一度に全ては手に入れられません。ママのそばにいたい、でもそうすると自由に走り回ることはできない。おばあちゃんの家にいたいけれど、そうするとママやパパと出かけることはできない。滑り台で遊んでいるときは、ブランコに乗ることはできない。だけど、やりたいのです。だって全部、不思議と可能性に満ちているのですから。

　選ぶということは、手に入るものはあるけれど、あきらめなければならないものもあるということです。この苦い真実を知ったときの子どもの戸惑った表情こそ、子どもの困惑の度合いを示すバロメーターです。自分が発見した世界は自分が望んだとおりの形にはできておらず、その世界のルールは、「物事はこうあるべき」と自分が思う姿と対立するのです。

　トドラーはそんな不愉快な状態に対し、独特の単刀直入さでもって応じます。受け入れず、「イヤ」と言うことを覚えるのです。時には、言ってみたらどうなるだろうというワクワク感を得ることが一番の目的で、「イヤ」と言うこともあります。ルーシーは、母親から公園に二人で行くことを告げられると、穏やかに「イヤ」と言い、それから、うれしそうに母親の手を取って、足早に一緒に歩いていきます。別のときには、「イヤ、イヤ、イヤ、イヤ！」と、本気で嫌がっている様子で、激しく拒絶します。あの大らかなルーシーが、今日着る服を母親から次々に提案されて大騒ぎです。疲れきった母親は選択肢を2つに絞ります。赤いドレスか緑のドレスか。「緑の」とルーシーは答えます。自分に決定権があることに、鼻高々になって。

反発と拒絶

　トドラーは「ダメ」でいっぱいの世界に出会います。良くも悪くも、親は子どもにとって一番の反対論者になる責任を負わされてしまいます。「ダメ、レ

コードプレイヤーによじ登ってはいけません。ダメ、コンセントに指を入れてはいけません。猫の口の中もダメ。ダメ、どんなにおいしくても草についている泥を食べてはいけません。妹を噛むのも、犬の尻尾を引っ張るのもダメ。ママにダメって言われて、ママを叩くのはダメよ」

　禁止のリストができるのは誰のせいでもありません。トドラーを少しずつ、自分の所属する文化の価値観やルールに従って生活することができる一人の「人間」に変貌させるまでの、長くしばしば面倒なプロセスの一部なのです。どれだけ熟考を重ねて家中に事故・いたずら防止の策を施しても、どれだけ如才なく別の無難な遊びに子どもの気をそらせようとしても、それでもまだ「ダメ」ときっぱり言わなければならないことは、たくさん出てきます。もの覚えの良いトドラーの方もまた、せめて公平性だけは守ろうということなのか、自分なりの「イヤなことリスト」を披露しなければと思うのは、ちょっとした謎なのですが。子どもの拒絶の根底にある趣旨は、「イヤです、私はあなたのクローンではないし、あなたが私にこうしてほしいとか、ああなってほしいとかいうことのために、私らしさを放棄することはありません」ということです。この自己優先的な観点から捉えれば、トドラーとはとても理解しやすい存在であり、結局のところ、そんなにひどいものではありません。

　それでもやはり、自分の言いたいことを押しつけようとする子どもの情熱は、子育てをせいぜい「やりがいがある」としか表現のしようがない仕事にしてしまいます。子どもの容赦ない反発に直面し、怒りを感じ、くじけてしまう親もいます。赤ちゃんだったときの、抱きしめたくなるほどかわいらしく、いつも

満足そうで素直だった頃、子どもの出すサインをどう読み取り、どう応えてあげたらいいかがわかり、親も子も癒やされていた頃を、懐かしく思うのです。子どもがはっきり自分を主張し始め、自主的になるにつれ——横柄で要求がましくなることすらあります——多くの親は、共通の

目標のもとでいつも互いにくっついていた、今はなき赤ちゃん期の親密さを心から恋しく思うのです。

　親と子どもはしばしば、互いに正反対の期待によって隔てられた深い溝の両側に立って、見つめ合います。ハグし合うだけでは、もはや絆を感じる喜びを取り戻すことができません。違いを受け入れ、認め、そこに愛情すら感じられるようにならないと、うまくいかないのです。それができて初めて、生後1年目の懐かしい親密さが持ちこたえられ、新たな物事の秩序に織り込まれるのです。

　トドラー期はまた、拒絶的な反応が出現するには格好の素地でもあります。なぜなら子どもの言語能力は未熟なので、大人とのコミュニケーションにおいて誤解が生じる余地が十分にあるからです。世界への好奇心、自分や自分の体に対して抱く強い感情、日々高まる自律と意志の力に一番大きく貢献するのは、上手に話す能力です。しかし言葉は、身につくまでに時間がかかり上達するのに苦労が伴います。その結果、子どもは数多くのもどかしい状況に直面します。表現したいことがあるけれど、それを伝える言葉を知らない。わからないから知りたい、でも尋ねることができない。他の人が言っていることを自分は理解できず、自分が言わんとすることも人に理解してもらえないと気づくのです。また、大人の目から見ると間違っている言動を子どもがしたからといって、それを正すと、子どもは恥ずかしい気持ちになったり、困惑したり、怒りを感じたりします。

　何か緊急のことについて話したいのにできないときは、泣くか叫ぶという手段を取るしかありません。大人だって同じようなことはあります。声は感情を伝える手段なので、話すことができない場合、言いたいことを伝えるためなら、なりふりかまわずに泣き叫ぶ必要があります。拒絶と思われがちな振る舞いが、実は自分の言いたいことを伝えようとする子どもの必死の努力であることも多いのです。

癇癪

　「イヤ」が功を奏さず、自分の意志がより大きな力によって邪魔されたとわかったとき、子どもには癇癪を起こす以外の選択肢はほとんどないかもしれません。他に何ができるでしょうか。自分の状況について説得力を持ってはっき

りと話せるほど、言語能力は十分に発達していません。家庭内で使える資源も限られているため、親が子どもにするように、おこづかいをあげないとか、車のキーを取り上げるなどと脅すとかして自分の思いどおりにすることはできません。気分を害したまま情緒的に引きこもろうにも自制心が必要で、あまりに情熱的な彼らにはできません。悲痛な泣きと怒りの叫びが入り混じった声を上げ、床に身を投げ出す癇癪は、めったに評価されないものの、そんなトドラーの内的体験を驚くほど雄弁に表現するものです。癇癪は心の中に生じた挫折感だけでなく、自分の意志には強大な支配力はないのだと知ってわき起こった、誇り高き抗議の気持ちをも表しているのです。

　生後2年目に見られる情緒的ないざこざのほとんどは、子どもの意志を家族という一つのグループに組み入れるという困難な課題を中心に展開します。子どもは自分の個人的な願い（とても大事で、とても真っ当に思える願いです）が他の人の希望と、適度にかみ合う必要があることを学びます。「妥協しない子育て」（no-nonsense parenting）という実用的な言葉は、親（特に、ストレスが高く安全でない環境で暮らしている親）は子どもに従属する必要はない、という考え方をうまく言い表しています。こうした育児は、子どもを危険から守り、子どもの自己調整力を促し、安全な形での自律を尊重し、明確な行動の指針を与えようとするときに効果的なものになります。過酷な状況に子どもが適応できるよう、必要に応じて厳しい命令を下すことになった場合にも効果を発揮するでしょう。[12] こうした親の姿勢は確かな子育ての基本です。親自身もまた、きっぱりと自信を持って、しかしできればつらく当たることなく、「ダメ」と言う必要があることを学ぶのです。

　癇癪が健康な発達にとって非常に大切なのは、このためです。癇癪は、子どもに自分の存在の根底を見つめさせ、怒りや絶望は人間の体験の一部であって、終わりのない感情的な挫折を引き起こすとは限らないということを教えてくれるのです。もし親が、ダメと言う立場を断固として崩さずにいながらも、落ち着いた気持ちを保つことができれば、子どもは、自分の怒りは危険なものではなく、親に見捨てられることはないし、「心の暗やみ」に一人取り残されることもないということを癇癪から学ぶのです。

　　1歳1ヵ月のヘレナは、よく転がるタイヤの付いたおもちゃのニワト

リを押しながら、廊下を猛スピードで走るのが好きです。今日に限って、もっと遠くまで行きたい気持ちになったヘレナは、おもちゃのニワトリでドアを押し開けて、父親の書斎に入ろうとします。すると、タイヤの1つが引っかかって、ニワトリはびくともしなくなりました。ヘレナは床に身を投げ出し、泣きじゃくりながら頭を床に打ちつけます。父親は、邪魔をされるのは困るなと思いながらも、娘を起き上がらせて「手伝ってあげるよ」と言います。ヘレナは泣き続けます。父親は「手伝ってあげるから」と繰り返し、ヘレナの手を引っかかっているタイヤの上に置いてやります。そしておもちゃが外れるまで、手を持って導いてあげました。ヘレナは大喜びで、ニワトリを書斎の中に押し入れました。

　1歳6ヵ月のトミーは、お兄ちゃんの新しいピカピカの三輪車をほしがって、泣き叫びます。母親はなだめるように言って聞かせます。「ダニエルみたいに大きくなったら、買ってもらえるわよ」。そして、虫探しなどトミーが大好きなことをしようと、外に連れていきました。

　2歳のサンドラは、母親に「夕食後までクッキーを食べてはいけません」と言われて癇癪を起こしました。床に身を投げ出し、わめき、床をゲンコツでドンドンと叩きます。母親はきっぱりと、「サンドラ、残念だけど、夕食が先で、クッキーは後よ」と言います。サンドラはしばらく床に転がって泣いています。母親は料理をしながら、「待てないくらいの長さじゃないし、ご飯、とってもおいしいわよ」と言います。サンドラが叫んでいる間、母親は娘から目を離さず、ケガをすることがないよう見守っていますが、介入はしません。サンドラが泣きやんで少し落ち着いた様子を見せたとき、母親が「今からママがご飯を作るの、見る？」と尋ねると、サンドラはそれに応じました。

　2歳4ヵ月のジェリーは、「夜は公園には行けない」と言う母親を叩きます。母親はジェリーの手を握って言います。「イヤなのはわかる。でも、ママを叩いてはダメよ」。ジェリーは母親の手を払いのけて、今度は蹴り始めます。母親は息子の脚に手を置いて、怒ったように言います。「ママ

　癇癪への取り組みに伴うのは、まさにパーソナリティの形成に他なりません。
この経験のおかげで親自身も、子どもとの対立に取り組む能力がアップします。
自分がやっていることは正しいのだと親が自覚し、一時の平安のために屈しな
いでいられれば、みんなが勝利を手にできるのです。親は、ある程度の喜びを
与えないからといって子どもが神経症になるわけではないことを学び、子ども
は、つかの間の不満はやり過ごせることを学ぶのです。
　思いどおりにしたい、という子どものこだわりは、共同生活を営むうえでの
大切な問題に家族を直面させます。親も子も、誰もが自分の喜びを先延ばしに
したり、結果として生じた不満をある程度は潔く受け入れたりしなければなら
ないときがあります。誰もがみな、怒りや一時的な強い憎しみさえも、望まし
い方法によって良い方向に切り替える必要がありますし、また、権力を行使す
ることと放棄することの、そこそこのバランスを維持しなければならないので
す。癇癪への対応から得られる知恵は、家庭内で価値があるだけでなく、家庭
の外での対人関係におい
ても同様だと言えます。

　怒りや不満が、歩み寄
りや仲直りよりも優勢に
なると、子どもは早いう
ちから人間関係の行く末
に希望を持てなくなって
しまうかもしれません。
両親が別居したばかりの
3歳6ヵ月のガブリエル

は、こう言いました。「大人は一緒に暮らして、それからケンカして、そしたらもう一緒に暮らせなくなるんだ」。この言葉は大人についてだけ述べたものであり、「子どもはそうじゃないけど」という彼が無意識に信じている考えを映し出しています。継続的に良い育児をされてきたからこそ出てきた考えだと言えます。しかし両親の別居という体験により、ガブリエルが「大人の怒りは、修復よりも、むしろ別れにつながる」という結論を導いたのは明らかでした。

　もちろん、ガブリエルの言葉は核心を突いた真実を表現しています。怒りは対処するのが難しく、不適切な方法で表現すれば災いとなり得るものです。どのトドラーの育児を見ても、そこには社会が発展する中でたどってきた道筋が繰り返されています。外に向かって攻撃的になる衝動（噛む、叩く、蹴るなど）と、その結末への恐れとの板挟みの中で、善悪の判断力が形成され始め、文明化が始まります。ベストな状況が整えば、乱暴な行動は徐々に怒りを言語化する能力や、激しいいがみ合いに対して話し合いによる解決策を見つける能力へと置き換わっていきます。

　親は、子どもが外の世界だけでなく、成長の過程で生じる幅広い多種多様な感情をも探索するための安全基地です。親が子どもをうまく導いて、怒りや失望の体験を乗りきらせてやることができれば、子どもは「親は困ったときに頼れる協力者だ」と理解するようになります。以下の節では、どのようにすれば、安全基地の体験を実りある親子のパートナーシップへと変えることができるかについて説明します。

安全基地からパートナーシップへ

　アリの母親は妊娠8ヵ月、身重であることをひしひしと感じているところです。アリを寝かせようとして、おもちゃが散らかっているリビングルームを目にし、「アリ、おもちゃを片づけなくちゃダメよ」と言うと、アリは「ママがやって。僕、疲れてるの」と答えます。母親が「ママだってそうよ。一緒にやりましょう」と言うと、アリはこう返答します。「うん、一緒にね。ママが片づける役、僕が見る役ね」

アリがこの「一緒に」という言葉の定義にどうやってたどり着いたのかは、知る由もありません。母親がおもちゃを片づけるのを見ることがれっきとした役割の一つだと、本気で信じていたのでしょうか（これはあり得ます。何しろ、今までにまったく同じことを何度もしているのですから）。あるいは、見ることもお手伝いの一つだと信じているふうを装って、母親をだまして賛成させようとしたのでしょうか。

　どうやってこの提案に行き着いたにせよ、アリは母親との交渉に積極的に参加しました。母親の目標（アリにおもちゃを片づけさせる）は、自分の目標（片づけない）とは違うとわかっていたので、まず自分の目標の理由（疲れている）が過去に有効だったことを思い出したのです。母親がアリのこの「防御」を却下しただけでなく、私もそうよ、と理由までも横取りしたとき、アリは急いで自分の目標を達成する新たな手段を考えなくてはなりませんでした。さらに母親は、あのぞっとするような作業を一緒にしようと提案して、抜かりなく参戦してきたのです。すぐさまアリは、その作業の中で自分好みの部分だけを自分に割り振りました —— それが、「片づけるのを見る」だったのです。この申し出が母親に受け入れてもらえなかったからといって、その見事な交渉の腕前（やや見え透いてはいますが……）に傷がつくわけではありません。

　アリはこのやり取りの中で、「目標修正的パートナーシップ」の基本的な仕組みを練習していたのです。この名称そのものは少しぎこちないですが、子どもがどのようにして親の社会的パートナーになるのかを理解するのに非常にわかりやすい概念です。トドラーは自分の計画を実行したいと強く求める中で、母親にも父親にもそれぞれの計画があり、しかもそれは自分の考えとはだいぶ違うこともあるということに気づくようになります。親子の間で対立する目標を、交渉によって調整したり折り合いをつけたりできるとき、その関係に見られる特徴は、柔軟なギブ・アンド・テイクの姿勢です。そしてそれがパートナーシップとなり、その関係においてお互いが合意できる方針にたどり着けるよう、おのおのの目標を見直して協力し合うのです。目標修正的パートナーシップでは、パートナーシップを大切にすることが、「目標を達成したい」という個々の衝動よりも優先されます。自分が望むものを手に入れようと一方的に突き進むのではなく、相手の気持ちや視点を尊重することで、じっくり時間をかけて問題解決に取り組むことができるようになるのです。

子どもは親をお手本にパートナーシップを学び始めますが、真のパートナーの達人になるには長い時間（時には一生涯）がかかることもあります。トドラーも他の人と同様、真っ先に自分の目標を推し進めようとしますが、この傾向は長らくあまり変わらないかもしれません。先ほど紹介した出来事の3ヵ月後、アリはほとんど同じ状況で、また別の「おもちゃを片づけない」ための説得力のある理由を考えつきました。「ママ、今はできないんだ。手が2つしかないし、今は他のことをやってるから」。自分の興味にとことん突き進む子どもの知恵に対抗するには、親は自分の目標を死守できるよう際限なく創造力を高めていかなければなりません。この事例では、アリの母親は見事に難局を乗りきりました。「あなたの手、長い間ずっと同じことをしてるわね、アリ。今すぐ何か新しいことを覚えなきゃ」

大変動 ── パートナーシップへの道のり

　安全基地行動において、子どもは相反する2つの目標のちょうど良いバランスを見つけます。その2つとは、母親の近くにいることと母親から離れて探索することです。親が身体的な意味でも情緒的な意味でも子どもに対応できる状況では、子どもはいつ母親のもとから離れて、いつ戻るかを、自由に決めることができます。トドラーが最高に幸せそうでかわいらしいのは、こういうときです。好きなときに離れていって新しい景色に出会い、戻ろうと決めたときには必ず大好きな人に温かく迎えてもらえる。これが、活発な幼い子どもにとっての幸せの定義です。

　子どもが自分の意志で行き来でき、親がいつもそこにいて自分を受け入れてくれるとき、親と子どもの目標は一致し、それぞれの計画には何の衝突も見られません。子どもが望むとおり親は協力的で、100パーセント子どもの相手ができるので、調和した関係が優勢となっています。

　この理想的な状態を妨げる要因はいくつもあります。一番心が痛むのは、子どもは親の近くにいたいのに、親が身体的にであれ情緒的にであれ、そばにいてやれない場合です。母親は仕事に行かなければならないかもしれません。自分自身や誰か身近な大切な人のために、時間を使いたいこともあるでしょう。子どもの方は、ただただ母親を行かせたくないと思うかもしれません。母親は自分の宇宙の中心なのですから。母親を求める思いが強過ぎるため、そう平静

でいられるわけがありません。母親を求めて叫び、しがみつきます。すると母親は子どもを引きはがして、子どもの手の届かないところに逃れることになります。これには苦痛と罪悪感が伴うこともありますし、イライラして腹が立つこともあります。親にも子にも本当に必要としていることがあるのに、お互いの気持ちがすれ違ってしまう場合、両者の間に対立、怒り、不満が生じる結果となることは多々あります。

　子どもが離れていきたいのに、親がそうさせられないこともあります。現実に危険となり得るものから子どもを守りたい、子どもがやろうとしていることに賛成できない、あるいはただ一緒にいると楽しいのでそばにいてほしい、などという場合です。こうした場合、親を押しのけるのは子どもの方です。子どもは親の存在に飲み込まれ、親の要求に縛られていると感じるのです。親の方はというと、拒絶され、必要とされていない、愛されていないと感じてしまいます。

　このようにお互いのニーズが激しく競い合う状況でこそ、対立を解決するための目標修正的パートナーシップがとても重要となります。頑固に「ノー」と言い続けて敵対し、双方に怒りと無気力が募る対立から身を引く方法を、親子は見つけなければなりません。

「気をそらす」ことの価値

　世界に対するトドラーの幅広い興味や、その短時間しか持たない集中力は、対立を防ぎ、また解決するうえで、力強い協力者となります。幼い子どもの注意を、禁止されている物や活動とは別の方向に向ける際に驚くほど効果的な方法は、何か他にすることを与えてあげることです。「気をそらす」などというのは、何のひねりもない方法のように思えるかもしれませんが、子どもの社会的能力を高めるうえで、それには長期的な効果が見られるのです。たとえば、限界設定（リミットセッティング）に関するある長期的な研究は、同じ親子について、子どもが生後12ヵ月の時点、24ヵ月の時点、36ヵ月の時点における母子のやり取りを観察したものですが、その中で、母親は子どもと一緒にさまざまな遊びをするよう指示されました。その際、3分間の時間制限を設けて遊びを入れ替えるよう言われます。その後、子どもが5歳になった時点で、再び母子を観察しました。すると、さかんに子どもの注意を別のものに向けたり、子

どもが興味を示すものに自分も加わったり、生後12ヵ月という早い時期から理由づけや説明を用いつつ、制限された活動から積極的に子どもの気をそらそうとしていた母親の子どもは、生後36ヵ月の時点で、そうでない子どもに比べてより発達した自己概念を身につけていました。さらに5歳の時点では、満足遅延耐性がずっと高いことがわかりました。[14] 子どもに積極的に関わることなく、指示したり命令したりする方法は、母親が子どもに物事を教え、社会性を身につけさせる作戦として効果的ではなさそうでした。母親が望ましい行動を取らせようとして出す指示が、子どもが願望や衝動によって駆り立てられている方向と違う向きを示す場合、それを読み取ることは難しいものです。母親自身が自ら子どもと積極的に関わることを通して、禁じられた活動に代わるものを実際にやって見せることで、子どもは母親をお手本にして社会性を身につけるのです。

　気をそらすことは、認知的・社会的発達の真っただ中にある幼いトドラーにとって、効果的であることが多いと言えます。生後12〜24ヵ月の間は、子どもはその瞬間に強い興味を覚えるものに夢中になりますが、その注意が持続する時間は短いものです。そのため、確信を持って熱心に提示される新たな探索のチャンスがあれば、同じくらい張り切って取り組むことができます。幼い子どもは、大人から物事の理解の手がかりを得ているので、もし親や養育者がある物や活動に興味を示せば、子どもも同様に興味を持つことが非常に多いのです。「社会的参照」とは、他者の感情表現に影響されるという人間の傾向のことですが、それは生後1年目にすでに観察される行動です。文字どおりの興味の爆発を体験し、自分の心や他者の心を理解しつつあるトドラーにとって、社会的参照は自分がどんな行動を取るべきかを知るための、主要な道しるべとなります。親や養育者側がお芝居でもするような感覚で臨むことは、こちらが望む方向に子どもの気を引くのに驚くほど効果的です。たとえば、ちょっと大げさに感情を表現してみせることで、子どもは親が自分にさせようとしていることに対し、「自分もやってみるとよさそうだ」と納得しやすくなるのです。

　気をそらす方法は、ある程度までは機能します。子どもの集中力の持続時間が長くなり、意識的に行なう行動が増加してきたら、それにつれて親子それぞれが望むことのずれを修復し、社会化を促す作戦のレパートリーを増やす必要があります。非常に反応の度合いが激しくこだわりの強い子どもの場合、別の

活動に気をそらそうという試みには多大な時間と忍耐とエネルギーが必要となるでしょう。時にはすぐに効果を発揮するような簡単な介入方法が見つからないこともあります。

意見の不一致について交渉する

交渉による解決を妨げるものは何でしょうか。自分が折れるのは子どもを甘やかすことになるのでは、と恐れる親もいます。一貫性を保つため、一度ダメと言ったら最後までそう言い続けなければならないと信じているのです。

> 1歳6ヵ月のメアリーは、ペットの犬とのキャッチボール用に取ってあるゴルフボールで遊び始めます。ほぼそっくりに犬のまねをして、自分でボールを投げては取りに行きます。楽しくてうれしくてキャッキャと笑います。父親は、そのボールは汚いから遊んではいけない、と言います。ボールを取り上げられて、メアリーは激しく泣きます。いつも味方になってくれる5歳の兄が、妹をかばって「みんなそのボールで遊んでるし、メアリーだって口に入れたりしないよ」と言います。父親は自分でもちょっと馬鹿げているな、と思いながらも、効果が台無しにならないよう、今の姿勢を貫かねばなりません。そこで、こう告げるのです。「パパがダメと言ったら、ダメなんだ」

> 3歳のステファンは、母親が植木に水やりをしている間、ホースのそばにできた水たまりの水を裸足でバシャバシャしています。暑い夏の日で、疲れてイライラしている母親は言います。「やめなさい、ステファン」。ステファンは「面白いんだもん」と言います。「ダメ！」と言う母親に、息子が「どうして？」と聞くと、母親は自分が言ったことを変えたくなくて、「ママがそう言ったらそうなのよ」と答えます。

多くの親は、「常に同じように対応しなければいけない」「子どもに屈してはならない」という、自分の内面でわき起こる欲求と周囲から突きつけられる要求の、両方に悩まされています。子どもと対立したときは、ぐらつく意志の力をありったけかき集め、それにすがりつくのです。なぜなら、「一貫性がある」

ことが、多くの親に幻想的な美徳を授けてきたからです。

　しかし誰だって、後からよく考えれば馬鹿げていて余計だったと思うようなことを、その場の思いつきで決断してしまうものです。もっと良い判断ができるのに、それに背いて今やっている方針に固執することには、一貫性があるというよりは頑固じみたところがあります。もし他の大人がこのことを指摘してくれれば、ほっとして同意し、考えを変えるはずです。自分のぱっとしない命令に子どもが異議を申し立ててくれたときにも、同じようにやってみたらどうでしょうか。

　親の欠点を察知することにかけては、トドラーは飛び抜けて敏感です。小さなジョッシュは生後34ヵ月のとき、大声を上げている母親に向かって、ほっぺたに涙をポロポロとこぼしながら言いました。「ひどいよ、ママ。そんなやり方じゃダメだよ」。それを聞いた母親は、言われたとおり、もう少しうまく対応することにしました。大声を上げるのをやめて自分自身を立て直し、こう説明したのです。「ジョッシュ、どうしてママがこんなに怒っているのか、説明させてちょうだい。ママは、あなたがママの言うことを聞かないのが困るのよ」。自分自身の行動を進んで変えようとした母親の姿勢のおかげで、相手とうまくやるためにお互いにどうすべきかについて、親子で有意義に話し合うことができました。

　納得できる根拠に向き合えば、自分の考えを変えることもいとわないという態度から、子どもはより高いレベルの一貫性を学ぶことができます。それは異なるものの見方に関する対話に進んで参加しようとする前向きさです。親子それぞれの「心の理論」は、新しい根拠との出会いに応じて自由に変化していく場合に、より洗練されたものとなります。

　もちろん、親の目標を子どもの目標よりも優先する必要がある場合や、親が譲らず「ダメ」と言わなければならない場合もたくさんあります。

　よくありがちな場面について考えてみましょう。子どもをベビーシッターに預けることにして、親が夜に外出する準備をしています。子どもが母親の首にしがみつき、「置いてかないで!」と叫びます。母親は子どものつらい気持ちへの共感といら立ち、夜のお出かけの魅力と家にいたい衝動との間で、引き裂かれた気持ちになります。そんな状況ではどんな妥協の道もないように思えます。ここにパートナーシップの余地はあるでしょうか。

この状況を正当に評価するために、まずは物事の背景に目を向ける必要があります。子どものこの行動を引き起こしている、目に見えない動機は何でしょう。日中、親と一緒に満足できる時間が過ごせたのか、あるいは、愛着のニーズを満たすチャンスがなく、この外出はそれに追い打ちをかけるようなものなのか。子どもはこのベビーシッターのことを知っていて、気に入っているのか、あるいはこのベビーシッターは新しい人で、まだ一時的な親代わりとして信頼感を持つことができないのか。子どもの抗議は、ことによると自分は子どもに過度の期待をするばかりで、親の不在を乗りきれるほど十分なサポートを与えていないのだろうか、と自己評価をするための有益なきっかけとなります。

　「まあ、確かに──」と親は答えるかもしれません。「今日はいろいろ大変だったし、いつものベビーシッターが直前に来られないとキャンセルしてきたから、あの子がほとんど知らない代わりの人に頼まなければならなかった。こういうときは一体どうしたらいいの？　私たちのニーズだって大切じゃないの？」と。もちろん、親のニーズは大切です！　問題はどうやってそのニーズを、子どもが体験していることを見失うことなく主張するかということなのです。

感情に注意を向ける

　子どもが何を感じているのか、そして親がその一因としてどう影響した可能性があるのかを理解しようとするのに、実際の決断（この例の場合、外出すること）を変える必要はありません。そうではなく、その決断について子どもに説明するときの言い方を変えるのです。トドラーは、思っていても言葉にできないことを共感的な表現で言ってもらえると、とてもほっとします。「あなたがイヤなのはわかるわ。ママとパパは今日忙しくて、遊ぶ時間がなかったものね。そのうえ、また出かけてしまうんだもの、不公平よね」と親が言うのを聞くと、子どもは安心するのです。「新しい人のことをよく知らないから、一緒にお留守番はイヤだってこと、ママたちはわかってるよ。でも、あなたが知らなくてもママたちは、この人が子どもにすごく優しいことを知っているの。だから選んだのよ」と伝えることもできます。「帰ってきたら、眠ってるほっぺたにキスしてあげるし、ギュッと抱っこして、ちゃんと毛布の中であったかくして眠れるようにしてあげるからね」と言って安心させることもできます。「今日は

ほとんど時間がなかったから、その代わりに明日は、一緒に何か特別なことをして過ごそうね」と約束することもできます。こうしたことを全部、少しずつ言ってもかまわないですし、一番子どもに関係のありそうなことだけに焦点を絞って言ってもよいでしょう。そのうえで、もう行かなくてはならないと言えばいいのです。もしかしたら、何か小さな移行対象（貝殻やおもちゃ、親の持ち物で子どもが好きな、危なくないもの）を厳かに子どもに渡して、「私たちが帰ってくるまで、これが一緒にいてくれるよ」と伝えてもいいかもしれません。

　もちろん、一日中ずっと一緒に過ごして、大好きなベビーシッターが来てくれたとしても、出がけに子どもにしがみつかれることも時にはあります。そのような場合でも、話をする余地はあるのです。「今日は一緒にいろんなことをして楽しかったね、だから、ここでやめるのって難しいわよね」と言うこともできます。「ママたちが出かけている間も、いつものベビーシッターさんが楽しい時間を過ごせるようにしてくれるわ」と言ってもよいでしょう。そのうえで、もう行かなくてはと言うのです。児童精神科医のスタンレー・グリーンスパン（Stanley Greenspan）が指摘するように、「断固とした制限を設ける」からといって（この魔法の手法は、複雑な子育てに対する万能薬として何世代にもわたって受け継がれてきましたが）、その体験をしている子どもの感情に適切に共感することを、除外する必要はないのです。

感情を言葉にする

　子どもは実際に話せるようになるずっと前から、言語を理解しています。親が子どもの体験を理解ある言葉に翻訳してあげることで、子どもはネガティブな感情を抑えて、その感情に耐えられるようになります。この意味で言えば、話すことにより、混沌とした状態が整理され、漠然とした感情から解放されるということになるでしょう。

　まだ話せない子どもは、体の中から生じる怒りや不安に翻弄され、それを理屈抜きに体験します。たとえば、空腹の苦しみ、歯が生えるときの痛み、おなかに感じる切迫した便意、急に転んだときのショック、耳の感染症による刺すような痛みなどです（マルティン・ルター〔Martin Luther〕が初めて悪魔について理解したのは、便秘と闘っているときだったそうです）。寂しさも、これは身体そのものから生じるものではないものの、同じく体を通して体験するものです。母親

を求める気持ちは、心が空っぽな感じや、漠然とした空腹、のどの渇きという形を取って表れます。これらは全て、まずは怒りや苦痛から生じる音（すすり泣き、号泣、叫び）を通して表現されます。

親はこうした音の意味を知ろうとし、その出どころを探り、その原因について対処します。これがうまくいって効果があれば、子どもは落ち着きます。うまくいかなければ、子どもは名づけようのない苦痛の手中に留まったままです。母親と父親が幼い子どもの幸福感や絶望感に対して中心的役割を果たす理由は、これなのです。親は子どもの体験を理解し、それに対処する責任があり、また、そばにいられないときには代わりにその役割を担ってくれる保育者を見つける立場にいるのです。

言語を身につけると、トドラーは親や身近にいる大切な人とコミュニケーションできる、新しい道具を得ることになります。今や、以前は話すことのできなかった体験について言葉で表現することができます。話せるようになる前でさえ、親が話すのを聞いて、言語というのは感情を共有するための手段だと知っているのです。

1歳2ヵ月のレジーは、生まれてからずっと過ごしていた、大好きだけれど仮の住まいだった里親のもとから、養子縁組した家族のところへ引っ越してきました。まだ発話は見られません。新しい家に来てから最初の2週間、レジーはほぼ絶え間なく叫び続け、ほとんど眠らず、ほんの少しでも不満があると床に身を投げ出し、ひどく泣きじゃくります。養母になった母親は、この子をこのまま引き取っていいものかどうか真剣に迷い始めます。健常な子どもではないのかもしれないと心配しています。専門家に相談すると、子どもが泣き叫んだときは必ず子どもをしっかりと抱きしめて、次のように繰り返し言うようアドバイスされました。「あなたは私と一緒にここにいるのよ。もうバイバイはないの。これからは私がママよ」。このおまじないの言葉は、子どもだけでなく、母親自身の恐れや苦しみを和らげるのにも役立ちました。言葉の真意が受け止められ、レジーの癇癪はすぐに減っていき、最後にはなくなってしまいました。ところが、レジーは相変わらず、新しい母親がどこにいるかが気になって仕方なく、母親をじっと観察し、姿が見えなくなると泣くのでした。両親は息子と一緒

に、「いないいないばあ」やかくれんぼなど、「消えたものが再び出てくる」ゲームをすることで息子を支えます。また、レジーは長時間「びっくり箱」タイプのおもちゃを触っていることがあり、中のおもちゃをしまっては飛び出させる、ということを繰り返します。消えたものが何度でも繰り返し現れるという現象は、この子にとって、目に見える形での安心感をもたらす効果がありました。

　レジーの新しい母親が子どもに共感し、子どもの恐れを口に出してあげられたおかげで、レジーは寂しさから来る怒りや絶望を、「自分に耳を傾け、理解してくれる人はいるのだ」という確信に変えることができたのでした。この確信があれば、言葉が使えるようになる頃には、レジーは自分の感情を言えるようになるでしょう。この体験は痛みを伴うものではありましたが、自分が感じていることを、思いやりがあり支えとなる言葉に言い換えてくれる人がいない状況に比べれば、ずっと希望に満ちたものと言えます。一方で、レジーには依然として分離不安が生じやすい傾向が残っています。トドラーの情緒的風景を特徴づける喪失の不安が顕著に現れてくるこの時期に、かけがえのない親代わりの存在を失った事実に照らせば、この不安は現実的で適応的な不安だと言えます。

　言語を使うことで、トドラーは対人関係においてさらに対等なパートナーとなることができます。人と交渉する際に使える行動のレパートリーがずっと豊富になったのです。言語のおかげで、子どもは実用的な記号を一式、身につけることになります。これは複雑な体験を簡潔に表現する方法として使えます。たとえば「ママ」という言葉は、子どもが母親と接して体験できる大部分のこと（愛情のこもったまなざし、気分が安らぐ匂い、気持ちが落ち着く声、温かい感触、大好きな遊び）を思い出させてくれます。一つの言葉に何千ものやり取りの情緒的な味わいが刻まれているのです。その結果、どの言葉も物事の意味を記号化する効率的な手段となり、子どもは言葉を覚えることができるようになります。子どもの記憶力や、物事の仕組みを理解する能力、原因と結果をつかむ力が高まります。また、子どもが他の選択肢について考えたり、どの方針を選ぶかを決めたりすることも可能になります。

　こうしたこと全てのおかげで、子どもは、以前は行動でしか表せなかった気

持ちを言い表すのに、言語を使うことができるようになるのです。誰かを押しのける代わりに「あっちに行って」、他の子どものおもちゃをつかむ代わりに「私のよ」と言えます。叩く代わりに「僕、怒った」と言うこともできます。言葉を使う能力は、不安、怒り、恐れに圧倒されないための防具として機能するのです。

言葉では足りないとき

　言語はコミュニケーションへの新しい展望を開いてくれますが、限界もあります。言語は物事を簡潔に表しますが、そうであるがゆえに、主観的な体験の持つ多様で微妙なニュアンスが全て完璧に表現されることはめったにありません。言葉は体験のある側面をいくらかは取り扱うことができますが、広く五感を伴った質感を持つ体験全体を扱うとなると難しいのです。「ママ」という言葉は、子どもが母親に感じるポジティブな感情だけしか呼び起こさないかもしれません。親子の関係に含まれる、苦労、アンビバレントな気持ち、怒り、恐れは、言葉の領域の外に留まったままかもしれないのです。

　この意味で、物事を言葉で表現することには、抜け落ちの影響がつきものだと言えます。というのも、名づけられないままの体験は消し去られ、言語を通して正式に存在が認められた部分とは切り離されてしまうためです。[16]

　このことはまた、子どもの生活の情緒的な側面にも当てはまります。幼い子どもの感じ方は強烈なため、慰めようのない悲しみや、耐えがたい喪失感を体験します。大切なおもちゃが壊れたとか、「さよなら」するのが耐えられないときには、「悲しい」「がっかりだ」などという言葉は、まがいものに思えてしまうでしょう。子どもの喪失感の大きさを、とても捉えきることはできないからです。子どもは思いやりのある大人がそばにいて、苦しむ自分を支えてくれることを求めていますが、苦しまないよう言い聞かせてほしいとは思っていません。ケヴィン・フランク（Kevin Frank）は次のように言っています。

　　　その衝動は、子どもを落ち着かせ、物事を良い方向に持っていこうとするものだ。しかし、「私を落ち着かせようなんてしないで！」という叫びが、言葉や何かそれに代わる形を取って、また戻ってくる。このことにひどく不安を駆り立てられるのは、なぜだろう？　子どもの頃からあまり

変わっていない、私たちの恐れ、怒り、不満の全てが、呼び覚まされるからだろうか？　また、子どもを何としてでも落ち着かせようとする衝動は、このパンドラの箱が開かないよう、押さえつけたい衝動なのではないだろうか。慰めようのない状態の子どもと、本当の意味で一緒にいるというのは、とてつもなく大変な仕事である。[17]

　こういうときには、何も言わずにただそばにいることが、子どもの体験に対して敬意を払うことになります。もし子どもが嫌がらなければ、ハグしたり抱きしめたりすることで、言葉以上に感情を伝えることができます。実際、言葉で説明することで激しい感情を取り除こうとするつもりで、こうした状況で言語を用いると、どうしても間違った使い方になりがちです。いずれ、子どもが自分の体験を振り返るのを親が手助けするときに、言葉を使う場面は出てきます。準備ができていない段階で子どもをなだめすかし、気持ちを言葉で表すように仕向けると、子どもは言葉にならない体験の領域に足を踏み入れることから遠ざかり、話すことと感じることは同じことだと誤って学んでしまうことになります。

パートナーシップ意識の行き詰まり

　親が気持ちのうえで子どもに寄り添ったり、力になったりできないこともあります。子どもの怒りや苦痛が、親の心のかなり奥深くに埋もれていた感情を呼び覚ますためです。そばにいる、支える、または感情を言葉にする代わりに、大声を上げたり、冷たい沈黙の殻の中に閉じこもってしまったりする場合もあるでしょう。これまでにどんなパートナーシップ意識が親子の間で育まれていたとしても、その意識は大きく揺らぎ、まるで取り返しがつかないほどに損なわれてしまったように感じられます。憎しみが愛に取って代わるのです。お互いの関係の中にも、自分の心の中にも、すぐに逃げ込める安全基地は見当たりません。

　こんなコントロール不能の状態を必ずしもお勧めするわけではありませんが、私たちがあまりにも人間的過ぎるからこうなるのだと思えば、いくらか気が休まるでしょう。メリットだってあるかもしれません。度を越すものでなければ、子どもは自分だけではなく親もまたあらゆる感情を（時には望まない感情であっ

ても）体験するのだと、理解することだってあり得るでしょう。

　親は、どんなときでも子どもに共感し、子どもを支えなければならないという大きなプレッシャーをかけられています。子どもにとって最適な精神的健康、認知的発達、創造性を入念に養っていくことを求められています。しかし、これは無理な注文ですし、実のところ深刻な犠牲を払うことにもなりかねません。親が何でも子どもに合わせようとする雰囲気が漂う状況では、子どもは自然にわき起こる深い感情について学ぶ大切な機会を奪われてしまいます。親が過度に子どもの気持ちばかり案じていると、子どもは自分も同じようにそれに合わせるべきだという暗黙のメッセージを受け取ります。そんな立派な態度の親に見合うためには、自分も相当に行儀良くしておいた方が身のためだ、というわけです。このプレッシャーは、幼い子どもにとってかなり強い締めつけとなります。

　子どもの行動が本当にうっとうしくて受け入れがたいときはあるものです。断固としつつも、ぞんざいな態度にならないよう最大限の努力をしてその行動をやめさせようとしたって、それでも延々と続くこともあります。親の最終的な怒りは（すっかり落ち着いていようと、かなり不安定なままであろうと）、重要なメッセージを子どもに伝えます。それは、「不適切な行動をすれば、あなた自身が困った結果になる」ということです。

　トドラー期というのは、このことを理解し始める時期と言えます。子どもは、自分の感情、そして相手の感情を通して体験したときに、一番しっかりと物事について学びます。親が感情を表現することで、子どもは「自分を四六時中コントロールする必要はない」ということを学べるので、実際には子どものためになるのです。

ケンカの後の仲直り

　ここで重要となってくる問題は、親がカッとなった後でどうするかということです。この場面でこそ、言語が非常に役に立ちます。なぜなら言語を用いて、「ママとパパがあんなに怒ったとき」に起きたことについて、親子で話し合うことができるからです。

　親の怒りというのは、それがどれだけ理にかなったものであっても、子どもにとっては常に恐ろしいものです。よりうまくこの恐れに対処するには、次の

ようにするとよいでしょう。それは、ママやパパがどんな気持ちだったかを説明する、子どもにどんな気持ちだったかを尋ねる、「あなたに怒っているときでも、大好きな気持ちは変わらない」と伝えて安心させるなどです。子どもが困難な体験に意味を見出すことができれば、子どもの安心感は一時的には揺らぐものの、永久的に損なわれることにはなりません。実際、パートナーシップのつまずきを繰り返し修復することで、いつもは優しい親が突然、怖いくらい怒った人に変わってしまったときの絶望感や失望感に対して、だんだん免疫ができてくるのです。そして、怒りが収まれば、また親密さを取り戻せると学ぶのです。

　親が自分の個人的な理由でキレて、子どもの行動をその怒りの爆発の口実にしているときは、どうでしょう。ここでもまた、話をすることが役に立ちます。「ごめんね」と伝えることで、子どもに不当な恥を感じさせず、「あなたが悪いのではない」と安心させ、低下した子どもの自尊心を補強することができます。もちろんそのためには、親が本気でそう思っている必要があります。話をすることが、親の罪悪感を軽くするための常套手段になってしまったら、それは誠実なものではなくなってしまいます。親が本気でもっと良くしていこうとしているのか、それともただ単に、次に怒るときまで今起きたことを忘れていたいから、「ごめんね」と言っているのか――こういうことに子どもはとても敏感です。

　親と対立したエピソードを修復する作業を通して、子どもは自分自身の内的なコントロールを身につけられるようになります。仲直りの長期的な目標

96

は、安全基地（外の世界では親がこれに相当します）を子どもが心の中に作れるよう、サポートすることです。これがうまくいくと、子どもは困難なときを乗り越えるのに役立つ安定感や自尊心を身につけることができるのです。

> ジョッシュは４歳のとき、父親に怒鳴られた後で、こう伝えました。「パパ、僕は小さいんだ。大人は小さい子どもには怒鳴っちゃダメだよ。パパは自分をちゃんと抑えられなきゃいけないよ」。父親はまだ怒りが収まらず、「パパの言うことを聞かないときは、お前を怒鳴らなければならないことだって、あるんだ！」と答えます。

ジョッシュの発言は、彼がトドラーの頃から多くのやり取りを通して学んできた真実の「集大成」とでも言えるものです。そうしたやり取りの中でジョッシュは、たとえお互いの間に感情的なもつれがある最中でも、父親に耳を傾けてもらえ、気持ちに寄り添ってもらえたと感じていたのです。父親の方は、息子が言うことを聞かないことに対する不満を表現するにあたり、自分自身の身に起きている感情体験の正当性を貫きました。父親のやむにやまれぬ発言から、ジョッシュは、責任は両方にあるというメッセージを受け取りました。これは、この年頃の子どもであれば取り組みが可能な教訓と言えます。

「失望」の情緒的な価値

パートナーシップの関係においては、相手に合わせるために自分の計画を変更することもしばしばあります。また、相手の望みどおりにできず、結果的に相手を失望させたと認めなくてはならないことも同じくらいよくあります。これは子どもにも大人にも当てはまります。失望は、かなり幼いうちから体験するもので、その感情を体験しても心はまた元どおりになるということを理解するのは、子どもにとって必要なことです。

にもかかわらず、親は子どもをがっかりさせることに対して罪悪感を感じることが多いものです。もし親が常に自分の望みを犠牲にして子どもの望みを受け入れていたら、罪悪感はパートナーシップ形成の大きな障害となる可能性があります。そんなふうに無意識に子どもに譲歩してばかりいると、子どもに「あなたの望みは常にもっともだ」と伝えることになってしまい、子どもは、

不満や失望は何としてでも避けるべき危険な感情だと学ぶことになります。

　また、罪悪感のために親が極端な交渉をしてしまうこともあるでしょう。お行儀良く言うことを聞いてその状況を受け入れるよう、子どもに頼み込むのです。以前、とても子ども思いで繊細な母親がいました。その母親は、あるすてきなパーティーに参加していて、もう終了の時間になったので、娘のソフィー（トドラー期）を連れて家に帰りたかったのですが、ソフィーは当然帰ろうとしません。母親は最大限に説得力を込めて、娘をなだめて言い含めようとします。「ソフィー、行きましょう。ここにいたいのはわかるけど、疲れてるでしょ。他のみんなも帰ったわ。トミーを寝かせなくちゃいけないし、あなたも寝ないとね。お願い、行きましょう」。ソフィーの答えはというと──走り去って遊び続けました。母親がとうとう娘を抱きかかえて帰ろうとすると、ソフィーは床に身を投げ出して叫びました。母親は再び頼み込んでなだめます。「ねえ、疲れてるでしょ。だから泣いてるのよ。お願い、帰りましょう」。これが40分間続き、この親子の不満も、そして言うまでもなくこのお宅の主人やその家族の不満も、どんどん募っていったのでした。

　逆説的なようですが、家に帰ることについて子どもの許可を得ようとしたこの母親の努力は、実は子どもから、「何かがイヤでそれに抵抗する権利」を奪ってしまったのです。子どもはネガティブな感情を表現する自由を奪われ、その代わり、周りの期待に応えなければというプレッシャーに飲み込まれてしまったのでした。誰一人として、子どもでさえ、ネガティブな感情を持つ権利を放棄する必要はありません。怒りや悲しみ、失望を放棄するということは、自分自身の一部に対する権利を手放すことと同じなのです。

　失望について少しずつ学ぶという体験をしていない子どもは、他の人のニーズと譲り合う練習をする機会が不足しているので、立ち直る力を身につけることができません。そして自己中心的で要求がましくなり、人にあまり好かれない子どもや、一緒にいるのが難しい子どもになる可能性があります。ソフィーの母親が、子どもの抵抗を押し切り、子どもを抱え上げて家に連れて帰ることができたなら、その子自身や周りのみんなのためにもなったでしょう。

過去が心に忍び込むとき──赤ちゃん部屋のおばけと天使
　子育てをしていると、親は否応なく自分の子ども時代を思い出します。大昔

の感情が一方的によみがえり、しばしばどこからわいてきたのかわからない、どうにもコントロール不能の感情を、山ほど体験している自分に気づきます。こうした感情はどこから生まれるのでしょうか。そしてそのような感情は、自分自身の親を連想させるような振る舞いを通して、どう表現されるのでしょうか――自分が親にされたことを決してわが子には繰り返すまい、とわが身に誓ったにもかかわらず表れる、自分の振る舞いを通して。

ウィリアム・フォークナー（William Faulkner）は、こう書いています。「過去は決して死なない。過ぎ去りさえしない」。これはなぜかというと、私たちは幼い頃の記憶を、身体感覚や、自己や他者の認識の仕方、人間関係についての思い込み、そして感情が動く状況や対人的な場面で自然にわき起こる反応の中に持ち続けているからです。こうした非言語的な早期の記憶は「潜在記憶」と呼ばれます。潜在記憶は、脳で記号化される際に意識的に注意を向ける必要がないため、意識の外に存在すると言えます。潜在記憶は私たちの生活の情緒的側面について多くのことを知らせてくれますが、「思い出している」という自覚を伴いません。なぜならこうした記憶は、言葉を話せるようになる前に作られ始めるからです。さらに言えば、脳の非言語を司る部分（危険や安全、痛みや心地良さのサインを記録しておく脳の部位）を走る神経回路というのは、言語や論理的理解や認識（意識的なもの）と関わりの深い、後から発達する脳の部位と強固に結びつく以前に形成され始めるからです。早期の記憶は、感覚、知覚、反射的で自発的な反応といった形を取ってよみがえり、言語化が可能な実体験についての明確な想起を伴いません。こうした潜在記憶は、意図的なコントロールとは無関係に自律的に存在しているように見えますが、それは潜在記憶が自己感の意識的な構造に統合されていないためです。潜在記憶は生まれた瞬間から形成され始めますが、その後、生涯を通してあらゆる体験を蓄積し続けます。人間の体は、私たちが意識的に処理し想起できるのとは比べものにならないほどの、多くの体験を吸収します。そしてこうした継続的な非言語的体験の痕跡は、いつ何どき再浮上するかもしれないのです。

後から成熟するタイプの記憶は、顕在記憶と呼ばれます。これには、意識的な想起や、体験を言葉にする能力、生後3年目に発達し始める自伝的な要素を持つものなどがあります。顕在記憶は、生後2年目に発達し始め、記憶が呼び起こされる際に「思い出している」という感覚を伴うものです。顕在記憶のう

ち自伝的なものについては、脳で記銘される際に自分で気づいているという感覚と意識的な注意が必要なため、トドラー期に始まる心の理論を発達させる新しい能力と関連していると言えます。

　どんな記憶も全て、人とやり取りをする体験を通して力強く形成されます。人との関係性により、子どもが何を感じ、処理し、言葉にし、思い出すことを許されるのかが決まってくるのです。その瞬間に子どもが感じている気持ちを親が受け入れ、その気持ちを安全な感情表現へと変える手助けをするとき、子どもが身につける情緒の幅は広がり、豊かになります。自分はうれしいんだ、悲しいんだ、怒っているんだ、またはこれら3つを同時に感じているのだということを、子どもがわかるようになるのです。ストレスに対し子どもがどう感じているかを親が理解し、受容的な態度でその気持ちに名前をつけ、子どもが圧倒的な強い感情を安全な形でコントロールし変化させるよう促すとき、親は、子どもが「感じる」ことと「知る」ことを結びつける手助けをしていることになります。感じることと知ることの間に橋をかけることにより、内面的な一貫性やまとまりのある自意識が作り出されるのです。

　感情について知ることや感情を表現することを親が禁じてしまうと、子どもはどうしようもないほどの心理的ジレンマに陥ってしまいます。愛着理論の生みの親であるジョン・ボウルビィが、「わからないはずのことをわかり、感じていないはずのことを感じること」と呼んだジレンマです。実生活の中で起きるつらい出来事やそれによって引き起こされる激しい負の感情は、そのときは意識の外に締め出されるものの、思考、感情、行動に強い影響を与え続けます。人生において起きるこうした出来事は、主に以下の2つのカテゴリに分類されます。

1.　情緒的に非常に大きな意味を持つものの、親が子どもに知られたくないと思っている家庭環境（例：きょうだいの死や親の自殺、親や近親者が服役中であるなどの不名誉な状況、家庭内の暴力）
2.　親から子どもへの、否定的な言動、あるいは不当な扱い（「泣きたくなるような目に遭わせるわよ」「お前のためにぶつんだ」「嘘つき」「あなたがそう思ってるだけよ」）

知ってはならぬ、感じてはならぬというプレッシャーをかけられると、子どもは自分自身の感覚を信じられなくなったり、親密な関係に不信感を抱くようになったり、他の人の気持ちを否定するようになったりする可能性があります。そして自分が親になったとき、なかなか子どもの気持ちを理解することや妥当だと思うことができず、気がつけば、今度は自分が子どもに、「私が知っていること、感じることしか、あなたは知ってはいけないし、感じてはいけない」というプレッシャーをかけているかもしれません。セルマ・フライバーグはこの過程を、「赤ちゃん部屋のおばけ」（ghosts in the nursery）という比喩で表現しました。これは子ども時代に抑えられた情緒的体験が、親になった今、子どもとの体験の中で再び現れてくることを指しています。このように抑圧された体験に苦しんでいる親にとって、子どもの視点から物事を見ることは難しいものです。なぜなら、幼い頃に情緒的体験を認めてもらい、自分なりの「心の理論」について、もっともだと認めてもらうということが、自分にはなかったからです。

　2歳になるオスカーの父親は、息子がアイスクリームを食べた後に口を拭いてやったり、遊んでいる途中でオムツを替えてやったりする際、息子から「イヤ」というふうに押しのけられると、怒りがあふれそうになります。息子を叩きたくなる自分を恥ずかしく思うものの、その衝動を抑えるのもやっとのことです。育児について友人たちと話しているとき、彼は自分のこの奮闘について、自虐、ユーモア、きまり悪さ、強がりの入り混じった様子で打ち明けます。彼のことを小学生の頃から知っている、一番古くからの友人がこう言います。「お前、あんなに父親にぶたれたんだから、当たり前だろ」。父親は不意を突かれて、思わず口走ります。「だって、あれは俺が悪かったんだ！」。彼は子どもの頃、自分に重くのしかかっていた恐怖心から、自分の父親は悪くないと思うために自分を「悪い子」だと考え、そういう自己イメージを取り込んでいたのです。それが今ここに来て、自分の子どものことを「悪い子」であり、ぶたれるに値する存在だと感情的に見てしまっていたのでした。

過去を振り返ることで、親は子どもの頃の体験や感情の記憶を取り戻すこと

ができます。そしてこの作業は、わが子に対する自分の情緒的な反応に意味を持たせるのに役に立ちます。この過程は、つらい体験だけでなく、受け入れられた、愛された、守られたなどの感情の記憶についても生じます。次の2つの事例には、こうした記憶が何十年経った後でも、いかに心の糧として働き続けるかということが描かれています。[19]

　ある母親はこう回想しました。「息子が生まれてすぐに、私、歌を歌ってあげるのを習慣にしたんです。ある日、ねんねするように息子を揺らしながら、私が子どもの頃に大好きだった歌の歌詞を思い出そうとしていたんです。あの子の背中をさすり、赤ちゃんの甘い香りを嗅ぎながら抱っこしていると、いつの間にか、「ピーナツ見つけた」（"I found a peanut"）という歌を歌っていました。私は瞬時に、幼い頃、居心地の良い小さな部屋で、揺り椅子に座った母親のひざの上で、母親がこの歌を口ずさむのを聞いていたときのことを思い出したんです。母親にギュッと寄り添ってね。私はそのとき具合が悪くてだるかったけれど、安心して安らいだ気持ちでした。それから、私が病気のときに母親が私を慰めてくれたり、抱っこしてくれたり、すごくかわいがってくれたりした、穏やかで愛情に満ちた瞬間もいくつか思い出しました」

　別の母親はこう言いました。「パパについては、全てが温かかった。パパの前にトコトコ歩いていくだけで、にっこりしたくなっちゃうのよ。パパはいつも帰ってくると長椅子に座るのが好きだったわ。新聞を読んだり、足を何かに載せたりして……。いつも腕をこんなふうにして、アーチみたいにして曲げてね、ここはお前の場所だよって言うみたいに。そして私が来るのを待っててくれたわ」

　このような「天使のような役割を果たす記憶」（angel memories）は、恐れ、怒り、痛みに対する解毒剤としての機能を果たし、自分が望むような親になりたいと模索する親を導く「守護天使」として活用することができるのです。

パートナーシップを促すには

　では、どのようにしたら、健全なやり方でもって、トドラーにこちらの言うことを聞いてもらえるでしょうか。以下にいくつか方法を挙げてみましょう。

- 子どもが好きそうな他の選択肢を与えます。これが関係者全員にとって一番痛みの少ない、有効な方法と言えます（「今から家に帰って、それから一緒に『セサミストリート』を見ましょう」）。もちろん、いつもこれができるとは限らないですし、常に効果的とも限りません。

- こちらの要求は重要で意味があるのだ、という確信が伝わるような口調で言います。そうすると子どもの方も、親の要求に意味を見出します。なぜなら子どもは親を信じる傾向が強く、また親を喜ばせたいと思うからです（「雨の中にいないで、こっちに入ってきなさい。長い間雨にぬれていると、子どもは病気になってしまうから」）。

- 子どもが生まれつき備えている公平感は、あらゆる場面で親の協力者となります。ある行動について「それは人が嫌がることだ」と説明することで、求めることは人それぞれ違うのだと理解するようになります（「スプーンでテーブルを叩くのはやめなさい。耳が痛いよ」「馬鹿と呼ぶのはやめてちょうだい。傷つくわ」）。

- 多くの場面において、どうするかを決める責任はこちらにあるということを説明する必要があります。親が自信を持って「決めるのは私だ」と言えるようになったおかげで、手に負えない癇癪が治まったトドラーはたくさんいます。親と対立中の子どもにとって、親が寛大でありつつ権威を示してくれることほど安心感を与えてくれるものはありません。彼らのあの激しい抵抗ぶりからすると、とても信じられないことではありますが。

- 何をやってもうまくいかない場合、ユーモアが有効なこともあります。子どものとんでもない要求をゲームにして、たとえば「本当に夕食の前にデザートが食べたいの？　これはびっくり仰天！」と、まるで信じられないといった素振りで言います。そして、そのままこの話題で遊びを続けると、子どももそのゲームのムードに乗って、何が許されて何が許されないかをお遊びの形で学ぶことができます。

- 時には、行動に出る以外に健全な方法が見つからないこともあります。まだ十分に言葉を話すことができない生後12〜18ヵ月のトドラーの場合は、特にそうです。年長トドラーに関しては、行動に出るのは最後の手段とするのがベストです。つまり何をやってもダメなときや、子どもの安全のために素早い対応が肝心なときなどです。子どもを抱えて別のところに連れ

ていく方が、なだめすかしたり、頼み込んだり、説明したりするよりもう
まくいくことがあります。なぜなら、それによって子どもは「親は子ども
のことを育てるという、責任ある仕事をやっているのだ」と学ぶからです。

　親が子どもに言うことを聞くよう促すときに、逆効果となるのはどんな方法
でしょうか。子どもに恐れや罪悪感を持たせるやり方は、さまざまな問題の根
源として比較的わかりやすいものです。もっと見えにくいものでは、「協力し
てくれなくちゃ」「みんなと共有しなさい」といった忠告があります。子ども
はその作業の膨大さに混乱し、絶望的な気持ちになってしまいます。そんなに
意味の広過ぎる抽象的な命令に、どうやって従えというのでしょうか？（同様
に、「おりこうさんにしてなさい」という命令に従うなんて、本当にできますか？　十戒
でさえ、もっとシンプルで具体的です。）
　もし、「協力する」といった圧迫感のある難しい言葉を、「手伝ってほしい
の」という簡単な言い方に置き換えたなら、子どもの心の内にある、人を喜ば
せたいという願いに直接訴えることができます。「今度はジョニーの番よ」と
言ったとしたら、トドラーの持つ公平性に働きかけることができます。子ども
に合わせた言葉は子どもの気持ちに語りかけるのです。子どもはこれによって、
良い人間関係の基盤である互恵性、公平性、共感の価値を直接的に学ぶことが
できます。
　親は時々、自分のニーズや願いを子どもに伝えることで、子どもに罪悪感を
与えたり、子どもの持ち前の元気をくじいてしまったりするのではないかと心
配することがあります。しかし、そういうことは当分の間は起こらないでしょ
う。アイラは、母親が「インフルエンザが治って、ずっと気分が良くなった」
と言うのをたまたま耳にしました。すると、すぐさまパッと明るい表情になっ
て尋ねたのです。「ってことは、またママを困らせちゃってもいいの？」。子ど
も自身のニーズと願いは、もし親がそれを抑えつけなければ、いつかまた自然
に自己主張してくるものです。事実、トドラーと親は、自分が望むものを手に
する能力においてかなりバランスが取れています。生後2年目の子どもの場合、
親の要望のうちたった50パーセントしか、最初は従ってもらえないのです。
　反発、拒絶、癇癪は、親にとっても子どもにとっても困難なものです。しか
し、こうした行動の価値を見落としてはいけません。これらのおかげで私たち

は、ぶつかり合う目標を調整し合い、長続きするパートナーシップを築くという、複雑だけれど見返りの大きいスキルを、否応なしに身につけることができるのですから。

第**4**章

気質の問題

　赤ちゃんは生まれたときから、一人ひとり特有の個性を持った存在です。抱っこのしがいがある子どももいれば、親の腕の中でリラックスしない子どももいます。力強く泣く子どももいれば、せいぜいシクシク泣くくらいの子どももいます。常に動き回っている子どももいれば、ほとんど動かない子どももいます。いつもの日課に変更があっても影響がなさそうな子どももいれば、食事や睡眠のスケジュールが変わると泣き崩れる子どももいます。

　こうした観察から、赤ちゃんはこの世に生を受けるとき、すでに自分の体の作用や身の回りの出来事に対して、とても個人的な反応の仕方を身につけていると言えます。[1,2]このような反応は、子どものパーソナリティの変化しにくい部分になることもあれば、子どもの発達につれてその行動が変化したり見られなくなったりする例もあります。それは時間が経ってみないとわかりません。

　こうした個人差は、どこから来てどのように発達するのでしょうか。また個人差が持続するか消失するかを決定する要因は何でしょうか。さまざまな行動のパターンを分類する方法はあるのか、または、それらはまったくの偶然で起こり、予測不能なものなのでしょうか。こうした問いを含む多くの疑問が、人間の発達を理解しようとする人々を、長い間悩ませてきました。

　これらの疑問に答えようとするときに便利なツールとなるのが、気質という概念です。気質は、行動の「様子（how）」と定義づけられます。つまり気質を見る際、その子どもがどの程度激しい振る舞いをするのか、不機嫌なのか、順応性があるのか、予測可能なのか、その傾向を記述しようとするわけです。焦

点を当てるのは行動のスタイルであって、能力（what ／行動の「内容」）や動機（why ／行動の「理由」）ではありません[3]。

　気質について表現するとき、よく非言語的・身体的な体験を表す形容詞を用います。たとえば、神経質な、控えめな、エネルギーに満ちあふれた、立ち上がりがゆっくり、などです。こうした言い方は、ダニエル・スターン（Daniel Stern）が「生気情動」（vitality affects）と呼んだものと重なります[4]。これは生命にとって基本的または不可欠なプロセスに伴う性質の感情であり、たとえば、「おなかが空く／満腹になる」「眠りに就く／目が覚める」「息を吸う／吐く」「活動に伴い多様な情動がわき起こる／消える」などです。この意味では、行動と情動の度合いが気質を代表する特徴だと言えます[5]。

　長い間、気質は不変のもので、人間が持って生まれたギフトあるいは重荷であって、多少は賢く使って耐えることはできるかもしれないが完全には振り払えないものだ、と考えられていました。マーク・トウェイン（Mark Twain）は、1909 年に著した本の中で悪魔にこう宣言させています。「気質は神の律法であり、それは神みずからの手で造られたものであり、すべての生き物の心のなかに刻み込まれているものでもある。だから制限を加えたり、禁止したりする掟がことごとくあるにもかかわらず、気質には従わなければならないし、また従うことにもなるのである。掟など好きなように造らせておけばよいのだ」（『地球からの手紙』柿沼孝子他訳、彩流社、1995 年、103 頁）

　気質を一種の宿命と見るこの考え方は、現在は支持されていません。最近の気質についての見解では、宿命的な考え方が入り込むのを最小限に抑え、子どもの発達というのは、遺伝的特徴、体質、環境が相互に影響し合って方向づけられるものだと強調しています。気質だけで運命が決まるわけではありません。発達についてのこの見方は、気質を一つの要素だけで構成される不変の特徴としてではなく、人間がある特定のやり方で反応するときに見せる、比較的安定した一連の傾向として認識することから生まれました。このような心的傾向は、発達の途上で重視されたり、軽視されたり、質が変わったりすることもありますが、それは子どもと環境の出会いの質によって変わります[6]。

　一体、こうした心的傾向とはどのようなものなのでしょうか。そもそも幼い子どもというのは、それぞれにどのように違うものなのでしょうか。言うまでもなく、どの傾向が気質に基づくもので、どの傾向が環境から学んで身につく

ものかについては、専門家によって意見が異なります。また、気質の特徴を分類し研究するうえで好んで注目する側面も、専門家によっていろいろです。しかし分類の名称は違うとしても、さまざまに挙げられる側面の中に、かなりの重複が見られます。気質研究の先駆者、アレクサンダー・トマス（Alexander Thomas）とステラ・チェス（Stella Chess）は、136人の子どもをトドラー（1、2、3歳）期から大人になるまで追跡調査して、9つもの気質の側面を割り出しました。その9つとは、「活動レベル」「生理的リズム」「新しい状況への最初の反応の傾向（近づくか、避けるか）」「変化への順応性」「反応の強さ」「刺激への敏感さ」「全般的な機嫌（良い、悪い）」「気の散りやすさ」「目標に向けての粘り強さ」^{7, 8, 9, 10}です。子どもはこれらのカテゴリのうち、あるカテゴリにおいてその傾向が強い（または中程度、または弱い）というふうに言うことができ、このようにして一人ひとりの気質の成り立ちに多くの機微が生まれてきます。

　あるカテゴリについて一貫して強いまたは弱いと見なされるからといって、常にそのように反応するよう運命づけられているわけではありません。ある状況で予測とは正反対の行動を取って周りの人を驚かせることもあるでしょうし、ある年齢になって、いずれかの側面でがらりと変化を見せるかもしれません。トドラー期にはとても活発で反応が強い子どもだったのに、学童期に入って静かで穏やかになったと言う親も多くいます。もっと多いのは、学童期には親しみやすく社交的で、どの学年でも楽しそうだったのが、思春期になると別人かと思うくらい内にこもり、怒りっぽくなってしまったという親の不満です。子どもは各年齢において、日々の体験の中身や、自分自身とその世界の知覚の仕方をきっかけに、新しい対処メカニズムが発動することもあるでしょうし、思わぬ弱い面が引き出されることもあるでしょう。ここで大まかに述べた気質の側面は、杓子定規に機能を分類したものではなく、むしろ子どもに繰り返し見られる反応のパターンを理解するための指針と言えます。

気質のタイプ

　9つのカテゴリに分かれていると、一つひとつが有益だとはいえ、数が多くて把握するのが大変です。もう少し使いやすくするために、トマスとチェスは

研究対象の子どもたちについて、この9つの特徴の中で頻繁に見られる組み合わせはないかと探し求めました。すると、特に共通して見られる3つのグループが見つかりました。これらの特徴的なグループに当てはまる子どもは、それぞれ「育てやすい」（easy）、「適応がゆっくり」（slow to warm up）、「手がかかる」（difficult）と表現されました。この「手がかかる」という呼び名そのものは受け入れがたいところがありますが、こちらの忍耐と善意を絶えず試してくる子どもを前にすると、この名前には強く直感に訴えるものがあるでしょう。どの子どもも（大人と同じく）、何日間、それどころか何ヵ月間も、ひどく手の焼ける人間になってしまうことはあるものです。それはそのときに体験している事柄によって、またそれと同じくらい、親の受容度と柔軟性の程度によっても変わってきます（多くの場合は親自身が体験している事柄に左右されます）。難しい気質に対する、もう少しネガティブな響きの少ない呼び名を探してみるならば、「好みにうるさい」「威勢がいい」「柔軟でない」という言い方が考えられますが、本書では、「手がかかる」というカテゴリを「反応が強い」と呼ぶことにします。他に4つ目のカテゴリとして、「活発な」（active）子どもというグループもあります。これはトマスとチェスが特定したものでなく、幼い子どもを対象とした数多くの観察の中から浮かび上がってきたものです。[11, 12, 13]

　これらの分類に全ての人が賛成しているわけではありませんが、彼らが挙げるこの気質のタイプは、間違いなく一考に値します。これまでに広範囲にわたって研究されてきており、幼少期から成人期まで一貫性が見られるからです。この後の節では、子どもの気質が親との関係や安全基地行動スタイルに、そしてこれから発達するだろうパートナーシップにどう影響するかについての具体的な例を挙げながら、この4つの気質のタイプを一つひとつ説明していきます。その一方で、第一線で活躍するパーソナリティ研究者の多くが、「カテゴリ」の観点からではなく「側面」の観点から考察するようになりつつあることは注目に値します。というのも、人というのは（子どもも含めて）、総まとめ的なカテゴリにきちんと当てはまるわけではないからです。というわけで、以下に挙げるカテゴリは、子どもを分類する方法というよりは、気質について考える便利な方法として紹介するものです。

育てやすい気質

このタイプの気質の中心にあるのは柔軟性です。生理的リズムが規則的で予測しやすい、おおむね機嫌が良い、新しい状況を受け入れ、比較的容易に変化に順応しやすい、情緒的反応は穏やかか、強くてもせいぜい中程度、といった特徴が見られます。

こうした特徴のため、育てやすい気質が優勢な子どもは、家庭内のリズムに組み入れやすいと言えます。子どもの食事やお昼寝の時間は毎日ほぼ決まっているので、親はこれに合わせて自分の活動を計画することができます。買い物、友人宅や、職場にすら子どもを連れていくことができます（可能または必要なら）。なぜなら、この子はかなりの時間を機嫌良く、新しい状況に興味を示しつつ、最初は特にお気に召さないことでもすぐに順応しながら過ごせるだろう、と当てにできるためです。親が成り行きで行動することも可能で、思いつきで計画を立てたり変更したりしても、赤ちゃんのリズムにちょっとした惨事を引き起こしてしまうのではないかと恐れる必要はありません。子どもは気分が良くても良くなくても、一貫して自分の感情を落ち着いた調子で表現します。こうした特徴があるため、柔軟な子どもは育てていて楽しいと感じられます。その結果、親は自分が有能で上手に子育てができていると感じる傾向があります。これは驚くに当たりません。ほぼやること全てに対し、見返りとしてポジティブな反応が得られるのですから。

ジョーイはいつもご機嫌です。ニコニコして目を覚まし、すぐに遊びに入ることができます。この様子は日中ずっと続きます。日課の変更も落ち着いて受け止めます。物事に楽しみや興味をたやすく見出します。喜びにも苦痛にも、全て中くらいの強さで表現します。親や、親でなくても自分が気に入っている人を、うれしそうな表情で迎えますが、かといって興奮

し過ぎることはありません。新しいおもちゃを見ると笑い声を上げますが、うれしくて甲高い声を出すことはありません。同様に、健康診断のときは、静かに不平をもらすくらいです。予防接種への反応ですら、号泣することはなく、ほどほどに泣く程度です。

柔軟な気質を持つ子どもに起こり得る唯一の問題と言えば、それが当たり前と思われやすいことです。あまりにもこちらに合わせてくれるので、つい無理をさせてしまい、公平に見て我慢できるだろうと思われる範囲を越えさせてしまうかもしれません。しかし、大らかな子どもにだって、悲しいこと、怖いこと、腹が立つことはあります。親はこのことを忘れないようにして、大らかな子どもの情緒的ニーズに寄り添い続ける必要があります。

適応がゆっくりな子ども

適応がゆっくりな子どもは、新しい経験に出会うと、最初は引っ込み思案な様子を見せることがあり、順応するのに多くの時間が必要です。この気質には、活動レベルが控えめで、情緒反応は穏やかという特徴がよく見られます。強い反応にまで達するのは、新しい状況に追い込まれ、我慢しきれなくなったときだけです。適応がゆっくりな気質の子どもは、その場に参加する準備ができるまで、少し離れて観察する時間が必要なのです。いざ参加する準備ができれば、自分より積極的な子どもたちと変わらないくらいの意欲を見せることもあります。適応がゆっくりな子どもは、新しい状況にすぐに入っていくのをためらうことから、内気で臆病と思われることがよくあります。

エリンは新しい環境ではとても控えめです。見たことのないものや初めて会う人とは、長い間よく観察してから関わりを持とうとします。準備ができないうちに近づくよう無理強いされると、泣き出してしまいます。体を動かす活動では、ゆっくりして落ち着いた動きを見せます。どちらかというと、読書やパズルなどの座ってできる活動が好きです。動きのあるゲームをするとすぐに疲れてしまいますが、短時間なら楽しめます。歩くのも走るのもジャンプするのも、年齢のわりにはとても上手なのに、ほんの短い時間歩いただけで抱っこをせがみます。

適応がゆっくりな気質スタイルの子どもが直面する問題としては、彼らの行動の心理的理由を探ろうとする人から、「心配性」「不安が強い」とレッテルを貼られてしまうことが考えられます。

　「ゆっくりな適応」と「不安」に関連性があるという証拠はありません。子どもは、身体的にも情緒的にも親が自分に対応してくれることに自信があるのかもしれませんし、いろいろな状況をうまく乗りきれる自分の能力を信じている可能性もありますが、それでもやはり、まずは少し離れたところで観察してから参加する方が好きなのかもしれません。もちろん、他の人がこの傾向を批判したり、馬鹿にしたり、変えようとしたりして、「この子にとっては、これが新しい環境に適応するための普通の方法なのだ」ということを受け入れようとしないなら、結果として不安が生じてしまうことはあり得るでしょう。

　ここから、わが子が内気だということを親がどう感じるかという問題が出てきます。内気かどうかは生物学的な要因に基づくということを示す研究結果がいくつかあります。養子縁組された子どもと血のつながった生物学上の子どもについての研究では、養子縁組の母子間よりも、生物学上の母子間の方が、内気さに強い相関が見られるのです。さらに、目新しい事柄に対する反応として警戒心や抑制を示すという傾向は、生後４ヵ月までに観察され得る気質的な特徴であり、初期にこの傾向を示す子どもの中には、その後の発達の過程でもこの傾向があまり変わらない群がいる、ということを示す研究結果もあります。[14]新奇な刺激をあたかも脅威のように捉えて反応する傾向のある子どもは、その用心深い傾向が対人関係の場面にも一般化されるかのように働いて、その後の人生で人との関係において、より不安を覚えやすくなることもあるかもしれません[15]。

　内気なトドラーを子どもに持つ親が、わが子の適応の遅さにどう応じるかには、いろいろな形があるでしょう。子どもの気持ちを理解し、マイペースでその状況に入っていくのを良しとする親もいます。新しい難しそうな状況に触れさせるのを極力避けて、子どもを守ろうとする親もいます。内気を「卒業」できるように、子どもにはまだ準備ができていないにもかかわらず、その状況に入っていくよう促す親だっているでしょう。中には子どもの行動によって個人的に責められているように感じ、まるで子どもに恥をかかされているかのように、いら立ち、きまり悪そうな様子を見せる親もいます。

こうした応じ方には、ある程度、親自身の気質にまつわる体験が反映されているかもしれません。親自身が内気な場合、わが子も同じ特徴を持つことを腹立たしく思う人もいますし、直感的に子どもの気持ちが理解できる人もいます。社交的な親の場合、子どもの控えめな態度にペースを落とされて窮屈に感じる人もいますし、子どもが内気なおかげで、自分が望む以上に社交的に振る舞わねばならないという期待から解放されるので、さっぱりした気分になる人もいます。子どもの内気さを恥ずかしく思う親は、もしかしたら自分が子どもの頃の記憶——誤解された、受け入れてもらえなかった、無理強いされた、いじめられたと感じたときの記憶を、再体験しているのかもしれません。そのような体験を思い出し、大人の視点からその体験の情緒的な側面を見つめ直すことで、親は自分の「おばけ」の記憶に理屈抜きに反応しているときと、子ども自身の発達や情緒的ニーズに反応しているときとを区別できるようになります。トドラーは親を、自分の反応のガイドとなる参照ポイントとして使います。親がおびえていると、子どももおびえます。警戒心と恐れの世代間連鎖のサイクルがどんどん続いていくのです。もし親が「心の中でのタイムアウト」をする習慣を身につけることができれば、このサイクルを断ち切って修正することができます。タイムアウトをすることで自分自身について自覚的になり、自分の感情を上手に抑え、心をクリアにすることが可能になります。そしてその結果、難しい社会的場面において子どもの能力を支えるために、今この瞬間に注意を向け直すことができるようになるのです。

反応が強い気質

　気質的な側面において、このカテゴリを構成する組み合わせを持つ子どもは、生体的な機能が不規則で、変化に順応しにくく、すぐに機嫌を損ね、情緒的な反応が強い傾向が見られます。要するに、彼らの反応は予測しにくく、調節も難しいため、それを考慮せずに親が計画したとおりに物事を進めることは、難しいと言えます。

　　ジェニンは、今にも機嫌を損ねそうになることがよくあります。あまりにもすぐに腹を立てるので、親はまるで「薄氷を踏んで歩いている」気分です。朝は目が覚めると同時に泣き出し、遊び始める準備ができるまでに

長い時間がかかります。目新しいことが嫌いなので、探索に出かける気になるまで、親はジェニンを長いこと抱っこしていなければなりません。変化に順応させるのは大変です。ベビーシッターが来た直後は泣きますが、しばらくすると楽しく過ごせます。同じく、近所の公園で滑り台に最初に上った瞬間は泣き叫びますが、滑り台はとても好きなので下りようとはしません。ジェニンはほとんどの状況に強く反応します。機嫌が良いときは、大好きな親戚のおばさんがやって来るとワーッと笑い声を上げて、目のくらむような速さで駆け寄って歓迎します。機嫌が悪いときは、長い間おばさんを見ようともしません。顔なじみの好きなお医者さんのところでは、診察しようとする先生をぶってケンカをしかけようとします。終わった後に先生がおもちゃをくれると、お返しにしっかりと抱きつきます。

　手強い気質を持つトドラーがみんな、ジェニンそっくりの振る舞いをするわけではありません。扱いにくい特徴のある子どもは、それぞれに自分なりのやり方で「手強さ」を表現します。長時間の癇癪をしょっちゅう起こす子どももいれば、すぐに泣く子どももいます。食事、睡眠、排泄に問題が見られる場合もあります。

　親はしばしば、こうしたたび重なる試練は子どもの難しい気質に由来するかもしれず、必ずしも育て方に落ち度があるからとは言えないと知ると安心するものです。

　どの子どもにとっても、親が安全基地を与えてくれ、それが実りあるパートナーシップの土台となることが必要です。またどの子どもも、自分の気持ちにぴったりの言葉を見つけたり、感情を調整したり、他の人のニーズに気づいたりするうえで、大人の手助けが必要なのです。反応が強い気質の子どもの場合、怒りっぽさや閉じこもりがちなところが多くの場面で自分の不利に働いてしまうため、ますますこうした大人の対応が大事になってきます。子どもが示す扱いにくさに対し、自分もまたむっとしたり、または回避気味に応じたりする人もよくいますが、これは残念なことです。一番手強い子どもが、一緒にいて一番面白いということはあるものです。それは感情の度合いが強く敏感なおかげで、他の子どもが気づかないことに気づけるからです。こうした子どもは、自分が批判された、拒絶されたと感じてしまうと、自分のことを「悪い子だ」と

か「愛されていない」と思い、その見方を内在化してしまうかもしれません。この見方は気質的な傾向を永続的なものにしてしまい、パーソナリティの特徴として根づかせてしまう可能性もあります。

　反応が強い気質の子どもを持つ多くの親が毎日の生活を何とかやっていくのに役立つ処方箋としては、次の５つの要素が考えられます。「子どもの行動を自分のせいにしない」「ユーモアのセンスを身につける」「子どもといるときは忍耐強く応じる」「行動についてわかりやすい指針を示す」「親がタイムアウトして子どもから距離を取り一息つける時間が持てるよう、サポート体制を整える」の５つです。この処方箋は大きな試練に直面しているときに、バランスの取れた見方を失わないためには欠かせないものです。本書には全体を通して、親との分離や再会、睡眠困難、しつけの問題、きょうだいゲンカ、トイレレーニングなどのひどく骨の折れる状況を、子どもが切り抜けられるようにするためのアドバイスが、たくさん示されていますが、気質的に難しい子どもを持つ親は、それらに特に注目できるとよいでしょう。どのトドラーでもこうした困難な状況においては慎重に対処されてしかるべきですが、反応が強い気質の子どもの場合は、特にそうだと言えます。

活動性の高い気質

　活動レベルの高さが子どもの行動に及ぼす影響は、何が許されて何が許されないかの判断がまるで未発達なトドラー期には、特に目につきやすいものです。活動レベルの高い子どもには、安全基地行動の境界について他の子とは違ったより幅広い定義をしている傾向が見られます。活動性の高い子どもは、親が安全だと考える近い距離の範囲内に留まるよりは、むしろそこから飛び出して、振り返ることなくどんどん遠くに行ってしまうかもしれません。

　　アダムは常に動いています。赤ちゃんの頃、かなり早くからハイハイを始め、１ヵ所にじっと座っていることなど、めったにありませんでした。生後２年目の今は、歩くというよりは走って移動し、テーブルや戸棚によじ登り、追いかけっこやボール遊びのような、とても活発なゲームが大好きです。新しい状況に飛び込むことにためらいがなく、見慣れないものでもほとんどよく見ないでつかみます。車に乗ったときやお着替えのとき

など、長時間じっとさせられると、落ち着かなくてイライラします。

　アダムの様子には、活動レベルの高い気質の基本的な特徴が表れています。活動性の高さに加え、新しい刺激に近づこうとする心的傾向が同時に強い場合、もう誰にも子どもを止めようがないように思えます。なぜなら、もともと動きたくて仕方がない性質があるだけでなく、たまらなく魅力を感じるものが周りにたくさんあるからです。

　活動レベルの高さは必ずしも社交性の高さとは関係がありません。体を使った活動にすっかり夢中になっているため、特に周りの人に関心がない子もいます。他の子どもと一緒にいたとしても、体を使って一緒に遊ぶパートナーくらいにしか思っていないかもしれません。人との穏やかな交流などというものは、活発な子どものスピードに向いていないのです。

　こうした子どもとその親は、日々の生活の中でたくさんの障害に行き当たることが多いものです。そのあまりの元気さに周りの人は始終悩まされ、子どもが常に動いているのを不快に思うこともあります。親の報告によると、「子どもにちゃんと制限を設けていない」と、さりげなく、またはあからさまに人から非難されていると感じることが多いとのことです。まるで体を使った活動を求める子どもの気持ちを、親が完全にコントロールできるとでも言わんばかりです。家の中の「事故・いたずら防止対策」は、小さい子どもがいる家庭にとって平穏を保つための必需品であり、安全のために欠かすことができません。問題は、活動性の高い子どもが自分の家に何時間か遊びに来るときに、家中に安全対策をしなければならないことを快く思わない人も多いことです。そのため、親は子どもの活動を許容範囲内に抑えなければと余計にプレッシャーを感じてしまいます。この状況は子どもと大人との間に、多くの対立を生じさせる可能性があります。子どもは制限が大嫌いなため、ぐずる、腹を立てるなどの反応を見せるからです。よそのお宅への訪問は、多くの場合、挫折感を味わって終わる結果となります。

気質の社会化

　気質は誰のせいでもありません。自分の気質をどうするか、気質に基づいて
どのように成長していくか、また必要に応じて気質をどう和らげるかは、全て
教育と性格形成によって決まってきます。

　ここでこそ、親が学び身につける子育ての力量が効いてくるのです。子ども
の弱点が実際より強調されて自意識の中に定着してしまうのか、または、願わ
くはこうした困難な点がもっと強みとなる面でカバーされることで、子どもの
パーソナリティの中心的な特徴とならずに済むのか。この決定を後押しするの
は、親や養育者が子どもの気質にどう対応するかです。

　幼少期の子どもは多くの場合、自分の気質のスタイルを自分でコントロール
するのが難しいものです。子どもが親を困らせようとして、わざと泣きながら
目を覚ますなんてことはなさそうです。また、誕生パーティーで母親の後ろに
隠れるのは、人の注意を引いてその状況を操ろうとしているためだというのも、
考えられません。それなのに子どもは、自分にはどうにもできない行動のため
に、不当に非難されることが多いのです。

　子どもの行動にいら立ち、恥ずかしい思いをするとき、私たちはその背景に

悪意のある動機を見て取り、反応して
しまいがちです。ある意味、自分のネ
ガティブな反応を正当化しようとして、
同じくらいネガティブな動機を子ども
の中に探すのだと言えるでしょう。こ
れはとても人間らしいことではあるも
のの、親子関係や子どもの情緒的な発
達のためには、公平でも有益でもあり
ません。先に述べたとおり、気質は子
どもがどのように（how）反応するか
を特徴づけるのであって、なぜ（why）
そのように反応するかではないのです。

　このような傾向は子どもの生まれ

持った性質の一部なのだと肝に銘じておけば、親は子どもが体験していることに共感できるようになります。また、好ましいと思えない行動に対して、子どもの自尊心を損なわない方法で対応する道を見つけられるようになります。たとえば、泣きながら目を覚ました子どもを、叱るのではなく安心させてあげるとか、パーティーで親のそばを離れられない子どもには、自分から離れられる準備ができるまで時間をあげるなどが有効です。

子どもの気質と安全基地行動

　子どもの気質は、安全基地行動の切り替えパターンに影響を与えます。第2章で説明したように、安全基地は、探索のために親から離れる行動と、情緒的つながりを取り戻して癒やしと安心を得るために親のところに戻ってくる行動とのバランスを指すものです。

　子どもの気質的な心的傾向は、その子の安全基地行動スタイルを左右することがよくあります。一般的に、活発で新しいことが好きな子どもは、すぐに母親のそばから離れます。適応がゆっくりで新しいことから身を引く子どもは、母親のそばで長く過ごしがちです。

　集中力が長く続き粘り強い子どもは、長い間母親から離れていることがよくあります。手を使って何かを動かしたり並べたりして、じっくり時間を過ごすことが好きだからです。逆に、同じこのタイプの子どもが、いざ母親に近づくと決めたら、より長い時間を母親のそばで過ごすかもしれません。それは母親と一緒に何をしているにせよ、それにかなり没頭するからです。

　順応性が高い子どもは、新しい環境を広範囲に探索するために親から離れていくことが多いものです。一方、それほど順応性が高くない子どもは、変化に慣れるのに長い時間が必要で、慣れている環境でしか自由に探索をしないかもしれません。

　子どもの機嫌の良し悪しや反応の強さでさえも、安全基地行動に影響することがあるでしょう。新しい刺激に対して激しくネガティブな反応を見せる子どもは、母親のそばで過ごす傾向が強く、そこから離れて一人で探索できるようになるには励ましと安心感が必要かもしれません。以下に挙げる例では、ジョーイ、エリン、ジェニン、アダムという4人のまったく異なる気質的特徴が、それぞれの子どもの安全基地行動に、どう影響しているのかが描かれています。

1歳10ヵ月のジョーイは、とても好奇心旺盛な、おませで元気いっぱいの子どもです。常にご機嫌な様子に見えます。苦痛を経験するとしても、たいてい短時間です。母親はジョーイのことを、「立ち直り」を絵に描いたような子、と表現します。長時間いろんな遊びを自分で楽しむことができます。カメをおねんねさせるような「ごっこ遊び」、おうちを作る積み木遊び、自分とのおしゃべりに始まり、本を眺めたり、部屋のすぐ外の裏庭で山登りの道具を使って遊んだりすることもできます。その間、母親に必要なのは、たまに子どもの様子を見て大丈夫かどうかを確認することです。時には一人で遊ぶことに興味を見せず、長いこと母親のそばにいたくて、母親に歌を歌ったり、一緒に料理をしようと言ったり、一緒に遊ぼうと母親を誘ったりすることもあります。母親が要求に応じてあげられないと、ジョーイは腹を立て、なかなか気持ちを切り替えることができません。そうなると、自分に主導権があるなら楽しめるという類まれな能力が、まったく見られなくなってしまいます。とはいえ、スキンシップの代案として、母親と話したり一緒に歌ったりすることは受け入れます。この子どもの安全基地行動は、「自分だけの時間」と「母親との時間」が、はっきりと2つに分かれていることを示しています。

　エリンは、静かでおっとりした2歳児です。やや内気で、初めは用心深い様子を見せがちですが、すぐに新しい環境に興味を示します。喜びも苦痛も表現の仕方は控えめな傾向があります。母親からはるか遠く離れるような危険を冒すことはしませんし、母親によじ登ったりしがみついたりもしません。母親のもとを行ったり来たりする動きはわずかです。離れるのも戻るのも一度に少しずつかもしれません。まるで転がるボールを追いかけているときや、たまたま母親の近くにあるおもちゃに興味を持ったときに、ついでにそうなったかのように見えます。エリンの安全基地行動には、彼女のパーソナリティの全体像と同様に、劇的な変化はまったくなさそうです。愛着行動と探索行動の間で、十分にバランス調節されていることがはっきりとわかります。

　1歳10ヵ月の明るいジェニンは、自分の機嫌をコントロールするのが

とても苦手です。母親と一緒に家にいるときは大喜びでおもちゃで遊び、自分がやっていることをいきいきと口で説明しながら楽しくおしゃべりできます。ところが、物事が思ったとおりにいかないと、すぐに怒ってしょげてしまいます。たとえば、母親が部屋から出ていくとジェニンは驚いて大声を上げ、どこに行くのと言いながら、泣いて後をついてくることがしばしばあります。両親のうちのどちらかといたいときに、もう一方の親から慰められて拒絶することもよくあります。どちらかの親が応じられなくて、もう片方の親が力になりたいと思っても、「イヤ、ママがいい！」「ヤダ、パパがいい！」と叫び声を上げるのです。両親と一緒に友人宅を訪ねるときは、両親二人とものそばにぴったりとくっついていますが、母親を優先的に頼ります。年上の子どもが誘ってくれて、少しの間は一緒に遊んでみたとしても、すぐに不安になってしまい、再び母親を求めます。

　慣れない状況では母親から離れるのを嫌がり、母親がジェニンをひざから下ろして、そばにあるおもちゃで気を引こうとすると、金切り声を上げることもあります。

　ジェニンの安全基地行動には、母親から離れて探索する短時間の小さな行動ユニットと、母親の近くにいて母親に触れている長い期間とが見られると特徴づけることができます。小さい刺激にも敏感に反応するため、母親が家の中を行き来する、定期的に友人の家を訪ねるといったお決まりの出来事にさえ、すぐに動揺してしまうのです。反応の仕方が強いのは、こうした刺激に激しい苦痛を感じて反応しているということであり、再び安心を取り戻すために、その分、長く親（慣れない状況では特に母親）と接している必要があるということになります。

　２歳のやんちゃなアダムは、いつも動き回っています。眠っているときでさえ、いろんな方向に転げ回ります。生後10ヵ月で歩き始め、「移動」という行動表現形式がお気に入りです。嬉々として新しいものに近づき、道で見かけた犬に手を伸ばしたり、立ち止まって小さな紙くずやプラスチックを拾ったりします。動き回っている間に目に止まったものなら何でも気になるのです。警戒することはめったになく、なじみのない状況を

怖がることは、まずありません。親が手をしっかり握っていないと、振り返りもせずに走っていき、小さく興奮や喜びの声を上げながら、どんどん進んでいきます。その気になれば、かなり愛情表現をしてくれるものの、長く抱っこされているのには我慢できず、数分もすれば急いでひざから下りていってしまいます。たまに探索の途中で母親に近づいてきて、ひざに触ったり、おもちゃを渡したりすることもありますが、それよりは、少し離れたところから自分が今遊んでいるおもちゃを見せつつ、母親の方を見たり、笑顔を見せたり、話しかけたりすることの方が多いのです。一緒に遊びましょうという母親の提案は喜んで受け入れますが、一人で遊んでいても同じくらい満足なのです。安全基地行動で言えば、常に探索行動を続けており、たまに母親に近づき触れるという、短くても満足のいく一コマが挿入されるということになるでしょう。

　この4人の子どもはみな、発達においては標準的であり、それぞれに愛着と探索の特有のパターンを持っています。一人ひとりがその子ども独特のスタイルを持っているのです。安全基地としての親の使い方がどう違うかを見れば、その子どもが内向的か外向的か、依存心が強いか自立心が強いか、守られていると感じているか危険にさらされ孤独と感じているか、世界は喜びの源なのか恐怖を生む理由なのか、ということが理解しやすくなります。もう少し細かく見るならば、安全基地行動は、子どもの自意識や、一番身近な人との交流の仕方、慣れ親しんだ状況や予期せぬ状況をどう切り抜けるかなどにおいて見られる、子どもの個性の特徴を備えていると言えるのです。

養育スタイルと安全基地行動
　親は独自のスタイルで、トドラーの愛着と探索を促進したり、または抑制したりします。親側が取る2つの主なパターンは、「つかむ」と「手放す」です。親子にとって物事がうまくいっているときは、子どもが離れていき、また親のところに戻ってくるという発達上の必要性に則して、これらの2つのパターンが補い合います。しかし、親自身の情緒的なニーズのせいで子どもに対する理解がゆがめられてしまうと、この2つのパターンのどちらかが強くなり過ぎる傾向があります。つまり、しっかりと強くつかみ過ぎる、または簡単に手放し

てしまう、というわけです。

　親と子どものパターンは互いに影響し合います。過保護な親は、子どもに「この世の中は危険なところで、安全なのは親の近くにいるときだけだ」というメッセージを与えて、ますます子どもの引っ込み思案の傾向を強めてしまいます。または、活発で怒りっぽい子どもの場合、過保護が引き金となって、これとはまったく違う反抗的な反応や、限界を試す向こう見ずな行動すら引き起こすこともあります。

　子どものスタイルもまた、親のパターンを左右します。子どもが大胆で冒険好きな場合、内気な親は自分の視野を広げられるからと喜ぶかもしれませんし、そんな離れ業に心構えができていない親は恐ろしいと思うかもしれません。用心深い子どものことを、一方の親はじれったく感じ、探索させたい気持ちに駆られるでしょうし、もう一方の親は、この子どもの行動は自分のスタイルとぴったりだと思うかもしれません。

気質、パートナーシップ、調和の度合い

　気質があるのは子どもだけではありません。大人にだってあります。親子の気質が合っていると、親は子どものより難しい行動にも対処するのは簡単だと感じます。こうした相性は、親が子どもの人となりに対して感じる誇りや満足感のもととなっています。同時に、親は子どもの発達をコントロールすることにおいて、全能ではありません。著名な児童心理学者のエリク・エリクソン（Erik Erikson）は、この単純でありながら見過ごされがちな真実を、次のように極めて雄弁に表現しています。

　　　私たちがもし〔中略〕この親はこれこれのパーソナリティを「持って」いて〔中略〕かわいそうに、それが子どもに影響しているのだ、と考えてしまうと、それは状況をゆがめて解釈してしまうことになる。なぜなら、この弱くて変化の絶えない小さな存在は、家族全員を動かしているのだから。赤ちゃんは、家族にコントロールされるのと同じように、家族をコントロールし、育んでいる。事実、〔中略〕家族は赤ちゃんに育てられることによって、赤ちゃんを育てているのだ。[16]

ここで思い出すのは、先の章で掘り下げたパートナーシップの問題です。親と子どもの気質のスタイルがぴったりだと、お互いに相手のペースや感情表現を心地良く感じるため、パートナーシップを築くのが容易です。反対に気質が合わないと、親子それぞれの計画が相いれず、期待していることが対立した場合に、両方が良いと思える解決策を見つけることが難しくなってしまいます。

　相性が合うというのは、「同じ」という意味ではありません。親子が調和し波長が合っているということです。子どもの意欲、能力、行動スタイルが、親の期待と子ども自身の要求に見合っているとき、「調和度が高い」と言えます。[17, 18, 19, 20]「調和度が低い」とは、親の期待と子どもがその期待に応える能力にミスマッチがある場合です。

　調和度は、親とトドラーの間でその時々に交わされる相互交流のプロセスの中で観察できます。一日の終わりに、几帳面な観察者が評定表を持って現れるとしたらどうでしょう。たとえば、「親子の今日一日の交流における調和度の内訳：調和度〈高〉全交流の 50 パーセント、調和度〈中〉同 30 パーセント、調和度〈低〉同 20 パーセント」というように。この例に見られる数字には、ある日の日課をこなす中で、親子が一日の多くの時間を、何とかお互いのニーズや望みにかなり上手に合わせようとしながら過ごせた（つまり、調和度の高い交流が全交流の 50 パーセントを占めていた）ことが表れていると言えるでしょう。最終の評定結果に影響を及ぼしそうな場面を、いくつか想像できそうです。

　午前 5 時。両親がどうしてもまだ寝ていたいと思うこの時間、アンディは朝ご飯を食べたいと言います。母親はうなって毛布の下に潜り込みます。父親は、自分の中では一番威厳のある声を出して、「まだ寝ている時間だ」と言います。アンディ（気質も、獲得しつつある行動パターンも粘り強いタイプ）は、おなかが空いたと主張します。父親は、夕べ息子が夕飯の前に眠ってしまったことを思い出します。計算すると、12 時間も何も食べていないことになります。本当に空腹なのだろうと納得した父親は、ミルクを用意し、これはベビーベッドで飲むこと、ママとパパをそのまま寝かせてほしいことをきっぱり伝えます。アンディはしぶしぶ言うことを聞きます。何度かベビーベッドから呼びますが、父親が「もう寝なさい」と返事をするのを聞いて、あきらめます。ほどなく父親も息子もぐっすり眠って

しまいます。

　──評定：調和度〈高〉。親子の相互の期待と能力において、調和の高さが見られました。

　午前7時半。両親も子どもも起床しました。母親は9時までに、アンディを小児科の定期健診に連れていかなければなりません。母親はアンディの体がひどく汚れていて、解決策はお風呂しかない、という状況に気づきます。慌てていたので、この子が午前中はいつも母親とゆっくり遊ぶのが習慣だということをうっかり忘れてしまいます。息子をお風呂に入れます。アンディは基本的に機嫌が良く順応性が高いので、喜んで受け入れます。ところが、母親がお風呂をてきぱきと短めに済ませようとすると、アンディは激しく抗議します。活発な子どもでしかも十分に休息も取れているので、当然のことながら水をバシャバシャしたり、アヒルのおもちゃで遊んだり、湯船の中で転げ回ったりしたいのです。母親はイライラして、今日は遊ぶ時間はないのと言って、唐突に息子をお風呂から上がらせます。アンディは叫びます。母親は無理強いをし過ぎたと気づき、息子を抱きしめ、体に巻きつけたタオルの端っこを使って、「赤ちゃんはどこかな？」をして遊びます。アンディが協力精神を取り戻すには、これで十分でした。この回復力に感謝しつつ、母親は今日一日にやることを一つひとつ順を追って説明し始めます。この話で気をそらしているうちに、素早く服を着せます。アンディは「車に乗れるのはいいな」と思います（車に乗るのは喜んで受け入れるはずとわかっていた母親は、ここを強調して話したのです）。もめ事がこれ以上起きることもなく、出かける準備は完了しました。

　──評定：調和度〈高〉。母親と子どもは、お互いの期待や計画の違いから対立を経験しましたが、そのうえで双方にとって満足のいく解決方法を話し合うことができました。

　午前8時40分。病院に行く途中、母親は、今朝はスケジュールどおりに物事が進んでいることに満足しています。でも同時に、小児科の健診については心配しています。息子は抜群に記憶力が良く、病院の建物に入った途端、前回来たときの検査や注射のことをきっと思い出すからです。あ

のときアンディは長い間泣いて、医者を追い払おうとしました。母親は、早々と子どもの機嫌を損なわないよう、病院に行くことについては何も言わないことにします。嫌な予感は、車を建物の裏に停めるやいなや、確実なものとなりました。アンディは「お医者さん、イヤ！　注射、イヤ！」と叫び、チャイルドシートから下りようとしません。母親は恥ずかしい気持ちになります。彼女はどちらかというと内気で、公衆の面前で大騒ぎをして注目されるのがとても嫌なのです。息子に言って聞かせようとするも、うまくいかないでいる自分が、周りの人に見られていることをひしひしと感じています。息子があまりにもごねているので、この健診を乗りきるのは無理だと思い、キャンセルすることにします。アンディはそれを聞いて、すぐに落ち着きます。その場を車で走り去った後、公衆電話から病院に電話して、予約の取り直しをします。

　　──評定：調和度〈低〉。母親は子どもの癇癪を恥ずかしく思い、自分が人前での大騒ぎに耐えるのが苦手なのを、子どもが診察に耐える能力がないことと取り違えてしまいました。たまのストレスは、必ずしもそれだけで子どもにダメージを与えるわけではありません。信頼でき支えてくれる大人がそばにいるなら、そしてまた文化的な基準から見て、発達上適切と思える状況であるなら、子どもには強い感情を体験し耐えるだけの力があるのです。子どもを守ろうとして、やり抜く必要のある状況から撤退させると、子どもの不安に対処する能力への自信を失わせてしまいます。

　　午後6時半。夕食の時間です。アンディの父親は栄養にとても気をつかっているので、子どもの皿をチキンやマッシュポテトや野菜で山盛りにします。アンディは食べたい分だけ食べた後、両親が食べ終えるまでの間、マッシュポテトで実験を始めます。ポテトを指でこねていたのが、注目されないのがつまらなくなり、しまいには代わりにポテトを髪の毛にこすりつけたり床に落としたりし始めます。父親が「やめなさい」と言い、ナプキンで息子をきれいに拭いてやりますが、自分たちが食べ終わるまで、そのまま子ども用の椅子に座っているように言います。アンディはだんだん、ソワソワしてきます。母親と父親は、アンディが椅子から下りて近くの床で遊んでもいいことにしました。

——評定：調和度〈中〉。もうおなかが空いていないのに、他の人につき合ってテーブルの席に着いているというのは、トドラーにとっては難しいことです。このやや非現実的な期待がほんの少しの間続いた後、親はこのことに気づき、自分たちの要求をより年齢に合ったやり方に変えています。

　午後8時10分。お休みの時間が近づいています。父親とアンディは、かくれんぼで遊んでいます。父親は、あと2回やったら寝る時間だよ、と告げます。アンディは反対しますが、父親は、「パパは、まだあと2回もアンディを『見っけ』するよ」と安心させます。遊びの時間が終わると、パジャマに着替えて歯を磨く時間だ、と息子に言います。この日課を言われたとおりにやっているとき、もう1回遊びたい、とアンディは言います。父親は「明日もっと遊ぼう」と言います。子どもはこの約束にほっとし、本を読んで明かりを消して歌を歌うというお休みの儀式をスムーズにできました。
　　——評定：調和度〈高〉。父親は、遊びからベッドまでの移行に息子が適応できるための時間を取りました。また適度にきっぱりとした、しかし共感的な姿勢で、遊びをやめたくないという当然とも言える子どもの気持ちを受け止めたのです。

　この例を紹介したのは、調和の度合いが高いということは、対立がないという意味ではないことを強調するためです。高い調和度の要素としてあるのは、むしろ対立を扱いやすい情緒レベルの範囲内に保つ能力です。これができるのは、その状況での子どもの能力を親が正確に認識できるときや、親として当然の望みや要求を子どもが受け入れられる場合です。

親子の対立が長期化するとき
　親子間の対立がお互いの関係の大部分を占めるようになり、単に日々の生活で繰り返し見られる浮き沈みの表れとは言えないときもあります。こうしたケースでは、親は慢性的に子どもに不満といら立ちを感じます。親子の間で自然にわき起こる喜びの瞬間はめったに見られず、あっても短いものです。現実の子どもと親が望む子どもとの間に、根本的な違いがあると言えるでしょう。

この状況で重要な役割を果たしているのは、子どもの気質かもしれません。どうにも予測しにくい機嫌の波があり、ちょっとした不満に激しく反応し、サインを読み取るのが難しいというような、扱いにくい一連の気質的特徴を持っているのかもしれません。しかしたいていの場合、親子の調和度の低さを引き起こしている原因には、子どもの気質だけではなく、親が子どもの気質をどう理解し、それにどう対応しているかということもあるのです。たとえば、泣いている子どもを見て、わざとやっていると見なして引っぱたき、「本当に泣きたくなる原因」を与えてしまう親もいるでしょう。一方、子どもが泣いているのを苦痛のサインと解釈して、その原因を見つけようとする親もいます。

この点について、研究者であるスーザン・クロッケンバーグ（Susan Crockenberg）の論文[21]で説明されています。その研究では、非常にぐずりやすく、むずかりがちな新生児は、生後 12 ヵ月を迎える頃には母親と心配な関係にある傾向が強いが、それは母親が常に子どもが泣くのを無視し、母親自身もほとんど社会的サポートを受けていない場合だけであることがわかりました。言い換えれば、母親が毎日の生活の中で、自分はサポートを受けていると感じ、泣いている子どもに繊細に対応していれば、むずかりやすい赤ちゃんであっても安心して愛着関係に身を置けるということになります。

子どもに適切に対応する親がいる一方、子どもとの対立に巻き込まれる親がいるのは、なぜでしょうか。第 3 章の「過去が心に忍び込むとき —— 赤ちゃん部屋のおばけと天使」の項で、考えられそうな理由を説明していますが、一般的にこの質問は尋ねるのはたやすいものの、答えるのは難しいものです。なぜなら、その答えは何層にも積み重なっており、また個人差も大きいからです。レオ・トルストイ（Leo Tolstoy）の見解にあるとおり、幸福な家族はどの家族も似通っており、不幸な家族は、その家族なりの特別な理由で不幸なのです。包括的な答えを得るためには、生物学的・心理的・社会的レベルで見た家族の生活を全て網羅する必要があります。各レベルについて大まかに描写するなら、次のようになるでしょう。

1. 親が自分自身や子どものことをなかなか受け入れられない　これにはさまざまな理由が考えられます。親の気質の成り立ちが、子どもの気質と相いれないこともあるでしょう。たとえば、親は活発、外向的、社交的で、反応の仕方が強

いが、子どもは動きがゆっくりで内向的、内気な場合です。親がこの違いを楽しめないと、ミスマッチが起きてしまいます。親が面白いと思うことを、子どもはあまりにも刺激が強過ぎると思うかもしれません。逆に、子どもが夢中になる活動が、親にとっては耐えがたいほどつまらなく感じられるかもしれません。

　　バーカー夫人は交際好きでエネルギッシュ、運動が得意な女性で、「一生懸命に働き、一生懸命に遊ぶ」を自負しています。大きな声で話し、豪快に笑い、きびきびと動きます。子どものアシュレーは母親と正反対で、はにかみ屋で控えめ、怖がりです。バーカー夫人は自分よりゆっくりした娘のリズムに合わせようと、行動を抑えめにしようとするのですが、イライラしてしまいます。一方、アシュレーは母親の前では震えているように見えます。まるで母親からの刺激が強過ぎるかのようです。

　別の形として、子どもが活発、社交的、反応が強いタイプで、親がゆっくり、もの静か、内気なタイプ、という場合もあり得るでしょう。この組み合わせでは、子どもは常に、さらなる刺激を求め続け、親はいつも子どもの要求にさらされ、クタクタで今にも消耗しきってしまいそうに感じています。

　　プレストン氏は、できることなら一日中、家で本を読んでいたいと思うほどの読書家です。息子のケヴィンはその反対で、「ハチャメチャ」と言い表すのがぴったりな子どもです。冒険好きで誰にも止められません。ケヴィンは、ボール遊びをしよう、公園の遊具によじ登ろう、追いかけっこしよう、と父親を誘おうとします。プレストン氏は一緒に静かに本を読ませようとします。この親子はいつもお互いに食い違っているのですが、それは相手が楽しいと思う活動に、自分が心を開くことができないからです。

　以上の例は、親子のミスマッチの結果として生じる困難を示しています。一方で、順調な親子関係のために、親が必ずしも子どもと同じ気質を持っていなければならないわけではありません。
　関係を築くためには、しばしば歩み寄りが必要です。バーカー夫人はアシュレーと、念願の相性の良い分野を発見しました。母子ともに水が大好きなので、

一緒に泳ぎに行けるのではと気づいたのです。この共通点のおかげで、母親は娘が必要とするときには嫌がらずにペースを落とせるようになりました。プレストン氏とケヴィンは、別の解決策を見つけました。一緒に本を読んだ後で公園に遊びに行く、または公園で遊んだ後に一緒に本を読むことにし、お互いの時間を「取り換えっこ」したのです。つまりどちらも、相手と一緒に過ごすために何かをしようとしているということです。

　最近のある研究では、活動レベルの高いトドラーは、母親からあまり干渉されない方が、自分の能力をよりうまく発揮して遊べることがわかりました。逆に活動レベルがより低いトドラーは、母親から頻繁に励ましがある場合に、上手に遊ぶことができました。[22] こうした結果が示すのは、活動性の高い子どもは、おそらく自律を必要としており、一人で遊びたいと思っているときには、同じように活発な親の存在を窮屈に感じるということです。活動性のより低い子どもの場合は、親の助けがあることで支えられている感じがするのかもしれません。親子の組み合わせは、どの時点で見ても、子どもが自力で達成できる事柄に影響を及ぼすと言えます。

　自分自身やわが子の受け入れにくさが、気質のミスマッチの域を超えている場合もあります。ありのままの自分、今の自分を心地良く感じる親もいれば、心が引き裂かれたように感じ、自分の欠点にやましさを覚え、自分がこれまで達成してきたことに満足できない親もいます。自分自身のことで悩みもがいている親は、子どもと協力することを難しく感じる場合がよくあります。

　自分自身のことを良く思えない人が、受容的で満ち足りた親であるのは難しいことです。私たちは自分の心の奥にある願望や決して誰にも知られたくない恐れを、わが子に投影することがあります。そうなると、自分の中に抑圧しているものを子どもの中に見てしまいがちになります。幼い子どもは親にとって、親が最も恥じている自分の性質を反映する鏡、絶望感や失望感を映し出す存在となることがあります。それとは反対に、子どもが親に新しい希望を与えてくれ、より充実した生き方を見つけられるよう刺激してくれる場合もあるのです。

　2. 親が子どもをどう主観的に体験しているか　どの子どもも親の心にユニークな強い印象を焼きつけます。子どもの存在によって、親は本能的なレベルで、喜んだり、いら立ったり、脅かされたり、ひどく腹が立ったり、葛藤

を感じたりするでしょう。これには多くの要因が関係しているかもしれません（たとえば、妊娠のときの状況、その子が誰に似ているか、何番目の子か、子どもの気質、芽生えつつあるパーソナリティ、親の自己感）。しかし究極的には、親の本能的な反応の仕方は、子どもの中にどんな自分を見るかに大きく関係しています。

　自分は子どもの本質を見破ることができる、と親が信じている場合がありますが、この本質をどう認識するかが、今後の子どもの人となりを形づくるうえで、運命を左右するほどの影響を及ぼすかもしれません。

　　ある母親は、1歳2ヵ月の息子は大きくなったら非行少年になるに違いないと思っていました。夫のことは、支配的で無神経だと考えています。母親は子どもの頃に父親から身体的虐待を受けていたので、夫もいつかは同じように暴力を振るうのではないかと恐れています。息子は母親の壮絶な体験に巻き込まれてしまっていました。本当は明るい性格の活発な子どもなのです。ところが、夫や自分の人生全般に対する母親の怒りの受け皿となっていました。母親は息子が示すほんのちょっとした反抗や不快感を、将来「役立たず」になる前触れだと解釈していました。
　　他の3人の娘たちと母親の関係は、比較的葛藤が少ないものでした。母親は息子に対する自分の捉え方が、虐待的な父親と支配的な夫への怒りの延長線上にあるという考えを受け入れられませんでした。それどころか、息子に感じる気持ちは、彼のことを誰よりもよく知っているということの表れだと考えています。息子への振る舞いは、この確信に基づいたものでした。息子の反抗的な性分についてあけすけに口にし、懲罰と拒絶の入り混じった態度で扱いました。息子が自分に求めていることを彼女が少しずつ意識できるようになったのは、父親から受けた虐待の痛みや怒りに触れることができるようになってからでした。そして徐々に、息子の反抗と不満げな様子を非行少年になりつつあるサインとしてではなく、きっぱりとした、しかし愛情に満ちた導きを必要とするトドラーの、ごく普通の反応だと理解し始めるようになりました。

　この例は、さまざまな長所や短所の原因は幼い子ども自身にあるという、普通の親なら経験するゆがんだ解釈を示しています。親によるこうした理由づけ

は、子どもの真の性質というよりは、親の望み、恐れ、期待について、より多くを物語っていることが多いのです。柔軟な理由づけもあれば、かたくなものもあるでしょうし、いくらかは本当に子どもの特徴が反映されている場合もあるでしょう。ほとんどの場合、理由づけは肯定的で害はなく、大部分は子ども自身に開花しつつある個性と調和しているものです（「あの子はかなりのおてんば娘になるわ。あのキラキラした目でわかるもの」「あの子は将来、きっと女性にモテるよ」）。このような場合は、親子関係はお互いの信頼と希望に満ちた期待に基づいて展開します。一方、理由づけが否定的で悪意があり、それに反対する証拠があっても考えを改めない場合、親子は対立と不信感に満ちた関係に向かって突き進むことになります。そんな状況が見られる場合は、親自身が子どもの頃に痛ましく恐ろしい体験をしており、それが今の子どもへの態度の原因となっているのかもしれません。成人して親となっても、自分の認知や態度に対して猛威を振るい続ける「赤ちゃん部屋のおばけ」が、そこにいるのかもしれないのです。

3. 両親間の子育ての価値観、期待、習慣を調和させるのが難しい　親のそれぞれの人生において子どもが担う象徴的な役割が、パートナーや共同養育者としての両親間の関係に、広範囲にわたってネガティブな影響を及ぼすことがあります。客観的に見たときの子どもの特徴は、親がそれをどう認識するかによって、長所にもなれば短所にもなります。そのため子どもにどう対応するかというところで、両者の間に緊張を生み出すかもしれません。たとえば子どもの自己主張が、この特徴に不安を覚える親にとっては攻撃的に見え、もう片方の親には、自分の意見をはっきり言える子どもの能力を大きな喜びだと思えることもあるでしょう。

　デカルロ夫妻の子ども、アンソニーは、自分の好き嫌いをとてもはっきりと言います。何かほしいものがあるときは譲りませんし、思いどおりにいかないときは大きな声で抗議します。頑固者を自認する負けず嫌いのデカルロ氏は、アンソニーの「わがまま」は抑えるべきだと信じ込んでいます。妻の方は、自分は夫に抑えつけられていると感じており、息子の気骨を喜ばしく思って、今以上に厳しい制限を設けることはマイナスだろうと

考えています。どちらの親も、自分自身の心理的ニーズを満たすという観点から、アンソニーを見ています。父親は、意識の上では自分と同じ問題をアンソニーが負うことになるのは防ぎたいと思うと同時に、アンソニーをコントロールし自分の望みに従わせたいという気持ちもあります。母親はアンソニーがはっきりものを言うのを喜んでいますが、それは夫に常に決定権があるという不満の代償となっているからです。アンソニーがわがままで言うことを聞かないとき、両親はお互いに合意して協調的な対応をすることができないので、子どもの態度を許すか、それともやめさせるかで口論となり、その結果、子どもの態度が手に負えないほどにエスカレートしてしまうのでした。

4. 親をサポートするシステムの質　親がストレスで疲弊し孤立して、安心だと感じられるサポートがほとんど得られないときには、子どもと良い関係を築いてそれを維持するのは難しいものです。困難な状況を切り抜けることに没頭し過ぎているため、子どものために割く時間も気力もほとんど残っていないのです。

サポート体制というと、たいてい人的なものが思い浮かぶでしょう。配偶者、親、きょうだい、友人などです。人間関係は個人の幸福感に欠かせないものなので、これはもっともです。しかしサポート体制というのは、生活必需品やサービスを提供してくれる地域ネットワークのことも含んでいます。適切な住居、十分な食料、効率的な交通の便、町の安全、良い学校、利用しやすい医療などがそれに当たります。

こうしたサービスがすぐに手に入るとき、それらは「心理的にサイレント（無音）」な、つまり意識化されない状態と言えます。個人の幸福や友好的な人間関係を手にし、十分な能力のある親でいられるのは、こうしたサービスが多大な貢献をしているからだということに私たちは気がつきません。このようなサポートのうち一つでも欠けたときに初めて、それがないことによるストレスを感じ、その大切さをありがたく思うのです。

これが気質とどう関係しているのでしょうか。次の例が示すとおり、子ども個人のニーズにすぐ応えられるかどうかが厳しく試されるのは、親が自分や子どものための基本的なニーズやサービスを確保しようと苦心しているときです。

フィッシャー夫人は、フルタイムで働く必要がありますが、経済的に何とか利用できる保育園といえば、大勢の子どもをごく少ない保育者で見ている、職員の離職率が高いところしかありません。この環境では、予測可能で変更のない日課がどうしても必要だという、わが子の気質によるニーズに対応してもらうことなど無理です。その結果、保育園に入って以来、2歳のデイヴは長く深刻な癇癪をよく起こすようになりました。常に不安がり、親指をしゃぶり、家の中でずっと母親につきまとっています。

　モーガン氏は勤めていた先端技術の会社が破産した後、失業してしまいました。失業手当は切れ、家族には医療保険もありません。夫婦はこの現状に思い悩み、将来に不安を感じています。モーガン夫人は娘を育てるために教職を離れていたのですが、働き口を見つけようにもうまくいきません。二人とも家計のやり繰りに日々努力し、それに懸命なあまり、2歳6ヵ月の娘のアニーのために割く時間も忍耐も十分にありません。いつも敏感で怖がりのアニーは、食べ物を節約するために、食べるのを拒むようになりました。また、爪を噛み始め、トイレトレーニングも後戻りしました。アニーは絶えず母親に尋ねます。「ママ、大丈夫？」

　コンプトン夫人とその家族は、衰退した都市の近郊で暮らしています。小さなアパートは、台所もバスルームも配管が不十分で、よくゴキブリやネズミがわきます。建物の管理人は修理すると半年前に約束したきり、何もしてくれません。「どこのアパートも同じさ」と言うのです。犯罪に巻き込まれるのが心配で、家族は怖くて夜は出かけられません。もっと良い環境のところに引っ越したいと夫婦は思いますが、そんなお金の余裕はありません。神経がすり減り絶望感でいっぱいなため、しょっちゅう言い争いをしています。こうした状況は、小さなリッキーに影響を及ぼしています。リッキーはちょっとした刺激にも強く反応する激しい子どもです。理想を言えば、行動を整え調節しやすい、穏やかで予測可能な環境がリッキーには必要でしょう。よく悪夢を見て、ささいな不満にもすぐに泣きます。注意が持続する時間がとても短いため、知能は十分あるにもかかわらず、年齢相応の課題を解こうとする努力を維持することができません。い

つも心配している様子で注意散漫に見えます。

　以上のような状況で、親、子ども、そして親子関係にのしかかる負担は、困っている家族に十分なセーフティーネットを提供できていない社会から発生しています。どの子どもも不十分な条件にさらされて苦しんでいますが、その中には、気質的に比較的回復力が高く、情緒的負担をあまり感じず切り抜ける子どももいれば、より傷つきやすい子どももいます。

　5. 家庭や社会システムにおける文化の一致と不一致　日に日に多様性を増す現代社会において、社会の変化のスピードが速いということは、子育てのパターンも状況の変化に呼応して目覚ましく変化していることを意味します。祖父母から親へ、親から子へと伝統的に受け継がれてきた子育てについての不動の期待が、今や揺らぎつつあるのです。それは、その正当性を若い世代が疑問視しているためです。子どもが年長者に従うことの重要性、自己表現と自己主張、異性との関係、家族関係の構造、個人の希望や趣味の最優先か家族のニーズへの服従か、その他、家族生活や社会生活の多くの場面について、同じ家族の中でも意見が分かれる場合があるでしょう。親は子どもの育て方について自分の親（子どもの祖父母）から批判されていると思い、祖父母の方は、孫の育児に何の影響力も持てないことで無視されていると感じるかもしれません。マイノリティーと見なされるグループ出身の家族が、より広範な社会においては評価されない子どもの特徴に価値を置いていることもあるでしょう。たとえば、ある保育園の園長は次のように言ったそうです。「アジア人の子どもは、教室でとても静かだ。思うに、家で親がひどく強引で、また子どもに非常に高い期待をかけているのだろう。これではちっとも子どものためにならないと思うが、ここでは子どもがありのままでいられるように、私たちが手助けをするのだ」[23]。ある人はこう尋ねるかもしれません。「ありのまま」とはどういうことで、誰がそれを定義するのですか？　自分がどうあり、どう振る舞うべきかに関して、意見の合わない家庭と保育園からの期待を舵取りしようとする子どもたちは、一体どんな気持ちになるでしょうか？と。

　文化的価値観に関する誤解はステレオタイプにつながります。こうした無意識の否定的な理由づけは、異なる子育ての機能を担う大人同士のコミュニケー

ションに緊張を生み、連帯感を失わせてしまいます。しかし、どんな気質的特徴やパーソナリティのスタイルに価値を置くかには文化的集団によって違いがあり、こうした違いによって当事者全員の視野が広がることもあります。異なるものの見方に敬意を払うこと、共通点を見出し、意見の相違を解決すべく活発に対話をすることが、子どものために大人同士がパートナーシップを築くうえでの鍵を握っています。発達上、そして文脈上、適切だと思われる期待を抱くとき、たとえその期待が環境や状況によって異なるとしても、大人同士が支え合って子どもをサポートするならば、子どもはさまざまな文脈において適切な行動を身につけることができるのです。

　異なる考え方やその背景をなす文脈に対して敬意を持って距離を置くという、大切かつ努力を要する姿勢を励ますために、心理学者のシャンドラ・ゴッシュ・イッペン（Chandra Ghosh Ippen）は次のように書いています。「最後の言葉は、私の日本人の祖母“おばあちゃま”が言ったことです。小柄な女性でしたが、相撲を見ているときは家中に彼女の声が響きました。『頑張って！』と。これは関の声のようなもので、目の前の課題のあらゆる側面を、文脈を考慮しながら理解していくという困難に取り組むとき、私たちがそばについている、という意味の激励の呼びかけです。『やってごらん！』『ベストを尽くしてね』『一生懸命やりなさい』『幸運を！』『その調子だ』という意味です。みなさんも、どうか頑張って！[24]」

　これらの1〜5で挙げたさまざまな例を用いて、子どもの幸福に影響する要因を同心円で説明することができます。子どもの気質とパーソナリティは家族という文脈の中で発展し、家族はまた、より大きな社会的・文化的・政治的文脈の中に存在します。どの文脈もそれぞれに複雑ですが、誰一人として ── たとえどれだけ強く才能があり機知に富んだ人であっても ── 自分一人で存在しているわけではありません。文脈に対する感受性は子どもによって違います。中には、生物学的な特性のために環境の変化の影響をより受けやすいせいで、理想的な条件下では抜群の成果を示すものの、喪失やストレスに対しては脆弱性がより強く現れる子どももいるかもしれません。体内の生物学的なコンパスが働きやすいおかげで、周りの環境の特徴にかかわらず、比較的安定した成長曲線をたどる子どももいます。[25]しかし一人ひとりの違いを超えて、私たち

はみな数えきれないほど多くのやり方で、またしばしば目に見えない形で、誰かから助けられたり邪魔されたりするものです。それは自分が生活している条件のもとで、自分の気質的な心的傾向が周りからどう理解してもらえるか、またはどうダメージを受けるかによって決まってくるのです。

　次の2つの章では、トドラーに非常によく見られる2つの気質スタイルに焦点を当てます。その2つとは、内気さと、その正反対である大胆な活発さです。これらの章の中で、この2つのスタイルに特徴的に見られる具体的な行動パターンと、そこから生じ得る喜びや、そのパターンならではの困難について説明します。

　気質の違いは確かに存在するとしても、ほとんどのトドラーは、内気になるときもあれば、大胆な冒険心を見せるときもあるものです。そのため、普段は自分の子どものことを特に活発とも内気とも思っていなくても、この2つの章の中に、「うちの子にもよくある」と思う一面を、親はいくつか見出すかもしれません。

第5章

活動性の高いトドラー
──猛スピードで突き進む子

　トドラー（1、2、3歳児）は天性の飽くなき探検家です。具体的に何を探検したいのかは、子どもや発達段階によって異なります。まるで小さな科学者のように、どんなものでも手当たりしだい、労を惜しまず夢中でバラバラにし、どうやって作られているのかを知ろうとする子もいます。また、言葉の実験をする子もいて、いろいろな言葉を組み合わせたり新しく作り出したりして、言葉の創造という偉業にふけります。さらに、想像力も物質の重力もものともしないような、複雑な構造物を組み立てる子もいます。子どもによってはこういうことを全部やったうえで他のこともやったり、発達段階によって集中する活動が変わったりする場合もあります。

　こうした探検家の中には、移動することや遠くにある目標物に向かって突き進むことに魅了される子どもがいます。手の届かないところにあるものなら何であろうと狙いを定め、途中に何があるかなんてほとんど気にもかけず、世界を突っ切るのです。障害物があろうが、何かにぶつかろうが、転ぼうが、ひるむことなどないように見えます。

安全基地から探索へ

　安全基地行動を特徴づける探索行動と愛着行動のバランスで見ると、新しいものに対する反応として高い活動性を示し、恐れをあまり示さないトドラー

は、明らかに探索の方を好みます。親としては、子どもが疲れきってしばし自分にもたれかかってくれる、そのわずかな時間がいとおしく思えてくるほどです。だからといって、この小さな冒険家にまったく愛情がないとか、近くにいたいという気持ちがないというわけではありません。ただ単に、少なくとも当面の間は、動き回ることや目新しいことにたまらなく魅了されてしまうだけなのです。こういう子どもにとって安心できる関係というのは、親から離れて思いきっていろんなことをやってみたいという意欲によって成り立っています。まるで、子どもに対する親の愛情が、この世界に対する子どもの愛情にエネルギーを注ぐかのように見えます。

これは何も突飛な考え方ではありません。病院の無菌病棟で育ったトドラーは、探索に出かけることに意欲や興味を示すことがほとんどありません。それは、出発地点としての愛情ある基地となるものがないためです。活発に探索するトドラーが不安を持たずに親のそばを離れるというリスクを冒せるのは、親を現在進行形で助けを求められる存在として、当てにできるからなのです。守ってもらうために自分が親の近くにいなくても、必要なときには親はそこにいるんだからと 100 パーセント期待して、探索に繰り出すのです。

活動性の高いトドラーの動きと言葉

活動性の高い子どもは、赤ちゃん時代は必ずしも活発過ぎるわけではありませんが、ハイハイの時期が比較的短く、歩き始めが早い傾向があります。初めての一歩は生後 8 〜 10 ヵ月（より一般的な生後 11 〜 13 ヵ月ではなく）の頃で、その約 1 ヵ月後には一人歩きを始めることもあります。

中には、初めて言葉が出るようになる何ヵ月も前に歩き出す子どももいます。ほとんどの乳児は、だいたい生後 12 ヵ月になるまでには初語が出ますが、これを達成する時期には明確な個人差が見られます。新しい言葉の習得率も、一語文から二語文、三語文へと進む早さも、子どもによってそれぞれ異なります。

また、言語がどれだけ重要か、言語を使うことをどれだけ面白いと感じるかも、子どもによって大きなばらつきが見られます。言語にとても順応性の高い 2 歳児もいれば、そうでない子どももいます。動きのある活動や実験が生きが

いの子どもの場合、もう少し大きくなって運動能力が自意識全体によりしっかりと組み込まれて初めて、話すことや聞くことに興味を持ちます。それまでは、大人の言う「ダメ」「やめなさい」にはほとんど耳を傾けません。そのため、子どもの行動を止めようとするうえで言語は有効な手段とはなりません。こうした子どもの世話においては、非常に活発な行動を軌道修正するために、言葉に加えて行動にも出なくてはならない場合が多いのです。

　猛スピードで突進することや動き回ることに意欲満々の子どもは、少なくとも次の3つの特徴をあわせ持っています。活動レベルが高い、反応が強い、座って行なう活動で集中力が長く続かない、という特徴です。こうした子どもは、本を眺めたりパズルに挑戦したりという時間の過ごし方はあまりしません。一方、もしよじ登るタイプの遊具が使える状況なら、それを登り降りしたり、ありとあらゆる方向に進んでいったり、そんなことを自分が（そして親も）クタクタになってへたり込むまで何回も繰り返すかもしれません。

　特に生後12〜24ヵ月の時期には、動くことは活発な子どもの幸福感にとって中心的な役割を果たすため、じっとすること、窮屈な場所にいること、またあまりにも長時間ただ室内にいることを強いられると、イライラ、ソワソワして、最後には癇癪を引き起こすことがあります。動いて探索したいという衝動には発散する手段が必要だということを、子どもなりに示しているわけです。

　次の項では、アダムという小さな男の子を紹介しながら、発達が良好で、とても活発で、見たところ怖いもの知らずのトドラーの典型的な特徴をいくつか説明します。またその中で、子どもの高いエネルギーレベルや飽くなき探索への衝動に対処すべく、親が適応しなければならなかった事柄についても、いくつか焦点を当てて紹介したいと思います。

疲れ知らずの探検家 —— アダム

　ほとんどのトドラーは、大胆な自発性を一定程度、自分の中に備えています。その意味では、アダムの姿はこの発達段階におけるごく一般的な子どもの様子を、いきいきと描いていると言えます。アダムはただそれを、他の子より頻繁に、より強く、より長時間発揮していただけなのです。以下に、生後10ヵ月から30ヵ月までのアダムの生活で見られた、典型的なエピソードを紹介します。

〈アダム：生後1年目〉

　アダムは生後9ヵ月で歩き始めました。それ以来ずっと、止まることなどまるで不可能なように見えました。母親は自分のことを、「まるで盲導犬になったような気がします。だって、アダムがどこにいるかに常に気を配って、危険から救う態勢でいるんですから」と表現しました（母親は獣医なので、このたとえがすぐに出てきたのです）。

生後10ヵ月　アダムは一人で歩いていて、抱っこなどでどこかに運ばれていくのは嫌がります。親の観察によると、アダムは遠くの何か目を引くものにすっかり魅了されてしまうため、その途中にある段差や家具などの障害物に気づけません。何かにつまずいたり、転んだり、ぶつかったりします。心配する家族は、息子より素早く動こうと頑張りますが、その努力も空しく、アダムはしょっちゅう全身アザだらけになります。家中に事故防止対策を徹底的に施し、柵をあちこちに設置します。これもある程度しか役に立たないとわかります。

　オムツ替えの時間は、母親の表現によると「悪夢」です。アダムにとっては、オムツを替えられている間、寝かされてじっとしている屈辱に比べたら、汚れたオムツなどたいして嫌でもありません。足を猛烈にバタバタさせ、抵抗し、泣き叫びます。母親は親子ともどもが負う苦労を最小限にするために、布オムツから使い捨てのオムツに切り替える決心をします。母親は常に疲れ果てた状態ですが、一息つける時間もあります。アダムは夜はぐっすり眠り、お昼寝は

一日に2回するので、ありがたいことに一日合計14時間ほど眠ってくれるのです。

　母親は、あの小さい坊やが、まるで一晩で大きくなったのではないかと思います。最初の数ヵ月の、息子を穏やかに抱っこしていた慈愛に満ちたときのことを恋しく思い、自分の両腕が空っぽなのを、時折ひどく空しく感じます。そうかと思えば、常にアダムに追いつ

こうとしているため、彼女の両脚は今や決して止まることはありません。母親は笑いながら、「私たち親子がつながりを感じる場所が、胸の辺りから足に移動したんですね」と言います。

生後12ヵ月　「ネコ」という初語が出ます。この言葉が出たのは偶然ではなく、アダムが動くことに魅了されることと関係しているかもしれません。ペットの猫は大切な家族の一員であり、話題の中心となることもよくあります。床から台所のカウンターにひょいとジャンプし、アダムが必死で手でつかまえようとしても素早く逃げ、優雅に気ままに家中を動き回る、すばしっこい存在です。もしかしたらこの猫は、アダムの幼いなりの「理想の自分」を象徴しているのかもしれません。どこでも自由に動き回り、重力や、バランスの喪失、引き止めようとする親の努力といった厄介な現実に縛られず幸せそうに見える、そんな姿です。

　その後すぐに、「おそと」という言葉が出ます。家の中で過ごさなければいけないとき、アダムはドアのそばに立ち、ドアをドンドンと叩いて、この呪文のような言葉を繰り返します。それでも「おそと」に連れていってもらえないときは、ますますじれて、ぐずりがひどくなります。母親はふと気づくと、自分がずいぶん長いこと庭にいて、もっと遠くまで行きたい、家の近所を行き来したい、と言って聞かない息子を、ずっと追いかけ回しているのでした。母親は言います。「この時期、ご近所のみなさんとすっかり顔見知りになったわ」

〈アダム：生後14〜30ヵ月〉
生後14ヵ月　やりたいことがうまくいかないとき、アダムは自分の頭を何かにぶつけるようになります。この行動をどう理解したらいいのでしょうか。アダムは早熟で、自分に対する期待が高い子どもです。背の高いベビーチェアに自分の力でよじ登りたいし、「おそと」に行くときに玄関のドアを開けたいのです。自分で決めた基準を満たせないときは、大人の助けを拒否し、代わりに自分をわざと罰してしまいます。今しようとしていたことをやめ、どこかかなり硬い面（床のカーペットを敷いていない箇所など）を探して、頭をゴツンゴツンと何度もぶつけるのです。

　この劇的な行動は、親にとって心配で、見ていても怖いものですが、実は情

緒的な反応が強いトドラーにはよく見られるものです。だからといって、親は
これを放っておけばいいということではありません。親が何もしないなら、自
分自身を罰するのは挫折感や失望感に対する適切な反応だというメッセージを、
子どもに与えることになります。

アダムの母親は頭をぶつけるこの行動に対し、「あなたが自分を傷つけるの
を放ってはおけないわ」と言いながら、息子をベビーベッドに入れます。最初
のうち母親は罪悪感を覚え、この子をベビーベッドに入れておくなんて、自
分を罰したアダムに対して罰を与えているようではないかと心配に思いました。
しかし、アダムはこの作戦に良い反応を示します。まるで、安全な場所で運動
性の緊張を体の外に出す練習をしているかのように、マットレスにそっと頭を
ぶつけるのです。母親はそばにいて、時折なだめるように話しかけたり、また
はそっとしておいたりします。最後にはアダムは落ち着きます。この好ましい
反応を見て、母親は、自分は本能的に子どもをなだめる正しいやり方を見つけ
ていたのだと納得しました。

ベビーベッドはアダムの手に負えない感情を収めておく、安らぎの入れ物
としての役割を果たしています。この非常に運動能力の高い子どもが、生後
30ヵ月になるまでベビーベッドの柵をよじ登って外に出ようとしなかったの
は、注目に値します。身体的な能力からすると、とっくにできるはずなのです
が。アダムは明らかにベビーベッドが好きで、中にいると安心できる場所と見
なしているのです。

子どもによっては、癇癪を起こしている最中に抱っこしてギュッと抱きしめ
てもらうと、一番良い反応を見せることもあります。アダムにはこれはうまく
いかないと母親は気づきました。アダムは腹を立てると抱っこされるのを拒み、
えび反りになって体をくねらせ、母親を押しのけます。こういうとき、アダム
は抱っこを愛情のこもった振る舞いではなく、自分が大嫌いな身体拘束として
体験していたのでした。

抱っこの拒否は、この年齢の子どもが、親の慰めを得たいものの、同時に自
律の権利も主張したいというアンビバレントな葛藤を体験しているときによく
見られます。この葛藤は、母親や父親に逆らって、ぶったり押しのけたりする
形で表れるかもしれません。このとき親は、子どもの心の中の葛藤の受け皿と
して機能しています。

トドラーが癲癇を起こしているときは、一人きりにさせない方がよいでしょう。強烈な感情のために、孤独、怒り、恐れを感じて困っている自分を見捨てない、安全基地としての親を子どもは必要としているからです。もし親が怒ったり情緒的に引きこもったりすることなく、穏やかに対応することができれば、発達の過程で子どもが「近接 vs 分離・自律」の対立に上手に折り合いをつけられるようになるに従い、こうしたアンビバレントな面は自然に解消されるでしょう。

　生後15ヵ月　ボールを蹴ることができるようになり、ビーチボールがお気に入りのおもちゃとなります。両親が台所に、アダムの背と同じ高さのバスケットボールのゴールリングを取りつけたので、アダムは喜んで何度も何度もボールをリングに投げ入れます。テレビでスポーツを見るのが大好きですが、父親も母親もこれを楽しいとは思いません。チャンネルを替えようとすると、「フットボール、フットボール」と言って泣きます。

　生後16ヵ月　母親と一緒に祖父母の家を訪問するため、飛行機に5時間乗ります。アダムは機内の通路を行ったり来たりしますが、それができないときは、どうにも大変な状態になります。わずかな空席のシートに上って、客室乗務員呼出コールでおしゃべりをしようとします。母親は息子に追いつこう、ついていこうと精一杯のことをしますが、乗務員の険しい表情を耐えがたく感じます。母親はブツブツと独り言を言います。「あの人たちは、きっと子どもと一緒の生活なんてしたことがないんだわ」

　この訪問の前、母親は自分の両親の家に滞在して、父と母にもアダムの面倒を見てもらえるのを楽しみにしていました。自分だけで散歩に出かけるとか、真っ昼間に本を読むことすら想像して、その場面を夢見心地で思い浮かべていたのです。しかしこんな空想が実現することなどありません。自分の両親（アダムの祖父母）がアダムのスピードと元気さについていけないのは明らかです。孫と過ごすのを楽しんではくれますが、両親だけに子守を2時間任せれば、どちらも一時も休めずに疲弊してしまうし、もし孫が急に外へ飛び出していった場合に素早く対応できなかったら危ないと、心配にもなるでしょう。アダムの母親は両親に対する自分の期待を修正し、彼らの老いによる限界に合わせる必

要があるという悲しい現実に気づいたのでした。

生後18ヵ月　母親がどこかに行こうとすると、ひどく泣くようになります。大好きな父親がそばにいても同じです。母親は自分にしがみつくアダムを引きはがさなくてはなりません。生後30ヵ月までこの状態が続きました。分離がつらいということは、アダムが母親のことを、自分を安心させてくれる人だとはっきり自覚していることを示しています。けれども苦痛は長くは続かず、アダムは母親代わりの人をしっかり受け入れ、母親が毎日何時間か仕事をしている間に世話をしてくれる2人のベビーシッターと、温かい関係を築いています。母親が帰ってきたときは大喜びで迎えます。

生後19ヵ月　週2日、一日2時間、5人の子どもたちと一緒にトドラーグループに参加することになりました。母親も一緒に参加します。先生は経験豊富で、明るくエネルギッシュです。どう見ても、ここでの体験はアダムと母親両方にとって良いものになりそうに思われましたが、しかし結果はその反対だと判明します。

グループでの1日目。アダムはアスレチック遊具の一番高い段まで登り、落ちてしまいます。幸いケガはありません。先生がやって来て、上の2段を外しながら、「今まで下から3段目より上まで登ろうとした子はいなかったのよ」と言います。母親は先生の柔軟さをありがたく思います。

2日目。アダムは重い木製のベンチをひっくり返して、アスレチック遊具の代わりにして遊びます。先生は遊び場からベンチを片づけながら、「アダムは先生が気づかなかった危険そうなところを、教えてくれているのね」と明るく言います。

3日目。雨で「おそと」で遊べないので、アダムは泣き続けます。他の子どもの中に入っていこうとはしません。室内の家具に登ったり、みんなが面白がってまねをしようとする動きを使って、何かゲームを編み出したりします。とはいうものの、ほとんどの時間は惨めな気持ちで過ごします。

4日目。他の子どもと一緒に遊ぶより、一人で動いている方が好きな様子のアダムを見て、先生は母親に「アダムには、ここはまだ早いと思うんです」と言います。母親はひどくショックを受けます。「もし私がもっと創造的でエネ

ルギッシュで、この子のエネルギーを良い方向に導いてやれる斬新な方法を思いつけたら。そしたらこの子はもっとなじめるのに」。アダムの父親は冷静に、こう言って母親を慰めます。「この子は大丈夫さ。僕もアダムとよく似た子どもだったよ。というか、今もそうだけどね」

生後 20 ヵ月　父親と一緒にピクニックに出かけ、喜びいっぱいの顔で帰ってきます。一日中バスを乗り継いで、乗り換えのバスを待つ間は何か面白い遊びを見つけながら過ごしました。バスに乗っているとき、アダムは上機嫌で、たくさんある空席によじ登ったり、後ろの方で通路を行ったり来たりしていました。

こんな遠出がもっとたくさんあるといいのに、と母親は思います。父親はいつも長時間勤務で、帰ってくるのがアダムの就寝時間ギリギリということも、しょっちゅうあります。家族全員がこの状況を残念に思っています。「ゆかいな牧場」（"Old MacDonald Had a Farm"）の替え歌を歌っているとき、母親が「パパは何て鳴く？」と尋ねると、アダムは「バイバイ」と答えます。パパと過ごす時間のほとんどは、パパを見送ることで終わるのだと、わかり過ぎるくらいわかっているのです。

アダムが心の中に運動マップを持っており、そのおかげで内面に達成感を覚えながら周りを動き回れるのだということがはっきりしてきます。この点は父親と似ています。母親は方向音痴なのです。一番仲良しの友達の家の近所を車で走っているとき、アダムは「トニー、トニー！」と大きな声で言いながら、その家の正確な方向を指差します。

生後 22 ヵ月　母親の親友が、「私はアダムと何の関係も築けていない気がする」と言います。「何かしてあげようと思ってもさせてくれないし、私と一緒にパズルを解いたり本を読んだりするのが好きじゃないみたい」と残念がります。母親は、息子は他の人に好かれるほど社交的じゃないのかしらと心配に思います。

アダムは初めて二語文を話します。予想どおり、「イヤ、じぶんで」です。

生後 23 ヵ月　ブランコに乗りながら、バランスを取ります。便利な言葉

「イヤ、じぶんで」を使って助けを拒みながら。しかし思わぬ新しい展開も見られます。アダムが自分に向かって「きをつけて」とつぶやいて、自分を落ち着かせているのを母親は耳にしたのです。

　そして何か新しい荒技に乗り出すときには決まって、「きをつけて」を使うようになります。さらに、「ママ、たすけて」と助けを求めるようにもなります。これを機に、息子に対する母親の認識に変化が生じます。母親は、アダムは自分で自分の身を守ることができるのだと信じられるようになったのです。これは確かにそのとおりで、危険に対するアダムの現実検討は、以前よりも正確になっています。母親の保護的な役割を内在化して、今やそれを支えにしながら、自分自身で考えた対処手段も活用することで、自分を安心させることができるのです。

生後24ヵ月　2歳の誕生日に母親は振り返ります。「救急処置室送りになるようなことが今までなかったなんて、奇跡だわ」。やることが大胆で転んでばかりなのに、アダムは大ケガをしたことはありません。おそらくこれは、彼自身の持って生まれた有能感と、母親をはじめ世話をする大人が行動に出る素早さとの、合わせ技によるものでしょう。

　アダムの母親は、去年の自分自身を思い浮かべて、「まるで必要以上に用心深い、過保護な母親だったような気がするんです」と顧みます。この自己評価は正しいでしょうか。一般的に本当に過保護な母親は、自分についてこんなふうには思わないものです。普通の母親は、自分が子どもを現実の差し迫った危険から守っていると信じています。ところが実際は、その状況で起こり得るリスクを大きく見積もりがちなのです。それとは反対にアダムの母親は、間違いなく、保護を求める子どものニーズに対応できていました――アダムが自分で危険を予測して自分の身を守るようになり、この機能を確実に引き継げるようになるまで。母親は、探索するのだという息子の果てしない決意を、しっかり見守る必要はあるものの変えることのできない個性として受け入れ、さらに感心することまでできるようになりました。母親が身体的にも情緒的にも寄り添ってくれるおかげで、アダムは葛藤や恥を感じることなく、自由にありのままの自分でいられたのでした。

　一方、アダムの父親が、息子を助けにいかなければ、保護しなければと母親

ほど思わなかったことは注目に値します。父親が面倒を見ているときの方が、アダムが痛い目に遭うことはずっと多かったのに、ケガをすることはあまりありませんでした。身体的な安全についての心配は、母親の方が父親よりも強かったのですが、それで何も問題はありませんでした。両親間に個人差があることは、この世の中を渡っていく方法には異なった、しかし同じだけ正当なやり方があるのだと子どもに示すことができるため、とても有益な場合があるのです。

生後30ヵ月　相変わらず活発なアダムですが、その行動は今では調整され、自制心というスキルを伴った形に変化しています。海水浴では、一直線に海に向かっていきますが、水際ギリギリのところで立ち止まります。それから木立のところまでずっと走って戻ってくるものの、木々の中に足を踏み入れはしません。

　アダムが水辺と木立の間を走って行き来しているのを見て、母親は、最初は一瞬パニックになりますが、その後、息子はいつ止まるべきかがわかっていると気づき、追いかけるのをやめます。そして水際でじっとしていることにします。そこからなら、息子がこの刺激的な新しい陣地を隅々まで動き回る様子を見守ることができるからです。素早く行動を起こす準備はできていますが、きっと必要はないだろうという自信を初めて感じています。

　アダムは家で長い時間、積み木遊びをしたりパズルを解いたりして過ごします。動くことを極めた今となっては、より穏やかな遊びに、長く続けて注意を向けられるようになっているのです。このことは、アダムの後を追いかけるよりも一緒に座って遊びたい、と思う大人との関係を築く力にも良い影響を及ぼします。

　他の人とパートナーシップを築くために、言語が主要な手段となります。アダムは病院で、看護師の指示をしっかり守ります。家では今や両親はアダムに何をすべきかを口で伝えることができ、手取り足取り教えなくても、アダムはそのとおりにできます。その日あったことを親に報告もします。相手と交互に話をしながら会話を進められるようになり、他の人が話している間、アダムは聞いています。自分のこと、他の人のことをかなり正確に描写しながら、感情を言葉で表現します。親やお友達の体験に理解と共感を示します。

保育園でも楽しく過ごしています。クラスの 10 人の子どもたち全員と友好的な関係を築いています。うまく溶け込んでいるようです。裸んぼで過ごすのが好きで、自分のおちんちんの魅力に気づき、夢中になります。勃起していることに気づくと、こう言います。「ママ、僕のおちんちん、大きいよ。触って、ここだよ」。男の子と女の子の違いにも興味を持ちます。女の子と一緒に遊んでいるとき、「これは僕の目。君の目はどこ？　これは僕の鼻。君の鼻はどこ？……これは僕のおちんちん。君のおちんちんはどこ？」と言ったりします。こうした発達の様子からわかるのは、動くことに集中していたアダムの興味が体に関するものへと切り替わり、自分はどうやってできていて、他の男の子とどう似ていて、女の子とどう違うのかということに、どんどん向けられつつあるということです。

生後 2 年目のアダムは、動くことに対して果てしない欲求を持つ小さな子どもが、高い活動レベルを調節できるようになる際にたどる軌跡を見せてくれます。発達が進む鍵となるのは、身体的な動きを、認知的・社会的な発達上の節目の出来事（仲間や大人と交流する力、言語の使用、空想遊びの発達など）と少しずつ統合できる力なのだと言えます。

「期間限定」の時期

子どもと同じ活動レベルを共有できない親は（できる親はほとんどいないのですが）、この時期、苦しい思いをするかもしれません。活発なトドラーの母親がよく口にするのは、「この子のせいで時々、自分が社会ののけ者のように感じる」という言葉です。家族ぐるみでつき合いのある友人の家をわが子と一緒に訪ねると、友人は家具や所持品のことでヒヤヒヤしています。親は子どもを「コントロール」するために、常に今以上のことをすべきだという社会のメッセージが、暗に、またはあからさまに聞こえてくるのです。ある母親は言います。「ダニーにとっては、『コーヒーテーブルはコーヒーテーブルじゃない』ということを、周りの人は理解してくれなかった。あの子にとっては、上に登るためのものだったのよ」。そして続けて、息子の大胆な行動を恥ずかしく思ったので、結果として自分自身の自尊心が傷ついたと説明しました。この母親は、わが子の自尊心もまた、絶えず大人から非難される体験のために、同じように傷ついただろうと信じています（この見方は間違いではないかもしれませんが、ダ

ニーは人生の早い段階で体験したこの傷つきを、保育園時代には持ち越さなかったようです。ダニーは幸せで才能豊かな、とても人から好かれる子どもでした）。

　ありがたいことに、留まるところを知らない運動性の探索をする時期は、一般的には「期間限定」で、生後 30 ヵ月頃には終わりを迎え始めます。通常、36 ヵ月になる頃には、ずっと上手に自分をコントロールできるようになり、家の中の生活は静かでより快適なものになります。

　次の 2 つの項では、子どもの高い活動レベルによって、親子の間に摩擦が生じた場合にどうなるかを説明します。最後の節では、親子のパートナーシップを促進するために、対立を和らげ、「静かな活動」という名の安全地帯を築くために役立ちそうなアドバイスをいくつか提供します。

動くことをめぐる対立 —— メリンダ

　近接と探索の満足いくバランスを探ろうとする中で、トドラーが情緒的な支えを感じられない場合、「動くこと」が親子関係に対立を運んでくることもあります。

　メリンダの場合がそうでした。4 人きょうだいの末っ子で、たった 1 人の女の子でした。両親は何年も女の子がほしいと思っていたので、三男が生まれて 8 年後にメリンダが生まれたときは、大喜びしました。母親のパウエル夫人は、フリルの付いた服を着たこの小さな女の子を抱きしめていると、再び若さと希望が満ちてくるのを感じました。そして自分が子どもの頃にしたのと同じような遊びを、娘と一緒にするところを想像しました。その楽しい子ども時代に使っていたきれいなドールハウスが取ってあったので、メリンダが遊べるようになるまでに、それにぴったり合うミニチュアの家具を収集し始めました。

　ところが、メリンダが見せつつあるパーソナリティは、パウエル夫人の夢とはかけ離れていたのです。メリンダはにこやかな、たくましい女の子で、母親のことは大好きでしたが、やんちゃでふざけてばかりの兄たちにすっかり魅了されていました。歩けるようになるやいなや、兄たちがフリスビー投げやボール蹴りをしようと外に出るときには、後を追いかけるようになりました。兄たちは快く仲間に入れることもあれば、邪魔されて腹を立てることもありました。結果的に、妹を入れてあげては押しのける、の繰り返しとなりました。一緒に遊べるとき、メリンダは有頂天になるほどうれしくて、そうでないときは怒り

のあまり金切り声を上げました。

　パウエル夫人は、メリンダが2歳になるまでは兄たちのゲームに興味を持つことに反対しませんでした。きっと2歳児にもなれば、男の子の遊びよりも女の子の遊びを覚え始めるはずだと信じていたのです。2歳の誕生日のプレゼントは、母親が子どもの頃に使っていたドールハウスでした。人形用の家具とそれにぴったりの人形もそろっています。メリンダはほんのちょっとの間それで遊ぶと、小さなテーブルの脚を折り、小さなアームチェアの詰め物を引っ張り出し、それから兄たちが何をしているのかを見ようと小走りで行ってしまいました。そして一緒に鬼ごっこをして遊び、庭中を豪快に走り回ったのでした。

　パウエル夫人は傷つきましたが、そのことを自分で認めるわけにはいきませんでした。それどころか、メリンダは女の子なのだから、あんなに荒っぽくてはいけないという気持ちをますます強くしました。そして、メリンダがあふれんばかりに活発なときは（ほとんどいつもそうでしたが）決まって素っ気なく、批判的な態度になりました。娘が遊びの途中に転んだりケガをしたりして近づいてきても、「あんなに乱暴にしてるから、そうなるのよ」とピシャリと言うのでした。庭で遊んだ後、汗びっしょりで泥だらけのときは、「そんなに汚いのに、ママに近寄らないで」ときつく言うのでした。

　ほどなくしてメリンダは、活発に遊ぶときに体に感じる興奮と、母親からの拒絶とを結びつけるようになりました。また、女の子は「自由に動き回る」べきではないという感覚を、おぼろげながらも持ち始めました。探索に出かけて戻ってきたときに出会うのは、受容的な母親ではなく、気持ちの隔たりと非難でした。

　母親と楽しく過ごす時間も持ち続けていましたが、それはメリンダが静かで落ち着いているときだけでした。生後28ヵ月になる頃には、メリンダは、お人形遊びとお茶会ごっこをすれば、その見返りとして母親との親密さを手に入れられることに気づいていました。そして、意識的にこうした遊びをしようと母親を探すようになり、人形を持ってきて、「ママ、お茶を飲みましょう」と言いました。こんなとき、パウエル夫人の心はとろけそうになり、何をやっていても手を止めて、娘と一緒に遊ぶのでした。

　こうした親密な時間であっても、メリンダの母親との関係の持ち方が、情緒的に抑制されたものとなっていることを示す出来事もありました。メリンダは

大はしゃぎしたかと思うと、唐突に自分を抑えて、心配そうに母親の方を見ることがよくありました。大胆な動きをして転んだときには、自分に向かって「悪い子」と言い聞かせ、母親の慰めを求めないこともありました。こういうときは、まるでパウエル夫人の批判的な態度が、メリンダの自意識の一部になってしまっているかのようでした。

　もし、この子の世界に存在する全員が、この母親と同じ態度を身につけて、その高い活動レベルに眉をひそめていたら、メリンダは大人からの非難を内在化し、ちゃんとした「女の子らしいお嬢さん」という理想に応えられない自分は悪い子だと思うようになっていたかもしれません。

　幸いなことに、活動性をめぐるこの対立は、どの場面でも見られたわけではありませんでした。なぜなら父親と兄たちが変わらず、やんちゃなゲームを一緒にしてくれ、メリンダの活発さを喜んでくれたからです。こういうとき、メリンダは心から幸せそうで、母親がいない場合は特にそうでした。そのような遊びをしているときにケガをしたら、すぐに父親か兄のところに抱っこを求めにいくのでした。この様子に表れているのは、幼い子どもが「自分への対応の仕方は大人によって違う」ことを敏感に察知していることと、それに合わせて子どもが自分の行動を調節できるということです。子どもが自分の身近にいる大切な大人との間に、どのような情緒的な質感を帯びた関係を築いているかは、相手によってかなり違いが見られるのです。

　もしパウエル夫人が、「娘は自分が望むようなもの静かな女の子になれない」という事実にそこまで傷つかなかったなら、メリンダの荒々しい行動をもっと受容できたかもしれません。そして、お茶会ごっこを楽しむことと木に登ることは、決して相いれないものではなく、どちらも自分と自分の世界にとって欠くことのできない要素となり得るということを、メリンダが理解する手助けができたかもしれません。

　メリンダの成長にはどのような長期的展望が描けるでしょうか。もし、この家族の機能の仕方がこのまま続くのであれば、メリンダが「身体的・情緒的な自由＝男の子」「身体的・情緒的領域での自己抑制＝女の子」というふうに関連づけるようになる可能性があります。大きくなるにつれ、もしかしたらそれが原因で、女性であることに不要な葛藤を覚えることになるかもしれません。

　一方、良い方向に向かうことも十分に考えられます。何といっても、母親

だって父親だって、自分のした間違いから学び成長するのです。メリンダの母親も、メリンダを「おてんば」と思わせる振る舞いについて、そこまで神経質でなくなるかもしれません。家族や友人のおかげで、実際にそのような兆候が見られることもありました。メリンダに対するパウエル夫人の、家族いわく「小うるさい」ところを、家族は優しいユーモアでもって茶化したりしました。夫はしばしば、妻と二人でいるときにはっきりと、子どもに対して「厳し過ぎる」と伝えました。母親が娘についての心配と自分の願いについて、親しい友人に思いのたけを打ち明けたとき、その友人はこう指摘しました。あなたは、家の中で「男の子ばかり」に囲まれて、これまで寂しい思いをすることが多かった。だから、娘が女同士の交流をもたらしてくれることを期待し過ぎたのだろう、でもそれは、2歳の子どもの能力を超えていると。

　こうした周りの反応から、パウエル夫人は自分自身のニーズが娘への態度にどう影響しているかということに、より意識的になれるかもしれません。そしてもっと受容的になることで、今度はメリンダが、「おてんば」なところや何もかも含めて、ありのままで自分は良い子で愛される子どもなのだと、より大きな安心感を覚えられるようになるでしょう。

向こう見ずで事故ばかり —— ポール

　子どもの中には、親を安全基地として利用できない葛藤を、コントロール不能の衝動から向こう見ずな探索行動をするという形を取って表現する子もいます。そして、最後には思いがけず事故に遭ってケガをしてしまうことがよくあります。こうした向こう見ずな子どもは、家からさまよい出る、道路を突っ走って横切る、スーパーマーケットやショッピングモールで迷子になる、棚の商品を引っ張って自分の上に落とす、といった行動を取ることもあるかもしれません。そして通常、絶えずトラブルに巻き込まれています。こうした出来事が2〜3回起きるだけならまだしも、かなり深刻な出来事や危機一髪な状況が繰り返し何度もあって、親は寝ても覚めても子どもの身を案じているのが普通になっていれば、その子には向こう見ずなところがあると言えるでしょう。

　内的な葛藤や親子関係に問題があるために向こう見ずになっているのか、それともただ幼くて活発なあまり危険を予期することができないのか、または感覚運動機能の協調がうまくいかず体の動きが妨げられているのかを見分けるの

は、難しい場合があります。何か問題が潜んでいると判断する手がかりとして、向こう見ずな子どもの場合、トドラー期を過ぎてもコントロール不能な状態が長く続きます。アダムのように、生後 36 ヵ月を過ぎると今まで以上に危険を察知できるようになり、より注意深く用心深くなる —— ということはありません。

　問題を示すその他のサインとしては、逆説的なようですが、向こう見ずな子どもにはさまざまな領域において、不安があることをうかがわせる数多くの兆候を見せる傾向があります。どのトドラーでも年齢相応の恐れを見せるものですが、向こう見ずな子どもの場合、恐れに圧倒されてしまうことが多いと言えます。暗やみ、動物、知らない人、耳慣れない音を過度に怖がることがあります。手に負えない癇癪を頻繁に起こすかもしれません。眠るのを怖がるとか、夜中に何度か叫びながら目を覚ますとか、ひどい分離不安に襲われることもあれば、急にどこかに走り去ってしまう場合もあります。探索のときの怖いもの知らずのような態度は、他の領域で感じる過剰な恐れの埋め合わせのように見えます。不安は、叩く、嚙む、蹴る、といった、怒りや攻撃の形を取って表れることもあります。

　ポールは生後 28 ヵ月のとき、こうした行動を全て示し、一緒に生活するのが難しい子どもでした。両親と小児科医はとても心配して、多動なのかどうかを判断するべく医学的な検査を行ないました。その結果、多動には該当しなかったのですが、実のところ両親のドナヒュー夫妻は少しがっかりしました。ポールの行動に、薬を飲めば治るような、何か具体的な医学的原因があればいいのにと思っていたのです。心理的問題という、漠然とした領域に足を踏み入れるのは嫌でした。とはいうものの、息子のことがとても気がかりだったため、小児科医に心理的な査定を受けることを勧められると、すぐさま同意しました。

　子どもの心理的機能を観察するのに最適な場所は、家庭の中です。いつもと違う状況のせいで子どもの気分が抑制されることが、最低限で済むからです。私が行なった 2 時間の家庭訪問の間、ポールは、両親が心配している行動を私に披露する準備がバッチリ整っているとでも言えそうな状態でした。両親が息子のコントロール不能な行動について話している間、ポールは窓台に危なげによじ登り、騒々しく飛び降り、足首をひねりました。それから、家具の上に上

がり、壁にかかっている自分と家族の写真を引っ張って落としました。猫とケンカをして尻尾を引っ張り、引っかかれました。そして引っかき傷を見ようとした母親をぶちました。

　こんな大騒ぎをするにもかかわらず、ポールは私が話しかけると静かになって、大きく見開いた悲しい目でこちらを見つめます。私はポールに、「あなたとパパとママが一緒にいて大変な思いをしているんだって、見せてくれたのね。私はみんながもっとうまくいくよう、お手伝いをするために来たのよ」と言いました。この言葉はポールの気持ちを静める効果がありました。ポールは私が話していることを全てはっきりと理解しました。

　その後の何回かの訪問の中で、興味深いパターンが浮かび上がってきました。ドナヒュー夫妻は、息子が攻撃的で力が強くてコントロール不能の「小さな悪魔」（両親はそう呼んでいました）だと信じきっていたために、彼がおびえた小さな男の子でもあるというふうには見えていませんでした。息子を恐れ、夜驚(やきょう)や入眠の困難、分離のときに発作的に泣くことを、親をコントロールしようというずる賢い試みだと認識していました。「ただの見せかけなんです」と両親はよく言いました。「怖いものなんて何もないんです。ただ私たちをだまして、自分がしたいことをするだけで」。ドナヒュー夫妻は息子にとても腹を立てていたので、息子の苦境にまったく共感を示しませんでした。自分たちの苦しみのために、必死で助けを求めるポールの姿が目に入らなかったのです。

　どうしてこんなことになってしまったのでしょうか。両親と一緒にいるポールを観察すると、ドナヒュー夫人は、頼るとか、依存すると解釈できそうなあらゆる行動に我慢がならないのだということが見えてきました。ポールが消防車にびっくりして母親のスカートにしがみついたとき、母親は笑って、「何をふざけてるの」と言いました。トドラーたちのグループにいるポールのそばを母親が離れるとき、ポールが泣くと、「泣く権利はありません。いつもママから走って逃げるくせに。ママに同じことをされてうれしいかどうか、自分で確かめてみなさい」と言いました。ポールが壊してしまったコップの破片で切り傷をしたときなどは、「そんなに何でも壊す自分が悪いんでしょ」と言うのでした。

　ドナヒュー氏は、ポールの生活に夫人ほど積極的には関わっていませんでしたが、似たようなパターンを取っていました。ポールに「強く」なるよう勧め、

おびえたり傷ついたりしていると、批判的になりました。さらに息子をルールに従わせるために、ポールのお尻をかなり強くぶつ傾向がありました。ポールがぶち返してくるようになると、父親はそれを面白がることもあれば、激怒することもありました。面白がるときは、息子の気骨に対して満足げに笑いながら、「俺みたいにタフだなあ」と言いました。この父親の態度は、抵抗するために進んで攻撃性を用いるポールの姿勢を強化しました。しかし父親がそんな気骨を喜ぶような気分でないときは、激怒して、「誰がボスかを見せつける」ために、一層強く息子をぶちました。こういうときポールは泣き崩れて、それから自分の部屋に連れていかれ、そこで40分もの間休みなく、抗議の叫び声を上げ続けるのでした。

　両親とのこうしたやり取りがポールに与えたメッセージは、「何もかも一人でやらなければならない」ということでした。怖い、助けてほしいと思ったときに頼れる安全基地が、ポールにはなかったのです。父親はポールが怒りを調節するための助けにはなりませんでした。というのも、ドナヒュー氏自身が、自分の怒りをコントロールできなかったからです。母親はどんな弱気なところを見せられるのも嫌いで、人に頼らないよう息子を促すのですが、そのくせ息子が「自立」しようと試みて、しばしば散々な結果になった場合には、叱りつけるのでした。

　ドナヒュー夫妻は、ポールの高い活動レベルを、罰すべき反抗的態度と誤って解釈していました。また、夫妻にとって依存は受け入れがたいものだったため、身体的に親密な関係を築こう、距離を縮めようとするポールの努力を依存の兆候と誤解し、安全基地をともに築こうとするポールの努力を、二人してはねつけたのでした。それが年齢相応の行動だということを、理解していなかったからです。

　親が受け入れられない考えや感情が、子どもにとっても受け入れられないものとなるのは簡単です。この観点から考えると、ポールの向こう見ずな行動や、どこかに走り去ってしまう行動は、親に近づきたいという願い（拒絶されるとわかっている願い）に対抗する努力だと理解することができます。ポールが慰めと安心を得るために親に近づきたいという願いを追い払おうとすればするほど、この願いに屈することへの恐れが強くなりました。睡眠の問題と分離不安は、親の助けを確保し、恐怖の中に一人ぼっちで取り残されることはないと

確かめるための試みだったのです。この活動性の高い子どもは、不安に対抗する防衛手段として動き回ることを使っていましたが、夜間や両親がいなくなるとき――つまり逃げられない状況では、恐怖が前面に出たのでしょう。

　ポールのようなタイプの子どもは、こう尋ねているのです。「ママが連れ戻してくれるまで、どれだけ遠くまで行かなきゃいけないの？　どのくらい危険過ぎることをしたら、パパは守ってくれるの？　僕を安心させるためにパパとママが手を差し伸べてくれるには、どれくらい怖がる必要があるの？」と。ドナヒュー夫妻は、長い悪戦苦闘の末、「息子は恐れているのだ」という差し迫った現実をようやく理解し、向こう見ずな行動を、助けを求める叫びと受け止めて対応できるようになりました。わが子のことを理解し始めるまでの過程で、夫妻は、自分自身の子どもの頃の恐れや願いを思い出す必要がありました。それは、厳しく罰せられ、あまりにも多くのことを、あまりに早い時期にこなすことを期待されていた子どもの姿でした。

　親が子どもをどう守ればよいかわからずに、途方に暮れているときには、現在の痛ましい状況の中で、過去の痛ましい体験が繰り返されていることが多いものです。ドナヒュー家は、子ども－親心理療法という支援を受け、両親は自分が幼いときに見過ごされた願い、保護され安全だと感じたかったという願いを再体験しました。これにより、夫妻はポールの恐れをより理解できるようになり、わが子の助けを求める叫びに応えられるようになっていきました。たとえば、息子がしがみついてくると、追い払わずに抱っこして、「大丈夫よ。ちゃんと守ってあげるからね」と言いました。初めての場所で息子が走り去ってしまったときは、連れ戻してこう伝えました。「お前が走っていってしまうと、怖くなるよ。ケガをしてほしくないんだ」。ポールが助けを求めたときは、力になりました。こうした愛情のこもったケアを通してポールの不安が癒えるにつれ、両親は気づいたのです――わが子への共感を体験することによって、自分たちもまた、つらい子ども時代が残した傷を自分で癒やし始めているのだと。

気質とパートナーシップについての覚え書き

　アダム、メリンダ、ポールの事例から、子どもの気質スタイルとそれに対する親の受け止め方が、親子で築くことのできるパートナーシップのあり方にいかに強い影響を及ぼすかがわかります。親が子どものスタイルを受け止め、それに合わせて対応を変えていけば、親子のパートナーシップがうまく発展する可能性は高まります。親が子どものスタイルに拒絶的か批判的だと、対立と疎外が生じる結果となりかねません。

　アダムの母親は、息子と気質スタイルが異なり、「こんなに活発な子どもじゃなかったらいいのに」としばしば考えました。しかし、それでも情緒的には何とか応え続け、息子の行く先々に合わせられるようになりました。それができたのは、「息子は私の延長線上にいるのではなく、この子なりのとても強い性質を備えた小さな一人の人間なんだ。私よりも夫の方に似ているんだ」と自分に言い聞かせたからでした。

　メリンダの母親は、これとは対照的に、娘の活発なスタイルを受け入れられませんでした。母と娘の穏やかで親密な関係を望む自分の夢を、娘と一緒には叶えられないということに、あまりに失望したからです。

　ポールの両親は、子どもへの受容力が、さらに輪をかけて欠如していたと言えます。扱いにくい行動に対しては懲罰的になり、息子が近づいてきても拒絶していました。彼らは子どものときにこうした反応しか、親から学んでこなかったのです。

　アダム、メリンダ、ポールは、親からの関わりに対し、それぞれ特徴的な適応を示しました。アダムは母親の受容に対し、自信に満ち葛藤のない形で探索をすることで応え、自分自身の行動を調節するために、母親からの保護を着実に内在化していきました。メリンダは母親の非難に気づき、母親を喜ばせるために自分の元気さを抑えることを覚えました。それでも、父親と兄たちと一緒に大胆な活動を存分に楽しんでいました。ポールは両親の厳しさを内在化し、攻撃的な行動と度重なる事故によって自分を罰するだけでなく、両親をも懲らしめました。この3人の子どもの姿を通して、発達上優勢となっている一つの行動（飛び抜けて高い活動レベル）が、親の対応の違いによって、3つのまった

く違った幼児期のパーソナリティ構成をいかに生み出すかということが見て取れます。

　この過程を別の側面から見てわかるのは、受容的な親がわが子のスタイルに慣れるために、どれほど子どもから学んでいるかということです。アダムの母親は「息子がこんなに活発でなければ、どんなにか穏やかな生活だろう」とこれでもかというほど夢想した後、まさにそんなタイプのトドラーの子守をする機会がありました。その日一日、静かで従順で人懐こい男の子と過ごしたのですが、ふと気づけば、退屈で落ち着きません。そして、その子にもっと活発になるよう発破をかけたい衝動を抑えなければならなかったのです。

活動性の高い子どもとの暮らし

　憎たらしいほど元気いっぱいの子どもに有意義な対応をしようとするとき、何ができるでしょうか。第一歩として覚えておくといいのは、そのような子どもも穏やかな子どもと同じように、ただ親を喜ばせたい、パートナーシップを築きたいと強く思っているということです。単に、あまりにも探索の衝動が強いので、自分でやめたいと思ってもやめられないだけなのです。親の作戦として

必要なのは、ある受け入れがたい行動に対し、少しずつ自制心を植えつける努力をすることです。

　その一つの方法として、子どもの本質に関わることよりも、目の前の状況に注意を向けるとよいでしょう。「迷惑な子だね」と言われても、トドラーには何の役にも立ちません。行動を変えようにも何をしたらいいかわからないし、そんな全人格に関わるようなコメントをされたら、自分が嫌になってしまうからです。子どもは、やめるべき具体的な行動を言われれば、ちゃんと大人に協力できます。

そこに簡単な説明もつけ加えて、自分の行動とその結果とのつながりを、そこから理解できるようにするとよいでしょう。たとえば、

- 「あなたが走って逃げたから、ママはとても怒っているのよ」
- 「ケガをするんじゃないかと、とても怖かったわ。ママはあなたのことが大好きだから、何も起きてほしくないの」
- 「パパの言うことを聞かないのは困るな」
- 「パパがやめなさいと言ったら、やめなければいけないよ」
- 「またみんなと一緒に過ごせるようになるまで、自分の部屋にいなさい」

　もし言葉だけでは不十分な場合、断固とした態度で子どもを制止し、それからなぜそうしたかの理由を説明します。幼いトドラーは特に、親が言葉だけで言うよりも、保護的な行動を取ってみせた方がしっかり理解できます。

　反応が強い子どもの場合、その内的な体験に見合うだけの激しさで、親が働きかけなければならないことが多いものです。穏やかに「そんなことしちゃダメよ」と言っても、こうした子どもに親が本気だと納得させることはできません。もし親が「私は怒ってるの」と自分の気持ちに確信を持って言ったなら、子どもはそれを深刻に受け取らなければならない本気の言葉だとして聞きます。言うことを聞かせるのに脅しは決して必要ではありません。なぜなら子どもにやる気を起こさせる刺激としては、親からの承認があれば十分だからです。[3]

　とても活発な子どもが、ありのままの自分に忠実でいることができ、かつ親のバーンアウト（燃え尽き）や家族間の対立をも最小限に抑えられる方法は、他にもあります。以下のアドバイスはきっと役に立つでしょう。

- 家の中と外に、激しい遊びができる場所、やってもよい場所を設定しましょう。こうすることで子どもはエネルギーを発散でき、激しい遊びの後で静かな時間を持つ機会が増えます。[4]
- 静かな時間を最大限に活用しましょう。子どもとくっついていられるわずかな時間を、思う存分楽しみます。子どもが休んでいるときは、自分も休むように心がけます。
- 活動性の高い子どもは新しいことを求めています。自分と子どもが飽きな

い、何か新しいアイデアを考え出してみましょう。料理をしているときなら、野菜の切れ端を子どもにあげて、サラダを作って、と言うとか、パンを作るから小麦粉と水を混ぜて、などと頼んでみます。飽きてしまったおもちゃは隠し、何週間か後にまた出す、他の親子と合同のお出かけを計画する、近所の人と知り合いになって社会的サポートとなるご近所ネットワークの一員になってもらう、などもよいでしょう。

• 子どものわずかな警戒心や恐怖心を見逃さないで、助けを求める声にすぐに応えられるようにしておきましょう。子どもを「怖いもの知らず」と型どおりに見て、いつだって自分のことは自分でできるはず、とすぐ思ってしまいがちですが、これは正しくありません。どれだけ大胆極まりないトドラーだって、助けを求めたり怖がったりするものなのです。

• 自分の子どもの世話を、他の人にもお願いしてみましょう。親が近くにいる場合に限りますが、8～13歳の子どもはトドラー期の子どもにとって最高のベビーシッターとなってくれることがあります。一般にこの年齢の子どもは、わんぱくなトドラーと二人きりになるにはまだ早いものの、トドラーのエネルギーレベルと張り合うことができます。また、トドラーの体を張った離れ業にある程度のまとまりを持たせたり、動きを的確に見極めたりするうえで力になってくれます。責任感のある思春期の子どもであれば、たいてい一人でトドラーの面倒を見ることができます。活動性の高い子どもといると、親は常に気を張っていなければならないものですが、彼らのおかげで、ほっと一息つくことができるでしょう。

• なくても困らない生活上の規範を緩めましょう。食事、家事、娯楽、可能なら自分の仕事に関する規範も緩やかにしましょう。何かをしようとする際に、トドラーの存在が問題とはならなくなる時期が来れば、緩めた分は挽回_{ばんかい}できるものです。

• 子どもと言い争うかどうかは、慎重に決めましょう。もし問題になっている争点がささいなことであれば、心配せずにこちらが折れればよいのです。あるとても賢明な母親はこう言います、「あの子が何かしたいって熱烈に主張するパワーの量が、私がダメって言うパワーの量よりも、長く持ちこたえたってことね」。結局のところ、相手と交渉したり、自分が折れたりすることは、パートナーシップ形成につきものなのです。悪戦苦闘してい

るときに、「今、大事なことは何？」と自問できるようにしましょう。自分がしているのは重要なことだというのがその答えなら、今の立場を貫きます。そうではなく、もし自分が「一貫性」を持とう、面目を保とうとしているのなら、自分のためだと思って潔く折れる方法を見つけることです。こちらが折れることが習慣的になって、安全や人への配慮、持ち物の管理に関する基本的なルールを子どもが守らなくてもおかまいなし――ということにならない限り、親がたまに折れることは、子どもを甘やかしてダメにすることにはなりません。それどころか、親が柔軟であれば、子どもは粘り強さの価値を学び、自分の主張を上手に通す能力に自信を持つことができるようになるでしょう。また、目の前のことや、長い目で見ればもっと重要と考えられる闘いのために必要な、貴重なエネルギーをセーブすることにもなります。

　「近くにいる」か「離れていく」かという葛藤を解決するうえで、子どもはあなたのベストパートナーなのです。かくれんぼ、追いかけっこ、鬼ごっこなどのゲームは、こうした安全基地行動にまつわる葛藤を、子どもが一番理解しやすい言語を使って再演できる方法です。その言語とは、遊びです。空想遊びは、こうした葛藤を徐々に克服するのに一役買っています。

　児童精神科医のヘンリー・パレンス（Henri Parens）は、シンディという、ある幼い女の子についてこう記述しています。シンディは生後14ヵ月で、どういうわけか母親に対して、腹立ちや怒りっぽさを募らせていました。母親から離れていったかと思うと突然立ち止まり、また母親に近づいてきて癇癪を起こします。これが1週間に何度も繰り返された後、シンディは自分のジレンマを克服しようとする象徴的な方法を発見しました。シンディは母親のそばに座って、人形をソファからはたき落とした後に、愛おしそうにそれを手に取って元に戻す、というゲームにふけりました。6週間にわたりこの遊びを何度も繰り返した後、シンディは母親から離れて、少しずつ広範囲にまで行けるようになりました。シンディは、母親を安全基地として利用することに対して心の中で感じていた行き詰まりに、真正面から取り組む方法を発見していたのです。そして、離れていく大胆さと、近くにいる親密さとの、新たな統合に向かったのでした。

第**6**章

適応がゆっくりなトドラー
──時間が必要な子

　トドラー（1、2、3歳児）はとことん陽気で抑制がきかないこともありますが、もの静かで控えめな気分になることだってあります。この心理状態が一番生じやすいのは、不慣れな状況に出くわしたときです。こうした場面では活動レベルが低下し、生真面目な、あるいは心配そうな顔つきになり、親から離れようとしない、または親の陰に隠れようとさえする傾向が強くなります。目の前で起きていることに視線が釘づけになったり、目を背けたり、親の体で顔を隠したりするかもしれません。子どものこうした振る舞いは全て、「目の前のことを処理し、周りで起きていることを大丈夫と思えるまで、少し時間がほしい」と言っているかのように見えます。

　トドラーはみな、こうした反応を折に触れて見せるものですが、中にはこれが標準的な反応で、この状態が20分以上続く子どももいます。この一連の行動について何年も研究している心理学者のジェローム・ケーガン（Jerome Kagan）は、これを「不慣れなものへの抑制」または「行動抑制」と呼びました。このような子どもの気質的特徴が集まると、通常「内気」と呼ばれるものとなります。

適応がゆっくりな気質のプロフィール

　適応がゆっくりな子どもには、3つの大きな気質的特徴が見られます。それ

は、見知らぬ人といるときに非常に用心深く、目新しい対象への警戒心が強く、不慣れな状況では身を引きがちだというものです。とはいえ、いったん周りの人と面識ができ、その状況に慣れれば、たいてい他の子どもと変わるところはありません。[2]

安全基地行動で言えば、適応がゆっくりな子どもはそうでない子どもよりも、何か目新しい状況に直面したときに、探索するよりも親のそばに留まっている傾向が強いようです。親は子どもを抱っこするか、少なくとも自分にしがみつかせておく、すぐ近くにいさせてやるといった、ウォームアップの時間を取る必要があることを、前もって悟るようになります。適応がゆっくりな子どもは、一度新しい状況に慣れてしまえば、探索の喜びがかなり強いものとなることもあります。それでもこうした気質スタイルを持つ子どもはそうでない子どもよりも、予期せぬ変化に目を光らせており、もしそうした変化があれば親のもとに飛んでいきやすいと言えます。

「新奇な状況への関わりの遅さ」は、気質的な特徴として変化しにくいものであるとする研究結果が数多くあり、信頼性の高い生理的な分析結果も出ています。ケーガンは、彼が「新奇なことに対して抑制的」と呼ぶトドラーたちを、非常に社交性の高い同年齢の子どもたちと比較し、臆病な子どもの交感神経系の覚醒レベルの方が高いことを見出しました。たとえば、軽度にストレスのある状況への反応として、心拍数のかなりの上昇と瞳孔の拡大が見られる傾向がありました。つまり、警戒心や恐怖心を引き起こす可能性のある状況に対し、より敏感に反応することを意味しています。[3]

適応がゆっくりな気質のスタイルが警戒心や恐怖心の上昇と関連している可能性については、もっと最近の研究結果でも裏づけられています。それは、思春期になっても依然として行動抑制が見られる若者の脳においては、恐怖と報酬の両方に関連する領域で神経回路の活性化が見られるというものです。これは、適応

がゆっくりな子どもは他の子どもに比べて、より報酬と罰に敏感であるという可能性を浮き彫りにしていると言えます。[4]

　適応がゆっくりな子どもは、大人になってもずっとそのままなのでしょうか。ケーガンらは、この行動パターンの長期的な安定性について研究することに興味を持ちました。ある初期の長期的調査では、極端に適応がゆっくりな3歳児たちは、非常に社交性の高い同年齢の子どもたちに比べて、内向的な大人になる傾向が強いという結果が示されました。[5]より最近の研究では、この特性は発達のもっと早い段階で現れることが示唆されています。極端に適応がゆっくりな2歳児たちは、この行動的プロフィールと特徴的な生理的パターンを、8歳になっても引き続き示す傾向が見られました。[6]

　しかし安定はしているものの、変動も見られます。別の研究では、2歳のときに対人場面で非常に高い警戒を見せた子どものうち、5歳までこのパターンを示し続けたのは30パーセントに満たないことがわかりました。こうした個々の特徴の安定性に影響するものとしては、乳児期から思春期までの間に受けた世話や同年齢の仲間と接した経験が有力だと考えられます。[7]

　新奇なものから身を引く傾向は、生後2年目で初めて子どものパーソナリティの安定した特徴として見られるようになりますが、乳児期にも、その子どもがその後示すパターンを予測する反応がある程度、見られるかもしれません。たとえば慣れない刺激に対し、泣いて体を動かして反応する生後4ヵ月の赤ちゃんは、生後14ヵ月のときも21ヵ月のときも、引き続き目新しいものを嫌がりました。それは、赤ちゃんのときに同じ状況で泣いたり体を活発に動かしたりしなかった子どもに比べて顕著でした。この研究もまた、行動的な反応の基盤に生理的要因があるという結果を示していると言えます。[8]

　こうした研究結果はあるものの、新奇なものへの抑制がパーソナリティ特性として絶対に変わることのないものだというわけではありません。極端に臆病な2歳児の約半数は、その後の子ども時代に内気な様子は見られません。新しい状況に対する当初のゆっくりな反応がこのように減少するのは、社会的影響の結果である可能性が高いでしょう。アメリカの主流の文化では、友好的であることが重んじられるためです。その結果、恥ずかしがり屋さんは、新しい状況での引っ込み思案を早いうちに克服するよう、親や先生、親戚の人や他の子どもたちから促されるのかもしれません。この可能性を裏づける研究結果もあ

ります。以前は内気で、今はそうした振る舞いを見せない子どもでも、交感神経系の覚醒レベルが依然として高めだったというものです。どうやら生理的な機能を変えるよりも、行動を変える方が簡単なようです。

適応がゆっくりなトドラーの典型例 —— エリン

新しい状況では時間をかけて注意深く周囲を観察し、ウォームアップの時間を取った後に初めて一歩を踏み出す —— エリンは、そんなトドラーのプロフィールにぴったり当てはまります。人と人が集まるような状況において、母親が編み出した標準的な作戦は、娘と一緒に遊びたがる子どもとわが子との仲介をすることだそうです。相手の子どもにこう言うのです。「エリンは 1 時間くらいマイペースにしてるけど、その後はお友達になれるわ」。母親は「内気」という言い方はせず、早々に娘の反応のタイプを決めつけることのないようにしていました。

〈エリン：生後 1 年目〉

エリンが生後 2 ヵ月のとき、母親は初めて、過度の刺激に対する娘の敏感さをおぼろげながら感じました。娘と一緒に 8 組ほどの母子が集まる母親サークルに参加したときのことです。エリンは休みなく泣き続け、母親はどうやっても慰めることができませんでした。これは家での様子とは対照的でした。家では、めったに泣かず、なだめるのも簡単なのです。この集まり以来、エリンの両親は娘の行動に予測がつくようになりました。慣れ親しんだ環境では穏やかで落ち着いているのですが、不慣れで人の多い場所では落ち着きを失って不機嫌になるのです。

生後数週間の頃にはもう、エリンは好んで周囲の様子を観察していました。この一家の家は日当たりが良くカラフルで、壁は明るく、家中に面白い装飾が施されていました。エリンは生後たった 3 週間のときに、ずっと長い間、部屋を見渡していたり、目を見開き釘づけになったような表情でいろいろなものを見ていることがありました。産後の半年間を家で過ごしていた母親は、こういうとき、もっと活動的なことをして娘を楽しませる努力をすべきだろうかと思いました。しかしエリン本人が、こうした一人の時間に満足しているように見えました。

観察への興味の対象には人も含まれました。生後6ヵ月のとき、エリンはとても愛想の良い赤ちゃんで、知らない人に会ったときでも、ほんの一瞬心配そうな様子を見せるだけでした。お出かけのときは、周りの人を大きな目でじっと見つめます。エリンに真っすぐに見つめられ、そのニッコリした顔を目にし、うれしそうなかわいい声を聞くと、みんなすっかり心を奪われてしまうのでした。

　生後1年目は平穏無事に過ぎました。2つの場面でのみ相変わらず困難が残っており、それはどちらも「移行」の場面と関係していました。1つは覚醒から睡眠への移行です。エリンはひどく泣いてものすごく疲れているときでさえ、眠気と闘っているように見えました。強い苦痛を感じるもう1つの場面は、服を脱がされ、お風呂に入れられ、また服を着せられるときです。肌が過剰な刺激を受けるのを、ひどく嫌がっている様子でした。

　エリンの両親は、こういう大変な場面でうまく娘をサポートする方法を発見しました。眠りへの移行は、動きと音を使うことで、これまでより楽になりました。両親はエリンをベビーカーに乗せ、家の中を押して歩き回ったのです。うまくいかないときは腕に抱っこして、弧を描くようにして大きく揺らしました。エリンは音が大好きで（両親は音楽家だったので、家中によく音楽が流れていました）、掃除機の単調な音は、他にうまくいく方法が何もないように思えるときでも、娘の心を落ち着かせるのに有効でした。

　生後9ヵ月で初語が出ると、言語はエリンにとって関係性を築く主要な手段となりました。また、同じ頃にハイハイをするようになりました。もっと言えば、初語が出た同じ週の週末に、ハイハイも見られるようになったのです。歩行は生後13ヵ月になって初めて見られ、これが正式にトドラー期の到来を告げることとなりました。

〈エリン：生後13〜36ヵ月〉

生後13ヵ月　初めて歩行が見られます。ためらいがちではあるものの、大喜びの様子です。何度も転んでは起き上がり、果敢に練習をします。このときに見られた気分は、興奮しているというよりは抑制気味です。この新しくて予測のつかないスキルを習得しコントロールしようと、一生懸命に見えます。

　ところが、かなり唐突と言っていいくらいに、エリンはすっかり内気になり

ます。母親が周りの人に、エリンは打ち解けるのに時間がかかると忠告し始めたのも、この頃です。母親は、娘が社交的な交際上手から控えめな態度に変わってしまったときの、胸の痛みを覚えています。こう思ったのでした。「周りの人はエリンがどれだけすばらしい子かってことを、知るチャンスもないんだわ」

生後14ヵ月　母親にべったりで気難しくなります。以前は一人で過ごすのが好きで、機嫌の良いことが多かったのですが、今では怒りっぽく気難しくなってしまいました。母親が部屋から出ていくと泣き出し、どこにでもついていこうとします。母親はこの変化をとても苦々しく思い、この子は何がそんなに不安なのだろうと首をかしげます。

　エリンはベビーシッターとはとても良い関係を築いています。ベビーシッターは心の温かい、何にでもすぐ応えてくれる若い女性で、エリンが生後6ヵ月のときに母親が仕事に復帰して以来、ずっと面倒を見てくれています。この関係性が、母親と離れている間のエリンを支えていましたが、母親がいるときのエリンは要求がましく、すぐに機嫌を損ねます。母親は「この子、厄介な子になっちゃったわ」と、時々思ったのを覚えています。

生後15ヵ月　両親と一緒にお友達の誕生日パーティーに出かけます。2時間だけとしっかり時間設定のされている会でした。最初の30分間、エリンはたまに母親のスカートの陰に顔を隠すなどしながら、母親にぴったりくっついています。次の30分間は、母親の足元にあるおもちゃで遊んで過ごします。それから父親と一緒に、他の6人の子どもたちが隣の居間で走り回っているのを見にいくことに同意します。誕生日の主役の男の子がエリンにパーティーの記念品を手渡すと、これがようやく打ち解けるきっかけとなったようでした。エリンはそのお友達が室内用の滑り台をするのについていき、自分も楽しそうに笑いながら滑り下ります。家に帰る時間になると、とても不機嫌になりました。

　エリンは家に着いても気難しいままです。両親と楽しくやり取りは続けるものの、すぐにぐずり始めます。おおむね機嫌が良かった生後1年目とは対照的に、今ではすぐに泣いて、しょっちゅう安心させてやらなければなりませ

ん。この振る舞いは現れたり消えたりで、2〜3週間ご機嫌な時期が続く間にも、激しいべったりの時期が時おり見られるという具合です。このパターンは2歳の誕生日を迎えるまで続きます。

生後16ヵ月　父親とともに小さな食料品店に出かけます。気さくな店主がエリンのきれいな瞳と髪をほめ、近寄ってほっぺたに軽く触れると、エリンはわっと泣き出します。父親が「恥ずかしがり屋になってきてね」と店主に説明します。エリンは短い文を使って、少しずついろいろな気持ちを言葉にし始めます。あるとき、半分眠ったまま両腕を母親の首に回してつぶやきます。「ママのこと大好き」

生後17ヵ月　父親とこれまで行ったことのない児童公園に行きます。最初の30分ほどは、そこにある遊具で遊んでみようとはしません。父親がエリンを連れて公園の外周をぐるりと歩きながら、周りの光景について軽い感じでおしゃべりします。滑り台におしっこをしている犬を父親が指差すと、エリンも一緒に明るく笑います。指で砂をすくったり、周りの芝生に小さな虫がいないか探したりします。それから二人で腰を下ろして、他の子どもが遊具を登ったり降りたりするのを静かに眺めます。突然、エリンが「私も」と言います。それから長い間、活発に楽しそうに遊びます。

生後18ヵ月　母親に連れられて、トドラー用の室内遊び場に行きます。そこでは10人ほどの子どもがいろいろな遊具で遊び、また「サークルタイム」という短い遊びの時間には、みんなで歌ったり踊ったりします。エリンは母親が言うところの「こわばったお顔」で、子どもたちをじっと見つめます。新しいことは何もやってみようとしません。母親はこんな臆病な子どもを育てている自分を責めます。「私が何をしたのだろう」と心の中で思い、救いようもないくらい過保護に育て過ぎたのだろうか、新しい状況で子どもを不安にさせてしまうのは自分のせいではないか、と心を痛めます。他の子どもたちがみんな、家に帰るために靴下をはいているときになって、活発に動き回りたいという気持ちが、急にエリンにわき上がってきます。勢いよく走って遊具から遊具へ次々と回り、全部試してみます。そしてその場を去るのを嫌がります（子ど

もの発達または気質の観点から見て標準的と言える行動について、母親が自分を責めるという問題を、過小評価すべきではありません。母親はわが子が困難な状況にあるとき、自己非難をして自分を責めがちです。このことを知っておくと、自分も同じことをしていると気づいたとき、少しは助けとなるかもしれません）。

両親はエリンを毎週、この遊び場に連れていきました。新しいことへの不安を克服するために努力が必要な状況を、娘が経験することは理にかなっているという確信があるからです（これはもっともな理由です）。丸 1 年間、エリンは同じような一連の流れを繰り返します。長いウォームアップから、誰も見ていないところで活動性を高め、帰ることに抵抗する、というパターンです。

生後 20 ヵ月　お面と満月を怖がるようになります。泣き出して目を背け、見ようとしません。月から逃げて離れようとし、お面は絶対にどこかにしまってと言います。何が怖いのかエリン自身ははっきり言葉にできないのですが、トドラーというのは、世界がどのように機能しているかについて、自分の空想に基づいた、一見不可解に思えるような恐怖を募らせるものです。この年齢では現実と空想の境目はとても微妙なので、エリンが半ば無意識に、お面や満月は現実にあるものだけれど、肉体から切り離された怒った顔で、自分を傷つけるかもしれない、と考える可能性はあります。この恐れは 4 ヵ月ほど消えませんでした。

エリンにとって現実と空想の区別が難しい例は、他にもあります。母親が人形を使ってゲームをして、お母さん人形が赤ちゃん人形におねんねするように言うと、エリンは急に泣き出して、「イヤ、おねんねしたくない」と涙ながらに言います。別の場面では、本のページの中から、赤ちゃんや動物を「すくい上げ」ようとします。このような行動は、この年齢ではとてもよく見られるものです。

生後 22 ヵ月　10 人ほどの大人と 6 人ほどの子どもが参加するパーティーに出かけます。室内遊び場に行ったときと、とてもよく似た行動を取ります。両親にぴったりとくっついたまま目を大きく見開いて他の子どもを眺め、1 時間ほど注意深く観察した後、一緒に遊び始めるのです。帰る時間になると不満を言います。「そんなにいっぱい遊んでない」と。

両親は人が集まる場から娘が帰る気になるように、作戦を練ります。前もって、あと10分したら帰るよと伝え、時間をこまめに告げることにします。「あと5分で帰るよ」「あと1分よ」「さあ、帰る時間だ」というふうに。エリンはそれでも帰りたくないと抵抗しますが、あらかじめ時間を伝えておくことで、帰らなければいけないという喜ばしくない事態に対し、心構えをする時間を与えることができます。

　エリンは自分の家や、親しい家族の家での集まりのとき、よく知っている特定の子どもたちとは楽しく遊びます。幼いうちから築いた親密な友情があり、その友達と長い時間、一緒に遊んで過ごします。母親と静かに遊ぶのも大好きです。父親とは、他の人とだったら挑戦しないような思いきったことをします。ブランコに乗って、母親が見ていられないくらいの高さまで父親に揺らしてもらうのです。エリンはこれが大好きで、もっとやってとせがみます。こうした例からわかるのは、エリンには安心できる人間関係の基盤が必要で、それがあって初めて、新しい世界を探索する危険を冒すことができるということです。親密な一対一の関係が、エリンにとっては最も心地良くて楽しいと思える、人との交流の形なのです。

生後24ヵ月　変化のときを迎えている様子がうかがえます。これまでよりもリラックスし、自信に満ち、自立した様子を見せます。家でそれほど要求がましくなくなり、これまでよりもすぐに満足してくれるようになります。お面や満月への恐れも消えました。「なぜ」と尋ねるようにもなっています。世界の仕組みへの興味が尽きないようで、なぜ雨が降るの、なぜ猫は自分の体をなめるの、なぜパンケーキは焦げるの、なぜママは仕事に行かなくちゃならないの、なぜ誰それは怒ったの、と知りたがります。そして親の説明にじっと聞き入ります。

　小さかった頃よりも、もっと自由にいきいきと振る舞う様子が見られます。友達とのお出かけの帰りに、その子の母親がエリンを家に送ってきたとき、こう言いました。「エリンは本当に羽を伸ばしていたわ」。それでもまだ、エリンの心の状態には、自制的な性質が見られます。明るく笑いはしますが、大はしゃぎすることはありません。激しい癇癪もありません。「イヤ」が多いわけでもありません。極端な感情とは縁がないようです。

その一方で、友達を巻き込んでドキドキするようなこと（より高くジャンプする、もっと速く走るなど）をするのが大好きです。まるで他の子どもが興奮しているのを見て、自分も同じような気持ちになるのが楽しく、人の感じ方を見ることで自分の体験を広げたいと思っているかのようです。

生後 26 ヵ月　一対一の強い人間関係に喜びを感じていることが、ますます明らかになります。友達のステファニーと 1 週間ぶりに会うときは、お互いに両腕を広げて駆け寄り、しっかりと抱き合います。

別の行動に移りやすいよう両親が時間をカウントダウンしてくれる方法を、エリンは内在化します。一緒に人形遊びをするのに、友達のアンセルが滑り台から下りてくるのを待っている間、エリンは告げます。「あと 2 回よ、アンセル」「あと 1 回」「さあ、一緒に赤ちゃん人形で遊ぼう」

生後 28 ヵ月　慣れない状況で、自分の方から他の子どもと関わりを持とうとし始めます。レストランで、エリンの座っている子ども椅子が、隣のテーブルの別の子ども椅子と背中合わせになります。エリンは椅子の背にもたれて後ろの小さなお隣さんにニッコリほほ笑みかけ、とても親しみやすい声で、「こんにちは」と言います。

スケールの大きな状況に放り込まれたときは、話は別です。いまだに仲間に入るのに時間がかかります。このウォームアップの時間は、新しい状況に対するエリンの定番の反応です。なだめられることも、説得されることも、エリンには必要ありません。母親は言います。「うるさく言わなければ、あの子は自分でできるようになるわ」

生後 30 ヵ月　依然として母親と離れるのは好きではないのですが、バイバイするための独創的な方法をちゃんと見つけ出します。お別れの儀式を発明したのです。それは、家中を走り回って何か小さな特別なもの（葉っぱ、貝殻、おはじき、小さなおもちゃ）を見つけてきて、それを厳かな様子で母親の手のひらにそっと置くというものです。この小さな贈り物は、エリン自身の大切な部分を象徴しているのかもしれません。母親と離ればなれになっている間、エリンはそれを母親に預かっておいてほしいのです。

生後32ヵ月　これまでよりも積極的に、特別な人と二人きりで過ごそうという努力をするようになります。母親と遊んでいるときに父親が帰宅すると、エリンはほんの短く「おかえり」と言うだけです。父親がすぐに立ち去らないときは、「私、ママと遊んでるの」と言います。父親が出張から帰ってきた後は、エリンは父親にしっかり抱きついて、母親に向かって、「ママ、あっち行ってくれる？」と言います。

生後33ヵ月　週5回、午前中の4時間を保育園で過ごすことになります。初日の午前中はずっと母親がついていましたが、それでもこの体験はエリンにとってつらいものでした。家に帰ってくると、生まれてから何度もない癇癪を起こしました。癇癪から抜け出したときには汗びっしょりで、息を切らし、ぐったりとしています。

保育園では、ジョナサンという友達と親しい関係を築きます。二人は結婚するつもりなのだと発表し、着せ替えごっこや他のいろいろな「ごっこ遊び」を何時間も一緒にします。エリンがジョナサンよりも先に保育園に着いたときは、ジョナサンを待ちながら一人で遊ぶこともあります。ジョナサンとの友情は、1年経った後もまだエリンの生活を彩る中心的な要素であり、こんなに幼い時期の子どもにすら、とても親密で長続きする関係を築く能力があるのだということを示す証拠になっています。

他の子どもがエリンからおもちゃを取ろうとするとき、取られないようにおもちゃを守ることがエリンにはできないようで、されるがままに見ているだけです。母親は、この特性は私のせいだと自分を責めます。娘を「お人よし」になるように仕向けてしまったというのです。その後、もっと自己主張するよう娘を励ますようになり、エリンは3歳になるまでには、きっぱりと効果的に「ダメ！」と言えるようになります。これは、「自己主張は社会的に認められた行為である」ということがわかれば、内気な子どもだって、これまで以上にしっかり自分を主張できるようになることを示す良い例です。

赤ちゃんの頃にあった睡眠の問題はまだ残っているものの、違った形で見られるようになります。寝つくときには何の問題もないのですが、寝入ってから2～3時間後に夜驚が見られます。日中に経験することのない癇癪を、このときに体験しているかのように見えます。

友達とケンカをしたとき、エリンはその場ではとても落ち着いていましたが、その日の夜、同じ場面を再体験しました。眠ったままベッドの上で体を起こし、叫ぶのです。「イヤよ！　それ返して。やめてよ！」。激しく身ぶり手ぶりを交えて話しています。母親が、何も心配ないわよと優しく言い、穏やかに眠りに戻れるように言葉をかけてやります。明らかにエリンは夢を見ていて、その夢が強烈なために体の動きとしてあふれ出て、外に発散されているのです。こんなに幼い年齢の子どもにとっても、夢というのは、目が覚めている間にやり残した未解決の課題に取り組むという、生涯にわたって働き続ける機能を果たすものなのです。

　生後36ヵ月　難しい感情をより自由に表現するようになります。今では自分から、母親が出かけることを話題にします。こう尋ねるのです。「いつ帰ってくるの？」。もし母親の答えが気に入らなければ、「長過ぎるよ」と答えます。母親が帰ってきた後には、「行ってほしくなかった」と言います。

　エリンは感情というものをとてもよく意識しているようで、感情について母親と話すことを楽しく感じます。母親と一緒にこんなゲームを考えます——楽しかったとき、悲しかったとき、怖かったとき、怒ったときのことを教え合いっこするという遊びです。エリンは、楽しい、悲しい、怖い思いをしたときのことを話すのは簡単なのですが、怒ったときのこととなると、考え込んだ様子でこう言います。「怒ったときのことは覚えてない」。怒りはエリンの自意識の一部として、なじみのないものなのです。怒りは心の奥底に隠れがちで、エリンが半分無意識のとき、特に眠っている間に表に出てきます。内気な子どもがみんな、怒りに違和感を覚えるわけではありませんが、内気な子どもの中に、激しい気持ちの高ぶりをどんなものでも避けようとする子どもは多いものです。なぜなら、そうした感情は天性の控えめさとそぐわないからです。感情そのものはあるのですが、気おくれし過ぎて、それを自由に表現することができないのです。

　エリンの両親は、怒りを含め自分のあらゆる感情をかなり問題なく受け入れ、しかもその感情に圧倒されることのない人たちです。彼らは、エリンが怒りを感じても大丈夫だと思えるようにサポートする第一歩として、娘が自分の怒りにもっと気づけるよう促そうと心を一つにして努力しました。娘に反対するこ

とが適切と思われるときがあれば、これまでよりも積極的にそうすることにし、そのうち、娘を怒らせることをあまり心配しなくなりました。以前のように、娘に嫌な思いをさせたくないという気持ちからこちらが屈するのではなく、自分たちの希望をはっきりと伝えました。結果的にこれは大変うまい方法だということがわかりました。このおかげで、エリンは自分が怒る体験をよりたくさん練習することができ、その結果、怒りはエリンにとってそれほど怖いものではなくなったのです。

　エリンは妊娠することや赤ちゃんにとても興味を持つようになります。ベビーシッターが妊娠した後、エリンはこう発表します。「私、おなかに赤ちゃんがいるの」。それから「私の赤ちゃん、いつ生まれるの？」と質問します。母親が、赤ちゃんはまだエリンのおなかの中にはいないけれど、大人になったら生まれるよと説明すると、エリンはとても困った様子で「じゃあ、今はどこにいるの？」と尋ねます。お散歩のときに見つけたものを集めることにも興味を持ち始めます。小石や葉っぱ、貝殻や折り紙の切れ端をとても大切にして、特に好きな人に、特別な気持ちを表すためにプレゼントします。「なぜ」と相変わらずよく質問しますが、今では自分なりの説明を見出すためなら、どんな苦労も惜しみません。説明が思いつかないときは、思慮深そうにこう言います。「きっと魔法だわ」

〈発達が良好で、適応がゆっくりなトドラー〉
　探索には強い興味があり、一度安心できると思った人とは一緒にいて喜びを

感じる、ということを考えると、新しい状況でエリンが最初に見せる引っ込み思案については、どう理解したらよいのでしょうか。適応がゆっくりだということは、エリンにとってどんな機能を果たしているのでしょう。

　この行動は、ケーガンらが観察した子どもたちと同様に、エリンの生理的なものに由来していると推測できます。とはいえ気質的な特性というのは、本人にとっても一緒にいる人たちにとっても、心理的な意味を帯びるようになります。エリンの控えめな面は、エリン自身にとってどんな心理的意味があるのでしょうか。

　断定することはできませんが、エリンが目覚めている状態から眠りへの移行が難しいことと、よく知っている状況から不慣れな状況への移行が難しいこととは、似ている点があるかもしれません。どちらのタイプの移行も、心地良く安全な状態から普通と違う困難な状態への切り替えを伴います。眠りに就くためには、人とのつながりを手放し、得体の知れない領域に一人ぼっちで足を踏み入れなければなりません。室内遊び場、パーティー、保育園に行くことには、他の人と交流し何か別の課題に取り組むために、慣れ親しんだ活動から離れることがつきものです。

　赤ちゃんのときから、エリンは明らかに個々の人やものを強く好み、一対一の関係に基づくものであれば集中的に関わりを持つ力がありました。個別の関係が、エリンが好む世界との関わり方だったのです。この文脈で考えると、もしかしたらエリンが何にでも適応がゆっくりなのは、人との交流のスケールがあまりにも大きく複雑なために特別な人と二人きりでいられないときの、対処法だったのかもしれません。前に出ていかずその場面を観察していれば、一緒にいて一番安心できそうな特定の人やもの（保育園の場面ではジョナサンのような人）を見つけるための時間稼ぎになったのです。

　逆に言うと、エリンが一対一の関係を一番重視していたのは、こうした個別の関係が、スケールの大きな状況から受ける刺激の嵐への対処法となるからだという可能性もあります。どのエピソードでも、エリンの控えめさが認知的・社会的・情緒的発達をいかなる形でも妨げていないことは、エリンの発達の経過を見れば、いたって明らかです。それどころか、この初期の引っ込み思案が、過剰な刺激をかわす便利な仕組みとして機能したということも十分に考えられます。

エリンは、発達が良好である内気なトドラーが示す典型的な行動を見せてくれています。集団での状況よりも親密な個別の友情を、目新しいものよりも見慣れたものを、強い刺激よりも穏やかな刺激を好むのは、健康で心の安定した、この年頃の内気な子どもの特徴と言えます。

　もちろんそんな共通の要素にも、個人差はあります。新しい状況に心を引きつけられるあまり、控えめな自分を忘れて前に飛び出していく内気な子もいます。ある生後18ヵ月の子どもは、初めて訪れた動物園であまりにも興奮して、ぼう然とした様子でケージからケージへと歩き回り、動物たちに呼びかけ、自分と動物を隔てるフェンスを乗り越えようとしました。

　特定の強い刺激を好む内気な子もいます。シンディは親戚のおじさんに体を宙に放り上げてもらうのは大好きですが、他の人ではダメです。アルバートはスパイシーな食べ物であれば、トウガラシでも何でもむさぼるように食べます。スパイシーな食べ物を探知して、それに向かっていく第六感でもあるようです。エステラはレゲエ音楽が好きでたまらず、それがかかるとイスラームの旋舞教団のようにくるくると回って踊り、音楽がやむと「もっと、もっと！」と叫びます。マリアはお絵かきに使えるクレヨンさえあれば、どんな状況にもすぐに慣れます。

　こうした例から、適応がゆっくりな子どもをステレオタイプ的に見るべきではないことがわかります。こうした子どもたちは、ただ内気なだけではないのです。好奇心旺盛で活動的で愛情にあふれた存在でもあり、成長も変化もするのです。探索の喜びは新しい状況を乗り越える力となり得ます。親にとって大切なことは、わが子に特有の反応の振れ幅に慣れ、その反応の順応性を高めるために、ストレスのかからない段階的な方法で、新しいことを常に取り入れていくことです。この章の最後の節で、それに取り組むためのヒントをいくつか紹介したいと思います。

おびえてばかりのトドラー —— トビアス

　時として、子どもの生まれつきの内気さが、あらゆる新しい状況やよく知らない人への恐怖に姿を変えることもあります。こうなると子どもは、新しい場所に行くことを拒んだり、初対面の人に会って泣き叫んだりします。常識では考えにくい恐怖をいくつも抱くようになり、そのために世界を探索し、世界に

ついて学ぶ能力が深刻なダメージを被ることもあります。

　こうした状況にあったのが、トビアスでした。両親はトビアスが生後 32 ヵ月のときに、相談を求めてきました。トビアスの恐怖があまりにも強いために、自分たち家族の生活が、日増しに張り詰めて不幸なものになりつつあると感じたためです。数回の家庭訪問とプレイルームでのセッションを通して、以下のような実態が浮かび上がってきました。

　トビアスは、線が細く色白の、いつも考え込むような顔つきをしている子どもでした。動作は慎重で話し方は静かで、長い時間を一人遊びに費やしていました。積み木を使っていろいろな凝った構造物を作り、それを手元にあるいろんなもの（本、入れ子式のおもちゃのカップ、羽根、台所から持ってきた缶詰など）で装飾しました。完成したときには、トビアスが作った建物は、さまざまな時代の建築様式からなる精巧な傑作の数々に見えました。本を眺めて、絵を指差しながら独り言を言うのも好きでした。飛び抜けてパズルが得意で、家族ぐるみでつき合いのある友人は、トビアスにプレゼントするパズルは、実際の年齢より少なくとも 2 歳上の対象年齢のものでなければいけないと承知していました。並外れて手先が器用で、バラバラにしたり、また元に戻したりできるおもちゃが大好きでした。お気に入りは赤いプラスチック製の車で、プラスチック製のレンチとドライバーを使って組み立てや分解ができるものでした。父親は、息子は 12 歳になる頃には本物の車を修理できるだろう、と予想しました。

　トビアスは生後 26 ヵ月まで、特に何事もなく成長しました。なじみのない状況に慣れるのに時間がかかり、あまり他の人に興味がなさそうで、体を使っ

た大胆な遊びを新しく試すことにはとても慎重でした。その一方で、両親に強い愛情を感じており、一緒に楽しく遊べる友達も 2 ～ 3 人いて、いつも家中のあれやこれやを忙しくいじくり回し、それに満足しているように見えました。母親は「この子は、この子にしかないパーソナリティを持っているんです」と

言いました。

　トビアスの人生における最大の困難は、15ヵ月年下の弟のアンドリューでした。アンドリューはハチャメチャでした。トビアスが小柄でほっそりしているのに対し、アンドリューは力が強くがっしりしていました。トビアスがゆっくりで穏やかなのに対し、アンドリューは部屋中でガタガタ大きな音を立てたり、せかせか動き回ったりしました。トビアスは一人で過ごすことが好きでしたが、アンドリューは誰かと一緒にいたくて仕方がない子どもでした。赤毛でそばかす、わんぱくそうな笑みとキラキラ輝く瞳のアンドリューは、行く先々で周りから楽しげな注目と称賛を集めましたが、その様子をトビアスは脇から静かに見ていました。

　アンドリューはトビアスを放っておこうとはしませんでした。これは大人の目から見ると理解できることですが、トビアスにとっては、弟の侵入は休みなく襲ってくるいら立ちの種でした。アンドリューはトビアスが精魂こめて作った建造物に特に魅了され、あっという間に壊してしまいます。トビアスは「ダメ」と言って自分の傑作を守ろうとしますが、穏やかな態度と静かな声では、アンドリューの自信満々なやんちゃぶりには太刀打ちできません。さらに悪いことに、アンドリューはお咎めなしでした。母親はトビアスを自分で自分をコントロールできる成熟した子どもだと見なして、「アンドリューに怒らないでね。もう1回作ればいいだけじゃないの」と言います。トビアスはあきらめきった絶望的な面持ちで、言われたとおりにしました。こういうときは、実際よりもずっと大人びて見えました。

　生後30ヵ月になる頃には、トビアスは複数の恐怖を見せ始めるようになっていました。それまで半年間、いつも楽しく参加していた遊びのグループに行くのを嫌がり、いざそこに着いても母親が帰った後はずっと泣いていました。眠ることに対して強い恐怖を覚えるようになり、押し入れにおばけが隠れていると信じ込んでいました。影を文字どおり恐れるようになり、自分や他の人の影、あるいは何かの物の影を見ると、決まって母親にしがみつきました。新しい食べ物を口にしてみるのも嫌がりました。こうしたさまざまなものへの恐れは、それが単体で起きるのであれば、トドラー期には十分よく見られることです。この子の人生に何かもっと深刻なことが起きていることを示しているのは、その恐れの多さと強さでした。

新しい恐れは毎日生まれるように思えました。近くの食料品店に行けば、音がうるさい旧式のレジを怖がり、公園では、飼い主の隣を早足で歩いている犬に噛みつかれるのではないかと恐れました。ある日など、頭がすっかりはげ上がった男性を見てパニックになりました。別の日には、おもちゃ屋さんでピエロの格好をした人を見て、父親にしがみつきました。トビアスの両親は言います。「何もかもです。あの子が怖がるのは」

　トビアスが怖がることで、生活は予測のつかないものとなりました。外出が順調に行くかどうか、絶えず息子をなだめ続けることになりはしないか、トビアスがどうしても帰ると言い張って途中で切り上げることになるかどうか、両親にはまったく読めなくなったのです。

　アンドリューは、そんな家族の混乱ぶりをやすやすと切り抜けました。兄の苦悩に気づいていないようで、相変わらず嬉々として塔を蹴飛ばしたり、おもちゃを奪い取ったりしていました。アンドリューは両親から「まだ幼いので何もわからない」という態度で見られていたため、何でも好き放題にできました。こうした態度は、どちらの子どもにも非常に悪い影響を及ぼしました。トビアスが犠牲者となるように仕向け、アンドリューにますますいじめっ子のような振る舞いをすることを許してしまったのです。

　トビアスが陥っている苦しい状況は、「おりこうさんでいなさい」という両親の期待に応えるために、弟への怒りを抑えようとする英雄的な頑張りだと理解できます。

　この頑張りには相当の自制心が必要で、この点ではとても能力が高かったトビアスでさえ無理がありました。両親が望むような、この年齢では早過ぎるほど無私無欲の子どもになれる唯一の方法は、自分は弟と両親に怒りを感じているのだという意識を、彼の心から全て締め出すことでした。そのためには、この年齢ではごく当たり前のあふれんばかりの元気さや、自己主張したいという原動力を抑圧する必要がありました。なぜなら、自己主張しているときに自分の衝動をコントロールできず、最後には弟をやっつけてしまい、両親の愛を失うことになるのがトビアスは怖かったからです。

　トドラーが何の代償も払わずに、怒りの感情を完全に抑圧することなど不可能です。感情は外に出たがり、自らを表現する方法を見つけるものです。トビアスは自分が怒っていると感じると、すぐさま自分は悪い子なのではないかと

ひどく恐れました。そして自分の怒りをよく知らない人や物のせいにすることで、この状況に対処したのです。トビアスの目には、自分はかろうじて良い人間に映っていましたが、自分が知らない、別に大好きでもない人はみな悪い人間で、自分をつかまえようとしているように見えました。トビアスは両親との外出中、くどくどと同じことを繰り返し尋ねるようになりました。「あの人は悪い？」「あの犬は悪い？」「あのトラックは悪い？」。本当は周りの安全を確かめると同時に、こう尋ねていたのです。「ママとパパが望むとおりの僕になれないときは、僕は悪い子なの？」

　最初のうち両親は、「トビアスは弟に怒りを感じているが、親が嫌な気持ちになるのを恐れて、その怒りを表現できないでいる」という、私が一つの可能性として示した案を好みませんでした。彼らにとって怒りは不快な感情でした。実際、この若い両親は普通以上に堅苦しく、夫婦間でも、また子どもに対しても、礼儀正しく振る舞っていました。まるで家族同士の関係においてさえ、マナーの良さが何にもまして重要であるかのようでした。息子は怒りの感情を封じ込めようと奮闘しているのだという考えは、自然にわき起こる感情を犠牲にして「良い人間」であろうと必死で頑張る自分たちの体験に、あまりにも近過ぎたのです。

　たくさんのサポートを得て、この善意ある思いやり深い両親は、「自分たちがトビアスに望むような自制心のある2歳児など一人もいない」という考えを受け入れ始めました。両親はプレイルームのマジックミラー越しに観察する中で、最初はためらっていたトビアスが、最後には大喜びで積み木をプレイルームのあちこちに投げる様子や、2体の人形に疲れて床に倒れ込むまで殴り合いをさせる様子を目にしました。そして、私がトビアスに「怒るのがとっても気持ちいいことって、あるわよね」と言ったときの、息子のこの上なく幸せそうな大賛成の表情に、両親は心を動かされました。

　トビアスとアンドリューの合同セッションで、両親は子どもたちへの新しい対応の仕方を練習する機会を得ました。両親はトビアスが一人で遊ぶ権利を尊重し、アンドリューが兄にちょっかいを出すのを止めるようになりました。両親がアンドリューを制止してトビアスの味方についたときの、子どもたちの驚いた表情には目を見張るものがありました。両親もまたびっくりし、「こうしなさい」とアンドリューに言う権限が自分たちにあることを、とても心強く思

いました。現に両親が真剣に言えば、アンドリューは言うことを聞いたのです。これには両親は安心しました。というのも彼らは、アンドリューの果てしないパワーにさらされているトビアスと同じように、自分たちも絶望的な気持ちになっていたからです。アンドリューだって、心からほっとしたことでしょう——生後20ヵ月という若さで、家族で一番の権力者であり続ける必要は、もうなくなったのですから。

4ヵ月間の介入が終わって数ヵ月後、母親のノヴァク夫人が近況報告をするために電話をくれました。トビアスは3歳3ヵ月、アンドリューはちょうど2歳になったところでした。母親はその前日、トビアスを公園に連れていき、2時間ずっと一緒にそこで楽しく過ごしました。それは、兄弟それぞれと二人だけで過ごす時間をもっと生活に組み込もうという、両親の努力のうえでの取り組みでした。ブランコにたっぷり乗った後で、トビアスは言ったそうです。「ママ、昔ね、何でも怖がる男の子がいたよ。その子は死んで、代わりに怖がりじゃない男の子が生まれたんだ」。トビアスは、自分のことを話していたのです。

内気さ、抑圧された怒り、そして恐れ

トビアスの例は、穏やかで適応がゆっくりな子どもが、良い子でいたいのに怒りや不満が自然にわき起こるのは、それは自分が悪い子だからなのかと不安がるという、よくある状況を描いています。こうした子どもは自分の怒りを恐れますが、それを抑圧しようと奮闘する中で、有害なことや危険なことで頭がいっぱいになり、しまいには世界全体におびえるようになってしまうのです。

恐れの原因となるものは、たくさんあります。怒りとは無関係に、世界の仕組みについての年齢相応の空想や誤解の結果として生じる恐れもあります。怖い体験にさらされたことが原因となっている恐れもあります。それ以外のものとして、この抑圧された怒りに由来する恐れもあるのですが、こうした恐れは多くの場合、親にとって最も理解しがたいものです。

トビアスの場合、たまたま怒りを弟に集中的に向けていましたが、両親に対しても間接的に怒っていました。その理由の一つは、弟を生んだこと（「どうして僕だけで十分じゃないの？　僕よりも弟の方をもっと愛してるの？　弟は僕と入れ替わっちゃうの？　でなきゃ、どうしてママとパパは弟を生んだの？」）で、もう一つ

は自分を守ってくれないこと、それから、弟に好き勝手をさせていることです。両親のアンドリューに対する甘い態度が、「弟の方がかわいがられている」というトビアスの心配を決定的なものにしてしまったのです。

　子どもの中には、両親に直接怒りを感じ、そしてそのために親の愛を失うことを恐れて、自分のそうした気持ちを不安に思う子もいます。次の例にその様子が描かれています。

　レニーは母親と二人きりで過ごすのが大好きで、父親が帰宅すると腹を立てます。1歳10ヵ月のとき、母親と父親がキスをすると、レニーは父親を叩きました。2歳6ヵ月のときには、もっとはっきりと言うようになります。母親に「僕のことを大好きになって。パパじゃなくて」と言うのです。3歳になる頃には、さらにもっと率直に表現しました。「大きくなったらママと結婚するけど、パパも一緒に暮らしてもいい」。レニーは父親のことは大好きですが、恐れてもいます。父親が部屋に入ってくると、レニーはドキッとします。自分が何か悪いことをしたときは、「パパに言わないで」と母親に泣きつきます。父親は優しく愛情深い人なので、レニーの恐れには客観的に見て理由と思えるものは何もありません。もしかしたらレニーは、自分が母親に唯一愛される存在でありたいと望むことで、父親に怒られるのではないかと恐れているのかもしれません。

　2歳2ヵ月のソーニャは、大好きな祖父母のところに泊まって、1週間両親と離れていましたが、それ以降、動物をとても怖がるようになりました。両親が戻ってきたとき、ソーニャはそっぽを向いて、祖母のひざに顔をうずめます。10分ほどすると、ソーニャは両親が自分を抱っこしてキスするのは許しましたが、心を閉ざしてよそよそしい様子でした。その後の数日間、ソーニャはいつになく行儀良く振る舞い、両親の要求に従いますが、動物への恐れが顔を出し始めました。それとほぼ時を同じくして、夜眠るのを嫌がるようになります。自分を置いていった両親への怒りは、抑圧しなければなりませんでした。また二人が自分を置いていなくなるのではと思うと、怖いからです。ソーニャは過剰なほどに良い子になりましたが、この頑張りの代償は、夜ベッドに入って両親から離れるとき、動物

に襲われることへの恐れとして表れました。この恐れが消え失せたのは、両親が、自分たちへの怒りを娘が言葉や遊びを通じて表現できるよう支え、「あなたがどれだけ私たちに怒りを向けても、私たちは必ず戻ってくるよ」と安心させたときでした。

　ここに挙げた例が示しているのは、自分の怒りを恐れることは、幼い子ども、特にその怒りが自分の人生の中で一番大切な、愛する人物に向けられている場合に、よく見られる反応だということです。内気な子どもは怒りを簡単に表に出すことはないかもしれませんが、他の子どもと同じように痛切に感じることがありますし、それを表現するのが難しいために、密かに苦しんでいるかもしれません。以上の理由から、内気な子どもの親にとって特に重要なのは、わが子が過剰な恐れを隠れ蓑(みの)にして、実は怒りを表現しているのかもしれないと意識することなのです。

内気さが攻撃に変わるとき ── ナディア

　臆病さについて考えるとき、それは通常、攻撃性とは結びつきません。内気な子どもは、何事にも適応がゆっくりなのと同様に、怒りに達するのもゆっくりだと人は思います。ところがある状況、たとえば身体的または情緒的な虐待に耐えている、両親間の暴力的なやり取りを目撃している、親からとても無理な要求をされるという刺激に圧倒されているといった状況のもとでは、臆病さが攻撃的な方向に転換することがあります。

　また、適応がゆっくりな子どもで、過保護にされてきたために中程度の不満に対する我慢を身につけていない場合にも、攻撃的になることがあります。親が子どもの脆弱な面をあまりにも深刻に捉え過ぎると、その部分を腫れ物に触るように扱うことを良しとしてしまいます。こうなると子どもの中に、「自分はすぐに満足を得る権利がある。だって自分はか弱くて、不満には耐えられないから」という期待が芽生えます。いよいよ不満が生じた際には（それは避けられるものではないので）、恐れていた自分へのダメージを払いのけるために、その子どもが使える唯一の対処メカニズムは、攻撃しかありません。

　内気な子どもも、他の子どもと同じ理由で攻撃的になります。たとえば、恐ろしい状況をコントロールし克服しようとして、自分の無力感を減じられる行

動に出るのかもしれません。また自分がいつも直面している攻撃的な大人のまねをすることもあるでしょう。内気で攻撃的な子どもの一番の特徴は、過剰な刺激を追い払う手段として攻撃を使うことです。適応がゆっくりな子どもは刺激にとても敏感なことが多いため、内にこもってもうまくいかないときに、自分の身を守るためには勢いよく打って出なければという気持ちになるのかもしれません。

ナディアは2歳のとき、よく友達を引っかいたり嚙んだりしました。一見、ほんのささいなことに思える不満に対し、かんかんになって怒りました。こういうときのナディアは、自分を不快にする相手を叩き、嚙み、引っかいて、そうするととてもほっとした様子を見せるのでした。残念ながら、その安心はほんの少ししか続きませんでした。大人たちが飛んできてナディアを叱り、被害を受けた子どもを守るからです。叱られると、ナディアは怒りと恥ずかしさから、長い間泣くのでした。

ナディアは知っている大人には攻撃しませんでしたが、知らない大人が、ナディアには耐えられないほどの速いペースで自分と親しくなろうとすると、相手に向かってツバを吐きかけました。また、ベビーシッターにはとても攻撃的で、ナディアの夜の子守をベビーシッターの候補者にお願いすると、みんな決まって「忙しい」と言うことに両親は気づきました。こうした行動パターンは少しずつ発展してきたもので、ナディアが赤ちゃんだった頃に始まり、ゆっくりと進んできた一連のプロセスの集大成でした。そのプロセスでは、時期によって異なった様子が見られました。

ナディアは赤ちゃんの頃、とても用心深く、かなり早くから両親と緊密なつながりを築いてきました。両親によると生後6週目には、親以外の人に抱っこされるのを拒んだとのことです。新しい状況で激しく泣き、トマトのように真っ赤になって、最後にはおなかの不快感から吐いてしまうこともよくありました。ナディアが生まれてからの半年間、両親はめったに外に出かけませんでした。娘を一緒に連れていくことも、誰かに預けることもできないと思ったからでした。

生後1年目が経過する中で、ナディアは前ほど泣かなくなったものの、まだ目新しい状況に慣れるのに長い時間がかかりました。心配そうな顔で母親にしがみつき、見知らぬ人たちを視線をそらさずにじっと見つめ、自分の知らない

人があまりに時期尚早に親しくなろうとすると、わっと泣き出しました。母親は「どの本を見ても、人見知りは生後8ヵ月に出てくると書いてあるけど、ナディアは生まれたときからそうなんです」と言います。

ナディアの両親は娘の気分に非常によく同調し、できるだけ娘が楽しくいられるよう、ベストを尽くしました。両親はナディアを精神的に脆い子どもだと信じ込んでおり、何が何でも傷つけまいと一生懸命でした。ナディアの周りでの会話は、ほぼ子ども中心に進みました。もし両親が会話に夢中になっているとき、ナディアが何らかのサインを発すると、二人はすぐに今やっていることを中断してナディアに対応しました。最初の1年のことを思い返して、父親は自分を振り返ります。「娘を安心させるために、常に娘を最優先にする必要があると、私たちは思っていたんです」

ナディアは確かに多くの点で安心感を得ていました。しかしその一方で、ごく一般的な不満を、不快ではあるものの、十分に我慢できる範囲内の体験だとして学べる機会が、ほとんどありませんでした。その結果、何か自分が好まないことに遭遇するとパニックになり、全ての解決を母親に委ねることが多々ありました。逆説的ではありますが、母親の敏感で応答力の高いところが、ナディアの「自分は一人では不快な感情に対処できない」という思いを強化していたのです。

この状況は生後2年目に入り、ナディアが友達との遊びに興味を持ち始めたときに頂点に達しました。2歳の友達は、一緒に遊ぶ仲間としては楽しかったものの、敏感な養育者として頼れる相手ではありませんでした。友達の欲求や望みに敬意を表して、自分の計画を脇に置くようなことはしません。友達との遊びはナディアにとって、自分が望むことをしてくれない人たちと絶えず直面する初めての機会となりました。それは嫌なことでしたが、引き下がることはできませんでした（慣れない状況では、できればそうしたいのですが）。なぜなら目の前の状況に、すでに感情をつぎ込んでいたからです。ナディアが唯一できる不満への反応といえば、反撃することだけでした。不快に耐えたり、それと折り合いをつけたりする方法を、身につけていなかったからです。

同じようなメカニズムが、見ず知らずの過度に厚かましい人や、気の利かないベビーシッターに対しても働きました。どちらの状況もナディアにとっては、不満から丁重に身を引くわけにはいかないものでした。しつこく親切を押しつ

ける見ず知らずの人を受け入れねばならず、望んでもいないベビーシッターにも耐えなければならないのです。こうした強制に対して腹を立てながらも逃れることができなくなったナディアは、心理的自己防衛として、身体的な攻撃を用いたのでした。

ナディアが怒りを調節できるようになったのは、両親が、慣れない状況で苦痛を感じる娘に共感するあまり、自分たちが彼女を過保護にしていたと気づいたときでした。両親はナディアの抵抗に気が動転しないよう努めるようになり、不満の兆候が見られたときはすぐに助けに駆けつけるのではなく、小さな問題は自分で解決するよう娘を促すようになりました。娘の頼みや要求には、これまでよりも間を置いてから答えるように自分たちを律し、こう言って娘が待てるよう手助けしました。「ちょっと待って、ナディア。これを先に終わらせてからね」。この方法は、自分だけでなく他の人にも何か考慮すべき計画や望みがあるのだということを、ナディアが理解するのに役立ちました。

待つ、不満なことに耐える、他の人のニーズにも注意を払うということができるようになるにつれ、ナディアの攻撃は減少していきました。ナディアはまた、自分が自制心を失い、行動に出てしまいそうなときを自覚できるようになりました。この当時のナディアのお気に入りの言葉は、「それ、迷惑よ」でした。周りの人は、この言葉を早期警報と理解し、たいていの場合はそれを尊重しました。その結果、みんなが前よりも幸せになったのでした。

適応がゆっくりな子どもが、ありのままの自分を楽しめるように

気質において、「適応がゆっくり」な性質を特徴づけるのは、刺激への過敏さ、変化へのゆっくりとした適応、ストレス下での引っ込み思案な傾向です。この全般的な枠組みの中で、エリン、トビアス、ナディアが見せてくれたパーソナリティのように、さまざまな個人差があると言えます。適応がゆっくりな子どもは、見ず知らずの人や未知の状況に直面するという避けられない困難な課題に対して、周りから受けるプレッシャーやサポート、その子ども自身の才能や不得意な要素のいかんによって、それぞれに違った対処メカニズムを使いながら順応しようとします。

この過程では、文化の影響が重要な役割を果たします。たとえば、幼いわが子の内気さに対する主な反応には、伝統的な中国人の親とカナダ人の親との間で違いが見られました。各々の国で観察された記録によれば、伝統的な中国人の母親は温かく受容的な態度を見せましたが、一方、カナダ人の母親は、子どもの行動を「正そう」としたり、変えようとしたりする傾向がより強く見られました。学校においては、内気な中国人の子どもの方が、同年齢の社交的な子どもよりも成績が良く、教師や仲間からより好意的に評価される傾向があります。その一方で、内気なカナダ人の子どもは、同年齢の社交的な子どもほど評価が芳しくありません。子どもが持つ気質に対して文化や家族がどんな意味づけをするかによって、その子どもの反応の仕方が左右されるのです。¹⁰

エリンが見せた、両親やベビーシッター、先生、少数の友達ととても親密で深い関係を築けるという才能からわかることは、内気だからといって、人から情緒的距離を置く必要はないということです。内気な子どもは、社交的な同年齢の子どもたちに比べたら、相手をえり好みする方かもしれませんが、愛情が薄いというわけではありません。同様に、父親と一緒に大胆な新しい技を試すときのエリンの喜ぶ姿を見ると、子どもに安心感がある限り、臆病な面が大胆な行動の妨げとはならないことがわかります。保護的に関わりながらも背中を押してくれる父親のもとで、身体的な危険を冒せるというエリンの才能は、適応がゆっくりなトドラーにとって、大人を探索の足がかりとなる安全基地として頼れることが特に大切だということを、浮き彫りにしています。

適応がゆっくりな子どもが刺激に対して過敏だということは、つまり、親や養育者が安全基地としての役割を果たす際に、両極端のタイプの育て方を注意深くバランスを取って行なう必要があるということです。圧倒されるほどの刺激から子どもを守りつつ、かといって過保護にならないやり方を探らなければならないわけです。

よく見落とされがちなのは、過剰な刺激を和らげる緩衝材となるものを子どもが特別に必要としていることです。トビアスのように、「良い子」でいようと必死で、ストレスがあっても文句を言わない子どもの場合は、特にそうだと言えます。このような場面では、子どもは密かに苦しみ、自分の対処スキルを酷使するような状況に耐えようと努力して、ますますおびえて引っ込み思案になってしまうかもしれません。子どもが過度に引っ込み思案であるとか、あま

りにも多くのものを怖がる場合、親が子どもの生活の中で、自分たちが気づかない、何か子どもにとって特定のストレスのもととなっているものを見つけ出せると、きっと良い方向に向かうでしょう。

　一方、親が子どもの苦痛を和らげようとするあまり、過保護になってしまいやすい面もあります。親は自分が不安だと、年齢相応に子どもの能力で対応可能な状況であっても、大変そうなことに対して「やってみなさい」とは言えません。しかしこれは、子どもにとってつまずき体験となる可能性があります。なぜなら適応がゆっくりな子どもは、自分だったら怖気（おじけ）づいてしまうような状況、たとえばプール遊びやブランコなどで他の子どもが楽しんでいるのを見ると、自分にがっかりするからです。もしストレスがあるたびに常に無力感を味わうとすれば、適応がゆっくりな子どもは立ち直る力を失って、慰めてくれる存在として大人に過度に頼ってしまいます。また、自分のつらさが共感的な大人によって即座に取り除かれない場合に、わがままになったり怒ったりするかもしれません。そんなとき大人が力になれるとしたら、子どもに「新しい状況に一度慣れてしまえば、後はいつも楽しく過ごせるよね」と思い出させてやることでしょう。

　おそらく、適応がゆっくりな子どもが新しい状況に取り組めるよう手助けするうえで、一番有用な方法は、「一歩一歩、一度に一つずつ」です。このやり方によって、少しずつでも着実に、子どもの探索を促すことにつながります。以下の一連の手順に従えば、内気な子どもが新しい場面に足を踏み入れたときに最初に見せるためらいを、乗り越えることができるでしょう。

• 新しい状況に子ども一人では入らせないようにします。付き添って中に連れていってあげましょう。少しの間、一緒にただその場の様子を観察します。そしてその中で気づいたことを少し言葉にします。なるべく、すでによく知っていて安心感のある特徴に焦点を当てます。たとえば、知らない子どもたちのグループがいろいろなおもちゃで遊んでいたとしたら、自分の子どものお気に入りのおもちゃを指差すとよいでしょう。「あのビーチボールを見て。色はオレンジ色だけど、同じようなのを持ってるよね。昨日、あれで遊んだのを覚えてる？　今みんながやってるみたいに、あちこち走り回らなきゃならなかったね。すごく跳ねたものね！」

- 子どもの気分が、警戒した様子から楽しそうな雰囲気にしっかりと変わるまで、そばにいます。変わったら身を引きます。
- しばらくそのまま「待機」しますが、自分が必要になるはずだからと子どもにつきまとわないようにします。
- 子どもに呼ばれたら、子どもの必要度に見合った方法で、状況に応じて対応の仕方を調整します。もし子どもが本当に不安そうな様子なら、ためらわずに近寄りましょう。多くの場合、離れたところから手を振ったり、安心するような言葉をかけたりするだけで、「必要なときは、ここにいるからね」ということを伝えるには十分です。必要最低限のやり方を試しましょう。つまり、まずはこちらからの積極的な対応は最低限にして、それでうまくいくかどうか様子を見るのです。
- 適応がゆっくりな子どもを新しい状況に誘い込む際、他の子どもが一番の助っ人になることも多いものです。うまくこれを進めるには、まず自分の子どもと気の合う仲間になってくれそうな子どもを見つけ、会話を始めるとよいでしょう。他の子どもも自然に入ってくるかもしれません。

　ゼロ・トゥ・スリー（Zero to Three）の創設メンバーの一人であるJ・ロナルド・ラリー（J. Ronald Lally）とその同僚は、ここで大まかに説明した流れは、親や養育者の以下のような一連の動きに集約されるだろうと述べています。それは、「そばにいて、話しかけ、一歩下がり、見守り、次に進む（たとえば、立ち去る）」です。この手順を踏む際のリズムは、子ども自身の動きのリズムと調和している必要がありますが、大人が自信に満ちた態度を示せば、子どもはきっと自分で頃合いを見て「次に進む」ことができるでしょう。

第**7**章

人生早期に見られる不安

　人間には生まれつき、危険を予測しそれに対応する能力が根深く備わっています。目の前に危険が差し迫ると恐怖を覚え、危険なことがこれから起きると予測したり、想像したりして不安を感じます。不安は予測であり、恐怖は反応です。想像した危険があっという間に事実になることもあるので、恐怖と不安は関連しています。恐怖も不安も、ある事柄が安全なのか危険なのかを解釈することを伴うため、主観的要素を帯びています（この過程は 1000 分の 1 秒の間に起きます）。生まれて数年の間に、子どもは何が安全で何が危険かを学んでいるのですが、不安と恐怖の見分けはつかないことが多いものです。というのも、どちらも客観的に実在する危険に関連して生じるだけでなく、なじみのない出来事や予期せぬ出来事に関連しても起きるからです。そこでの親の役割は、常に果たせるとは限らないものの、子どもが現実の危険や察知した危険について予測または反応をする際に、子どもを安心させられる「盾」を提供することです。才能ある漫画家のゲイリー・ラーソン（Gary Larson）は、自身の作品『ファーサイド・ギャラリー 4』（*The Far Side Gallery 4*）の最初のページで、この心理的なプロセスを表した心打つイラストとともに、こう書き添えています。「子どもの頃、僕の家はおばけだらけだった。おばけは押し入れの中やベッドの下、屋根裏や地下にも住んでいた。そして暗くなると —— そこらじゅうに出てきたんだ。この本を父に捧げたい。そんなおばけたちから、僕を守ってくれた父に」[1]

　ラーソンのこの記述は、セルマ・フライバーグが考案した「魔術の年齢」

（The Magic Years）という画期的な概念を思い起こさせます。それは、次のように説明されています。

> 魔術の年齢とは、幼少期の数年間のことを指している。「魔術」といっても、子どもが心の奥底のどんな望みも全て叶う魔法の世界に住んでいると言っているのではない。子どもは生まれて最初のうち、世界は魔術的なものだと思っている。身の回りの出来事は、自分の行動や考えのせいで起きると信じているのだ。なぜなら、物事の道理や客観的世界にたどり着こうと手探りで進む中で、自分が想像する危険な生き物や、外の世界にある現実または想像上の危険に、立ち向かわなければならないからである。[2]

不安は不快な体験ではあるものの、生存のための重要な役割を担っています。というのも、不安は差し迫った危険を知らせるシグナルとして働き、そのおかげで身を守るための時間ができるからです。不安の引き金となる出来事は、必ずしもそれ自体は危険でなくても、そういう出来事がよく危険に先立って起きるとか、危険と関連しているという事実があるために、強く情緒に訴えかけてきます。[3]たとえば、目が覚めると真っ暗な自分の家に一人きりという状況は、それ自体は危険ではありません。しかし、もし、ゲイリー・ラーソンのように、暗がりに危険が潜んでいると想像するなら、不安がわいてくるかもしれません。もし明かりをつけて、実際に危険があることを目の当たりにしたら、不安はすぐさま紛れもない恐怖に変わるでしょう。そこで何も変わったことは起きていないとわかれば、不安は消えます。

不安は、「何もできない」「何もわからない」状況のもとでさらに強まるため、赤ちゃんやトドラー（1、2、3歳児）は特に不安になりやすいと言えます。ごく幼い子どもは、自分にとって未知の方法で機能している、何だかよくわからない世界に直面します。小さくて弱い存在のため、安心感を得るためには周りの人に頼るしかありません。また、幼い子どもは予測のつかない、恐ろしい結果を招きかねない行動も取ります。親に怒られるようなことをするのもその一つです。こうした理由から、乳児期とトドラー期には不安を体験する機会が絶えず存在すると言えます。

この章では、生後1年目に見られる不安がどこから生まれるか、また、人生

早期の赤ちゃんの頃の不安が、トドラー期を経る中でどのように変化するかについて解説します。第2章で紹介した、生後2年目と3年目に見られる大冒険（世界と体と心の発見）には、影の部分があります。新しい知識とともに、「捨てられる」「愛されない」「体を傷つけられる」といった、害を被ることへの恐れが生まれるのです。本章ではトドラーが体験する、妥当なものから過度のものまでさまざま見られる不安のありようと、トドラーが使える対処メカニズムの範囲について説明します。そして次の第8章で、この年頃の子どもに不安を引き起こすことの多い状況で、親が子どもをサポートするための具体的な指針を紹介します。

早期の不安はどこから来るか

　トドラー期の不安は、人生早期の発達の様子に沿って考えてみることで、理解しやすくなります。なぜなら、子どもの安心感や恐怖といった基本的な感情は、生後1年目に形成されるからです。この節では、トドラーの不安を理解するための背景として、乳児の不安の出どころとその表れ方について説明します。

　人は誕生してもいない胎児のうちから、感情を体験している可能性があります。早期の発達を専門にしている研究者たちは、胎児に、嫌悪感、悲しさ、うれしさ、恐れといった顔の表情が見られたと報告していますが、こうした先駆的な観察結果は、超音波検査の発明によって確認されました。超音波検査を行なえば、胎児の顔の表情をビデオ画面で詳細にモニタリングすることができます[5]。

　胎芽（妊娠8週目頃までの胎児）でさえも、感覚に基づいて反応することができるようです。たとえば、胎芽は妊娠7週半という早い時期に、軽く触れるなどの不快な刺激から身を引いて避けるような動きをしますが、この避けようとする動作は、頭を後ろに動かす動きから、発達に従って、手、胴体、肩へと徐々に広がる普遍的な反応として見られます[6]。この反応から、胎児には原始的な不安を感じ取れる可能性があることがわかります。なぜなら体を引っ込めて避けるという行動は、生まれた後に一般的によく見られる不安の表現と同じだからです[7,8]。母親の胎内にいる間、胎児が不快な刺激を避ける能力は、たとえば

胎児が哺乳反射を用いて接近する能力よりも、早い段階で生じます。ここから、自分の身を守るための動機づけは、探索する動機づけよりも早く発達し、また生存のためのより基本的なものである可能性が示唆されます。

　当然のことながら、胎児は愛情のこもった世話や保護の供給源に近づこうとする必要はありません。すでに安全基地である母親の子宮に包み込まれているのですから。この安全な聖域から離れることに対し、健康な新生児は力強く泣いて反応します。この反応が示しているのは赤ちゃんの抗議であり、また人との触れ合いと支えを求める要求でもあります。この激しい泣きは、赤ちゃんが生まれて初めての恐怖／不安を体験していることを示すサインかもしれません。

　いざこの世に生まれてきた赤ちゃんは、自分で自分の世話をすることはできません。愛情深い大人による世話が必要です。ほとんどの文化や状況において、生後1年目を通してその役割を担うのは、主に母親です。このことは何も偶然ではありません。妊娠中、母親と胎児はお互いに少しずつ親密な関係を築いていきます。誕生する頃には、赤ちゃんは母親との関係が一番重要だと認識しており、それを培っていく準備が十分に整っています。たとえば、新生児は母親の声を聞き分け、他の人の声よりも好みます。このことは、ある非常に優れた実験によって明らかになりました。その実験は、おしゃぶりを吸うと、ごほうびとしてドクター・スース（Dr. Seuss／アメリカの著名な絵本作家）の本を読み聞かせてもらえるというもので、見ず知らずの人よりも母親に読んでもらえる場合に、赤ちゃんがおしゃぶりを吸う時間が長くなったという結果が得られました。また、新生児は生後数時間のうちに母親の顔を識別し、他の顔よりも好むようになります。母親の匂いについても同様です。他の母親の授乳パッドではなく、一貫して自分の母親のパッドの方に顔を向けるのです。

　新生児はこうした社会的スキルをすぐに使い始めます。それは、「生まれる」ということには発達上乗り越えるべき大きな困難が伴うからです。空腹と睡眠のサイクルを、母親の期待にぴったり沿った、そしていくらかでも家族の価値観や日課と調和した形になるよう、規則正しく調節する必要があります。赤ちゃんは母親の顔、声、匂いを識別し、それをより好むことにより、体のリズムを整えるという共同事業のパートナーである母親と関わり合うことができるようになります。

　早期にこのような選好が見られるからといって、赤ちゃんは自分の母親にし

か反応しないというわけではありません。身体的な脆弱性が高いこの時期、自分を助けてくれる人なら誰にでも反応できること（出産時の母体の死亡のリスクに対する適応的な反応として、こうした順応性が進化の過程で発達してきたのかもしれません）は、人生早期の生存と健康のためには得策だからです。反応の選好性と順応性は、生まれたときから備わっていて生涯を通して見られる、人間の特徴と言えます。

　赤ちゃんとその世話をする人との互恵性によるダンスは、止まったり進んだりしながら、試行錯誤によって完成します。赤ちゃんの頃に見られる最も早期の不安は、不快な身体感覚に基づいて生じます。たとえば、空腹、吸いつきたい衝動、胃の不快感、排泄時の痛み、疲労といった感覚や、触れる、抱っこする、ギュッと抱きしめるなどのスキンシップが足りていない状態などです。生後2〜3ヵ月の時期に親がする世話のほとんどは、こうした不快のもとを赤ちゃんから取り除いてやることに向けられます。気質に関する章で見たように、赤ちゃんの怒りっぽさの度合いは、機嫌の直りやすさと同様、一人ひとり違います。それでも世話をする人が、その子どもにとっての一番役に立つ対処法を見出すことができれば、どんな赤ちゃんでも不安を何とか処理できるようになるのです。

　赤ちゃんは自分のニーズを自分で満たすことができず、人の力を借りなければならないため、体にまつわる喜びや不安は、たちまち社会的な性質を帯びるようになります。赤ちゃんと親は、授乳、オムツ替え、沐浴、着替え、寝かしつけの間に、お互いに見つめ合い、優しく声をかけ、ほほ笑み、語り合い、寄り添うことができます。そうではなく、手短でぶっきらぼうに、あるいは性急で淡々と事務的に世話をすることだってあり得ます。

　赤ちゃんはこうした人生早期の体験に伴う感覚から、人との関係が自分に何をもたらすかについて多くのことを学びます。おなかが空いたときに泣くと愛情を込めて授乳してもらえる赤ちゃんは、「助けを求めて泣くこと」と「適切な親の対応という望みどおりの結果」との間に、何か関係があることを悟ります。こうした経験を何度も何度もする中で、赤ちゃんは、空腹の苦しみや痛みは永遠には続かないことを理解するようになるのです。サインを送れば、助けはすぐにやって来ます。このような赤ちゃんは、内的なストレスにさらされても希望を失わずに待つことができます。親の繊細な対応のおかげで、赤ちゃん

の不安は対処可能な範囲内に留まります。つまり親は、まだ自分で自分の身を守ることのできない赤ちゃんが、対処不能な不安を体験しないように守っているのです。

　もし赤ちゃんが長時間大声で泣き続けても何も起きなかったら、これとは違った内的体験が展開し始めます。何かを必要としていることを知らせる自分のサインは、助けを確保するのに効果がなく、赤ちゃんは「求めること」と「与えられること」の因果関係を学ぶことはできません。体の不快感が増すにつれ、この事態は永遠に続くのだろうかという不安も増してきます。絶望が希望に取って代わり、今や赤ちゃんには、たった2つの反応の道しか開かれていません。取り乱してすさまじい憤怒の泣き声を上げるか、または無気力になって眠りに引きこもるか。親は子どもを不安から守るどころか、実は不安の原因になってしまうのです。

　赤ちゃんの出すサインと親の対応が十分に合致していない様子は、多くの相互作用の場面で見られます。赤ちゃんが親にすがるようなまなざしでほほ笑んでも、無視される。親にしがみついても、即座に寝かしつけられる。親に近づいたら、押しのけられる。助けを求めても、聞いてもらえない、などです。こうした情緒的な拒絶が例外的に起きるのではなく通常のものとなった場合、それが赤ちゃんの自意識や人との関係の持ち方を方向づけることになります。苦痛を感じているときにほとんど助けが得られない赤ちゃんは、元気がなくなったり、怒りっぽくなったり、頻繁に泣いたりする傾向があります。言葉によるコミュニケーションや、その他の社会的信号を用いた実験では、発達の遅れが見られがちになります。それは、自分の力で良い体験を引き起こす能力に自信がないためです。[16]

　自分のニーズを示すサインに一貫して注意を向けてもらえない赤ちゃんは、いつもサインに対応し損なう、または対応するにしても唐突か荒々しいやり方で自分を世話する大人のことを、身体的・情緒的に頼れるだろうかと常に心配するようになります。困ったときは親が対応してくれるということを、確信を持って期待できないためです。こうした不安は少しずつ内在化され、その子どもの自意識や世界の捉え方に組み込まれます。逆に、サインによって一貫した適切な対応を引き出せる赤ちゃんは、「自分には価値があり、きちんと世話してもらうに値する存在だ」という感覚を内在化します。人を信頼する中で、自

分自身への信頼感を身につけるのです。[17]

　母親と赤ちゃんとの互恵性が織りなす複雑なパターンについて、イギリスの著名な小児科医で精神分析学者のドナルド・ウィニコットは、こんな気の利いたことを言っています。「一人の赤ちゃんというものはいない」[18]。これはどういうことかというと、赤ちゃんの個性は世話をされる際の特定の文脈の中で表れてくるものであり、したがって赤ちゃんの存在そのものが、赤ちゃんが受け取る世話の質によって大きく左右されるということです。それと同時に、母親や父親もおそらく、「一人の親というものはいない」と感じることでしょう。なぜならどの親もそれぞれに、自分が置かれている状況の中で、わが子の独自の特徴や特定の要求に応えているからです。子どもが複数いる親の場合、全員に対して同じように接しているわけではないかもしれません。それはその親が、人生のその時々の自分の状況において、どのくらい安心を感じ、自信が持てるかによって変わってきます。そこには、自分自身のことや自分が親であること、そして子どもそれぞれが持つ個性をどのくらい受け入れているか、などといったことが関係しています。さらに、家族からのサポートや社会的なサポートをどのくらい得られるかによっても、赤ちゃんや幼い子どもそれぞれに対する関わり方が違ってくるかもしれません。親が置かれている状況しだいで、子どもたちへの世話の仕方が一人ひとりかなり異なることがあるということです。幼い子どもを育てる中で、経済的な問題や家庭内での衝突などの理由により悩んでいる親は、もしこうした問題を、次の子どもが生まれるまでに解決できているなら、個人としての役割や親としての役割において、ずいぶん感じ方が変わってくるかもしれません。

母親はどこが「特別」なの？

　研究によれば、概して母親の方が父親よりも長い時間、幼い子どもと過ごし、[19]子どもの世話をしたりあやしたりすることも多い傾向があります。[20, 21]母親というのは、赤ちゃんにとって特別な存在です。赤ちゃんがおなかの中にいるときからずっと、母子はお互いに身体的・情緒的側面において、親密な体験を分かち合っているのですから。しかし、だからといって赤ちゃんが築く人間関係に安心感をもたらすことができるのは、母親以外にいないというわけではありません。子どもは自分のニーズに応えてくれる、いつも決まった顔ぶれの養育者が

ごく数人いて、その人たちと満足のいく関係を築くことができれば、さまざまな養育環境で健康に育つことができます。父親の他に、養子縁組をした親、同性カップルの親、シングルペアレント、祖父母、それ以外の大人でも、同じように子どもをしっかり育てることができます。

この20年間で、父親も子育てにますます関わるようになってきています。パートナーが異性であれ同性であれ、またシングルペアレントとなった父親の場合であれ、同じ傾向が見られます。精神科医のカイル・プルエット（Kyle Pruett）は、母親が仕事をしていて父親が中心的な養育者である家庭をいくつか研究しました。そこでわかったのは、男性の養育能力には、ただ子どもの世話をするという役割を果たす以上のものがあるということでした。こうした家庭の子どもは、父親の子育てのもとで立派に成長していました[22]。

とはいえ、子どもの人生のどの時期においても、父親と母親の役割が交換可能という意味ではありません。母親とも父親とも強い愛情の絆で結ばれている子どもは、この場面ではこっちの親、というように、状況によって頼る相手を変えることがあります。たとえば、一方の親には慰めと癒やしを、もう一方の親には探索と遊びを求めることもあるでしょう。母親は、「子どもは自分のことを、遊び相手ではなく世話をする人だと思っている」と不満に思うこともあります。父親の方は、子どもがつらいときは泣き続け、絶対にママじゃなきゃ嫌だと言うことに対し、傷つくことがしばしばあります。子どもが自分と同性、あるいは異性の親を好む傾向は、子どもの発達のさまざまな段階で変化することもあります。同性カップルもまた、子どもにその時々で、また状況によって、同じような好みの偏りが見られると報告しています。

実際、赤ちゃんはとても早い時期から、相手によってはっきりと違いのある関係を、さまざまな他者との間で築きます。生後4週目にはすでに、母親と父親のそれぞれに対し、前もって予測のつく独特の反応の仕方を見せます。このそれぞれのパターンは、見ず知らずの人に見せる無差別的な反応とも異なっています[23]。生後12ヵ月になるまでに、乳児はどちらかの親と安定した関係を築く一方、もう一人の親との関係は不安に満ちたものかもしれません[24]。このようなパターンの違いは、この時期以前の、それぞれの親の子どもへの敏感性と応答性から強く影響を受けています。この意味では、生後1年間という年月は、赤ちゃんにとって実験室として機能すると言えます。赤ちゃんはその実験室で、

自分の人生に登場する重要な人たち一人ひとりから、自分が何を得られそうかを学ぶのです。

　親や養育者との不安に満ちた関係が、どれだけ子どもの情緒的発達に影響を与えるかは、その人物が子どもの生活においてどのくらい重要かによって決まってきます。中流階級の、主に母親が育児をしている家庭の子どものうち、生後12〜18ヵ月のときに母親と不安の強い関係にあった子どもは、生後18ヵ月になるまでの間に母親と安定した関係を結んでいた子どもに比べて、6歳になった時点でより不安定な様子が見られました。それとは対照的に、同じ子どものグループにおいて、父親との関係に早期の不安が見られても、その後の子どもの不安定さを予測するものとはなりませんでした。こうした子どもたちの場合、より重要な養育者である母親との関係が、情緒的な発達にはっきりと影響していたのです。

　不安定な愛着は、乳児期の主要かつ標準的な不安が存在することをうかがわせる、とりわけ説得力のあるサインです。その不安とは、母親を失う恐れや分離不安です。生後6〜10ヵ月の間に、赤ちゃんは母親がいなくなることに力いっぱい抗議するようになり、母親代わりの人をおとなしく受け入れることに、以前と比べてはるかに非協力的な様子を見せます。さまざまな文脈や雰囲気のもとで、いろいろな人との相互交流を繰り返し体験する過程で、赤ちゃんは主要な養育者に対して揺るぎない強烈な愛着を覚えるようになっていたのです。その養育者が赤ちゃんにとって、情緒的な世界の中心となっていったということです。

　この絆の質には多くの個人差が見られます。安定しているのか、不安が強いのか。感情表現が豊かか、抑制的か。情熱的か、冷静か。対立的か、調和的か。シンプルか、複雑で多面的か。アンビバレントか、裏表のないものか、などです。これらが同時に全部当てはまることもあれば、時と場合で変わることもあるかもしれませんが、何よりも、絆はただ、あるものであって、それがなくなるのではないかという脅威は、赤ちゃんの心に非常に激しい苦しみを呼び起こしてしまいます。

　一度その苦しみが生じると、分離や喪失に対する不安は、常に自分につきまとう同伴者となります。人は、この関係はいつまでも変わらず永遠に続くものだろうかという不安なしには、誰かと強く親密な情緒的関係を結ぶこと

はできないものです。大人の中にも（一部の赤ちゃんと同じく）、この傾向が強く、不安を人一倍強烈に覚える人がいますが、愛する人を失うのではないかという恐れは、隠れていることが多いものの絶えずつきまとう、愛の暗い側面です。「いないいないばあ」やかくれんぼといったゲームは、形は違えど多くの社会で見られますが、これらは幼い子どもの分離不安に対して、子どもが一番よく理解できる言語、つまり「遊び」を用いて応えてあげるという、世界共通の文化の知恵が見事に発揮されたものと言えます。見えたり見えなくなったりする遊びを通して、大人は赤ちゃんや幼い子どもが「人はどこかに行ってもまた戻ってくる」ということを学ぶ手助けができます。物事は起きるべきときにちゃんと起きるのだというお墨つきは、ごく幼い子どもの心理的な健康にとって大切なメッセージなのです。

トドラー期の不安

　生後12ヵ月の赤ちゃんは、十分に確立した豊かな情緒的世界を心の中に携えて、人生の2年目に突入します。周囲との関係性に順位づけをしており（母親、父親、祖父母、きょうだい、保育者、猫や犬にまで）、それぞれの関係には特別な意味づけがなされ、順位を入れ替えることはできません。これらの顔ぶれの中には、赤ちゃんの幸福感にとって、とりわけ中心的な役割を果たす人がいて、その人から離れることを赤ちゃんは嫌がり、抗議します。しかしよく知っていて信頼できる人がいれば、その人をお気に入りの愛着対象が戻ってくるまでの代理としておくこともできます。生後12ヵ月の時点での主要な愛着関係が安定していればいるほど、赤ちゃんは、その後の1年間（生後2年目）で直面する特別な困難を乗り越える準備をしっかり整えることができるのです。

　本書の初めの方で触れたとおり、発達のプロセスで見ると、分離不安は生後18ヵ月頃に最も激しくなります。母親のそばを離れたいという衝動が芽生えた途端に分離不安が増すというのは、逆説的に聞こえますが、これはそうあってしかるべきなのです。トドラーを時々でも母親の手の届く範囲に留めておくためには、母親から離れていこうとするエネルギーに釣り合う大きさの心理的な重りが必要なのです。分離不安は、その重りを提供するわけです。

生後2年目にはいろいろなことが複雑になりますが、分離不安もその一つです。生まれて最初の1年は、赤ちゃんの苦痛を取り除くには、母親のきめ細やかな対応さえあれば十分でした。今や子どもの心の中では、母親の助けを得たい気持ちと得たくない気持ちとが闘っています。自分で物事を決めたい、なのに自分一人では決められないことばかりなのです。

この内なる葛藤の対象は母親その人であることがほとんどですが、トドラーが解決しようとしている課題は、実は内的なものです。「まだママが必要」と言いながら、同時に「でも、自分でできるんだ！」と言って抵抗してみせます。心の中でつぶやいているメッセージには、自己主張の陰に隠された自信のなさがうかがえます。「私、本当に自分一人でできるかな？」「僕が追い払っても、そばにいて助けてくれる？」。このような矛盾したメッセージは、トドラー期によく見られるものです。顕著に情緒的な色彩を帯びた問題というのは、たいてい複雑にこじれたものだからです。

親の愛を失う恐れ

成長とともに、何が正しい行動で、何が間違った行動なのかについて気づきを深めていくにつれ、また新たな不安のもとが表面化してきます。それは親に認められないことへの恐れと、親の愛を失う不安です。

マリオは母親と大ゲンカをしました。母親はマリオに、自分の部屋に行きなさいと怒鳴りますが、マリオは言うことを聞きません。母親はマリオの腕をつかんで部屋に連れていき、中に入れてドアをバタンと閉めます。マリオは泣き叫びます。母親はドアの向こうで、怒りと無力感と罪悪感に震えます。怒りが収まった後、二人はさっき起きたことについて、静

かに話し合います。母親は息子に、腹を立てて悪かったと伝えます。マリオは「ママは僕に怒ってるときでも、僕のこと好き?」と尋ねます。母親は、好きよ、と答え、そして「マリオは、怒ってるときでもママのこと好き?」と尋ねます。マリオは一瞬黙って、「さあ、わかんない」と答え、それから一呼吸おいて、こうつけ加えます。「しばらく経ったら好きかな」

　マリオは、「相手に怒っている最中でも、その人への愛情を忘れない」という課題に取り組んでいるのです。自分自身への気づきが発達することで、トドラーは自分の感情をかなり注意深くつぶさに観察することや、どんなときにどんな感情がわくのか、複数の感情が生まれたときに、それはどんなふうに組み合わさるのかについて、たくさん質問することができるようになります。自分や自分以外の人の中に生じるアンビバレントな感情について、理解しようとしているのです。

　「親の愛を失うのではないか」というトドラーの不安が高まるのは、自分が母親に怒りを感じたとき、もう母親なんて好きじゃないという気持ちがわいてくるからです。幼い子どもの認知能力には限界があるため、ある状況で他の人が自分と違う気持ちを持っているかもしれないということを理解するのは、難しいものです。その結果、親のことが全然好きだと思えないようなある特定の瞬間に、それでも親は自分のことが好きだと信じることができないのです。この感じ方は、実はかなり正確だと言えるかもしれません。どんなに優しい親だって、ケンカの真っ最中に愛情を感じるなんてことは難しいからです。親の怒りはとても生々しく現実味があるので、子どもはこう強く思ってしまいます――恐るべき愛の喪失（かの究極の大惨事）がついに現実のものとなり、それが永遠に続くのだと。だからこそ、ケンカの後に仲直りをすることが重要になってきます。親が子どもを安心させてあげることは、子どもの情緒的な健康にとって計り知れないほど重要なことなのです。

体についての不安

　生後2～3年目の不安が、全て分離不安と喪失によって生じるというわけではありません。例の困ったトラブルメーカーである「体」は、相変わらず不安を生み出す種となります。消化、空腹、吸いつきの欲求にまつわる赤ちゃんの

頃の不安は、この年齢ではおそらく十分に克服されていると考えられますが、新しい困難が出てくるのと同様、不安も新たに生じてきます。

トドラー期には、体が損なわれることへの恐れが、大きく立ち現れてきます。というのも幼い子どもは、自分が傷つけられる可能性があるということと、体には、くっついたままの部分と切り取られたり流されたりする部分（髪の毛、爪、おしっこ、ウンチ）があるということを、同時進行で学んでいるからです。事故のときやケガをしたときの痛みの感覚は、体の損傷に対する不安をさらに強めます。幼い子どものこうした不安に効く遊び心のある定番の手法は、どの文化でも発展してきたようで、たとえば、「痛いの痛いの、飛んでいけ」というのもその一つです。

こうした不安が子どもにとって、いかにリアルに感じられるかということが、次の事例に描かれています。また、幼い子どもの勘違いがどこから来ているかを理解しようとすることが、子どもを安心させるために大切だということを示す良い例ともなっています。

> 3歳のヒラリーは8ヵ月になる弟と一緒に、おじさんとおばさんの家を訪ねています。赤ちゃんの弟は、幸せそうに自分の足の指をおしゃぶりしています。そこへおじさんがふざけて、赤ちゃんの親指にケチャップをかけて、音を立てて吸い始めます。赤ちゃんはこれをほとんど気にしませんでしたが、ヒラリーはわっと泣き出し、おじさんを止めようと大声で泣き叫びます。父親がヒラリーの隣に座り、何がそんなに心配なのかと尋ねます。ヒラリーは泣きじゃくりながら、やっとの思いで説明します。「だって、おじさんが、赤ちゃんのあんよの指を吸って、飲み込んじゃうんだもん！」

排便と排尿は、コントロールできない不快な身体感覚を引き起こすため、子どもに強い不安をもたらします。特に、消化器系の痛み、下痢、便秘を起こしやすい子どもの場合、排便は体内からの危険に脅かされる感覚と結びつきます。

トイレトレーニングのプレッシャーが、トドラーの心の中に不安を呼び覚ますことはよくあることです。子ども自身の成長したいという動機からトイレレーニングをする場合は、この不安は最小限で済むか、あるいは生じないかも

しれません。一方の、まだ準備ができていないのに、体の機能をコントロールするよう親から言われて行なう場合、トイレトレーニングは「私の体を管理するのは誰なのか」という不安と、親の期待する基準を満たせないことによる恥の気持ちを生み出します。この後の第8章で、子どものトイレトレーニングをいつ始め、どう進めたらいいのかについて、具体的な指針を示したいと思います。

　性別の違いも、体に関する不安のもととなります。およそ生後15ヵ月になるまでに、子どもは男の子と女の子の違いについて、非常に強い関心を持つようになります。まだはっきりと質問したり心配を言葉に表したりはできませんが、体の違いに気がつき、異性の子どもに自分と同じものがついている（または、ついていない）ことに不安を覚えることがあるというのは、子どもの様子を見れば明らかです。保育園に通う70人の男児と女児を長期的に研究した、精神分析家のハーマン・ロイフ（Herman Roiphe）とエレノア・ガレンソン（Eleanor Galenson）の観察によれば、子どもは生後15ヵ月以降に、自分と他の子どもの性器をじっくりと見るようになり、中には人と違うことを嫌がる様子を見せた子どももいたといいます。[26]

　保育園の先生たちは、この現象に十分に気がついています。ある保育士は、ティモシーという男児についてこんな話をしました。保育士が小さい女の子のオムツを替えているとき、生後15ヵ月のティモシーは、目も心も釘づけになった様子でそれを見つめていました。そして自分がオムツを替えてもらう番になると逃げ出して、ベビーベッドの下に隠れて、「ダメ！　ダメ！」と叫んだのです。ティモシーがこんな様子を見せるのは初めてでした。もしかしたら、ティモシーは性別の違いの表れ方を理解しておらず、オムツを替えたら自分も今見た女の子のようになるのではないか、と怖くなったのかもしれません。保育士もこの恐れが原因ではないかと思い、こう言いました。「ティモシー、先生はオムツを替えるとき、あなたを傷つけるようなことは何もしないわよ。あなたは男の子で、これからもずっとそうよ。リンジーは女の子だから、おちんちんがないの」。この説明は効果的でした。ティモシーはオムツ替えを受け入れたのです。このやり取りからわかるのは、知識が豊かで大らかな、思いやりのある保育者の存在が、幼い子どもの心配を和らげる手助けをするうえで大切だということです。

未知のものへの恐れ

　人間の一生における各年齢特有の不安の由来を見てみると、それは私たちがほんの部分的な理解だけで勝手にあれこれ空想している人生の課題と関係があるものです。年少トドラーであれば、歩行などによる移動とトイレトレーニングを中心に展開するかもしれません。年長トドラーや３〜４歳児では、男女の違いや赤ちゃんはどこからくるか、というところでしょう。若者の場合は恋愛の極意かもしれないし、高齢者なら、死の不思議や死後の世界に関することかもしれません。

　人は自分が知らないことを恐れる傾向がありますが、トドラーも例外ではありません。さらに複雑なことに、トドラーはまだ客観的な情報よりも、自分の望みや恐れを基準にして推論するため、誤った結論にたどり着くことが多いのです。そのうえ、自分が理解できないことをたくさん耳にします。大人はいつも子どもが理解できるように自分たちの会話を練り直すわけではないし、子どもが聞いていることすら気づかないことも多いものですが、子どもは自分が聞いたことを自己流に解釈して、その内容について苦悩することがあります。

　　２歳３ヵ月になるフィリップは、庭で遊んだり公園に出かけたりするのを嫌がるようになり、外に行くことへの恐怖心をどんどん募らせています。フィリップの恐れのもとが判明したのは、兄が石の下の虫を見ようとして石をひっくり返したときです。フィリップは叫び出しました。父親が辛抱強く理由を尋ねると、ようやくフィリップは泣きじゃくりながら答えます。「石の中には悪い人たちがいるんだけど、どの石かわからないの」。これは、家族がイラク戦争について不安そうに話し合っていた内容について、フィリップなりに一生懸命に考えた解釈だったのです。

　親の愛を失う不安や、体がどうなっているか、世界はどうやってできているかといった不安は、子どもが「ママやパパがきっと話を聞いてくれて、僕のために間に入ってくれるはずだ」とおおむね確信できていれば、乗り越えやすいものになります。何歳であろうと、自分がたった一人で恐れと向き合わなければならない場合、その恐れは強大になります。フィリップが父親を信じ、「石の中の悪い人たち」についての情報を託すことができたのは、父親がフィリッ

プの恐れの理由を理解しようとする際に、はっきりと、そして粘り強く関心を示したからです（「何が怖いのか教えて。お外で何かあった？　虫が怖かったの？」）。もしも外に行きたくないというフィリップの気持ちが、「非合理的だ」「馬鹿げている」と言ってはねつけられたとしたら、フィリップはもっともっと長い間、密かに、そして不必要に苦しむことになったでしょう。

対処可能な不安とは

　最も理想的な状況では、子どもは多過ぎることも少な過ぎることもない、適度な不安を体験することによって不安に取り組む方法を学びます。この対処可能な不安の量がどのくらいなのかは、子どもの年齢や気質によって異なります。文化的価値観によっても変わるかもしれません。しかしある特定の文化においてさえ、どの程度の不安や不満やストレスが個々の子どもにとって「ちょうどいい」のかについては、知識が豊富な大人であっても人によって見方が違います。子どもが成長のある時点において耐えられるであろう、正確な不安の量を計算できる数式などありません。だからこそ子育ては科学ではなくアートなのであり、またわが子がどのくらいの不安に耐えられるのかを見極めるうえで、親が自分自身の信念を常に参照する必要があるのです。

　とはいうものの、このテーマの考察を進める指針として、別の可能性を考えてみることもできます。おなかを空かせて泣いている新生児の例に戻りましょう。もし親がすぐに対応すれば、赤ちゃんはゴクゴクとミルクを飲み、気持ち良く眠りに就きます。もしミルクをなかなかもらえなければ、赤ちゃんの泣きは一気にひどくなり、ミルクをもらってもすぐには収まらないでしょう。哺乳瓶やおっぱいを口にくわえたまま泣き続け、ミルクがのどに流れて、むせてしまうことすらあるかもしれません。この光景を時間で見てみると、母親が90秒以内に赤ちゃんの泣きに対応すれば、赤ちゃんはたった5秒で落ち着くことがわかります。もし赤ちゃんが3分待たされたら、泣きが収まるのに約50秒かかります。[27]言い換えれば、対応するまでにかかる時間が倍になれば、赤ちゃんの泣く時間が10倍長くなるわけです。赤ちゃんの苦痛がいったん手に負えないものになると、赤ちゃんが再び気持ちを立て直して、また周囲と関われる

よう手助けすることが、ぐっと難しくなります。

　この状況の場合、対処可能な不安が何を意味するかを推測するのは難しくありません。空腹の新生児は、苦痛で泣き崩れることなくミルクを待てるほど、十分な内的資源は持っていません。しかし成長するにつれ、自分の中に生じる刺激を調節する体験を重ね、自分が発する空腹のサインに必ず親が対応してくれるという、心強い期待を自分の中に持てるようになります。自分をなだめてくれる親の言葉に支えられて空腹に耐えることができ、親がミルクを用意する様子を観察するなど、いろいろなことをして自分の気を紛らわすようになります。信頼して待つということができるようになるのです。

　トドラー期でも似たような道をたどって、不安への対処の仕方を身につけます。トドラーは何か気に入らないことがあると、癇癪を起こして騒々しく抗議します。もし癇癪から立ち直っていつもの自分に戻れるなら、癇癪のきっかけとなった体験はきっと対処可能なものだったのでしょう。そういう体験は、不満と不安は不快なものだけれど人生につきものであり、また耐えることができるものだと子どもに教えてくれるため、実は価値があるのです。親がいつも変わらず対応してくれ、支え続けてくれるなら、子どもは情緒的なダメージを受けることなく、ひどく残念なつらい状況に何とか対処できるようになり、結果的により柔軟でたくましい子どもに育ちます。癇癪は減っていき、最終的にはなくなってしまいます。

　トドラー期から小学校に上がる頃までの間に、子どもは自分の行動をもっと上手にコントロールできるようになり、何がほしいのか、それがないことをどう感じるのかを言葉で言えるようになります。失望感にそれほど打ちのめされることもなくなり、「自分には生まれつき、何もかも自分の思いどおりにできる権利があるのだ」という思い込みも見られなくなります。

不安の克服と遊び

　不安は、それに上手に対処できる限りとても有用な情緒と言えます。年齢相応の不安であれば、それを克服したいという子どもの強い欲求は学びへの強力なバネとなります。克服が可能となるのは、子どもの能力が試されはするも

のの、その困難に圧倒されることのない場合です。一方、もし親が過度に甘く、子どもにとって必要な発達上の欲求不満を与えまいとするなら、子どもは自分の対処スキルに自信が持てなくなり、ほんのちょっとした試練に直面するだけで不安になってしまうでしょう。

　子どもはどのようにして不安から学びを得るのでしょうか。不安は、今にも何か危険なことが起きそうだがまだ起きていない、という状況を知らせるサインとして働きます。このおかげで、子どもはその危険への対処法を模索するチャンスを得ることができます。この模索の行為そのものや、子どもが最終的にたどり着いた解決策によって、不安が発見の喜びへと変わる勢いにますます弾みがつきます。不安を達成感に変化させるこの過程は、創造性の発達における基本的な要素なのです。

　セシリーは1歳3ヵ月です。両親が外出中の、ある夜のことです。ベビーシッターのことは大好きなのですが、それでもセシリーは泣いています。夜がゆっくりと更けていくにつれ、セシリーは朗らかな様子と気難しい様子を交互に見せるようになり、ベビーシッターと楽しくゲームで遊んだかと思えば、涙ながらにママを呼び求めます。ふとセシリーはあるゲームを思いつきます。ベビーベッドの下に潜り込んで両目をギュッと閉じ、ちょっとの間待つのです。そして、ベビーシッターが自分を「見つける」のを待ちきれなくなると、「ここよ！」と叫びます。セシリーはこのゲームを数えきれないほど何度もやって、ベビーシッターに抱え上げられると

明るく笑いました。この改良版かくれんぼは、セシリーが芽生えたばかり
の認識を実際に行動に移して、やはりそのとおりだと確信を強めるのに一
役買います。つまり、セシリー自身が隠れて見えなくなっても、また見え
るようになるのとちょうど同じように、「ママは必ず戻ってくる」という
認識です。

　1歳8ヵ月のラフィは、女の子にはおちんちんがないことに気がついた
ばかりです。やけに長い間静かにしていると思ったら、母親はラフィが自
分の部屋で、ズボンもパンツもはかずに座っているのを見つけます。夢中
で自分のおちんちんをプラスチックのコップで隠したり出したりしていま
す。見えなくなっても必ずちゃんとそこにあるかを調べているのです。自
分の体は完全なのだろうかという不安から、ラフィは科学的な実験を考え
出し、その実験を整然と繰り返すことによって、出てきた結果が一般化で
きるかどうかを確かめようとしているのです。

　マイケルの母親はインフルエンザにかかり、数日間寝込んでいます。2
歳のマイケルは、母親の部屋に入るのはいいけれど、病気がうつると困る
ので母親に近寄ってはいけません。マイケルは長い間静かに座って母親を
見つめています。それから人形を拾い上げて頭のてっぺんからつま先まで
調べ、この人形は「どこが悪いのか」を見つけようとします。人形を両腕
で抱えて優しくあやします。やがて父親の方を振り返って、元気良く報告
します。「もうすっかり良くなったよ」

　遊びは、不安にうまく対処する方法を見つけるための重要な手段です。子ど
もは遊びを通して、身体的・社会的現実におけるルールや制約を脇に置き、思
いのままに実験ができる安全な空間を得ます。遊びの中で、子どもは従者では
なく、主君になります。大人の決定に従うべき存在でもなければ、生きている
うえで直面すること（母親の病気から不安をかき立てる発見まで）を耐え忍ぶべき
存在でもなく、自ら決定が下せる存在なのです。遊びのおかげで子どもは受動
的な態度から脱却し、自分の周りの出来事に能動的に取り組むことができます。
　エリク・エリクソンは、遊びは人間の生涯にあるさまざまな傾向を映し出す

幼児的な表現形式だという説を唱えました。つまり、遊びの中である状況のひな型が作られ、そこで現実をコントロールするありとあらゆる方法が試されるのです。遊びを通して、子どもは過去の出来事をもう一度体験します。そしてこの過程で、その出来事につきまとって消えない不安や恐れを、「遊びで表現する」ことによって和らげているのです。大人が「しゃべって表現する」ことで安心感を得るのと、ちょうど同じです。

2歳1ヵ月のジェシカは、扁桃腺を切除しました。医学的に見れば手術は順調に進みましたが、この小さな女の子にとっては、とても大きなストレスを伴う体験でした。治療のために両親から離されてどこかに連れていかれ、それから何日間も痛い思いをしました。家に戻ってきてからは、それまでになく母親にべったりです。帽子が落ちただけで猛烈に怒ったりもします。この期間ずっと、あまりにも不安が強くて、遊びの場面は長続きしません。両親は起きたことを何度も何度も振り返って説明して、ジェシカの力になろうとします。その間、ジェシカは両親の話を熱心に聞き、たまに質問をし、自分の様子を自分から詳しく語ります。それから4ヵ月の間に、両親からの分離と体に受けたダメージにまつわる不安が和らぐにつれ、ジェシカはもう手術の話は聞きたがらなくなり、代わりに遊びで表現し始めます。人形に手術を施す外科医になりきり、「手術」をしながら人形にひどく腹を立てます。両親がその遊びに割って入って、安心感のある話に展開させようとすると、ジェシカは怒って遊ぶのをやめてしまいます。この反応を見て両親は、娘がこんなふうに遊ぶのを見ることにストレスを感じるものの、厳しい試練の中で感じた怒りや無力感を娘が表現し、それを乗り越えるための自分なりの方法を見つける必要があることを理解するようになりました。

遊びは過去と向き合うのに役立つだけでなく、それと同じくらい重要なこととして、将来を適切な形で具体化するうえでも助けになります。厄介な事態をハッピーエンドにしてくれるのです。

マリアの両親は娘の目の前で、大声で口ゲンカをします。2歳8ヵ月の

マリアはしばらく黙って見ていますが、それから両親に向かって「ケンカしないで！　良くないわ！」と叫びます。その後、マリアはお気に入りのぬいぐるみを2つ使って、そのときの口ゲンカを再現します。両親それぞれになり代わり、声や怒った口調をまねるのです。それから2つのぬいぐるみをくっつけ、ハグをさせて、こう言います。「もうケンカはやめましょうね」

　ユーモアもまた、不安に取り組むための強力な道具となります。トドラーはどんどん上手にユーモアが使えるようになるのをとても喜びます。自分自身の弱点を茶化すだけでなく、親が決めたルールや親が恐れていることにつけ込んだ、いたずら実験にまで乗り出すこともあります。

　2歳4ヵ月のアイデンがキッチンテーブルによじ登ります。これは両親が繰り返しダメと言っていることです。テーブルの端のギリギリのところに立って、落っこちるふりをし、それから目をキラキラ輝かせて「助けて！　助けて！」と叫ぶのです（両親には、息子が思うほどこのユーモアを面白いとは思えませんでしたが）。

　ストレスの高いやり取りに対処し修復を試みる方法として、すかさず遊びに救いを求めることにかけては、トドラーは驚くほど優れています。その様子は次の事例にも表れています。

　2歳のカミラは、髪の毛をポニーテールにしてもらいました。母親がそれを手直ししようとしています。これに対し、カミラは髪を留めているゴムを外してしまいます。母親はいら立ってピシャリと尋ねます。「なんでそんなことしたの？」。カミラは一言も答えず、母親に背を向けて床に座り、シマウマのおもちゃを手にとって、怒ったような声を出しながらそれを床にバンバンぶつけ始めます。それからもう片方の手に馬のおもちゃを持って、大きな怒ったような声で何か言いながら、シマウマと馬それぞれの声色を変えてお互いに「怒鳴り合い」をさせます。そして今度はドールハウスの方を向いて、毛布を手に取り、なだめるような口調で「シーッ

　子どもはもともと不安を引き起こした状況であっても、その出来事が恐ろしい結果とは結びつかないことを理解すると、どんどんそれに慣れていくものです。母親のイライラした状態は変更のきかない最終形というわけではなく、修復可能なものだということを知ります。散髪されても痛くないし、髪の毛はまた生えてくることを学びます。全然なじみのない状況だって、ふたを開けてみれば耐えることができ、時には楽しむことさえできることを発見します。最も重要なのは、人も物も姿が見えなくなったからといって消えてしまうわけではない、ママとパパは必ず戻ってくる、両親がいないときでも他の人と楽しい時間を過ごせるということを、子どもが学び取ることです。

　子どもの象徴的な遊びにおいて、親はどんな役割を果たすのでしょうか。親にできることは、ある特定の状況での子どもの不安を、遊びを通して表現できるように手助けすることです。その際、遊びのための空間は与えても台本は用意しません。遊びの本質は自発性であり、そのやり方は子どもの方が大人よりもよく知っています。親は許可を与えたり子どものリードに従ったりするのはかまいませんが、遊びを通して子どもが解決しようとしていることに対し、早々と自分の段取りを持ち込んで子どものペースを妨げることのないように、注意する必要があります。その一方で、子どもが自分から何らかのテーマにたどり着くことができない場合は、一緒に遊んでやりながら、保護的なニュアンスのあるテーマをうまく遊びに取り入れることで、子どもに安心感を与えることができます。こうした遊びの要素を含んだやり取りは、子どもが恐れを解消する方法を自分で見つけられず、遊びがひたすら反復的になったりコントロール不能に陥ったりする場合に、新しい視点や選択肢をもたらして子どもの想像力を解き放ってくれるのです。

持続的で強い不安

　不安は役に立つこともありますが、害になることもあります。不安が子ども

に学びを提供する仕組みとしての効果を発揮しなくなるのは、その不安が子どもの対処能力を圧倒してしまうほど強い場合です。実験、遊び、ユーモアはもはや通用せず、子どもがその体験から学べるものは何もありません。

日常的に恐れや不安にさらされていると、子どもは内面の崩壊を最小限に抑えながらも機能し続けていくために、極端な心理的手段に訴えなければなりません。その手段とは、耐えられない心理的苦痛に対する防衛です。こうした反応は不安を封じ込めるのには有効ですが、子どもが現実を評価し、感情を体験し、学びを得る可能性を狭めるため、子どもには大きな心理的コストがかかることになります。

手に負えないほどの不安を引き起こすのは、どのような状況でしょうか。この問いに対する答えは子どもによって変わってきます。子どもの気質は一人ひとり違うので、いろいろな状況に対する体験の仕方もそれぞれに異なります。お友達が大喜びするような状況で強い不安を感じる子どももいるでしょう。それは、そうした子どもたちには、なじみのない対象や出来事と危険が生じる可能性とを結びつける傾向があるためです。子どもが初めてプールに行ったときに見せる反応の個人差は、その良い例です。恐怖でパニックになって逃げ出す子どももいれば、いつまでも水をバシャバシャさせて遊び続けられる子どももいます。こうした個人差があるにもかかわらず、全ての子どもが強い不安を感じる状況というものがあります。

- 非常に恐ろしい、またはトラウマとなるような出来事を目撃したり、体験したりしたとき。こうした事態は生後数年の間に非常に頻繁に起きます。「幼い子どもは何の屈託もなく生きている」という一般的な考え方とは裏腹に、小さい子どもは、より年長の子どもに比べ、虐待を受ける、家庭内暴力を目撃する[30]、事故に遭う[31]という傾向がより強いのです。[29]
- 親と長時間離れて過ごしているとき。特にそのような状況で、子どもが慣れていて一緒にいると安心できる、信頼できる代わりの養育者がいない場合。
- 見捨てられるのではないか、ひどい罰を受けるのではないかという脅威を感じたとき。このような脅威は子どもにとって、ぞっとするほど恐ろしいものです。なぜなら、親からの基本的な愛情と、親は自分を守ってくれる

という確信が揺らいでくるからです。たとえば、「一緒に来ないなら、置いていくわよ」「警察を呼んで、お前をつかまえてもらうぞ」「もう愛してないからね」「お前を嫌いになったよ」というような言葉は、親が子どもをコントロールするために使う言葉としてよく耳にするものですが、これらは子どもにダメージを与える脅しです。

- 子どもの人格そのものに関わるような批判を受けたとき。これにより、子どもは自分のことを本質的に悪い人間なのだと思い込んでしまい、不安になります。「お前は悪い子だ」「この間抜け」「あなたは本当に頑固ね」「全然話を聞かないんだから」というのは、よくある例です。

- 親の気持ちについての責任を子どもが負わされたとき。子どもは自分は危険な人間で、ただありのままの自分でいるだけで親を傷つけてしまうのだと信じるようになってしまいます。たとえば、「あなたがそんなことしたら、ママ、死んじゃうわ」「お前のせいで心臓発作を起こすところだ」「あなたのおかげで、もうクタクタ」など。

- たび重なる体罰や厳しい体罰を受けた、または体罰を与えると脅されたとき。これらは子どもをおびえさせます。また、子どもはいつそれが起きるのかを必死で知ろうとするあまり、強い警戒心を抱くようになります。お尻をぶつなど習慣的にしている体罰も、「力は正義なり」であり、相手をぶっても自分の方が強くてばれなければ別にかまわないのだと、子どもに教えてしまうことになります。

- 予測がつかず頻繁に養育者が変更する状況。親がいない間、親代わりとなる安定した関係として頼れるものがないために、子どもは不安になります。

- 子どもの恐れが笑いものにされたり、はねつけられたりしたとき。子どもは世界の仕組みや自分の未来についてのごく現実的な不安を抱えたまま、一人ぼっちにされた気持ちになります。逆に子どもの恐れをあまりにも深刻に受け止め過ぎるのも、「危険が差し迫っているから親も怖がっているのだ」と子どもに確信させてしまうというリスクを伴います。

- 親が子どものうちの誰か一人を特別扱いしているとき。いつもその子どもをほめるとか、その子の味方ばかりしていると、他の子どもたちは「私のニーズは、特別扱いされている子のニーズほど重視されていないのだ」というメッセージを内在化してしまったり、要求がましく、怒りっぽく、恨

みがましくなったりすることがあります。

- 子どもの身の安全を過度に心配するあまり、親が子どもの周りにつきまとい、差し迫った危険が何もないときにまで、「気をつけなさい」と常に注意している状況。たとえば、「落ちちゃうぞ」「頭をぶつけてしまうわ」「ケガするわよ」など。危険を案ずるこのような過度な心配は子どもに伝染し、子どもが「世の中は危険な場所だ」と考えるようになることがあります。このような子どもは、探索したいという衝動と、探索すれば痛い目に遭うという親のメッセージとの食い違いにジレンマを感じてしまいます。

- 子どもの知能を伸ばそうと、親が気を使い過ぎるとき。子どもの認知スキルを高めることを意識し過ぎると、親は日々の生活のあらゆる場面を、子どもに知識を教えるチャンス、知識を試すチャンスだと見てしまいがちです。幼い時代の最も効果的な学びは、子どもの興味に合った自発的な楽しいやり取りの中で得られますが、この心構えでいると、そのことをつい忘れてしまいます。親が細かく決めた枠組みで学ばせようとすると、子どもは早いうちから結果の良し悪しを気にするようになることがあります。なぜなら、子どもの学びが、年齢相応のスキルを達成するという本質的な喜びではなく、親の承認と結びつき始めるからです。

- 親が子どもの内的世界や精神的な健康に、注意を向け過ぎるとき。親の中には、子どもの気持ちに敏感にしっかりと対応することに神経を使い過ぎて、子どもの気持ちや考えを理解しなければと心を砕く人もいます。子どもにあれこれ質問したり、「あなたはこう感じていて、それはこういう理由なのね」と長々と子どもに説明したりします。また、どんな状況でも不満を最小限にしようとしたり、子どもが悲しんだり自分に怒りを向けてきたりすると、心配でたまらなくなったりします。幼い子どもがこんな細かい詮索のもとで育つと、時としてネガティブな感情を持つことを極端に不安がることがあります。いつも何の不満もなく、感じ良く協力的に振る舞うなんて、とてもできることではありませんが、それによって親を喜ばせようという頑張りは、トドラー期に始まり一生涯続く不安のもととなり得るのです。

以上、子どもを不安にさせる状況を挙げてみましたが、このリストはあまり

にも長いため、親は自分にちゃんとできるものだろうかと疑問に思うことでしょう。しかし、ありがたいことに、全てはバランスの問題です。どんな親でも、子どもが不安になるようなことをどこかの時点でするものです。一般的に、このことはそれほど問題にはなりません。子どもは私たち親への愛情があまりに深いので、私たちの過ちを許して、すくすくと育ってくれます。対処可能なレベルの不安があることは、物事に上手に対処する資質を強化するきっかけとなるので、親にとっても子どもにとっても、かえってその方がいいのです。心配すべきは、親がどこか一方向に、過度に、そして頻繁に偏ったことをする場合だけであり、子どもは自分が感じている不安が耐えられないほど大きいときには、それを表現豊かに私たちに伝えてくれるものです。

手に負えない不安に対処する

　非常に強い不安と闘う子どもはみな、それを払いのけるための情緒的な戦略を発達させます。こうした防衛の中には、差し迫った危険に対する生物学的な「闘争・逃走・凍結」反応という観点から理解できるものが多くあります。[32] つまり、嫌悪する状況から距離を置くような行動を取る子どもは、身体的・認知的・情緒的に「凍りついた」状態になります。なぜなら、危険にどう対処すべきか、危険に対して抱く自分の怒りや攻撃性にどう反応すべきかがわからないためです。同じ一人の子どもが状況に応じて違ったパターンを見せることもあります。たとえば、親を避ける、「やってごらん」と言われると固まってしまう、保育者やお友達とケンカをするなどです。また子どもによっては、同じ相手に対しても、その時々で回避の行動を取ることもあれば、怒りを見せることもあります。

　子どもは誰しもストレスへの反応として、どこかの時点でこうした行動をいくらか、あるいは全部見せるものです。たとえば攻撃性は、怒りの自発的な表現方法として乳児期に現れるものであり、欲求不満や目的を達成できないときの反応として典型的で、発達の過程で当然予想されるものと考えられます。[33] 人の言うことを聞かないのもまた、自律の訓練をしている中で、発達上、当然起こり得る大きな節目となる行動であり、単なる拒否や激しい反抗、ルール違反、頼まれたことや指示されたことの無視などといった、あらゆる形をとって出現します。[34] 深刻な問題が出てくるのは、そのパターンがあまりにも激しく広範囲

に及ぶせいで、情緒的関係の中で子どもが感じる全般的な喜びや、子どもの探索と遊びとが、何週間または何ヵ月も続けて妨げられる場合だけです。

　回避　親から身体的に距離を置くこと（つまり「逃走」）は、耐えがたい不安に対する一般的な防衛です。子どもが親と長時間離れていて、不安に対処するための資質にストレスがかかっていた場合、親との再会のときにこれが起きることがよくあります。子どもは親を温かく迎えられず、目をそらしたり、そっぽを向いたり、その場を立ち去ったり、親に背中を向けて座り込んだりするかもしれません。もっと深刻な状況だと（たとえば1週間以上離れていた場合など）、まるで親に気づいていないような様子を見せ、その反応が数分から数時間続くこともあります。

　さらにもっと状況の厳しいケースでは、子どもが最終的に親だと認めるまで、親とのやり取りよりも、親が持ってきたおもちゃの方に興味を示すといったように、冷たくよそよそしい態度で反応することもあります。回避の極端な形のものは、「デタッチメント（脱愛着）」と呼ばれています。

　回避は、親の行動に対する怒りを抑えようとする子どもの努力だと理解することができます。長期間の分離とそれに続く再会の場面で、子どもは置いてきぼりにされていたことへの怒りと、親が戻ってきてくれたことへの興奮と安心感との間で、板挟みになります。回避はこのような激しく矛盾した感情を整理するための時間的・空間的な間（スペース）を、一時的に子どもに与えてくれるとも言えるでしょう。ストレスの多い分離の後、子どもは情緒の面でとても傷つきやすくなっているので、怒りを即座にあからさまに表現するというリスクを冒すことはできません。そんなことをしたら（と子どもは想像するのです）、親をさらに遠ざけることになってしまうかもしれないからです。

　最初に回避を見せた後で過度にべったりになったり、攻撃的になったりする子どももたくさんいます。まるで、親が本当に戻ってきて、再びいなくなることはないと少し安心した後に初めて、自分が感じているあらゆる感情の表現に身を任せることができるかのようです。

　闘争　攻撃は察知した危険への「闘争」反応の表れ方として、一番わかりやすいものです。トドラーは誰しも時には攻撃性を示すものですが、「他の人を

よく叩く」とされるトドラーは10パーセント未満であるということが、3つの研究において報告されています。[37, 38, 39] 生後17〜42ヵ月にかけては攻撃性が上昇し、その後小学校に上がるまでに、子どもが言葉を使い問題解決のスキルを身につけるにつれ、攻撃性は減少するというパターンがよく見られます。[40] 健全な発達の過程において、攻撃性は「忘れられて」いくように見えます。

　子どもはまた、暴力を目撃する、あるいは暴力のターゲットとなるなどの恐ろしい体験の結果として、攻撃性を学んでしまう可能性もあります。攻撃的になることの多い子どもは、「小さな怪獣」「厄介者」「悪魔」といった、非常によく耳にする痛ましい呼び名をつけられます。それは大人が、攻撃的な反応は恐れや慢性的な不安に対する防衛であるということを理解していないためです。こうした子どもは、日常的なやり取りの中に自分への攻撃の可能性を感じ取り、攻撃に勝る防御なし、ということを学んでしまっているのです。お風呂に入れられる、お着替えをさせられる、寝かしつけられるときに、彼らは闘います。はっきりした理由もなく、叩く、蹴る、嚙むという行動に出たり、ものすごい癇癪を起こしてそれが延々と収まらず、そのためにブルブル震え、疲れきり、汗びっしょりになったりします。

　自己処罰も攻撃の一つの形と言えます。親に怒りを感じても、罰を恐れてそれを表すのが怖いときに起きます。この場合、攻撃は自分自身に向けられ、頻繁に事故を起こしたり無鉄砲な行動をしたり、時には自傷行為によるケガという形さえ取ります。自分を嚙んだりぶったりするのです。自己処罰に関する説明のつかない謎として、なぜケガの痛みがこの行動の抑制につながらないのか、ということがあります。[41] あまりにも感情が高ぶっているために痛みを感じない可能性はあります。別の可能性としては、子どもは自分が痛みを感じるのが当然の報いだと考え、本当に痛みを求めていると説明することもできるでしょう。

秩序破壊的な行動　トドラーが癇癪や激しい抗議、その他の破壊的な行動をよく取ることは広く知られています。80パーセント以上のトドラーが、2歳になるまでに癇癪を起こします。[42] しかし、確かによく見られるものではあるものの、必ずしも頻繁に起きるとは限りません。親からの報告によれば、2歳児で「毎日」または「ほぼ毎日」癇癪を起こすのは、20パーセント未満であり、3歳になるまでには、癇癪が頻繁に見られる子どもの割合は10パーセント未満

となります。[43]癇癪、怒りの抗議、服従の拒否、その他の破壊的な行動の質やそれが起きる文脈が、子どもの体験を知る大切な目安となります。このような行動が例外的というよりは普通に見られ、長く続き、過度に激しく、脈絡がなく、自分自身や他の人に被害を及ぼす場合、子どもは圧倒的な情緒的体験を処理するうえで重大な困難を抱えていることが懸念されます。[44]

感情の転換　子どもの中には不安を、一見すると有頂天になって興奮し、おおいに楽しんでいるように見える振る舞いに転換させる子どももいます。キャーキャーとさかんに金切り声を上げながら部屋中を走り回ったり、突然ふざけているようなクスクス笑いを始めて止まらなくなったり、何かのゲームをエスカレートさせて、ほとんど躁状態と言えるくらいまで続けたりします。最後にはこの過剰な刺激に耐えられなくなって、わっと泣き出します。

　こうした行動を不安の兆候が表に出たものだと見なせるのは、これらがその場の状況に不適切なものだからです。以下にその例を示します。

- マティアスは父親にベルトでぶつぞと脅されると、甲高い声で笑いながら部屋を走り回りました。
- ジョシュアは、母親が怒って投げたボールが自分の股間に当たると、顔をしかめてから笑い出しました。
- テレサは作り笑いをして母親を見つめながら、挑発的なやり方で母親の方におもちゃを投げつけました。

　この3人の子どもは、家でずっと深刻なレベルの攻撃と度を越した懲罰にさらされていたため、不安を見せかけの陽気さの仮面の下に隠すことを覚えたのです。

凍結／抑制　不安を引き起こす状況に対して、まるで宙ぶらりんのまま凍りついてしまったかのように動かなくなることで、その不安を表現する子どももいます。無表情になり、感情を読み取ることができない顔つきになります。また、探索が全体的に抑制されることもあるかもしれません。何かに近づいたり、触ったり、操作したりするのを嫌がり、よく知らない人との交流を避けます。

こうした子どもは、大歓喜から失望まで、この年頃に特徴的なさまざまな感情を示すことがありません。気分は抑制的で、せいぜい中程度であることが多いと言えます。抑制的な子どもの中には、周りの環境に慣れた後でも、親にしがみついてそばを離れようとしない子もいます。両親のどちらか、または両方から距離を取りがちで、そうしながらも、警戒と恐れの入り混じった顔で親を見つめる子もいます。子どもが抑制的な態度で反応しているときには、もし自分がのびのびと気ままに振る舞ったら、どうなってしまうだろうかと恐れている場合があります。

　　幼いアレタのこの反応の用い方は、極端なほどです。怒りも動揺も不満も、決して見せません。探索にほとんど興味を示さず、進んでやろうともせず、長い間母親のひざの上から動きません。
　　この女の子にとって、動きや感情を抑制することは、物事に対する一番安全な構えでした。母親はとても憂うつな気持ちで、長いこと身じろぎもできずに不機嫌に座っていました。こんなふうにぼんやりした時間は、アレタへの鋭い怒鳴り声で中断することがよくあります。アレタが思いきって始めたことが、母親の気に入らないものだったとき、母親は怒鳴るのです。たとえば、あるとき、アレタは母親のひざから離れて、床から輪ゴムを拾おうとしました。母親は「ダメ」と怒鳴って、娘の手をピシャリとかなり強く叩きました。アレタは輪ゴムを床に落とし、母親にもたれかかりました。

　抑制があまりにも行き過ぎると、子どもは文字どおり凍りつき、何も感じられず、探索できない様子に見えます。[45]この「凍結」は、泣き崩れ、のたうち回りながらひどく泣くといった行動で、突然終わることがあります。アレタの場合、セラピストがおもちゃをくれたときにこれが起きました。アレタは指をかすかに動かしましたが、手を差し出しはしません。セラピストが、おもちゃを取っていいというように、おもちゃを持ってアレタの手に触れたとき、アレタはわっと泣き出し、床に泣き崩れてしまいました。このような運動の崩壊は、凍結のもう一つの側面です。その子が内なる絶望感をこれ以上封じ込めておくことができず、感情が完全に崩壊したときに、自制心を保とうとする努力はバ

ラバラに分解してしまうのです。

　抑制は、内気さや適応の遅さと混同してはならないものです。内気だったり適応がゆっくりだったりするトドラーは、ありとあらゆる感情を完全に体験することができます。周りの状況を心地良いと思えば、陽気な遊び心や自発的な楽しさも感じることができます。他の子どもと同じように、養育者と安定した情緒的な関係を築くことが可能です。一方、抑制的な子どもは警戒心の強い状態をずっと維持しているように見えます。まるで、いつでも危険から逃げられるように構えているかのようです。

　世話をする役割の逆転　この防衛反応は、親と子どもの役割が逆転した形として表れます。その結果、通常は親が担う保護的な行動を子どもが習慣的に受け持ち、いつも親（特に母親）の幸せを案じるようになります。不安による早熟が見られるトドラーは、何としてでも（遊ぶことを犠牲にしてまでも）母親の居場所を追跡しようとします。母親の虫の居どころを見事に察知し、母親が悲しんでいると思えば涙を拭いてあげたり、クッキーを差し出したりすることもあるかもしれません。一緒に出かけるときは、母親に車のキーは持ったかと尋ねるかもしれません。奇妙といっていいほどに、母親との関係において保護者の役割を引き受けようとします。母親のことを、弱くて子どもの助けが必要だと見なしているのです。

　もちろん、自分で自分の面倒を見る能力がとても発達していて、過剰な不安を抱えることなく、親の機嫌に気がつく子どももたくさんいます。この能力が不安から来る早熟によるものである場合、その子どもの表面的な成熟度とその成熟さのパターンに見合わない他の行動との間に、大きなずれが見られます。たとえば、やたらと指しゃぶりをする、自分の髪の毛を引っ張る、チックが出る、強迫的にマスターベーションをするといったことが見られます。行き過ぎた自立のもう一つの側面は、夜更かしや食事の乱れにも見られることがあります。また、こうした子どもの多くは感情が全般的に抑制されていますが、おそらくそれは、常に気を配って小さな大人のように振る舞う必要があるために、この年齢に典型的に見られる自発性やいきいきした様子が抑えられてしまうからだと言えるでしょう。

　文化的に自主性や自立に価値が置かれる場合、子どもの早熟な対処法の根底

に不安が潜んでいる可能性を見過ごしてしまい、発達が進んでいるとか立ち直りが早いなどとつい称賛しがちです。そうしたスキルの犠牲になっているものが見落とされるのです。不安による早熟な能力の最も心配な点は、子どもが、自分は親の力を得られないのではないかという根強い不安を埋め合わせようとしていることです。うわべの能力は、自分には価値がないのではないか、自分は愛されないのではないかという目に見えない悲痛な疑念を覆い隠します。この理由から、早熟な能力は「偽りの自己」の基盤となり、自分は出来損ないではないかという根本的な恐れが、表面上の優秀さによってその内側に隠されている可能性があります。

トドラーの強い不安は和らぐのか

　先に述べた不安への防衛は、私たちが子どもにとってのその防衛の意味を理解することによって和らげることができます。そのような行動がもはや防護装置として必要でなくなれば、子どもはそれを減らす、または手放すことさえできます。子どもの過剰な不安の理由を親が意識できるようになるにつれ、親はその不安を軽減してやり、自発的な感情表現を妨げる未熟な防衛を、子どもがもう使わなくて済むような措置を講じられるようになるのです。

　中には持続的で強い不安に陥りやすい子どももいます。そういう場合は、この問題に作用している要因を理解し、そうした不安を和らげる対処方法を子どもと家族が身につけるために、専門家のコンサルテーションが必要なこともあるかもしれません。乳幼児メンタルヘルスの専門家とは、心理学者、精神科医、ソーシャルワーカー、作業療法士、小児科医のほか、乳幼児とその家族の情緒的課題に取り組むための特別な訓練を受けた専門家のことです。子どもとその家族が、自分たちの持っている資源では情緒的な行き詰まりを解決できず途方に暮れているとき、こうした専門家からの援助が非常に役に立つことがあります。[46]

　実際、不安の問題への早期介入は問題解決に効果的だとする研究データがあります。私が同僚とともに行なった臨床的アプローチの効果を調べる研究では、介入前に不安が見られたトドラーでも、介入後は、これまでずっと母親と安定した関係にあったトドラーとまったく同じように機能したという結果が得られました。[47]こうした子どもは、母親との対立をお互いに納得のいく方法で解決で

きるかどうかを測るパートナーシップの測定において、特に高得点を挙げました。不安が見られるトドラーで介入を受けていない比較群では、改善は見られませんでした。親が子どもの不安の原因を理解し、子育てのやり方を改善する方法を見つけ、その子の固有のニーズに対してより感受性の高い育児ができるよう支援する取り組みの効果が、結果として示されたことになります。子どもと親の両方に対して行なう早期介入により、ストレスが高くトラウマとなり得る状況にある幼い子どもに対して、健康な成長曲線を取り戻すことができるということが広範にわたって証明されているのです。[48]

情緒的な安定感を育むために

　おそらく、トドラーの情緒的な安定感を促進する最もシンプルな公式は、「情緒応答性＋明瞭で確固とした指針」だと言えるでしょう。生後1年目（0歳児）における赤ちゃんが発するサインへの母親の感受性は、生後12ヵ月の時点での母子の愛着関係に見られる情緒的な安定感と強く関連しています。[49] この安定感は、子どもの自己感と世界の捉え方の一部として組み込まれます。その結果、一般的に安定した愛着関係のある乳児は、不安のある愛着関係を持つ赤ちゃんに比べ、その後の人生の発達課題をずっと楽にこなせるようになります。ミネソタ大学の研究者たちは、30年以上にわたって同じ家族を追跡しています。この調査は、子どもが誕生する3ヵ月前から始まり、その子が成人するまで継続されます。[50] 中には、その間に親になって子どもを持つ人もいます。その調査結果から、早期の安定した愛着に根ざして生じた子どもへの有益な影響には、見事な持続性が認められることがわかりました。たとえば、安定した愛着のある生後12ヵ月の子どもは、母親に対してより協力的で、また難しい課題をより粘り強く熱心に習得しようとするトドラーに育ちます。[51] また、保育者からの評価によれば、3〜4歳の時点では他の子どもとより協調的な関係を築き、保育園という環境でよりうまくやっていると言います。[52] 5歳になると、より柔軟な姿勢で問題への解決策を見つけようとします。6歳になるまでには、同年齢のより不安が強い子どもに比べて情緒的にのびのびとし、行動上の問題も少ない子どもに成長します。[53,54]

子どものニーズを示すサインに対し感受性の高い応答をすることは、発達の全期間にわたって親子関係の重要な要素であり続けます。それどころか、あらゆる充実した親密な関係においてこの特徴が見られます。一方、その表れ方には年齢とともに変化するものもあります。乳児が発するサインは、発達が進むにつれてどんどん多様で繊細なものになるため、親は子どもの変化に応じ、よりしっかりと違いを見分けたうえで対応する必要があるのです。泣いている生後６ヵ月の赤ちゃんに「ダメ」と言うことは、まず考えられないでしょう。しかし、泣いている２歳児に「ダメ」と言うことは、それが唯一の妥当な対応である場合もあります。子どもは私たちに、より創造的な対応方法を編み出すよう仕向けながら、自分が育てられるのと同様、親を育てているのです。

子どもが成長するにつれ、子どもの望みや要求がどんどん多様になるのを目の当たりにすると、親には子どものニーズに感受性豊かに対応したいという自然な欲求と同時に、次のような問いもわいてきます。「感受性の高い応答性って、何に対する応答性？」

生後２年目（１歳児）であれば、この問いに明確な答えを見つけるのはわりと簡単です。１歳児ははっきりした物事を求めるので、土を食べる、ステレオによじ登る、例のあちらこちらの電気コンセントに指を差し込むなどといった危険な試みから気をそらされても、それほどすったもんだの大騒ぎにはならないからです。

生後３年目（２歳児）という、確固たる個人の意志の感覚が到来を告げる時期に、親は新たな課題を突きつけられます。自分の権利を（言葉で、あるいはあの最も説得力のある癇癪という手段で）主張する、頑固な２歳児に直面すれば、共感的な人なら誰でも「子どもの要求には何が何でも『ノー』と言うべき」という教えを、密かに疑わないわけにはいきません。こう疑問に思うのです。「これは意志の強さコンテストなの？　権力争い？　私もこの子と同じくらい頑固で挑戦的ということ？　子どもの意志に反することを無理にさせて、この子の心を傷つけている？　和解交渉をするべき？　何としても断固とした態度を貫くべき？　この子の望みに反対したら、この子を不安にさせてしまうだろうか？」と。

どんなふうに進めるにせよ、次のことを知っておくと有益です。もし親が、自分のしていることは個人的または文化的に意味のあることだから、その子ど

もが困難と感じるのも妥当なことだと深く確信しているなら、子ども時代に体験する不満が不安を生み出すことはありません。たとえば、外で働くことが大事だとわかっている母親は、それが個人的な満足のためであれ、家庭の経済的安定のためであれ、「ママが働くことは大事なことで、あなたの不満の種となる以上の意味がある」という考えを子どもに伝えることができるでしょう。一方、家の外でやっていることは取るに足りない、自分勝手なことだと感じている母親は、自分が出かけるときに子どもに抗議されると、必要以上に申し訳なく思ってしまう傾向があります。子どもの方も、母親の外での活動の大切さを尊重できるようにはなりません。子どもは親から物事の意味を学びます。もしそれが価値ある目的のためなのだと理解すれば、ずっと上手に精神的な困難に耐えられるようになるのです。

第**8**章
さまざまな問題

　前の章で、トドラー（1、2、3歳児）期の基本的な不安は、親を失うことや親の愛を失うことへの恐れと、体はどんなふうにできていてどう機能しているのかという疑問を中心に展開することを確認しました。本章では、こうした基本的な不安の表れ方のうち、特定のものにいくつか焦点を絞って見ていきます。

　成長や発達と結びついている日々のどんな出来事も、子どもの恐れを遊びの形で表現できる舞台としての役割を果たします。分離不安、睡眠困難、トイレトレーニングの拒否、きょうだいゲンカ、しつけの問題は、親を失うことや自分の体のコントロールを失うことに対する不安の表れ方としてよく見られるものです。こうした困難の裏にある発達に関わる背景に目を向けることによって、満足度の高い解決策を探る共同事業の初心者パートナーとしてトドラーを巻き込むアプローチの仕方が見えてきます。

分離不安

　1歳6ヵ月のゾーエは初めて保育園に登園しました。母親は娘が新しい環境で落ち着けるまで、そばにいることに決めていました。ゾーエは最初の20分間は母親にしがみついていますが、少しずつ離れていきます。おもちゃの飾り戸棚の中にハイハイしながら入って扉を閉め、それから騒々しく開けたかと思うと、母親のところに駆け寄ってしっかり抱きつきます。

この遊びを何度も何度も繰り返します。

前の章で見たとおり、幼い子どもは心の奥底にある恐れに対し、行動を通して取り組み対処します。かくれんぼをすることで、物は見えなくなってもそこにあるということ、ママはどこかに行っても帰ってくるということを、自分で自分に言い聞かせて安心するのです。親は私のことを取り戻したいのだ、と確認するために、追いかけてきてと言わんばかりに親の気を引こうとします。探索に出かけても親の行動から目を離さないのは、親が自分を置いていくことはないことを確かめるためです。

子どもが行動を起こしても、望みどおり親をすぐそばに留めておけないこともあります。場合によっては、親が子どもにバイバイを言って、子どもを祖父母や保育園、ベビーシッターに預けることが必要なときだってありますし、それが数時間、時には毎日の大半がそうなることもあります。

その分離が情緒的に対処可能なものであれば、子どもは多少の苦痛は見せるかもしれませんが、代わりの保育者の助けによって気持ちを落ち着かせることができます。親がいなくて寂しい気持ちのときですら、おもちゃで遊んだり、お友達や他の保育者たちと楽しい時間を過ごしたりできるのです。

もっと難しい状況になると、子どもはパニックになって親に必死でしがみつきます。親がいない間、保育者がどれだけ気を紛らしてやろう、慰めてあげようとしても、その努力を拒絶します。さらに極端な場合、分離の不安があまりにも強いために、子どもは常に親の居場所をチェックするようになり、親がトイレに入ってドアを閉めるとか、ほんの数分だけ席を外すことすらさせまいとします。親がいなくなると、遊びや他の人との社会的な交流への意欲を失ってしまいます。分離不安に関する困難は、ごく普通の予測可能な苦痛があまりにも激しく広範囲にまで及んだ結果、子どもの全般的な気分に悪影響が見られたり、普段の日課を妨げたりする場合に生じるのです。

長期間の分離によって生じ得る情緒的コスト

普段の生活の中でのちょっとした分離は、トドラー期にはよくある出来事であり、子どもは真っ当な抗議を示しつつも、それに対処できるようになります。苦痛が必ずしも有害だというわけではなく、分離が困難な子どもの様子を見て

親の方こそ常に罪悪感を覚え、心を痛めるものかもしれません。大切なのは、実際の出来事（分離）とその出来事によって生じる感情（苦痛）を区別することです。

　ところが、生後3年間のうちに体験する長時間にわたる分離が、深刻な情緒面でのリスク要因となり、子ども時代全般にわたって潜在的なストレスのもととなることがあります。

　トドラーにとって分離がどのくらいの情緒的コストを伴うのかは、さまざまな要因によって違ってきます。次のような条件が当てはまる場合、分離は非常に厳しいものとなります。

- 長時間である（一晩、または2〜3日以上続く）。
- 急なため、子どもに心の準備ができていない。
- 不慣れな環境で、よく知らない保育者に預けられる。
- これから何が起きるかについて、子どもに何の説明もない。
- 代わりの保育者が子どものことを理解していない。子どもに安心感を与えない。子どもの苦痛に注意を払えない。

　この5つの要因のどれ1つをとっても、それ自体がストレスフルですが、これが全部同時に重なった場合、子どもは慣れ親しんだ大切なもの全てとの衝撃的な別れにさらされてしまいます。このような状況では、育ちが良好なトドラーでさえも人を信頼する能力が急速に衰えることがありますし、また怒りと苦しみがわき起こる場合もあるかもしれません。こうした情緒的な反応に対し、よくわかっていない大人が、これは一時的なものだからまた元に戻ると軽視することがよくあります。しかしトドラーの中には、結果的に長期にわたるうつや不安に陥りやすくなる子どももいるということが、十分に実証されています。[1]

　気質の違いは、子どもの分離に対する適応力において重要な役割を果たしています。親と一晩離れることは、ある子どもにとっては中程度のストレスかもしれませんが、より敏感で順応性の低い子どもにとっては大きな不安を生むもととなることがあります。同様に、あまりよく知らない人に慰められて気持ちを落ち着けられる能力においても、子どもによって違いがあります。分離に対する反応の個人差はとても大きいため、親は自分の子どもに固有のスタイルを

知り、どのような分離が過剰な負担となるのかを予測できるようにする必要があります。

　分離不安が実際の分離体験の結果ではなく、「自分は十分に愛されていないのだ」という子どもの空想が原因で起きることもあります。こうした空想のために、子どもは「自分は見捨てられるのではないか」と怖い気持ちになります。ここでもまた、他の子どもに比べてこうした空想をしやすい子どもたちがいます。一般的にトドラーというのは、親の多忙な生活や、仕事のスケジュールがびっしり詰まった状況、怒りっぽさ、神経がピリピリした様子を見て、これは親が怒っていて、自分と一緒にいたくないことの表れだと解釈する傾向があります。

　大人にとっては、ごく普通のトドラーが大好きな親の機嫌や居場所に対して、いかに繊細に注意を払っていて、そして彼らがいかに瞬時に恐ろしい空想の餌食になってしまうかを、いつも意識しておくことが難しい場合もあるでしょう。

　　マルクはその日、保育園に母親がお迎えに来るのが、みんなの中で最後でした。その夜、ベッドに寝かしつけられているとき、マルクは母親に言いました。「僕、ママは僕があそこにいるのを忘れちゃったんだと思った」。母親はそのとき初めて、サマータイムの切り替えによりその晩はいつもより暗くなるのが早かったことに気づきました。マルクは、母親のお迎えがいつもよりほんの数分遅かっただけだということを、知る由もありません。マルクは、暗くなったから、他の母親はみんな子どもを迎えに来て、帰っていったのだと思っていました。暗くて一人ぼっちだったことが、見捨てられたのではないかという恐れを呼び起こしたのです。そしてマルクはそのことを、寝る時間の分離が始まろうとするときに思い出し、話すことができました。

分離不安を和らげるには

　日常的に起きる日々の分離に伴う情緒的なインパクトについて心に留めておくことは、持続的な強い分離不安を防ぐうえで役に立ちます。親の役割としては、親子ともども分離への心構えができるようにするとともに、この体験はきっと乗り越えられる、再会はきっと楽しいものになるとお互いが確信を持て

るようにする必要があります。これは、ベビーシッターと数時間過ごす場合や、保育園で一日過ごす場合、また親が数日間旅行に出かける場合など、全ての分離に当てはまります。

　細部は状況によって変わってきますが、子どもの分離を助ける基本的な要素は状況を問わず似通っています。

- 子どもが大きくなるまで、一晩にわたる分離は避けましょう。
- 実際に子どもと離れる前に、自分自身の感情に触れるべく分離についてよく考え、そうした自分の感情が行動にどう表れそうかについて意識的になりましょう。
- 親の代わりとして、子どもがよく知っていて安心できる保育者を選び、子どもが慣れていて居心地の良いところで過ごせるようにしましょう。
- 子どもに固有のスタイルや、好き嫌い、特定の心配事、怖いもの、普段の習慣について、保育者が熟知できるように協力しましょう。
- 親の愛情を思い出させてくれる、何か実際に目に見えるものを子どもに預けましょう。親から子どもへのメッセージや歌、子どもの好きなお話を親が読み聞かせる声を録音したテープや、親子で一緒に写っている写真、移行対象になる大好きなおもちゃなどです。こうした手段はどれも、親の存在を思い出させる具体的なものであり、子どもの記憶力や言語力の制限を受けないので、特に幼い子どもの支えとなります。
- 保育園に通い始めるなどの本格的な分離に対しては、実際にそれがスタートする少なくとも数日前には、これから起きることについて子どもに説明しましょう。簡単で明確な言葉を選び、自信に満ちたはっきりしたトーンで言います。わからないことを質問し不安を表現できる機会を子どもに与えます。離ればなれになっている間、どんなことをするかについても説明します。「離れている間も、ママはあなたのことを思い出すからね」と安心させ、「あなたもママのことを思い出していいのよ」と伝えます。こうした準備は、より年長のもっと言葉がわかるトドラーに特に効果がありますが、安心感の持てる愛情のこもった口調で、より簡単な言い方で説明すれば、小さなトドラーでも理解することができます。
- 再会したら一緒に何をするかを強調して伝えておきましょう。「それで、

パパが帰ってきたら、ギューッてハグして、それから夕ご飯に大好きなパンケーキを作ってあげるよ。その後、お馬さんごっこで遊ぼう」。具体的な例を挙げる方が、漠然とした言い方をするよりも感情に訴えかけることができます。

- 離れている間、親の話を子どもにするよう、保育者に強く勧めておきましょう。また、子どもがつらくなって親を求めるときは、「ママに会いたいって思ってもいいのよ」と子どもに伝えることや、「パパは必ず戻ってくるからね」と言って子どもを安心させることもお願いしておきます。

再会した後の対応に注意を払うことは、子どもと離れるための念入りな準備と同じくらい重要であり、子どもにとって助けとなります。分離の体験は親子が再会した後も長く尾を引くものです。以下に、役に立つアドバイスをいくつか挙げてみます。

- 再会後は、子どもがアンビバレントな兆候を示すことを覚悟しておきましょう。うれしそうに親を迎える子どももいれば、親を見ようとしなかったり、かなり気のない、素っ気ない様子を見せたり、あからさまに怒ったりする子どももいます。これらは想定内の行動であり、子どもは戻ってきた親といくらか情緒的距離を置くことによって、見捨てられたという気持ちをコントロールしようと奮闘していることを示しています。決して子どもに腹を立てたり、子どもを避けたりしないことです。再会した当初のアンビバレントな様子の後には、今度は不安そうにべったりとくっついてくる、親の姿が見えなくなるのを嫌がる、といった様子が見られることがよくあります。アンビバレントな様子がすぐには出てこず、再会の数日後、または数週間も経ってから出現する場合もあります。
- 子どもに、また一緒になれてどれだけうれしいかを伝え、離れていたときのことについて話したり、会えなくて寂しかったよと伝えたりする機会を見つけましょう。
- 次にまた離れることへの恐れが、子どもの行動に表れるだろうという心構えをしておきましょう。夜中に目が覚める、トイレトレーニングが後戻りする、急に癇癪を起こす、ちょっとしたことで不満を示す、などの行動で

す。不安は予想外のさまざまな形を取って表れますし、恐れの表現の仕方も子どもによってさまざまです。父親が長期出張で不在のある幼い男の子は、母親をおもちゃのハンマーで思いきり叩きました。母親は息子に怒鳴った後、父親が留守であることを思い出し、こう言いました。「あなたがママに怒っているのは、パパがいないからなのね」。すると、子どもは「ママのせいだ！」と叫びました。この子の心の中では、父親がいないのは全能の母親の責任であり、父親を恋しがる気持ちが、母親が邪魔をしたという空想によって自然と母親への怒りという形で表されたのです。

- 分離の問題を克服するのに役立つゲーム、たとえば、「いないいないばあ」やかくれんぼをしようと子どもを誘いましょう。人形やおもちゃを使った遊びの中で、分離の体験を再現できる機会を子どもに与えます。子どもは注意深くどこかに隠しておいた感情を、遊びを通して表現することができます。とてもお行儀が良くてめったに怒ることのない、ある幼い女の子は、「悪い子！　一人ぼっちにして、置いていきますからね！」と人形を叱りつけました。この子は、もしお行儀の悪いことをしたら、自分も同じ目に遭うのではないかという恐れを表現していたのでした。

　分離の前後の子どもの気持ちに注意を向けることの他に大切なこととして、子どもの行動をコントロールしようとするあまり、置いていくぞ、もう嫌いになるよ、などと言って、決して子どもを脅してはいけないということがあります。子どもは、親が「お前をどこかにやっちゃうぞ」「ママはもうあなたのこと愛してないからね」「パパはどこかに行っちゃうよ」と断言すると、それを信じてしまいます。このような発言は、親の愛や承認を失う不安という、子どもの発達において適切な不安を具体的に表しているため、子どもにとってはとても恐ろしいものなのです。恐怖心を植え付けるのは非常にまずいしつけの方法です。なぜなら、子どもは親に不

信感を持ってしまうからです。この不信感が、翻って他の人間関係にも一般化される可能性がありますし、生涯にわたって続く不安や怒りを引き起こすこともあるかもしれません。

　子どもにとって親と離れることは常に、置いてきぼりにされる体験とある程度同等のものです。このときの感覚は成人になっても続くことがあります——コール・ポーター（Cole Porter）が情感豊かに書き綴ったように。

　　　さよならを言うたびに、いつだって僕は少し死ぬ思いさ
　　　さよならを言うたびに、いつだって僕は少し考え込むんだ
　　　天にまします神様は　何でもご存知のはずなのに
　　　どうして僕のことなどおかまいなしに　君を行かせてしまうの

　人を愛するとき、私たちが無意識に思い込んでいることがあります。それは、「もしあなたが私のことを一番愛しているのなら、もしあなたの人生で私が一番大事なら、あなたは私を置いてはいかないだろう」というものです。子どもにこの揺るぎない信念との折り合いをつけさせる唯一の方法は、いつでも気持ちを受け止められる存在であることを示し、また素早い対応を通して、次のことを示す証拠をたっぷりと提示してあげることです。それは何かというと、「あなたは私の人生で唯一の大切な存在になろうとなんてしなくてよい」ということ、そして「私たちはいつも一緒にいなくたって、お互い十分に深く愛し、愛されているのだ」ということです。

トイレトレーニング

　生後2年目に、トドラーは肛門や尿道周辺の微妙な感覚をさらに認識できるようになります。また、ウンチやおしっこを我慢したり排出したりする機能を担う筋肉を、収縮させたり緩めたりすることもできるようになります。こうした感覚に気づき、それをコントロールする能力が高まることは、その子がトイレトレーニングをする準備ができつつあるというサインとなります。

　肛門と尿道の感覚に気づくことに加えて、こうした感覚を排尿と排便のコン

トロールに使うことができるかどうかという準備の度合いには、他にもいくつかの要因が影響しています。その中で最も大切なものは以下のとおりです。

- 体質的に見て子どもの消化と排泄のサイクルが規則的か不規則か、消化器系が全般的に健康かどうか。
- 親がその子の個々のペースにどれくらい寛容でいられるか。
- これまでの発達的課題に取り組む中で、親子ですでに築いているパートナーシップの質はどうか。

これら全ての要因しだいで、トイレトレーニングが比較的何事もなく進むか、あるいは、「親 vs 子ども」の闘いの場となるかが決まってきます。

その原初的イメージとは裏腹に、排便には深い象徴的な意味があります。排便ほど人間の心が体験する二面性を端的に表す体の機能は他にありません。その産物である便は、人間の体とその神秘をなす本質的なものという意味で大切な宝物であり、それと同時に、汚くて臭いものでもあります。子どもはそれを触ってはいけない、おもちゃにしてはいけないと教わります。つまり大事なものでありながら、捨てなければならないものでもあるのです。

　2歳のラフィは、母親が初めて持ってきたおまるを、いぶかしげに見つめました。ズボンを下げないで、数秒間それに座ってみました。それから立ち上がり、金色の包み紙でくるまれたチョコレートの金貨をおまるの中に置いて、うれしそうにほほ笑んで「ママ、見て」と言いました。中が黒くて甘い、黄金の輝きを持つその金貨は、ラフィにとってウンチをすることが何を意味するかを表す、完璧な象徴だったのです。

もしウンチが持つこの2つの意味が尊重されれば、トイレトレーニングを健全に進めることができるでしょう。どういうことかというと、子どもの体から出るものが喜んで、かといって大げさに絶賛されることなく受け入れられ、また取り立てて不快感を表現されることなく淡々と処分されるということです。[2]

何よりも、ウンチは子どもに属するものであり、出すのも我慢するのも子どもが決めるという特性を損なわないようにする必要があります。この意味で、

トイレトレーニングは、ギブ・アンド・テイク、つまり引き止めることと手放すことを通して体験される、パートナーシップの縮図と言えます。

子どもの準備の度合い

　トイレトレーニングのタイミングは、親や児童心理学者たちの間で、これまで多くの議論がなされてきたトピックです。トイレトレーニングを開始し完了するのに適した年齢についての社会的な期待は、文化によって大きく異なります。しかし、どこにでも繰り返し見られるテーマは、「互恵性」です。つまり、0歳児のうちにトイレトレーニングを開始する文化においてさえ、実際に行なう場合には、親が子どもの体のサインに気づくことや、排泄を促すために子どもを適切な場所や位置に座らせることが実践されています。アメリカにおいて、長年多くの人が合意している見解では、子ども自身が自分は何をすべきかをすぐに理解できるくらいになるまで待つのがベストだとしています。そうすれば、トイレトレーニングにおいて子どもは積極的なパートナーになれます。個人差はありますが、生後15〜18ヵ月に満たないうちは、こういう傾向は見られそうになく、生後24〜30ヵ月か、もっと遅くまで難しいかもしれません。

　子どもの準備の度合いに注目するという姿勢は、アメリカの主流の文化が個人としての子どもに価値を置いていることを反映しています。国が多様性を増すにつれて他の文化の価値観が組み込まれることも増え、トイレトレーニングに対する親の姿勢にも徐々に影響が及ぶようになってきます。たとえば、家族の生活リズム（親のスケジュールの柔軟性、きょうだいのニーズなど）や、使い捨てオムツ代の経済的負担も影響します。

　1歳半ばに近づくにつれ、子どもはだんだん原因と結果の関係が理解できるようになり、また規範に沿っているかどうかということを、とても気にするようになります。自分の行動の結果を心配し、物事が必要な基準を満たしていないとき、たとえば服が汚れたり、おもちゃが壊れたりしたときには腹を立てます。親がテーブルの上のパンくずをそのままにしたり、玄関ホールに靴を脱ぎっぱなしにしたりすれば、子どもは憤慨するかもしれません。また、自分が汚れたり、物を散らかしたりして、自分に腹を立てることもあります。子どもは、暗黙的にまたは公然と教えられている社会的マナーを、いち早く内在化しているのです。

トイレトレーニングのスタートは、可能であれば、そして家族のニーズに合っているならば、子どもに規範への興味が芽生える頃に合わせるのが一番でしょう。そうすれば、子どもは自分が基準を満たすために力を注いでいるのだと実感できます。そして、親や自分より年上のきょうだいがトイレの中ですることを自分も見習いたい、という思いが自然にわき起こり、親の励ましは最小限で済みます。

　トドラー自らがトイレトレーニングの口火を切ることもよくあります。おしっこがしたい、ウンチがしたいという事態に親の注意を引こうとする行動や、ぬれたり汚れたりすることへの腹立ちがそのきっかけとなります。その場合でさえ、自分から働きかけることに気乗りがせず、いつ、いかなるときも規範を満たすなんて意味がないと思う子どももいます。おまるでウンチをするのは、自分がやりたいときにやればいい。そうじゃないときはオムツですれば、何も問題ないじゃないか。こう考える子どもは、お尻がきれいでサラッしている時期と、他の活動に夢中なあまりオムツがぬれてトレーニングが後戻りする時期との間を行ったり来たりします。一方、準備万全で排泄も規則正しく、数週間で完全にトレーニングを完了する子どももいます。

　子どもに準備が整っている様子がはっきりと見られないうちにトイレトレーニングを始めると、子どもの体の所有権をめぐる権力闘争が起きてしまうことがあります。規範に興味を持つからこそ、生後2年目の子どもは、自分が外からの要求に応じられないことに腹を立てるのです。ジェローム・ケーガンによれば、さまざまな文化的背景を持つ2歳児たちを観察したところ、自分には難し過ぎる課題をこなすよう大人に期待されると、泣いたり抗議したりする様子が見られました。同じ年齢の子どもが、6つの積み木で塔を作る、難しいパズルを完成させるといった、自分で自分に課した基準を満たすことができたときは、自然に喜ぶ反応を見せました。[4]

　こうした知見をトイレトレーニングの問題に当てはめて推測するなら、こう結論できます。つまり、時期尚早にこのトレーニングを始めることは、子どもの中に不満と反抗の気持ちを生じさせることになるのです。とにかく早めに始めるようにという周りからのプレッシャーを親が感じる場合には、おしっこやウンチがしたくなったら合図を出せるよう子どもをサポートする形で、子どもをパートナーシップに参加させるのが一番よいでしょう。これは簡単にできま

す。親がそれについて何気なく口にすれば、子どもはすぐに自分でも気づくようになります（「メアリーはウンチをしたいのね」）。なぜなら自分の行動によって、最も重要な結果である、親の興味と注目を引き出せるからです。子どもが自ら親に対し、注目すべきおしっこやウンチの排泄予報を伝えられるようになると、これは次のステップに進む準備が一段と整ったことを示すサインでもあります。つまり、おまるのところに行くという段階です。

　大人用のトイレよりもおまるの方が、トレーニング初期や、その後しばらくの間使うのに適しています。おまるは子どものお尻の大きさに合わせて作ってあるので、子どもがトイレに落ちるんじゃないかと怖がらなくて済みます。また、いきむときに、しっかり床に足をつけて踏ん張ることができます。さらにもう一つ、おまるは水が流れません。子どもの中には、自分もウンチと同じように水と一緒に流されてしまうのではないかという、言葉にできない空想が浮かんで、恐ろしくなる子もいるのです。

　子どもの準備の度合いが問題ではない場合、トイレトレーニングに見られるほとんどの葛藤は、子どもの不規則なサイクル（おそらく、便秘、軟便、またはその両方になりやすいといった生理的な傾向など）と、トイレトレーニングは親がコントロールするものだという親の誤解との組み合わせに端を発している可能性が高いでしょう。この2つの要因のどちらも、トイレトレーニングを取り巻くパートナーシップの形成を脅かすものとなります。

生理的な不規則さ

　子どもの生理的な問題により、便秘のためウンチがスムーズに出ないときに、発作的な腹痛や直腸の痛みに襲われることがあります。子どもは痛みを避けるために、ウンチを出そうとせず、余計に便秘がひどくなることもあります。また繰り返し起きる下痢や軟便の場合、子どもはウンチを留めておくのが難しいため、我慢することをあきらめてしまうかもしれません。便秘にしろ下痢にしろ、それによって子どもの「自分のおなかは自分で責任を持って管理できる」という自信は損なわれてしまいます。トドラーが痛みを感じているときに、自分のウンチを擬人化して、それはウンチが悪さをしようとしているせいだと考えることもよくあります。アッシャーはこう言います。「僕のウンチ、すごく僕に怒ってるんだ」

子どもの消化作用に何か問題がありそうな場合に、一番の相談者となるのは、かかりつけの小児科医です。必要に応じて、特別食や便の軟化薬を処方してくれるかもしれません。座薬や浣腸は子どもにとっては強制的・侵入的だと感じられることがあるため、最後の手段としておくのが一番です。そのような処置が必要なときは、親が子どもにこれから何が起きるか、なぜそれが必要で何に役立つのかを説明できれば、恐れや抵抗が軽減することもあります。[5]

　健康でも、生理的リズムが不規則で、排泄が必要なタイミングに予測がつかない子どもはたくさんいます。これは体質的な特徴なので、大人はただ単に自分に都合がいいからといって、毎日決まった時間におまるを使うよう、子どもにプレッシャーをかけることのないように注意する必要があります。携帯用のおまるは、不規則な排泄パターンの子どもにとっては、必要なときにいつでも使えてとても便利です。それだけでなく、排便を強いることなく、おまるに座ることを習慣化することで、こうすればこうなると予測のつく一連の流れを子どもが体と心で予期できるように訓練することができます。これがやがて、規則的な排泄パターンにつながっていくかもしれません。

親はトイレトレーニングをコントロールできる？

　トイレトレーニングをコントロールできるかどうかは親しだい、という暗黙の通念は、頭では「そうじゃない」と思っている親の間にまで、思わぬ形でじわりじわりと広がることがあります。遊び仲間の間でわが子だけが、トレーニングを始めることにすら興味を示さないとなると、親は恥ずかしく感じてしまうことがあります。また、臭いのきつい洗濯や、馬鹿にならない紙オムツ代から離れて、一息つきたいと思う親もいます。さらに、「甘やかす」のはやめて子どもの成長を助けてやったら、と友人や家族からプレッシャーをかけられていると感じる親もいます。トイレトレーニングをしない自分の真意について、「私はこの子にずっと赤ちゃんでいてほしいのだろうか」「トレーニングの仕方がわからなくて怖いのでは」と思い悩む大人も時々見られます。

　自分自身の行動を見直す余地は常に残されているものの、子どもが、清潔にすることや、小ぎれいにすること、規範、トイレや排泄についてまったく興味を示さないようなら、トイレトレーニングを始めるのはまだ早いでしょう。

　一方、もし子どもに準備ができていそうであれば、親は子どもに恐る恐る許

可を求めることなく、「今だ」という静かなる自信を感じつつ、その流れに従うべきです。大人が子どもの合図を正しく読み取ったかどうかは、子どもの方から知らせてくれるものです。

> 　２歳のマックスは母親の切実な願いも何のその、トイレトレーニングにまったく興味がありませんでした。とりあえず開始したいと思った母親は、おもちゃのトイレがセットになった、人形用の家具を買いました。母親はマックスにそれで遊ぶよう勧めました。マックスはそれに従いました——お母さん人形を、おもちゃのトイレに真っ逆さまに突き刺して。

　トイレに行く行動と安全基地行動は、そのリズミカルなパターンにおいて驚くほどよく似ています。両方とも「つかむ／手放す」「出す／引き止める」「開く／閉じる」の切り替えに基づいています。どちらの過程でも、親に対する子どもの安心感が反映されており、最終的にはその安心感が、自分の体と自分自身についての自信として内在化されるのです。

眠りに関する困難

　「赤ちゃんのようにすやすや眠る」という表現はよく使われますが、ほとんどの乳幼児にとって、それは現実的というよりは願望に近い描写と言えるでしょう。標準的な３歳児は、夜間の長い睡眠と日中のお昼寝により、一日に平均12時間ほど眠ります。生後３年間は、目を覚まさずに一晩中眠り続ける乳児やトドラーはほとんどいませんが、大部分は自分で自分を落ち着かせ、また眠りに就けるようになります。しかし、夜間の合計睡眠時間や昼間と夜間の睡眠時間の配分には、非常に大きな個人差が見られます。さらに、睡眠の習慣（眠る場所、添い寝、夜間に目が覚めたときの親の対応など）に関する幼い子どもへの期待も、文化によってさまざまです。おそらくこうした複雑さのため、看護師等による家庭訪問の際に最もよく聞かれる親の不満が、睡眠に関する心配事なのでしょう。

　睡眠の乱れには、なかなか寝つけない、夜中に何度も目が覚める、夜驚、そ

してこれら3つが組み合わさったものなどが含まれます。多くの事例において、睡眠の乱れが見られるトドラーには、生まれてすぐの時期に生物学的な脆弱性が認められた経験があります。たとえば、未熟児で生まれた、新生児のときに特別な治療を要する状況にあった、3ヵ月以上の間、疝痛（コリック）に悩まされた、などです。こうした子どもの中には、生まれた直後からあまりよく眠らなかったというケースがよく見られます。また、予測可能な就寝の日課がこれまでなかったために、子どもが規則的な睡眠パターンを一度も身につけたことがない可能性も考えられます。

　生後2年目になって初めて就寝の問題が現れ始める子どもも多くいます。これは、一人ぼっちで辺りが真っ暗な夜間になると、日中に感じていた不安が最も鮮やかによみがえるからかもしれません。「ベッドの下のおばけ」への恐れが出現する時期なのです。こうした恐れを問題解決のチャンスと捉えることで、安心とコントロールという2本立てのメッセージを子どもに与えることができます。ある親は、子どもを夜ごとの「おばけパトロール」に誘うことにしました。これは、おばけが隠れていそうだと子どもが思う場所を全て手際よく調べ、隠れているおばけに対し「親が見張っているぞ、出てきたら追い払うぞ」という警告を込めて、仰々しくドアや窓を閉めるというものです。こうしてこの子は問題解決に積極的に参加することができ、最後には、現実検討が想像上の恐怖に追いついて、おばけに対する恐怖を卒業することができました。

睡眠の不規則さ

　たいていの子どもは、夜中に目を覚ますわりには必要な睡眠は取れています。ところが親はそうではありません。睡眠のニーズが子どもと親との間で一致しない場合、家の中は緊迫した状態になります。こうなると親はくたびれてイライラし、無力感でいっぱいになって、気まぐれな態度を取ったり子どもに腹を立てたりします。子どもはそれに対して、怖がったり、怒ったり、反抗したりします。

　こういう場合、子どもは「目を覚ますか、覚まさないか」をほとんどコントロールできない、ということを理解しておくことが助けになるかもしれません。一つの解決策として、「寝なさい」と叱るのではなく（言われても、意のままに眠ることなどできない場合が多いので）、目が覚めている間にやってもいいこととダ

メなことを、理解できるようにしてあげ
るとよいでしょう。

　子どもが夜中に目を覚ましたら、自分
で自分を落ち着かせられるよう、手助け
してあげる必要があります。子どもの年
齢に応じて、枕やテディベアを抱きしめ
たり、静かに歌を口ずさんだりする、あ
るいは朝起きたら何をしようかなと独り
言をつぶやくといったことを勧めるのも
よいでしょう。ごく幼いトドラーには、
心安らぐ子守歌が流れるモビールがしば
しば効果的です。こうした解決策は、親
にやり遂げようという決心があれば、ほ
んの幼い子どもでも十分に取り組めるものです。

親子間のミスマッチ

　子どもはものすごく早起きだが親はそうではない、といった場合には、親子
間の睡眠のニーズのミスマッチが生じるでしょう。もし親が子どもに、悪意の
ないのんきな様子で「世の中こんなものだよ」と言えるならば、子どもはこう
した親子の食い違いを楽々と受け入れ、一人で楽しむことができるようになり
ます。

　ある母親は、朝の早い時間帯はまだ寝ていたいという自分のニーズを、
生後11ヵ月のマイクに受け入れてもらうために、魅力的なおもちゃを自
分のベッドの脇にいくつか置いておきました。朝の6時にマイクが子ど
も部屋で目を覚ますと、母親が来てマイクを抱き起こし、顔に鼻を擦り寄
せて話しかけます。それから自分の寝室に連れていってベッドの横に下ろ
し、「ママはこれからもう少し眠るけど、そのおもちゃで遊んでいいわ
よ」と伝えました。マイクは時々母親に話しかけたり、ベッドの縁につか
まり立ちをしたりします。そのたびに母親は、なだめるような声をウーン
と絞り出し、息子の頭をポンポンと叩きます。それからマイクはまた遊び

に戻ります。これは、安全基地行動の早期の表れだと言えます――珍しい状況での！

　別の母親は、これを２歳のわが子に使えるかどうかを試すのに、この基本戦略の別バージョンを考えつきました。子ども用のテーブルと椅子をテレビの前に置いたのです。毎晩、バナナ１切れと、のどに詰まらないサイズの、指でつまめる軽食をテーブルの上に置いて、テレビのチャンネルを良質な子ども向け番組を流す局に合わせておきました。そして息子のローガンに、目が覚めたら両親の寝室に来て、子ども用の番組を見ながら朝のおやつを食べるように言いました。ローガンは今や９歳になり、飛び抜けて自立した子どもに育っていますが、これは一つには、母親が「息子は私と協力体制を組み、必ず自分で自分のことができる」と心から信じており、それが息子の支えとなったためだと言えます。

夜中に目を覚ますことが問題となるとき

　睡眠の不規則さには体質的な要因があります。睡眠の問題が生じるのは、夜中に目を覚ますこと、つまり中途覚醒が、親子の間で強い情緒的な意味合いを持つようになったときです。こうした状況では、目を覚ますことを取り巻く不安が、解決策を見つける妨げとなってしまうことがよくあります。

　中途覚醒と結びついた最も一般的なトドラーの不安は、分離の恐れです。この恐れは親にも子どもにもあります。夜間になると、日中ならすぐに活用できたさまざまな安全基地のパターンが根本から崩れてしまいます。昼間は簡単に安全基地にたどり着けるのに、今や、暗やみ、寝室の壁、ベビーベッドの仕切りが、親と子どもを隔てる障害物となっているのです。

　夜間であること、真っ暗であること、そして物理的に離れていることは、恐怖や不安を引き起こす典型的な引き金となります。このため、アメリカほど個人や夫婦のプライバシーの確保に力を注がない文化では、乳児期およびトドラー期を通して、母親と子ども、または両親と子どもが一緒に寝ているところも多く見られます。技術がいかに発達しようとも、幼い子どもの夜泣きを聞くと、具合が悪いのではないか、ともすれば命にまで危険があるのではないかという太古からの恐れを親は抱くのです。その直後に覚える衝動は、子どものと

ころに行って安心と保護を与えたい、というものです。この衝動は、「子ども
は健康、家の中は安全、睡眠は再開されるはず」という、親が持っているはず
のより理にかなった認識とは相いれません。

　ある研究によると、トドラーの夜間の中途覚醒は、母親自身の分離の恐れや
抑うつ状態と関連があるといいます。子どもに睡眠の問題が見られる母親の中
には、子ども時代に怖い思いをしたとか、十分に世話をしてもらえなかった
と言う人が多く見られます。子どもの頃に自分が感じた不安をわが子には感じ
させたくないと思い、子どもが夜中に目を覚ますと、自分の部屋のベッドに連
れてきたり、子どものベッドに行ったりするのです。もちろん親なら誰だって、
たまにはこういうことをするものです。しかしこれが当たり前になると、その
ような対応は問題を引き起こしてしまうかもしれません。大人同士の関係の妨
げになりますし、親がずっとそばにいてくれなければ、自分は夜間の不安に対
してどうすることもできないというメッセージを、子どもに与えてしまうから
です。

　子どもを自分のベッドに一人で寝かせるための取り組みには、文化的価値観
や期待が重大な影響を及ぼします。アメリカでは、親子が別々に眠るという形
が依然として広く行き渡っている習慣ですが、家族のベッドで一緒に寝ること
を好む親もたくさんいます。添い寝が最もうまくいくのは、一緒に寝ている者
全員が、お互いに距離が近くてもぐっすり眠れて、両親ともにその方法に乗り
気であり、大人同士の親密な時間が失われることで摩擦や不満が生じない場合
です。もし親が、子どもを一人で寝かせようとして抵抗されたために、「自分
は子どもに一人寝をさせようとして、この子を傷つけているのだ」と感じた挙
げ句、仕方なく添い寝をするのであれば、あまりうまくいきません。

　児童精神科医のクラウス・ミンデ（Klaus Minde）らは、夜中に目を覚ました
トドラーに向けた優れたプログラムについて報告しています。これは、子ども
が自分で自分を落ち着かせ、再び眠りに戻れるようにと考えられたものです。
その中身といえば、ごく常識的なことばかりという点が特徴なのですが、親が
中途覚醒の不安から子どもを守らない、助け出さないことで生じる、親自身の
不安を乗り越えるのに有効です。プログラムは、次の4段階によって構成され
ています。〔訳注：以下は専門家の視点で書かれている。〕

1. どんな睡眠の問題が見られるかを、専門家が親と一緒に確認する。熟睡できないのか、夜中に何度も目が覚めるのか、その両方なのか。昼間の日課についても確認する。

2. もし、一日の日課が子どもにとって予測可能なものになっていなければ、「トドラーは次に何が起きるかを予測できることで、自制の感覚を持ち、落ち着くことができる」ということを親が理解できるように手助けする。食事、お風呂、お昼寝、その他の日常の活動を、いつもだいたい同じ時間に同じ場所でできるような習慣を作ることを促す。お昼寝は昼食のすぐ後にして、夜の就寝時間までに、また疲れを感じられるだけの十分な時間を確保できるようにする。

3. 日中の習慣が確立したら、気持ちが安らぐ就寝時の習慣に重点的に取り組むことを親に勧める。本を読む、おやすみ前の歌を歌う、お祈りをするなどの静かな活動が良い。就寝時間になった合図として「静かな時間」を設け、それを予測できる毎日の習慣とすることで、子どもはそれを就寝への移行の時間として使い、少しずつ気持ちを静めることができる。

4. 次に睡眠の問題に取り組む。主要なテクニックを2つ勧める。1つは「チェック法」。親は泣いている子どもの様子を定期的にチェックしにいき（頻度は親が耐えられる程度でOK。5〜10分おきなど）、子どもを優しくなでたり、よしよしという励ましの言葉をかけたりしつつも、子どもをベッドから出さないようにする。この「チェック法」は、子どもが寝つくまで続ける。もし子どもが泣くことで親の感情がとても高ぶる場合には、もう1つの方法である「シェイピング法」を勧める。こちらは段階的にゆっくり進める方法で、もし子どもが親のベッドで寝ているなら、次の段階として、最初の晩は親が子どものベッドに一緒に入り、次の晩はベッドに腰かけ、その次の晩は椅子に座る、などのようにしていく。

　この手法を親がトドラーに試したところ、85パーセントの子どもの睡眠が改善されたことがわかりました。興味深いことに、ミンデらは父親に対しても、時間が許す限りこの手法を実行することを勧めています。なぜなら父親の方が、これを最後までやり遂げることについて葛藤が少ない傾向があるからです。とはいえ、子どもの睡眠の問題への対応策を再構築することに対して父親が乗り

気でない場合には、この介入はうまくいきません。このプログラムの主な利点は、睡眠の問題を解決することで、それ以外の難しい場面でも、親子がより効果的に交渉し合えるスキルを獲得する傾向があるということです。

子どもを問題解決の協力者にする

睡眠の問題に対処するための計画は、泣いたり親を呼んだりせずに済む選択肢を、子どもが自分で思いつけるようサポートすることにより、一層豊かなものになります。言葉がより上手に使える年長のトドラーの場合、特にうまくいきます。眠りの問題への解決法を見つける親子のこのような共同事業によって、子どもは「安心と保護を得る」という自分の意図を、「もう少し睡眠を取りたい」という親の意図を侵害することなく達成することは可能なのだ、ということを学びます。

このアプローチを使う際の言い方として、たとえば次のように子どもに言うのもよいでしょう。

「ダニー、夜中に目が覚めて、ママを呼ぶわよね？」（答えを待つ）

「そうよね。それでママはすごく眠くてイライラして、寝なさいって怒鳴るわよね」（答えを待つ。真剣な顔つきが見られるか、意味深長な表情が返ってくるだけかもしれない）

「それでね、ママはあなたにイライラするのは嫌なの。だけど、ママはすごく眠くて、眠いとイライラするの。だから怒鳴ってしまうの」（反応を待つ。言葉が返ってこなくてもよい）

「パパとママは、真夜中に起きるのがとても大変なの。それで考えたんだけど、夜中に目を覚ましたとき、何をしたら気分が落ち着く？」（子どもと一緒にいろいろな選択肢について検証する）

「今晩、それを試してみましょう。目が覚めたら、自分に言うの。『ママは眠ってる。僕はくまさんのぬいぐるみを抱っこして、それに話しかける』って（二人で決めたことなら、どんなことでもよい）。今日の夜、寝る前に、忘れないように声をかけるわね。そうすれば、ママは寝ていられるし、あなたはテディベアに話しかけることで落ち着くし、お互いにイライラしないで済むわ」

このやり取りは、何か解決すべきことのある対立の真っ最中ではなく、日中、親も子どもも心身が休まっているときにするのが得策です。こうすればその日

一日、親子それぞれにこの計画についてじっくり考えることができ、いざというとき実行に移す心構えを、より万全に整えておくことができます。

　おしゃべりをするだけで十分に有意義なやり取りが成立する親子もいるでしょうし、こうした会話を遊びの枠組みの中で行なう方がやりやすい親子もいるでしょう。たとえば、「ごっこ遊び」のようにして、大人が寝室の場面を設定し、そこで赤ちゃんが目を覚まして親を呼び求める状況を作ってもよいでしょう。その次に、実際の夜の場面を再演してみることもできます。子どもがその遊びに参加してきたら、親はちょっと自然な間を取ってから言うのです。「私たちも、夜こんなふうになるよね？」。この方法は、実行可能な解決策について対話したり、それを遊びで再演したりするうえで、良い出発点となるでしょう。

　ここでもまた、言葉よりも態度が重要となります。子どもが理解する必要があるのは、親は子どもに寝ることを要求しているのではなく、子どもが成長して自分でできることはちゃんとできるようになるよう、手助けしてくれているのだということです。「自分は正しいことをしているのだ」という親の確信が、睡眠をめぐる衝突を解決し、成功へと導くレシピの主成分なのです。

夜驚

　真夜中に子どもがパニックになって、叫びながら目を覚ますことがあるかもしれません。これには親は即座に注意を向ける必要があります。もし子どもが話せたら、息を切らしてしゃくり上げつつ、「悪い人」や「怪物」や「魔女」など、子どもの想像物の常連であるさまざまな怖い生き物について話してくれるかもしれません。これは見ていた夢が悪夢の性質を帯びていたことを示すサインです。

　子どもを安心させる一つの方法として、昼間のうちに、夢は頭の中にある「空想」が映し出された像であり、あなたを傷つけたりはしないと、夢の性質について話してあげるとよいでしょう。ほとんどの子どもは一時的に、悪夢を見る時期を経験します。特に保育園への通い始め、養育者の変更、つらい病院の受診、犬などの動物とのドキッとするような遭遇、極端に刺激的な物語や映画といった、異常なストレス下にあるときなどに多く見られます。もし悪夢が続くようなら、それは通常、子どもが表現できない心配や恐れ、またはそう簡

単には対処できないほどのプレッシャーに苦しんでいるサインです。こうした恐れを丁寧に見てみることで、たいていの場合、解決策を発見する道が開けるでしょう。

夜驚の中には生物学的要素が関係した、遺伝によるケースがあることも示されています[10]。夜驚を体験している瞬間の子どもの様子には、予測可能なパターンが見られます。それは、のたうち回る、極端に呼吸が速い、心臓の鼓動が非常に速い、汗をかく、苦痛でうめき声を上げ、時には非常に激しい泣きに発展する、といったパターンです。子どもを落ち着かせようとする親の努力に対し、子どもは強い恐怖や混乱に陥ったり、自分が今どこにいるかがわからなくなったり、必死に逃げ出そうとする様子を示したりするかもしれません。叫び声が1分足らずで終わる子どももいれば、20分程度続く子どももいます。子どもは親が自分をなだめようとしていることに気がつかないのか、たいてい次の日には、そのことについて何も覚えていません。こうしたパターンが頻繁に激しく見られるために家族の生活に支障が出ている場合には、睡眠障害の検査を受けるかどうかを小児科医と話し合う方がよいでしょう。

ストレスの高い出来事やつらい体験をした後に、夜驚を含む睡眠の問題が出てくるトドラーは多く見られます。親が睡眠の問題の始まりを、そうした出来事と結びつけて考えることはないかもしれませんが、それは親が、子どもが感じるほどにはその出来事を情緒的に重大なことと捉えていないためかもしれません。きょうだいの誕生、保育園への通い始め、養育者の変更が、子どもの不安を呼び起こし、その不安が夜間に顔を出す場合もあります。事故に遭う、家族が仲違いする、体に傷を受けるなどの恐ろしい出来事があった場合は、睡眠の問題を引き起こす可能性がより一層高くなります。親は最近起きた事柄を振り返ることで、出来事と子どもの反応との関連を見つけることができ、それにより、子どもの睡眠の困難に新しい意味を見出すことができるでしょう。この新しい理解によって、今度は、子どもがつらい出来事に意味を与え、それに対処できるよう、親が力になることができるのです。

「儀式」の大切さ

トドラーが睡眠の問題で苦労するのには、たくさんの理由があります。それは眠りに支配されて自分がコントロールを手放すことへの恐れ、家族と一緒に

夜を過ごす楽しさをあきらめることへの抵抗、個室にぽつんとあるベッドで一人ぼっちで眠ることへの不安、真っ暗な家の中で何が起きるかという空想などです。

　こうした恐れの問題を改善する際、就寝時の「儀式」、つまりいつもの決まった習慣や手順の大切さは、いくら評価してもし過ぎることはありません。儀式は心配事を受け止める器を用意し、不安を封じ込め、人とのつながりという心強い絆を与えてくれます。

　就寝前に行なうことを構造化しておくことで、子どもは自分が何かとつながっているという感覚を抱くことができ、その感覚をそのまま眠りの中に持ち込むことができます。中断されることなく家族で夕食を取る（電話も含め、何の邪魔も入らない状態で）とか、お風呂や静かな遊びの時間を持つとか、それから「お着替え式」をする、歯磨きをする、その日一日の振り返りをする、明日の予定について期待をふくらませる、お話を読む、子守歌を歌う、お祈りをする、というのもよいでしょう。このような行動は、家族全体の儀式に織り込まれることもありますが、その儀式が安心感や守られている感じと結びつくと、明かりが消えて暗くなったとき、子どもはそれにしっかりとつかまっていられるのです。

　就寝時の儀式が穏やかに堂々と行なわれるなら、子どもが眠りに就くまでずっとそばにいる必要はないでしょう。居間からの「ママはここにいるから、大丈夫よ」という励ましの言葉だけで、「ベッドに一人でいるときにどんな不安を感じたって、何とかなるものよ」「お前は間違いなく自分でそれに対処できるはずだよ」というメッセージを伝えるのに十分だと言えます。子どもはこうした体験をうまく乗り越えることで、ますますたくましくなっていきます。

食べることに関する困難

　トドラー期に見られる、食べることに関する困難の多くは、コントロールに関連した問題を中心に展開します。トドラーは自分が好きなときに好きなものを食べたがりますが、親としては、もし自分が積極的に子どもに食べさせる役を買って出なければ、子どもは必要な栄養が十分にとれないのではないかと

心配になるものです。親は子どもに食事のときは多少お行儀良くしてほしいと思うかもしれませんが、多くのトドラーは、自分の手を動かしたりスプーンを扱ったりすることや、食べ物を粉々にする、つぶす、髪の毛に絡ませるなどして、その感触を探索する自由を邪魔されたくないと思っているものです。食べ物をのどに詰まらせるという本当に危険なこともあるので、親は子どもが望むよりももっとゆっくり食べ物が口に入るようにしなければ、という気になるでしょう。こうした必死の作戦は、親のしていることを子どもが気に入らず、反発したり、尻込みしたり、頑として口を開けないといった結末を迎えるかもしれません。

　とはいえありがたいことに、原則として、もし子どもが健康に良い食べ物をいろいろ選べる環境にあるのなら、子どもの栄養面での健康について親は心配する必要はありません。生後 4 ～ 24 ヵ月までの 3000 人の乳児とトドラーに関する研究によると、体重曲線上で最も体重が低い方から 10 パーセントのうちに入る子どもですら、全ての栄養成分において必要量が満たされていたことがわかりました。[11] こうした安心材料となりそうな結果にもかかわらず、研究に協力した親の半数は「自分の子どもは好き嫌いが激しい」と述べており、親には心配する客観的理由がまったく見当たらなくても、わが子の栄養について心配する傾向があることを示唆しています。また、親にはあまりにも早々と、自分の子どもは偏食気味だと決めつける[12]

傾向があることを示す研究もあります。最初は出された食べ物を食べようとしなかった子どもも、10 回くらい出されれば最終的に食べてみようとするものなのですが、ほとんどの親は、3 ～ 4 回試しただけであきらめてしまうのです。[13]

　子どもの食生活が十分かどうかを心配する親は、なだめすかしたり、無理強いしたり、食べ物をごほうびとして使ったりすることがよくあります。このようなやり方は必要でないばかりか、

裏目に出ることもあります。というのも、こうしたやり方は、食べ物を否定的な感情や親子間の対立と関連づけてしまうからです。食事についてコントロールされることなく、また力ずくで食べさせられることのない場合に、子どもは食べることに関して有効な自己調整力を発達させるという研究結果が、一貫して得られています。[14]そして、おそらくその自己調整力が、肥満や摂食障害を予防する重要なポイントになると言えるでしょう。

　食べ物は愛情のこもった世話と同じくらい、力強く象徴的な意味を持っています。食事に関して自律を目指すトドラーの成長の勢いは、「親の世話はもういらない。もう自分で自分のことができるんだから」というメッセージのように親には受け取れます。食べ物を与えることは愛情を与えることの代わりにもなり得ますし、悲しみによる胸の痛みが、空腹のときのおなかの痛みと誤解されることもあります。摂食障害の治療には、体の飢えと心の飢えを区別することが有効となります。それは、彼らは子どものときに、この2つの体験を同じものと見なしていたからです。子どもが食べ物を拒むことと愛情を拒むことは別のことなのだと親が知っていれば、子どもは最初からその違いを学ぶことができます。

　もちろん、親は食べることに関して子どもにさまざまなことを教えるうえで、重要な役割を担います。何をどのように食べるかについてのお手本となること（モデリング）は、子どもに大きな影響を与えます。たとえばある研究では、母親も野菜や果物を食べた場合、その娘も比較的それらをたくさん食べましたが、母親から野菜や果物を食べることを強いられた娘は、実際にはそれほど食べませんでした。[15]お手本を示すことは、ネガティブな影響も与え得るという意味においては、良くも悪くも働くと言えます。そのことは、親がダイエットをしているとか衝動に任せた食べ方をしている場合、子どもは食べることについてあまり上手に自己調整ができない、という研究結果に示されています。[16]食べることは社会的な活動なので、子どもは一緒にテーブルについている他のみんなが食べていれば、自分も新しい食べ物を試しやすいものです。家族での食事は重要な社会経験であり、さまざまなレベルでトドラーの発達を助けます。家族全員が一緒に食事をすると、子どもは食べ物をより上手に摂取できるようになります。長期的に見ると、脂肪や炭酸飲料や揚げ物を控え、野菜や果物をより豊富に取る食習慣により、思春期になってから恩恵を受けることもあります。[17]こ

うした結果が示しているのは、良い食習慣の確立や食事に関する問題の予防が一番うまくいくのは、「いつ、どこで、誰と」食べるかという状況を整え、子どもに食べてほしい物を与えて自分も食べることです。そしてその枠組みの中で、子どもに「何をどれだけ」食べるかを決める自由を与える場合だということです。

きょうだい間のライバル意識

新しいきょうだいが生まれると

　弟や妹の誕生は、たとえ待ち望んではいても、トドラーにとってはかなり落ち着かない出来事となることがあります。これは心理面において有害だという意味ではありません。それどころか、きょうだい間の一生涯続く情緒的絆のための、大切な学びの経験と機会をもたらしてくれます。

　多くのトドラーは、生まれた赤ちゃんに対してとても優しく接します。これは保護的な思いやりが持てる能力の表れであり、こんなに幼くしてこうした力があるというのは驚くべきことです。たとえば、赤ちゃんが一緒じゃないと出かけたがらない、離れている間赤ちゃんは大丈夫だろうかと気づかう、赤ちゃんが泣いて助けを求めているとき、走って親に伝えに来る、赤ちゃんの頭や手や足を優しくなでる、といったことをするトドラーもいます。しかし、新しいきょうだいを迎えるということは、トドラーにとっては居場所を失ったような、その家族の中での自分がなじんだ役割が根こそぎ奪われたような感じがするものです。それまで他にきょうだいがいなかったなら、自分はもう両親にとって唯一の子どもではなくなりますし、自分がきょうだいの中で一番年下だったなら、もう末っ子ではなくなるわけです。嫉妬する気持ち（自分は不十分なのだ、だから居場所を失い、他の人に取って代わられるのだという怒りに満ちた恐れ）は、人間の根源的な感情であり、生後５〜６ヵ月の乳児にも見られることが確認されています。また進化の観点から、嫉妬は愛や性的本能と同じくらい重要であるという考え方もあります。

　年齢、気質スタイル、発達段階によって、トドラーの苦悩の表れ方はさまざまです。

1歳3ヵ月のスザンナは、母親のひざの上から赤ちゃんを押しのけようとし、何ヵ月も前に卒乳したのに、おっぱいをせがみます。機会あらば、いつでも赤ちゃんに嚙みつきます。つい最近、歩けるようになったばかりなのに、「ハチャメチャ」になって家中を突っ走ります。日中、スザンナは活動的で活発過ぎるほどなのですが、夜は退行して小さな赤ちゃんのようになり、何度も目を覚ましては、母親のおっぱいや、おっぱい代わりに哺乳瓶のミルクをほしがります。おしゃぶりを手放さず、それが見当たらないときは、ひどくぐずります。

　1歳3ヵ月のベンジャミンは、まったく違う反応を見せます。引っ込み思案で控えめな様子になり、悲しげで心配そうな顔つきになっています。ちょっとした不満があるだけで、わっと泣き出します。笑顔がすっかり失われてしまったようで、動きに元気の良さやいきいきした感じがありません。母親を拒否する一方、父親にべったりになります。

　2歳のナンシーは、赤ちゃんの弟をギュッと強く抱きしめるので、赤ちゃんは真っ赤になってしまいます。母親が赤ちゃんを助け出すと、ナンシーは声を上げて泣きます。弟をずっと抱っこしていたいのですが、やってみるといつも泣かせてしまうのです。

　2歳4ヵ月のレベッカは、絹のリボンとハンマーを持って歩いているところを、父親に目撃されます。父親が何をしているのか尋ねると、レベッカは「頭にリボンを着けてあげるの」と言って、生後3ヵ月の妹の髪の生えていない小さな頭を指差します。

　2歳6ヵ月のピーターは、生後1週間の弟を見て言います。「よし、こいつはもう、いらないや」。また別のときはこう尋ねます。「弟をオーブンに入れていい？　僕たち、弟を食べていいかな？　おいしいと思うよ！」

　同じくピーターが3歳6ヵ月のとき、弟が1歳の誕生日ケーキのろうそくを吹き消そうとするのを見つめて言います。「すごくかわいいよね。

僕たち、弟のこと殺しちゃったりしないよね？」

　3歳のアッシャーは、赤ちゃんに授乳している母親に飛びかかり、「赤ちゃんを下ろして、僕を抱っこして！」と言います。

　4歳のジャニスには、生後5ヵ月の弟がいます。ジャニスは友達の女の子に打ち明けます。「あなたも弟ができたらびっくりするわよ。ママが弟にミルクをあげてるのを見ると、すごく頭に来るから」。ジャニスは、家を訪ねてきたお客さんが赤ちゃんをちやほやしている間は、そっぽを向いています。そしてお客さんがジャニスの顔も拝もうとしてくると、非難するような顔で見つめ返すのです。

　こうしたエピソードから、ごく幼い子どもがきょうだいを迎えるときに感じる、怒りやアンビバレントな気持ちの表れ方が、どのように発達するかが見て取れます。生後15ヵ月のスザンナとベンジャミンは、自分自身の気質スタイルを用いて、素直に率直に思ったことを表現しています。スザンナは自ら打って出て、ベンジャミンは引き下がります。年長の子どもの反応はもっと複雑です。自分の攻撃的な衝動を封じ込め、コントロールし、その衝動を愛情に統合しようと奮闘しているのです。レベッカは自分の豊かな髪にリボンを着けるのが大好きで、表向きは、髪の毛のない妹ともこの喜びを分かち合いたいと思っています。そしてそれを実現する方法は「リボンを頭に固定するために」釘とハンマーを持って妹に近づく以外になかったのでした。ピーターは最初のうち、弟をどこかに送り返してしまいたい気持ちと、弟を食べることで自分の一部にしたい気持ちとの、相反する自分の願いに苦しみます。3歳6ヵ月になる頃までには、弟を愛する側面が、弟なんて死んでしまえばいいと思う側面よりも優勢になっていました。ジャニスは、4歳になるまでに怒りの感情を自分の中の一つの状態として振り返ることができるようになっており、破壊的な行動で表現しようとはしませんでした。

　親の愛を失うのではないかというトドラーの恐れは、新しい赤ちゃんの誕生とともにパワフルに活性化します。自分のたった一人の母親が別の子どもを愛しげに抱っこしたり、世話したりする光景は、トドラーにしてみれば、その恐

れが現実となったことを示す説得力のある証拠に他ならないでしょう。まるでこれでもかと言わんばかりに、父親もまたこの新参者に夢中になり、家を訪ねてくるお客さんは誰もが最初はこの赤ちゃんに注目します。自分がもっと魅力的な他の誰かに取って代わられるのではないかという恐れ（多くの大人を悩ます不安でもあります）の人生早期のルーツは、一つにはこの体験に根ざしているのです。

　新しい赤ちゃんは、具体的なレベルでトドラーの一瞬一瞬の体験に多くの変化をもたらします。今では何かほしいものや必要なものがあっても、以前よりも頻繁に長く待たなければなりません。一人で過ごす時間も前より長くなります。赤ちゃんにしていいことと悪いことを親が自分に教えようとして、これまでよりもっとたくさん叱られたり、訂正されたりします。大好きな活動（泳ぎに行く、遊び場に行く、お気に入りのゲームをするなど）が赤ちゃんの必要に合わせて短縮されたり、延期されたりすることも多くなります。物事が自然発生的にとり行なわれることはもうありません。なぜなら赤ちゃんのスケジュールを考慮に入れなければならず、赤ちゃんのお世話用バッグを準備する時間が果てしなく続くように思えるからです。

　こうしたことは、トドラーにとって重大な喪失です。いかにそれを痛感しているかが、次の例に表れています。

　　2歳4ヵ月のサミーは、最近うちに赤ちゃんが生まれて以来、顔を両手にうずめて低い声でため息をつくようになりました。父親が「どうして、そんなことしてるんだい？」と尋ねると、サミーは「悲しいから」と答えます。父親がなぜかと聞くと、サミーは悲しげに父親の顔を見てこう言います。「ママを返してほしいの」

　この時期に襲ってくる嵐のような感情から子どもが抜け出せるように、親が辛抱強く敏感に手助けしていたとしても、こうした気持ちはわき起こるものです。新しく生まれた赤ちゃんに対する競争心は、嫉妬、うらやましさ、恥、罪の意識といった体験を、生まれて初めて持続的な形で子どもにもたらすと言えるかもしれません。

　新しいきょうだいがいなくても、子どもは自分が実際の年齢より時には幼く、

時には大きくなったように感じます。リンダが「私は赤ちゃんでもあるし、大人でもあるの」と言ったようにです。来る日も来る日も、赤ちゃんの存在を我慢しなければならないでいると、もう一度最初から赤ちゃんをやり直したいというトドラーの願いは、おおいに強くなります。子どもはこれを、哺乳瓶をほしがったり、トイレトレーニングが後退したり、赤ちゃん言葉に戻ったりすることによって表現します。一方で、自分は赤ちゃんができないことをたくさんできるんだと気づくと、プライドや優越感を覚えます。親は、赤ちゃんになりたいというトドラーの一時的な願いにつき合ってあげるとよいでしょう。哺乳瓶やおしゃぶりを持たせてあげる、抱っこして部屋に連れていってあげる、ギュッと抱きしめてあげる、赤ちゃん言葉で話してあげる。このように、小さい頃のやり方にちょっと戻してやることで、子どもは「必要があれば、自分の赤ちゃんみたいな面にもまだ注意を向けてもらえるのだ」と知り、安心します。そしてこれがわかれば、今までどおり、自分の発達した能力に喜びを感じることができるのです。

　赤ちゃんよりも物事を上手にこなせるトドラーの能力は、嫉妬心に対する良い解毒剤となります。子どもが何かをしてみせたときの腕前に、親がすっかり感心した様子で何か言ってあげたり、まだ赤ちゃんにはできないすごい離れ業に、親が注目してあげたりすることで、子どもは自分がまだ特別な存在であり、ちゃんと評価されているのだとほっとした気持ちになるのです。

　おそらく何よりも重要なのは、母親または父親のひざは、トドラーも赤ちゃんもどちらも乗せられるくらい大きいのだというメッセージを伝えることでしょう。赤ちゃんに授乳する必要があるために、トドラーが母親のひざから押しやられるとき、これはこの子にとってグサリと心臓を一突きされたような体験となります。父親が仕事から家に帰ってくるなり赤ちゃんの様子を尋ねる習慣は、「もう誰も二度と自分のことを一番に気にかけてくれることはないのだ」と子どもを絶望的な気持ちにさせてしまうこともあります。親は、「私が赤ちゃんといるのを見たとき、あの子は一体どんな気持ちなのだろう」というように、たとえ意識的にでも、子どもの気持ちに思いを馳せることで、おおいに子どもの力になることができるでしょう。赤ちゃんがいる生活に慣れるための最初の困難な時期に、可能な限りどんな場面にでもトドラーを加えてあげる、それどころか優先してあげることで、子どもは赤ちゃんの存在に耐えられるよ

うになり、新しいきょうだいに対する愛情を発達させる道を開くことができると言えるでしょう。

トドラーが末っ子の場合

　4歳のサラは、自分の部屋で床に座って着せ替え遊びをしています。脇にはお気に入りの髪飾りがたくさん入った箱を置いています。そこへ1歳3ヵ月の妹のロビンが入ってきました。箱のところに直行し、サラのリボンを1つつかんで口に入れ、よだれでベタベタにしてしまいます。サラは叫んでロビンをぶちます。ロビンは声を上げて泣きます。

　6歳のマリオは、お友達とボール遊びをしています。2歳のロニーが一緒にやりたいと言います。「僕も！　僕も！」と言って泣きます。

　3歳6ヵ月のアヤナは、母親が読み聞かせをしてくれるのを待っています。二人でゆったりと腰を下ろして、いざ始めようというとき、1歳6ヵ月のオマールがおなかが空いたとぐずります。読み聞かせは、始まりもしないうちに終わってしまいます。

　4歳のレイチェルと2歳6ヵ月のアーモンは、テレビを見るとき、どちらがパパの隣に座るかをめぐって激しく対立します。

　こうしたごく日常的な場面の中に、年長のきょうだいの生活をかき乱すトドラーの影響力が描かれています。彼らは幼く、物事をよくわかっていないことがほとんどです。そのうえ不満があると泣くことが多く、あまりにも悲しげで無力に見えるため、味方をせずにいることはほとんど不可能です。

　きょうだい関係の問題に取り組むにあたり、親が最もしがちな間違いは、下の子どもを特別扱いし過ぎることでしょう。下の子はとても弱々しく助けが必要に見えるため、このようなことが起きがちです。他によく見られる間違いは、最初に何が起きたかを知ろうともせずに、どちらか一方、または両方の子どもを罰してしまうことです。

　親は、きょうだい関係に関して、ある程度は見て見ぬふりをすることを良し

としましょう。子ども同士で互いの意見の食い違いに折り合いがつけられるよう取り組ませることは、子どもが何歳であっても価値ある体験となります。交渉は必ずしもスムーズに行くことはなく、厳密な公平性でいえば、強い子どもが不当に多く勝つことになるかもしれません。問題は、親が介入するからといって公平さを保証できるとは限らないことです。親の介入は、事実がどうであれ最終的な決定権を持つ、より強力な人物を葛藤の中に参戦させることになります。結果的に上の子が下の子に見せつけようとしているのと同じ、ある種の独断的な権力を、親自身も上の子に振りかざしているといった事態になりかねません。強い方の子どもの権力を阻止しようとする親の行動は、「私の『言うこと』に従いなさい。『すること』ではなく」というメッセージを伝えてしまっているかもしれません。

　子どもは何とかして、自分で自分の人間関係の問題を解決できるようになる必要があります。当然、子どものこの面での発達において、親が力になることもあれば、妨げとなることもあります。親の役割の一つは、どの子どもにも確実に十分な関心と世話が行き届くようにし、限られた心地良い場所をめぐって、他のきょうだいと競う必要のない環境を整えることです。第6章のトビアスとアンドリューの事例には、過度に偏った親からの介入が原因となって、子どもの情緒面に影響を及ぼした様子が示されていました。特別扱いされている子どもが自分本位のいじめっ子になり、親は絶対に自分を守りに来てくれると自信満々になることがあります。特別扱いをされない子どもは隠れたいじめっ子になって、親がそばにいないときは好き勝手に攻撃的な行動をするかもしれません。あるいは怒りや恨みを抑えた結果、のびのびとした感情や表現の自由が妨げられるかもしれません。

　もちろん、親が介入すべきときはあります。最初に紹介した、サラがロビンをぶった場面において、父親がサラに厳しい声で「ロビンに腹が立って注意をするのはいいが、ぶってはいけない」と言ったのは正しい行動です。それから父親はロビンに「お姉ちゃんを一人で遊ばせてあげなくちゃ」と話して、ロビンをサラの部屋から連れ出しました。この介入は簡潔で的を射ており、異なった発達段階にある、それぞれの子どもに対して向けられたものでした。どちらの子どももこの体験から何かを学んだと言えます。

　親は、小競り合いが叫び放題や取っ組み合いといった大戦争に発展する恐れ

がない限り、介入を控えるのがベストです。堂々とした簡単明瞭なやり方で介入することで、親は葛藤解決における重要な価値観を体現していることになります。子どもは、自分はネガティブな感情をコントロールすることができること、そして不当な扱いを受けた当事者全員にとって公正で公平な解決策を探ることができることを学ぶのです。親は、最初のうちは仲介者の役割を引き受ける必要があります。子どもは次第にその役割を内在化し、自分でそれを実行するようになるのです。

夫婦間の不和

　両親が目の前で言い争っていると、子どもは不安な気持ちになります。だとすれば、夫婦の口論は子どもがいないときにするべき、ということでしょうか。親は子どもに、夫婦ゲンカを目撃するという苦痛を与えないようにすべきなのでしょうか。

　子どもは時に、自分に適した計らいとは何かを見抜く最高の判定者となります。そこで私は5歳の女の子、リディアに意見を求めました。折しも、この子の両親は少し前に夫婦で辛らつなやり取りをしたばかりだったので、この話題はリディアにとってまだ生々しいものでした。リディアはその質問を真剣に受け止め、少し考え、それからはっきりと確信を持って言いました。「私の前でケンカしてくれた方がいいわ。そしたら、そんなに怖くならないもの。みんなでその話ができるから」

　リディアの答えから、心配事について話し合うことの力をこの子が信じていることがうかがえます。話し合うことを、安心感を得ることと同等と見なしているのです。たとえ両親のお互いへの怒りが手に負えないときでも、トドラーは後で何について言い争っていたのかを話してもらったり、ケンカがひとたび終わって「仲直りをした」と言ってもらったりすることで、安心感を得るのです。

　では、リディアよりずっと幼いトドラーも同じような答え方をするでしょうか。言葉ではっきり言うことはできなくても、おそらく基本的にはリディアと同じ意見でしょう。トドラーは冷たい沈黙や皮肉な口調や暗黙の緊張にとてもよく気がつきます。何かがおかしいと感じるものの、何なのかわからない。両

親がお互いに腹を立てながら、それを見せようとしないでいると、子どもが不機嫌になってとてもわがままになることもあります。感じはするけれど理解ができない緊張を、行動で表現するのです。

　夫婦間の対立がコントロール不能というほどではない場合、両親が口論し合った後に仲直りする姿を目にすることは、トドラーにとって教育上かなり有益です。なぜなら、人生において最も重要な大人である二人がこの過程をたどるのを見て、怒りと仲直りのサイクルについて学ぶことができるからです。この経験によって、自分自身が両親に腹を立て、そして後で仲直りするという出来事を、大局的に見ることができるようになります。

　とはいうものの、夫婦ゲンカの中にはあまりにも激しく長く続くために、それを目撃した子どもの、親への信頼感を揺るがさずにはいられないものもあります。この種のケンカは子どもをおびえさせてしまいます。

　両親がもう愛し合っていないのではないかと思って怖い気持ちになるだけでなく、彼らの最悪の状態（自分たちの激情に没頭し、子どものことに無関心になり、子どものニーズに応えることができない姿）を目にすることになってしまうのです。取り乱してわめき声を上げる、あるいはそれ以上に見苦しい両親の姿は、子どもの心の奥深くにある捨てられる恐れ、愛されなくなる恐れを呼び起こします。子どもの頃に一番怖かった出来事として、騒々しく制御不能な両親のケンカを思い出す大人は多いものです。

　子どもという存在は、お互いの違いを、破壊的な方法ではなく建設的な方法で乗り越えようという親の強い決意と意志を必要としています。敵対し合うケンカは、まさにその本質上、この姿勢に疑問を投げかけるものです。意識の高い子育ての要素には、両親のお互いに対する行動が子どもにどう影響するかに気づくこと、そして子どものために激しい感情を調節するよう努力することも含まれるのです。

　こうした努力が失敗に終わった場合には（実際、そういうことはあるものです）、親は自分たちの注意をケンカがもたらす余波に向ける必要があります。怖い気持ちを認める、安心感を与える、いっそのこと「ママとパパが悪かった」と言って家族で抱き合う、次はもっとうまくいくよう努力する――こうした道のりの全てが、願っても取り返しのつかない出来事から受けるダメージを食い止めるために、有効かもしれません。

トラウマとなる出来事が起きたとき

　認めにくいことではありますが、幼い子どもはより年長の子どもに比べ、生命や身体的・情緒的統合性を脅かすトラウマ的な出来事にさらされるリスクが高くなっています。トドラーの心と体を傷つける恐ろしい出来事には、事故（落下、やけど、自動車事故、犬に噛まれること、溺水、有害製品の摂取）、家庭内や地域で生じる大人同士の暴力や、子どもに対する暴力の目撃、家族や外部の人による言語的・身体的・性的虐待、無残な死による愛する人の喪失などが含まれます。トドラーやその家族の人生にこうした状況が生じる割合は非常に高く、それらが子どもの身体的・情緒的健康を害する可能性は十分に立証されています。そのため、アメリカ小児科学会（American Academy of Pediatrics）は小児科医に、健康状態について調べるのと同じくらい定期的に、こうした出来事が発生していないかを調べるよう勧めています（www.canarratives.org; www.aap.org）。

　アメリカ国立子どもトラウマティックストレス・ネットワーク（National Child Traumatic Stress Network）によれば、トラウマ的な出来事には、以下のようなものがあります。①自分が深刻なケガを負う、または他の人が深刻なケガを負うか亡くなるのを目撃すること。②自分または他の人が、深刻なケガや死の差し迫った脅威にさらされること。③自分の体の侵害という脅威を経験すること。こうしたタイプの体験は全て、恐怖、戦慄、無力感といった圧倒的な感情を引き起こします。トラウマ的な出来事のうち、単回性で長くは続かないもの（たとえば、自然災害、襲撃、銃撃、誰かの突然で暴力的な死など）は、「急性」だと考えられます。また、それらの出来事が長期にわたって繰り返し発生する場合は「慢性」となることもあります。

　トラウマ的な出来事が起きた瞬間は、強烈な感覚（振り払うことのできない、恐ろしい光景、音、匂い、動き）に圧倒されたような感じがします。こうした出来事が起きるのはほんの一瞬のことかもしれませんが、その影響は非常に長い間続くこともあります。そしてそれは、トラウマを受けた人のありとあらゆる機能、たとえば、自分が安全だと感じられる気持ち、他者への信頼感、注意力、集中力、学習能力などに悪影響を及ぼします。こうした反応は、生まれたときから、年齢に関係なく生じる可能性があります。

子どものトラウマ性のストレスは、体験したことを処理する力が圧倒される
ほどの衝撃的な出来事に直面したときに生じます。年齢、気質、周りから得ら
れる情緒的なサポートのいかんによって、子どもはトラウマ性のストレスに対
しさまざまな反応を見せますが、共通して見られる特徴は、トラウマとなった
出来事を思い出させる状況や物に対して、苦痛を表したり、それを避けて心の
うちに閉じこもったりするなどのさまざまな激しい情緒反応を示すことで、自
分を必死に守ろうとすることです。このようにトラウマの出来事を思い出させ
るものは、「トラウマの引き金」と呼ばれます。[21]

トドラーの場合、トラウマ性のストレスには発達段階に関連した特定の症状
が見られ、次の4つの行動群に分類されます。それは、再体験、回避、陽性感
情の抑制、過覚醒です。こうした反応がどのような組み合わせで表れるかには
個人差があり、子どもの気質や、その他まだはっきりと解明されていない要素
によって変わってきます。

- 再体験：遊びや行動にトラウマの何らかの側面が再現される。繰り返し悪
  夢を見る。その出来事を思い出させるものに対し、深刻な苦痛や生理的反
  応（顔色の変化、速い呼吸）を示す。その出来事にとらわれるあまり、何度
  もそれについて尋ねたり話したりする。その出来事を思い出させるものへ
  の反応として、硬直したり、ぼんやりと「上の空」になったりする、など。
- 回避：トラウマの出来事を思い出させる人、場所、活動、会話を避けよう
  とする、など。
- 陽性感情の抑制：対人的なやり取りから引きこもったり、喜び、興味、い
  きいきした様子が抑制されたり、恐れや悲しみを感じやすくなったりする、
  など。
- 過覚醒：就寝時の困難（寝るのを嫌がる、寝つけない、繰り返し目が覚める）、
  注意散漫と集中困難、危険のサインがないかを探るような周囲に対する
  過剰な警戒心、過度の驚愕反応、癇癪、怒り、こだわり、イライラの増加、
  など。

子どもがトラウマ的な出来事を体験したときに、親が受ける誤ったアドバイ
スとして最もよくあるものの一つに、「親がそれについて話さなければ、子ど

もは起きたことを忘れるものだ」という類いのものがあります。多くの優れた研究の結果から、これは真実からかけ離れていることがわかっています。[22]トラウマ的な出来事は、子どもの世界をひっくり返してしまいます。親や養育者が自分のことを守ってくれるはずだという予測はもはや当たり前のことではなくなり、トラウマを受けた子どもは、それに応じて世界に対する取り組み方を再構成しなければならないのです。乳幼児から就学前の子どもまで、子どもというのは圧倒されるほどの怖い体験を覚えているものですが、それは危険を記憶してそれに対応することが、進化の観点から見れば生存のために得策だからです。細部まで正確には覚えていないかもしれませんが（たとえば、誰のせいで何が起きたかを理解していない場合もあります）、そのときの恐怖や痛みははっきりと覚えており、その出来事が再び起きたときに自分を守るための手段を講じようとするのです。

ここに挙げた反応の中には、眠っているときでさえ「危険のサインはないか」と周囲をチェックし、再びトラウマ体験に遭うことを避けようとする子どもの努力の表れと言えるものがあります。こうした反応が見られることからわかるのは、意識の外で働き、危険のサインに自動的に反応する脳の部位が活性化しているということです。脳のこれらの領域は、トラウマの出来事の後、慢性的に活性化された状態になります。その結果、ごく中程度のストレス源に対してすら、過覚醒や過剰な情緒反応を示すようになることがあります。トラウマ性のストレスに対する反応としては他にも、なぜ、どうやってその出来事が起きたのかを理解するために、遊びを通して表現したり、繰り返し質問したりしてそれに意味づけをしようとする、原因だと思われる人物を罰しようとする、その出来事を心強い「ハッピーエンド」で終わらせようとする、といった子どもの努力が映し出されているものもあります。

トドラーの多くは、トラウマの出来事から何事もなく回復します。恐ろしいことが起きたことを大人が認め、子どもを安心させ、安全の確保に努める場合は特にそうです。回復がより早いのは、トラウマの出来事が一時的なもので、親や養育者による有害な行為が絡んでおらず、安全がすぐに取り戻せた場合です。トラウマの出来事が繰り返し起きる、トラウマの発生に親や身近な養育者が関わっている、危険がなかなか取り除かれないといった場合、子どもは先に挙げた症状がより激しい形で表れ、深刻で長期にわたる影響を被る可能性が高

くなります。

　子どもは親や自分を世話してくれる大人から、自分が体験したトラウマの出来事について認め、それに名前をつけてもらう必要があります。自分が感じている恐怖は妥当であり、自分の安全は大人にとって重要なことだと確信するためです。大人は時々、希望的観測に走り、子どもはまだごく小さいからトラウマの出来事なんて気づかない、または覚えていないはずだと考えることがあります。あるいは、大人自身がその出来事によりトラウマを受けており、トラウマに対処しようとしている子どもに寄り添う情緒的余裕を持ち合わせていないこともあるでしょう。幸い、幼い子どもとその親が、トラウマの出来事の後も回復して健康に暮らしていくのに有効であると証明された、効果的な治療も存在します。たとえば、子ども－親心理療法（Child-parent psychotherapy: CPP）は、子どもの遊びと親子の自発的なやり取りを活用して、トラウマを受けた幼い子どもに、トラウマの体験を表現し、それについて話せる情緒的な間（スペース）を提供したり、実際に起きたことについての誤解を正したり、親が子どもに保護的に対応する手助けをしたり、親子が一緒にいるときの安心感と信頼感を再構築できるよう導いたりするものです。[23, 24] 子どもが理解する必要があるのは、トラウマの出来事を覚えているからといって、それが再び起きるわけではないということです。トラウマを思い出させるものに子どもが出くわし、感情が高ぶったとき、これは前に起きたことを思い出しているのであって、今は安全だ、と落ち着いて説明してあげることで、子どもはとても安心します。子どもも親も同じく、もしそれがつらい体験だったとしても、「語り得ぬものを語る」ことで、最初は圧倒されるほどの出来事だったものが対処可能なものに変わるとわかれば、安心した気持ちになるのです。

「しつけ」は本当に必要？

　この問いは、トドラーを持つ親から一番よく尋ねられる質問です。これは隠れた願望から促された問いであることがよくあります。「もし子どもが愛され、理解され、きめ細かく世話をされているなら、しつけなど必要ない。子どもは自然に愛情深く、親の望みに応えてくれる子になるだろうから」と言ってほし

いという願望です。

　残念ながら、人間というのはそんなに単純ではありません。子どもは親のク
ローンではありませんし、子どもにだって自分自身の望みやニーズ、計画があ
ります。これらが家族全体のもっと大きな利益とうまくかみ合うこともありま
すが、多くの場合はそうではありません。自分のある行動が、好ましくないも
の、許されないものだったとき、子どもは親の対応から学びを得る必要がある
のです。

　しつけが本領を発揮するのは、子どもに内的なコントロールを教えることが
できる場合です。どの手法を用いるかは、子どもが発達の過程で身につけてい
るスキルによって異なります。まだ話せないか、やっと話せるくらいの子ども
は、言語を理解することはできますが、親が口で言うと同時に行動を起こして、
子どもの行動を制止したり軌道修正したりすることが、最も子どもの助けにな
ります。それより年長で言葉が話せるトドラーの場合は、内的なコントロール
をする能力がより発達しているため、やって良いことと悪いことを話して聞か
せることも可能です。しかし、年長のトドラーであっても（もっと大きい子ども
も同様ですが）、自分の限界を試そうとすることがあり、結果として親がその行
動は行き過ぎだと教えるべく、直接的で断固とした行動を取らなければならな
いことも出てきます。

　以下に紹介するエピソードには、生後 14 〜 40 ヵ月の子どものそれぞれの発
達段階のニーズに合わせて、しつけの形をさまざまに発展させた様子が描かれ
ています。

> 　1歳2ヵ月のグレッグは活発なトドラーで、目の高さにあるもの全てを
> じっくりと調べることに夢中です。居間にある植物の土を食べたり、コン
> セントの中に指を突っ込んだり、台所の流し台の下にある棚を開けて、ゴ
> ミ箱をあさったりします。床に糸くずや何かの小さな破片を見つけると全
> て拾い上げ、不思議そうに眺めて、それから口に入れます。

　グレッグがしていることは、道徳的に見て何一つ間違ったことではないので
すが、こうした行動は不衛生で、危なっかしく、破壊的と言えます。グレッグ
の両親は思いつく限りの方法を使って、家中に事故・いたずら防止の策を施す

ものの、グレッグはいつも両親が思いもよらなかったものを発見します。この時期はほとんどの親にとって、非常にうんざりする日々です。親は何度も何度も「ダメ」と言って、子どもの注意を何か許容できる活動に向けさせなければならないのです。

　時に、子どもはまるで何も学んでいないのではと思ってしまうこともあるものですが、ちりも積もれば山となる、です。まもなくグレッグは、触ってはいけない物に近づく前に、ためらいを見せ始めるようになりました。それから、そのまま物に向かって前進する前に、親の表情を確認するようになります。こうした行動は、親から禁止されたり行動を変えさせられたりした記憶が、やりたいことをしたいという抑えがたい衝動と競い合い始めたということを示しています。

　この段階は当分続くと思われますが、グレッグは、ゆくゆくは良心に発展する心の働きの基礎を身につけ始めています。グレッグは、自分の行動が正しいか否かを判断して導いてくれる外からの指示を守れるようになることで、この道のりに一歩を踏み出したのです。

　　2歳のジョエルは、両親やお友達に対して腹が立つと、相手に嚙みつきます。このせいで、ジョエルの両親とお友達の両親との間に摩擦が起きています。お友達の両親は、わが子の顔や腕についたジョエルの歯形など見たくありません。今では、ジョエルが怒っていないときでも、一緒に遊びたがらない友達が出てきています。ジョエルの両親も嚙まれるんじゃないかと、息子に近づくのを不安に思うことがあります。

　ジョエルは、ミルクを吸うのを毎回楽しみにしていた小さな男の子ですが、ほんの少し前におっぱいと哺乳瓶を卒業したばかりです。これは本当に渋々のことでした。ミルクを吸う楽しみを手放さなければならなかったことへの怒りが、自分がコントロールできないほどつらい気持ちになったときに、嚙みつくという衝動によって表現されています。あのかつての楽しみを受け止める器だった口が、今や仕返しのための便利な道具になっているのです。

　ジョエルのことを理解することは、この子の行動を大目に見るということではありません。ジョエルの両親は、嚙んではいけないことを息子にきっぱりと

伝え、噛んでしまったときにはその場から息子を連れ出しました。すると今度は、ジョエルは自分を噛むようになりました。この行動が私たちに伝えているのは、ジョエルは親がダメだと言っていることを理解しており、言うことを聞こうとするものの、内的なコントロールという芽生えたばかりのメカニズムに比べると、衝動の方があまりにも強過ぎるということです。

やっと話せるくらいのトドラーが感情に圧倒されているときには、噛みたい、叩きたいという衝動を良い方向へ導く別の選択肢を与えてやることで、親は子どもを手助けすることができます。ジョエルの両親は息子に歯固めを渡して、「これなら噛んでいいよ」と伝えました。ジョエルがこの切り替えに慣れるには少し時間がかかりましたが、1週間ほど経った頃には、嬉々として歯固めを噛むようになりました。この方法は効果的でした。ジョエルは、自分のことも他の人のことも、噛むのをやめたのです。

ジョエルの内的なコントロールがその後も発達中であることは、1年後に明らかになりました。3歳になり、新たに話す能力を身につけたジョエルが、新生児の弟を見て言ったのです。「ママ、噛みつきたいって『思う』のはいいけど、本当に噛みついちゃダメ、ってことだよね？」。噛みつきたいという望みは相変わらずすぐに再浮上してくるのですが、今ではもう、やってはいけないとわかっていることは、自分からせずにいられるようになりました。良いことと悪いことの感覚、つまり良心を内在化し始めているのです。

　2歳6ヵ月のソーニャは、両親と、夕食会に招かれた4人のお客さんと一緒に食事をしています。ソーニャが大きな声で歌い始めたので、大人たちは会話を続けられません。母親が娘に調子を合わせて、注意をお客さんからそらし、数分間一緒に歌ってあげます。母親が大人同士の会話に戻ろうとすると、ソーニャは「一緒に歌って！」と金切り声を上げます。母親は面食らって、また一緒に歌い出します。父親は「そんなに大きな声で歌うなよ」と言いながらも、耳を傾けています。みんなの注意がソーニャに向いています。この状態が、その後30分間続きます。ソーニャは両親が大人同士の会話に戻ろうとすると必ず大声で抗議し、娘がそうするたびに、母親はまた一緒に歌い始めます。お客さんたちは硬い笑みを浮かべて、大人同士の会話を続けたいという思いと、ソーニャの幼さを考えれば、この

　この場面をどのように考えるべきでしょうか。大人は、注目を浴びたがる小さな子どもに合わせてあげるべきでしょうか。夕食会に訪れた客が、子どもを前にして大人同士の会話をしたがるのは理不尽なことなのでしょうか。

　人によって対応の仕方はさまざまかもしれませんが、生後30ヵ月ともなれば、誰にでも自分の順番というものがあるのだと理解することはできます。ソーニャが最初に大きな声で会話を遮ったときに、両親がもし「もっと声を小さくしないと、みんなの耳が痛くなるよ」と言っていたら、そして数分間だけ一緒に歌った後で大人同士の会話に戻ったなら、ソーニャはこの出来事から、自分はその場にいる参加者のうちの一人であって、自分一人だけでそこにいるわけではないということを学んだことでしょう。

　もちろん、社交的な場では双方に注意を向ける必要があることを、ほとんどの親はわかっています。それで、片耳と片目は子どもの相手をするのに使い、もう片方の耳と目は他の人とのやり取りに向ける、という具合にするでしょう。これはトドラーを育てるうえで、最も疲れる点の一つです。うんざりするものではありますが、親が双方に注意を向けることが、社交の場での新参者の振る舞いを子どもに教えるためには、必要なことなのです。

　3歳4ヵ月のシンシアは、気分のさえない午後を過ごしています。両親が今晩出かけると知ったばかりなのです。顔見知りで懐いている10代の女の子と一緒に過ごす予定ですが、シンシアは両親の外出を自分への嫌がらせだと捉えています。お見送りに備えて自分が心構えをするための事前通知的な行動を起こす代わりに、いきなり全面的なゲリラ攻撃に打って出て、行かないでと母親を説得します。約20分おきに、「行ってほしくない」と言ってすすり泣くのです。シンシアは気持ちを言葉にする能力がずば抜けて高いので、自分の内的体験を見事にこと細かに説明します。「ママのこと、すごく恋しくなっちゃう」「どうして私を置いていくの？」「すごく悲しくなるわ」

シンシアの母親は、娘が味わうであろう体験について考えると、自分も悲しい気持ちになると同時に、こんなに詳細につらさを説明して母親に罪悪感を抱かせようという娘の早熟な才能に、自分が操られているようにも感じます。母親はこうした2種類の思いに引き裂かれ、「娘はきっと大丈夫だ」という前向きで安心した気持ちと、「落ち着きなさい。メソメソするのはやめて」と諭したい気持ちや、実際にはやらないものの、「文句を言うのをやめないなら、自分の部屋に行かせるよ」と脅したい気持ちとの間を、行ったり来たりしました。シンシアの行動は衰えることなく続き、ベビーシッターが到着して両親が出かけようというときになると、ますますエスカレートします。母親にしがみつき、「行かないで！」と叫び声を上げるのです。

　シンシアの母親は、不安を抑えるのに手こずっている娘の現状を無意識のうちに助長してしまっていると言えます。娘の文句にどっちつかずの態度で対応しようとするせいで、シンシアに、今晩の外出は本当に問題のあることなのだと母親も同意している、と解釈させてしまっているのです。

　シンシアにとっては、ここまで物わかりの良い対応でない方が助けになります。「離れていてもあなたは大丈夫」「親は出かけてもかまわない」ということを、母親の側が自信を持って主張できることがシンシアには必要なのです。こういう状況でこそ、社会化のアプローチが、子どもに自己コントロールを身につけさせるのに有効なのかもしれません。

　さて、こう尋ねる人もいることでしょう。「母親に自分の行動を反対されたら、シンシアは罪悪感を覚えるのでは？」。もしそうなら、3歳4ヵ月で罪悪感を持つ力があるということは、シンシアが情緒的に発達している十分な証拠となるでしょう。子どもは成長に伴い（大人も同様ですが）、何か他の人には受け入れられないことをしたときには、自責の念を体験する必要が出てきます。罪悪感は、何か具体的に周りに悪影響を与える行動をしたことに対して感じる場合には、役に立つ感情です。不健康なのは、何に対しても罪悪感を覚える場合、たとえば常に自分は何か悪いことをしているのではないかと心配し、自己主張する能力を抑制してしまうようなケースだけです。

　この件に関しては、同年代の子どもや年長のきょうだいの方が、親よりも良い先生となることがあります。彼らは「そんなことをされるのはイヤだ」とストレートに表すので、言われた子どもはこの反応から学ぶわけです。親はしば

しば、もし難色を示したり優しさを引っ込めたりしたら、子どもが罪悪感を覚えたり、自分は愛されていないと感じたりするのではと心配し過ぎることがあります。そのため子どもがどんな行動をしようと、依然としてかわいらしくて仕方がないとでもいうように振る舞おうとします。ところが、そんなことは実際あり得ないですし、親も子どももそんなことを本気で信じてはいません。好ましくない振る舞いを目にしても慈悲と慈愛の心は揺るがぬ、という見せかけは、実はとても悪い影響をもたらします。なぜならそれは本心ではないし、しかも子どもはそれを見抜くからです。偽りのない感情こそが、自分の行動が他の人にどんな影響を与えるかを子どもが理解し、内的なコントロールを身につけるうえで重要な要素です。

　要約すれば、トドラーが社会的能力を身につけて情緒的に健康な一人の人間になるためには、子どもがネガティブな感情を調整し、上手に抑え、良い方向に切り替えるための何か別の方法を見つけられるよう、親がサポートすることが必須だということです。まだ言葉が話せないトドラーは、叩きたい、嚙みたいという衝動を、他の人を傷つけることのない活動に向ける必要があります。たとえば、ハンマーを使って、赤ちゃんではなくおもちゃのベンチを打つ、友達ではなく歯固めを嚙むなどです。言葉が使えるようになるにつれて、子どもはより適切な行動を取れるようになるはずだと親は思うかもしれません。自分の気持ちを行動ではなく言葉で表現することを子どもに期待するでしょうし、それができなければ、親は眉をひそめるでしょう。しかし、言葉が話せるトドラーに対してでも、好ましくない振る舞いを減らすために積極的に行動に出ることも時には必要です。シンシアの例に示されているように、話す能力の高い子どもは、しつこくせがむという形で自分の気持ちを話すことがあります。親が子どもの言葉によって打ちのめされたような気がしたら、人を傷つけるような身体的な行動を止めるのとまったく同じように、言語的な不適切な振る舞いについてもきちんと制止するのが適切な対応と言えます。

　明確な指針を示すことは、親子のパートナーシップを脅かすどころか、実は強化してくれます。パートナーシップの土台となっているのは、幅広い感情を包み込む能力と、それぞれが精一杯闘ったのならお互いの調和が損なわれることはない、という認識なのです。

社会の変化に対応するには ── スクリーンタイムについて

　いつの世代の親子も、日常生活の中で社会の新しい風潮や新しい商品の登場によりもたらされる影響に、うまく適応する道を見つけるものです。スクリーンタイム（スマートフォンやパソコンなどの画面を見る時間）とソーシャルメディアも、そのように最近になって新しく登場したものですが、ごく幼い子どもが利用することのリスクや利点に関して、激しい議論を巻き起こしています。多くの情報源がさまざまな提言を発信していますが、幼い子どもの健康、人間関係、認知機能への悪影響に関する心配は、その中の最大のテーマです。しかし、このような心配を支持する方法論的に妥当な長期的研究があるわけではありません。さらにこうした提言は、親自身の生活におけるスクリーンタイムの位置づけとかみ合わない部分が多いのです。スクリーンメディアは至るところにあるため、今や、幼い子どもが一日の多くの時間を過ごす家庭またはそれ以外の場所において、なくてはならない環境の一部となっています。親子は画面上でいろいろな操作をしながら楽しいやり取りを頻繁に行ないます。スクリーンタイムは、本を読んだり、積み木で遊んだり、パズルをしたりするのと同等に、親子が一緒にいるときの時間の過ごし方として新しい選択肢の一つになっているのです。

　こうしたスクリーンメディアの画面には、何やら赤ちゃんさえも魅了するような催眠作用があるように見えます。少し前に私が飛行機でアメリカを横断したとき、生後 8 ヵ月の赤ちゃんが、最初は母親のひざの上、続いて祖母のひざの上で、さまざまなおもちゃで遊んだり本のページをめくったりしていました。ママやおばあちゃんが代わるがわる読み聞かせをしてくれている間、赤ちゃんは本の絵に注意を向けたりもしていました。時間が単調に過ぎていくにつれ、すっかり食事

もお昼寝も済んでしまった赤ちゃんは、それまでもう十分に行動が制限されていたので、ぐずったり身をよじらせたりし始めました。大人が機嫌を取ろうとどんなに頑張っても、全て拒絶します。そのときです —— 母親はハンドバッグの中から携帯電話を取り出して、画面を息子に見せました。効果はてき面でした。赤ちゃんはママと一緒に画面をのぞき込みながら、その表面を軽くタップし始めました。しばらくすると赤ちゃんは再び、本を読み聞かせられる状態に戻りました。これと似たような場面は、多少の違いはあれど世界中のレストランや公共の場において、乳幼児や就学前の子どもとのやり取りの中で繰り広げられています。

　たまに、子どもの「スクリーンタイム」の中での体験や学びと、「リアルタイム」（現実の世界）における体験や学びとが区別して議論されることもありますが、これは無用の区別と言えるかもしれません。どの時間もリアルタイムであって、子どもがどこかの場所で学んだことが、別の場所で一般化できる場合もあればできない場合もあるでしょうが、何かしら世の中のことについて学んでいることには間違いありません。スクリーンメディアの画面は、おもちゃや本と同じくらい「リアル」ですが、そのさまざまな特性を子どもは探索し操れるようになります。トドラーにスクリーンメディアを使わせる親はよく、「子どもを取り巻くデジタルの世界には、成長すれば長けておく必要があるだろうから、今のうちから備えさせたい」と説明します。この視点は重要です。親は赤ちゃんが生まれて最初の数ヵ月は、人とのやり取り、人との関係作り、早期教育の手段として本を取り入れることを繰り返しアドバイスされますが、このアドバイスで言っていることと、デジタルツールを早いうちから導入することには、はっきりとした類似点があると感じる親は多いのです。

　スクリーンメディアが何のために用いられるかということも、議論のテーマとなっています。楽しみのためでしょうか。何かを学ぶためでしょうか。それとも親の息抜きのためでしょうか。ほとんどの親から返ってくる答えは、おそらく「その時々で、どれもあり得る」でしょう。子どもができる活動の中で、スクリーンメディアだけを特別扱いする必要はありません。実際のところ、トドラーがいつ、どのように誰と画面を触るかを判断する際、最も妥当な指針となるのは、おそらく親の価値観や良識ではないでしょうか。

　親は子どもと一緒にどうやってデジタルツールを利用するかについて、ブロ

グやその他のコミュニケーション手段を通じて積極的に学んでいます。ロンドン・スクール・オブ・エコノミクス（London School of Economics）は、『家族とスクリーンタイム：最新アドバイスと新たな研究』（*Families and Screen Time: Current Advice and Emerging Research*）という報告書を発表しています。これには、さまざまな機関が現在推奨している内容に関する検証結果や、スクリーンタイムについてどう考えているか、実際にどうしているかを親にインタビューした結果が紹介されています。その要点を以下に箇条書きにしてみたいと思います。[25]

- スクリーンタイムに関する親へのアドバイスは、リスクと弊害に注目するものが主で、学習、創造性、人とのつながりといった、デジタルメディアが持つ可能性について述べたものは、ほんのごくわずかである。
- 親がどのようにメディアを使うかは多種多様である。使用を制限している親もいれば、子どもと一緒に使って、内容についていろいろと会話をする親子もいる。
- スクリーンタイムの時間の「長さ」に注目する代わりに、その「状況」（いつ、どこで、誰と、どのようにデジタルメディアにアクセスするか）、「内容」（何を見ているか、または使っているか）、「関係性」（メディアを使うことによって、人間関係が促進されているか、損なわれているか）について考慮する方がより有益である。
- 親へのアドバイスの多くは一般論に過ぎず、親が判断基準とすべき子どもの年齢、興味や、時間やお金などの条件から見て利用可能なリソースについては考慮されていない。
- 公共政策や産業界は、親の判断をサポートする役割を担っている。この役割には、子どもに関わる専門家（例：教師、医療関係者）にトレーニングを提供し、親に有用なアドバイスができるよう養成する、不適切な内容のものに子どもができるだけ触れないようにする、「教育的」だとして販売されている商品について、本当にその表示が適切かどうか第三者による評価を受ける、ということが含まれる。

報告書では、親に対して次の5つのアドバイスをしています。

1. 親は自分自身の経験、価値観、専門知識を活用して、デジタルかどうかにかかわらず、子どもが新しい技術に臆することなく、それを身につけるためのリソースとなり、また子どもが建設的でバランスの取れたデジタル習慣を身につけるお手本の基盤となるとよい。

2. 子どもが乳児期から思春期までの間、親は子どもをサポートしながら、年齢、興味、ニーズに応じてやり方を変えていく必要がある。

3. スクリーンタイムを制限することで何らかのリスクを避けることが可能かもしれないが、学びの機会を限定してしまう可能性もあるということを、親は理解しておく必要がある。このことを自覚していれば、自分の判断を適宜調整しやすいだろう。

4. 親は他の親がやっていることと「歩調を合わせよう」とするよりも、躊躇なく自分自身のやり方を磨いていく方がよい。デジタルメディアをどう利用するかにおいては、どの家族にも独自の取り組み方があるものだから。

5. 子どもがデジタルメディアを使うことを、頭から問題だと決めてかかるべき根拠はない。親は気まぐれに時間制限をするよりは、以下の指針に沿って、スクリーンタイムに関わる状況、内容、関係性について考えてみるとよい。①子どもは身体的に十分に健康で、しっかり睡眠が取れているか。②子どもは家族や友達と社会的なつながりを持てているか。③子どもは学校や保育施設に通っているか。④子どもの興味や活動の幅は広いか。⑤子どもはデジタルメディアを使っているとき、楽しみ、学んでいるか。

　ゼロ・トゥ・スリーのウェブサイトでは、特に乳児およびトドラーを持つ親を対象として、デジタルメディアの使用と親の関わりのバランスの取り方を盛り込んだアドバイスを提供しています。その中には、親が幼い子どもと一緒になって、積極的な「全身を使った」「3次元の」メディアの使い方をすることが挙げられています。たとえば、メディアを一緒に見る、見ている内容について話をする、子どもに質問をする、見た場面を実際にやってみる、お気に入りのキャラクターと歌ったり、踊ったり、一緒に体を動かしたりする、一緒に画面上のゲームをする、忍耐と粘り強さについてのお手本となったり、失敗から学べたりするようなゲームやアプリケーションを使う、などです。[26]

子ども向けの内容のものは、子どもに見せる前に親がチェックして承認する必要があります。親はつい無料アプリケーションをダウンロードしたい気持ちになることがよくありますが、やってみたら中身が広告だらけだったり、子どもがアプリケーション内課金をできてしまうタイプのものだったり、子どもには不適切だと親が思うような題材だったりすることがあります。あらゆる年齢向けのコンテンツをレビューし評価をつけているコモン・センス・メディア（Common Sense Media）などによる指針は、たくさんの選択肢を見て回るのに便利です。そのコンテンツが、たとえば、保育園に行くことや人とバイバイすることをテーマにした歌やアプリケーションなど、子どもと家族に関係のあるテーマを扱った内容である場合、デジタルメディアは学びや発達を促すのに役立ちます。

　親自身がどのようにメディアを使うかは、自分の子どものメディア使用について判断するうえで重要なポイントとなります。最近の親の中には、他の親からのアドバイスやサポートを求めるため、あるいは仕事や社会生活のために、携帯電話、タブレット、アプリケーションに頼る人が数多くいます。親自身の生活の中でデジタルメディアが中心的位置を占めているという事実は、子育てにも波紋を投げかけます。というのも、幼い子どもにとって、親がすることほど強力に魅力的なことは他にないからです。模倣は称賛の最高の表れで、もし親が画面に没頭しているのを見たら、子どもは自分も親みたいになりたいものだから、今すぐに同じことをしたいと思うでしょう。トドラーにどうやって社会に適した形でスクリーンメディアを使わせるかについて考える際には、親は自分が下す判断に、自分自身の使い方がどう影響しているかを考慮する必要があります。

　子どものデジタルメディアの使用に関する研究の変遷を、家庭生活に大きな変化をもたらした他の３つの社会過程（働く母親の増加、幼い子どものフルタイム保育利用の増加、親の離婚の増加）と比較した場合、その類似性は注目に値します。どうやら、研究を行なう際の最初の反応として、「社会の変化にはリスクが伴う」という仮定があるようです。上記の３つのトピックのいずれについても、研究の第一波では欠陥モデルが採用されました。そして、この３つに関する研究において、最初の数年間に検証された仮説は、以下のことを前提にしていました。全体として見ると、「母親が働いている子どもは、母親が家にいる

子どもほど順調に育っていない」「保育園などを利用している子どもには、家庭で保育されている子どもよりも多くの問題行動が見られる」「親が離婚した子どもは、全体的に、そうでない子どもよりも心身の健康不良や学業不振が見られる」。しかし研究結果は、こうした仮説の前提を裏づけるものではありませんでした。結果で示されたのはこうした欠陥ではなく、非常に多種多様な子どもの反応だったのです。予想していたネガティブな結果が見られなかったため、研究者は子どもの反応に影響する要因（たとえば、子ども、親、家庭環境における個人差など）を考慮した、より洗練された研究方法論を用いて、子どもの発達のさまざまな側面を予測しようとしました。最近では、「働く母親」「保育の利用」「離婚」などという何か一つの要因と子どもの機能との間には、単純な因果関係はまったくない、ということで意見が一致しています。これら３つの状況の全てにおいて、子どもの機能に最も関連が深いと見られるのは、親子関係の質、親の社会的および精神的健康、家庭内の情緒的雰囲気といった要因です。家族はそれぞれ、さまざまな形で新しい環境に適応します。子どもの幸福を最も適切に予測する要因は、この適応の質と、親が自分や家族のために何か判断を下す際に子どもの発達のニーズと個性をどの程度まで考慮するか、ということなのです。スクリーンタイムも例外ではありません。それどころかスクリーンタイムは、親には自分自身のニーズや習慣と子どもの利益とのバランスが取れた、賢い判断ができるのだということを、研究者や子どもの専門家に率先して教えることのできる例として、最新のものと言えるでしょう。

第 9 章

親が離婚することになったら

　家庭内の不和や親の離婚によって、トドラー（1、2、3歳児）は大きな影響を受けます。ある生後18ヵ月の小さな男の子は、ケンカしている両親の間に立って、「やめて」と叫んでいました。両親が離婚した後、その子はいつもその場にいない方の親を涙ながらに呼ぶのです。父親が母親の家に息子を送り届けると、その子は父親にしがみついて帰らせません。父親が何とか去っていった後、この小さな男の子は母親を叩き、床に身を投げ出して大声で泣き、母親が慰めようとするのを怒って振り払います。これが何週間も続きました。両親がそろって、自分たちはこれからもずっとあなたを愛しているし、必ずあなたのところに戻ってくるからね、と言って十分に励ました後に、ようやくこの子の苦しみは和らぎました。

　トドラーがみな、この子と同じようにはっきりと苦痛を表現するわけではありません。一人ひとりの気質だけでなく、子どもにネガティブな感情表現をさせることを親がどれだけ不快に思わず受け止められるかが、その子ども独自の痛みや怒りや恐れの表し方を大きく左右します。大人はごくわずかな手がかりから、子どもの心の最も奥深いところにある感情を、少しずつ集めなければなりません。

　どれだけすんなりと自分の苦しみを表現したとしても、どの子どももある程度は、両親が別れたら自分はどうなるのだろうと心配していると思って間違いありません。自分の世界そのものだと思っていた家族のまとまりが、今や壊れてしまい、いなくなった親のことや、いつも家族でやっていたお決まりの習慣

を思い出し、寂しく思うものです。今に自分も捨てられるのではないかと心配します。出ていった親にも残った親にも、それぞれに異なる理由で怒りを覚えます。

　このような子どもの苦悩を思うと、離婚する親は後ろめたさや後悔を感じずにはいられないものだと思いますが、しかし罪悪感にさいなまれる必要はありません。長い目で見れば、親同士の怒りや緊張、よそよそしい態度を日常的に目撃しないで済む方が、子どもにとっては幸せと言えるかもしれません。追跡調査の結果によると、両親が離婚した子どものほとんどは、両親が子どもに波長を合わせ、自分自身が苦しくても変わりなく情緒的に子どもに寄り添っている場合には、健康に発達するといいます。メイヴィス・ヘザリントン（Mavis Hetherington）は、1400家庭の2500人の子どもを対象に3つの長期的研究を実施した、離婚研究の第一人者ですが（中には32年間の長きにわたって研究された子どももいます）、その何十年にもわたる経験を総括する中で「親の離婚に対する子どもの反応には、非常に大きな多様性が見られる」と強調しています。それは次のとおりです。

　　　離婚についての研究を始めたとき、私はほとんどの研究者と同様、離婚を病理として捉えたモデルで見ていた。家族の、特に子どもにとっての離婚による有害な結果に注目していた。離婚した家族を35年間研究した今、私が感銘を受けるのは、有害な結果の必然性ではなく、離縁に対する親や子どもの適応の仕方が、いかにさまざまであるかということである。離婚は家族成員にストレスの高い、生活の変化や困難をもたらす。しかしまた、葛藤的・虐待的な不幸な家族環境から脱出するきっかけや、より充実した新たな人間関係を築くチャンスや、個人的成長や個性化の機会を与えてくれるものであるとも言えるだろう。

　本章では、子どもの反応がこのようにさまざまであることの原因に焦点を当て、親の離婚という困難を、親子が乗り越えるのに役立つツールを提供します。離婚に対するトドラーの反応の中には、自分の身の回りで起きること全てにおいて、自分をど真ん中に据えて考えるという、幼い子どもの特性が原因で生じるものもあります。幸せな生活を送っており発達も良好な、ある小さな女の

子が、動物園でライオンがほえるのを見て、考え深げに言います。「あのライオンがほえているのは、私を朝ご飯にしたいからよ」。ライオンにはライオンなりの理由があってほえたのだということは、この子どもには想像できませんでした。子どもにとっては、ライオンの印象的なアピールは何らかの形で自分に関係していないとおかしいのです。こうした発達早期に見られる思考の特徴を、スイスの臨床心理学者であるジャン・ピアジェ（Jean Piaget）は「自己中心性」と呼びました。それは、幼い子どもが自己中心的でわがままだからではなく、出来事に対する自分自身の反応を通して、主観的に物事を理解するからです。因果関係の理解は、その子どもがそれを自分で引き起こせるかどうかをめぐって展開します。そのため幼い子どもはある出来事に対し、それが自分にどう影響するかという観点から反応します。つまり子どもは、その出来事の現実または想像の結果を、自分自身に当てはめることによって判断しようとするのです。この初歩的な論理形式に基づいて、親の離婚に関する子どもの言葉にならない（また言葉にできない）一連の連想は、おおよそ以下のように進みます。

- 「もし、パパが出ていっちゃったんなら、誰でもどこかに行ってしまうことがあるってことだ。もしそうなら、ママも僕を置いていくかもしれない」
- 「もし、ママがもうパパのことを好きじゃなくなったんなら、ママは僕のことも好きじゃなくなるかもしれない」
- 「もし、ママとパパが怒って、もう一緒に暮らしたくないと思ったんなら、ママとパパが僕に怒ったときだって、二人とも僕と一緒に暮らしたくないって思うかもしれない」

こうした推測は、もちろん正確なものではないのですが、それでも心情的には説得力があります。両親の離婚を経験するトドラーは、人間関係は壊れやすいものでもあり、愛情と献身の絆が必ずしも持ちこたえるとは限らないという苦い現実を、あまりにも幼くして知り始めているのです。

　ママとパパ（または同性カップルの親）はいつも必ずそばにいてくれるという基本的な信頼が一度揺らぐと、他の不安もそれに続いて出てきます。芽生え始めた空想力によって、実際に体験している現実よりももっと恐ろしいシナリオを想像できてしまいます。両親のケンカで怖い思いをしたある子どもは、野生

動物に襲われるという空想をしました。親権争いの真っただ中にいるある子どもは、見知らぬ人に誘拐されるのではないかと恐怖心を抱きました。離婚する親は、個人的な苦悩の渦中にあって、2つの主要な困難に直面します。1つは、子どもの利益を自分の個人的な望みよりも優先し、しかもこれらを混同しないこと。もう1つは、行動や言葉を通して、もう一方の親と協力しながら子どもにこう伝えることです。「自分たちは別れてしまうかもしれないが、心の中ではあなたのもとを去ることは決してないのだから、これからもあなたをずっと愛し続け、面倒を見ていくよ」。親が離婚する場合、子どもが何歳であっても、両方の親を遠慮なく愛し続けられるようにしてあげなければなりません。トドラーが頼みとしている愛着は、親を失うかもしれない、親に認めてもらえないかもしれないという恐れによって容易に揺らいでしまいます。そのため、もう一人の親のことを大好きでもかまわないということを、どちらの親からも明確に、偽りなく保証してもらう必要があるのです。

　説明の仕方として一番良いのは、両親はこれからは別々に暮らす、と落ち着いて話すことから始めることです。続けて、子どもはこれからどこで誰と一緒に暮らすかについて、簡潔に説明します。基本的な情報を聞いた時点で、たくさんの質問をしてくる子どももいれば、あまりにも幼かったり、おびえきっていたりして、何も質問できない子もいます。子どもの質問、あるいは言葉にならない疑問に対して、親が耳を傾けようとするなら（離婚の直後だけでなく、子どもの発達の途上で質問が変化した際にも）、その姿勢から子どもには、この話題はタブーではなく、精一杯理解しようとする権利が自分にもあるのだ、ということが伝わるでしょう。

離婚 ── 安全基地が揺らぐとき

　離婚は、家庭内の関係性によって成り立っている安全基地を、トドラーが喪失する体験として見ることができます。なぜなら、子どもは両親それぞれを安全の供給源として利用するだけでなく、養育の一つの単位としての家族意識を身につけており、また家族のメンバーそれぞれと均等に、強力かつ質の違った関係を築いているからです。

つまり通常であれば、子どもは家族との交流の中で、複数の人と同時に心を通わせ、関心事を共有し、誰か一人だけを独占しないことを学んでいます。家族内の力動に積極的に参加しているだけでなく、家族がお互いにやり取りするのを、傍観者の立場から熱心に見ているのです。そうする中で、両親やきょうだいに対する理解を深め、人間関係全体に一般化し始めるのです。こうした家族の複雑な関係性ややり取りが、両親の別れに続いて急激に変化し奪われてしまうと、親子は変化した家族の状況に合わせて新たに安全基地を再構築するという課題に直面することになります。

どんな変化にも言えることですが、こうした安全基地の喪失と再構築が順調に進むことはめったにありません。どんな形の喪失にとっても悲嘆と怒りがつきものであるように、家族がバラバラになる場合にも、それらは切り離すことはできません。子どもが両親の激しい感情を目撃したり、自分自身もそうした感情を覚えたりせずに済ますことは難しいと言えるでしょう。しかしもし両親が、自分たちに心の痛みがあっても子どもに情緒的に応え続けるならば、子どもはその厳しい状況を、情緒的なダメージが比較的少ないままに切り抜けることができるのです。

身体に表れる動きは、心理的意味合いを強く帯びていることが多いものです。とりわけ幼い子どもの場合、動きは言葉よりも強力に感情を伝えます。生まれて2年目の時期には、子どもの動きは体のバランスの獲得に集中し、バランスを失うかもしれないという危険が主な心配事となります。身体的なバランスは、大人の頭の中に浮かぶイメージと同じく、子どもの遊びの中にも情緒的なバランスの象徴として存在します。膨大な時間をかけて転ぶことへの恐怖を克服しようとするときと同様、トドラーは心配事を表現し、その心配に伴う不安を克服する手段として、バランスの不安定な状況を自ら設定することがあります。両親の離婚協議中に、援助を求めて私たちのところに紹介されてきた次の2人の子どもたちは、この表現方法をかなり鮮やかに用いました。

バーバラは両親と一緒にセラピストの部屋にいて、おもちゃで遊んでいます。会話の内容が、夫婦の間で折り合わないバーバラの親権の話に移ります。バーバラは遊ぶのをやめて、母親に、抱っこして暖炉の炉棚の上に乗せてと頼みます。母親はそのとおりにして、そばに立っていることにし

ます。バーバラは残りのセッション中、ずっと炉棚の上で過ごし、見るからに落ちないかと怖がっていますが、下りるのは拒みます。

テリーの父親は息子ともっと良い関係を築きたいと思っており、その目標を達成するために、セラピストが力になってくれることを望んでいます。ところが、父親は妻が自分のもとを去っていったことにとても腹を立てており、息子が目の前にいるときでさえ、妻をののしらずにはいられません。テリーは、何分間か話を聞いた後、そっと遊具の階段に向かって歩いていき、それに上って、最上段に危なげに腰を下ろします。落ちるのを怖がっているようにも、今いる場所に留まっていようと固く心に決めているようにも見えます。ようやく下りてくると、ドールハウスの中身を全部（ドールハウスも含めて）、手際よく逆さまにひっくり返し、母親の人形、父親の人形、赤ちゃんの人形を、部屋の向こう側に放り投げます。

この子どもたちは、自分はバランスが取れていない感じがしており、やっとのことで踏ん張っているのだということを示しています。言葉を発することなく、親にすぐ近くにいて自分を安心させてほしい、と頼んでいるのです。

子どもは時に、バランスを取り続けなければならないことがあまりにも重荷で苦しくなり、もっと楽しい、もっとありふれた時間を持ちたいと望むものです。父親との極度に感情的なセラピーの終わりに、テリーは頭を父親のひざにうずめてこう言いました。「僕はまだ赤ちゃんなんだ」

トドラーはどこまで理解している？

離婚する親はよく、幼いわが子が自分の周りで起きていることに感づかないでいてほしい、口論や衝突や、夕食の食卓や寝室から説明もなくいなくなることに気づかないでほしい、と思います。しかし、トドラーはちゃんと気づいていて、言葉が話せるようになるずっと前から、周りで起きていることについての自分なりの概念を作り上げます。以下は、訪問型のセラピーのセッションからの抜粋ですが、夫が出ていったことを娘に知らせたくないという母親の願い

と、この件に関して子どもが抱いている、とてもはっきりとした気持ちが明確に描かれています。

　　……ここから、モイラの悪夢についての話し合いにつながっていき、（セラピストは）モイラは最近は前よりも眠れていますか、と尋ねました。母親は、娘はまだ夜中に目を覚まし、眠ったまま泣くことも多いと答えます。それから夫について話し始めました。セラピストは、別居についてモイラはどんな話を聞いていますか、と尋ねます。母親は、まだそのことを娘に話したことがない、当時はまだたった1歳6ヵ月で、理解できなかったはずだから、と答えます。母親は、娘は幼過ぎて理解できないと思ったのでした。この会話の間、現在2歳2ヵ月になるモイラは母親の隣に腰かけていました。セラピストがモイラの方を向いて「モイラ、ママと私は、パパのことについて話しているの」と言います。このとき、モイラはセラピストを真っすぐに見つめて、それから母親を見ると、椅子から飛び降りて、居間から隣の台所や廊下までものすごいスピードで走っていき、また戻ってきました。セラピストは母親に、モイラのこの行動をどう理解しますか、と尋ねました。母親は、こんなに動揺した様子の娘は今まで見たことがないと言います。セラピストが、ひょっとしたらモイラは怖くて、安心感を必要としているんでしょうか、と尋ねました。このとき、モイラはバスルームに走っていって、転んでしまいました。母親が娘を抱え上げ、抱きしめ、しばらくしてから娘に「ママたちが、パパの話をしていたから、怖くなったの？」と尋ねました。モイラは真っすぐに母親を見つめ、「うん」と言いました。母親は続けます。「パパがいなくなっちゃったから、その話を聞いてつらくなったの？」。モイラはうつむきながらも、もう一度「うん」と言いました。母親は、さらにまた聞きます。「パパが出ていったから、その話に腹が立ったの？」。モイラはまた母親を真っすぐに見て、「うん」と答えました。そして起き上がり、バスルームに駆け込みました。母親はセラピストの方を向いて、「あの子があんなふうに感じるなんて、思ってもみませんでした。1歳6ヵ月の子どもでも、あんなことが理解できるものなんですか？　夫はそばにいることがほとんどなくて、娘のことなんて、ほんの少ししか気に留めなかったのに」と言いまし

た。母親が夫について話し続けていると、モイラが戻ってきて母親の周り
をハイハイしながら動き回ります。母親は「パパのこと話すの、やめてほ
しい？」と言います。モイラは黙って「うん」と言うように、うなずきま
した。母親は「モイラ、聞いてちょうだい。ママはあなたのことを愛して
いるし、決してあなたを置いてどこかに行ったりしない。わかる？」と言
います。モイラは首を横に振り、母親の肩に深く顔をうずめました。しば
らくの間、親子は黙ったまま、お互いを優しく揺すっていました。

このエピソードからはっきりとわかるのは、ほんの幼いトドラーでさえ、片
方の親が家から出ていったことに確実に気がついており、もしかしたらこの喪
失について一言も口にせずに、深い悲しみに沈んでいるかもしれないという
ことです。モイラのように、ずいぶん小さいうちから、誰にも言えない心配事
を心に抱いている子どもはたくさんいます。こうした心配な気持ちを、理解あ
る大人に気づいてもらえず、和らげてもらえない場合に、それは次のような形
に姿を変えて再び現れてきます —— 悪夢、分離不安、説明のつかない恐怖感、
頻繁に起きる激しい癇癪、反抗、おねしょの再発などですが、それらは子ども
の助けを求める叫びだと考えると、一番納得のいく症状の数々です。これらの
症状は、実際にはこう言っているのです。「ママ、パパ、ちゃんと聞いて。私
には何かがおかしいって思えるの」

症状の表れ方が変化することもあるでしょう。おびえている子どもだと、今
挙げた症状の代わりに過度に攻撃的になり、悪夢を見なくなる代わりに噛みつ
くようになるかもしれません。根本的な問題が取り除かれない限り、症状は変
化しても消えてなくなりはしません。小児科医で児童精神分析学者のレジナル
ド・ラウリー（Reginald Lourie）は、かつて次のように言いました。「赤ちゃん
はとても我慢強い。私たちが気づくまで、何度も何度も問題を見せてくれる。
子どもが必要としていることを理解すればするほど、私たちはもっと上手に彼
らを助けることができるようになる」

モイラの母親が父親のことについて娘と話し合い、父親を失うことについて
のモイラの怒りと悲しみに共感し、ママはどこにも行かないよと娘を安心させ
た結果、モイラの悪夢がだんだん減っていったことは注目に値します。最初の
うち、モイラの母親はこの難しい話題について話すことをきまり悪く感じてい

ました。しかし娘の反応が良好だったおかげで、この問題にちゃんと向き合う必要があるのだと悟ることができ、次第に自信を持って取り組めるようになりました。さらに母親は、不思議なことに、パパがそばにいないことのつらさについて話し合う方が、実は娘にとっても自分にとっても、パパの不在に耐えやすいと気がついたのです。

以前の暮らしを恋しく思う気持ち

　乳児やトドラーは記憶力が十分に発達しています。人物や出来事、体験したことについて、それを言葉では表現できなくても、覚えているのです。実際、生まれて最初の記憶は、言語的なものというよりも知覚的なものです。新生児は母親のおっぱいの匂いや母親の声を識別することができます。生後5〜7ヵ月までには、乳児は視覚的な記憶を保存し、手がかりによって呼び出すことができるようになります。たとえば、知らない人の顔の写真を1分間弱見た赤ちゃんは、1週間以上経った時点でも同じ顔を認識することができました。さらに、この月齢の赤ちゃんはすでに、ある特定の情緒的体験を、それに関連した出来事とともに思い起こすことができます。ある研究によると、1週間前にたっぷりと「一緒に遊んで」、楽しませてくれたパペット人形が、じっと動かないでいるところをひと目見ただけで、赤ちゃんはそれに笑いかけたということです。

　乳児が生まれて最初の半年のうちにこれらを全てできるのならば、トドラーの場合はどう考えられるでしょうか。多くの観察において、トドラーは情緒を伴った出来事を、それが起きてから何ヵ月も経った後でも覚えているという証拠が得られています。ラフィは生後18ヵ月のとき、母親から「お医者さんに行くわよ」と言われた途端、半年前の健診のときの場面を、そっくりそのままに身ぶりで表現しました。スラスラとは話せないものの、母親のひざの上に横になり、片耳を引っ張り、息をのむ音を立てて口を開け、まるで誰かがのどをのぞき込んでいるかのような手ぶりをし、それから「イヤ、イヤ」と言ったのです。明らかに前に起きたことを覚えていて、もうやりたくないと思っているのでした。

　トドラーにとっては、「目に見えなくなる」ことは「忘れる」こととイコールではないということです。はっきりと強烈に覚えているのです。こうした体

験の連続性は、両親が別れるときにも存在しています。家族が一緒に生活して
いたときの習慣などを子どもが記憶しており、以前の暮らしを痛烈に恋しく思
うこともあるでしょう。

　サミーは母親とお気に入りのレストランに着きましたが、車から降りよ
うとしません。母親がなだめて外に出そうとすると、抵抗します。母親は、
この店は夫が一緒に暮らしていた頃の大切な思い出なのだと気づいて尋ね
ます。「ここに来ると、パパのこと思い出して寂しい？」。サミーは泣き
じゃくって、「うん」と答えます。

　ターニャは父親がくれたぬいぐるみにしがみついて、夜眠るときは、
しっかりとそれを抱っこして寝ます。

　シルビアは母親の子守歌を聞きたがりません。「それはパパの歌よ！」
と言います。この子守歌は、父親がシルビアを寝かせるときに好んで歌っ
ていたものでした。

　キャメロンは、夕食に招かれたお客さんがテーブルの「パパの席」に着
くと、騒ぎ立てます。居間の「パパの椅子」にも、誰にも座ってほしくあ
りません。

　ガブリエルは、ママ人形とパパ人形を一緒にベッドに入れて、「もう大
丈夫だよ」と言います。

　マリーナは母親と一緒に夏の避暑地に行きました。マリーナは昨年、そ
こで父親がカモ猟をするところを見ていました。マリーナは言います。
「パパ、カモよ。バン、バン」。

　このようにチラリと顔をのぞかせる子どもの内面の世界や、子どもが抱いて
いる思い出や願いは、見過ごされることや、もっと悲しいことに「見向きもさ
れない」ことがよくあります——子どもは大人のようにはっきりと正確に物

事を覚えたり、感じたりできないと信じている人によってです。しかし、このように垣間見える子どもの様子こそが、本人の体験を最も雄弁に語っているのです。子どもは自分の内面で起きていることについて（それ以外のこともですが）、言葉で語ることをしません。覚えていることと、それについてどう感じているかを伝えるのに、象徴（シンボル）、ゲーム、顔の表情、突然の沈黙、身ぶり、中途半端な文を用います。また、こうしたメッセージを読み解き、それに答えてくれるものとして、大人を頼っています。

　このように親に「ともに感じてもらう」ことが必要だということは、つまり、子どもに安心感を与えるような言い方で、過去の体験について話してあげることが有効であるということです。この体験には、新しい家族構成の中ではもう持つことのできない大切な習慣だけでなく、離婚に先立ってよく起きていた言い争い、涙、身体的なケンカなどの苦々しい場面の数々も含まれます。

　親の別れによって、子どもは心が引き裂かれたように感じます。家庭内がこれまでより穏やかになり、つらい対立がもう起きないことにほっとすることはあるかもしれませんが、その一方で、かつてあった、みんなで一緒にいたときの一瞬一瞬を恋しく思います。何より、出ていった親がいないのを寂しく思いながらも、こんなふうに会いたいと思うことは、一緒にいる親をある種、見えない形で裏切っているような罪悪感を覚えます。一方の親を愛しく思うと、もう一方の親は自分のことに腹を立てるだろうかと心配に思うのです。

　こうした矛盾した気持ちを一度に全部感じると混乱してしまいますが、しかしこれがまさに、日々の生活の中で体験する情緒的側面の本質と言えます。「子どもがこうした気持ちでいるとき」にこそ、ママやパパを恋しく思ったり、腹が立ったり、怖くなったりすることについて子どもと一緒に話し合うことで、子どもはこうした強い感情を、それに飲み込まれてしまうことなく切り抜けることができます。楽しかったときのことを思い出すこと（「パパが公園で、あなたにお馬さんをしてくれたのを覚えてる？　ものすごく笑ったわよね！」）、つらかったときのことについて説明すること（「パパとママは怒鳴り合いをしたわね。ママは怒るとどうしても叫んでしまうことがあるけど、本当は良くないと思っているの。ママは今でもあなたのことを愛しているし、たとえ怒っているときでも、どこかに行ってしまったりしないわよ」）で、過去と現在の統合を促すのです。過去を子どもの想像という地下の洞窟へ――言葉にできない記憶が、徐々に手の届かないとこ

ろへ遠ざかりながらも、なおも子どもの内面に有害な影響を与えつつ疼（うず）いている、そんな洞穴（ほらあな）へと追いやってしまうのではなく、思い出を語り合い、説明してあげることです。

　子どもにとっては助けになるといっても、親にとっては、こうした話題を切り出すことを負担に感じることもあるでしょう。もう一方の親と子どもの関係を損なわないために、その親への怒りや恨みの感情を脇に置く必要があります。これは難しいことです。耐えがたいほどの苦痛とさえ思うかもしれません。自分が別れた相手と、子どものもう一人の親とを区別する、意識的な努力が求められます —— どちらの役割も、同じ一人の人物が担っているにもかかわらず。さらに、もう一方の親が持っている長所を心に留め、たとえ自分たちの結婚が破綻したとしても、相手の長所は子どもにとっては助けとなり得ることを、覚えておく努力が必要なのです。

　この後の節では、夫婦がお互いに対して感じる怒りや敵意から子どもを守れないいくつかの要因について、詳しく見ていきます。そこでの言葉遣いは、離婚した異性カップルの子どもの体験に関する観察結果について言及したものです。異性カップルを対象とした研究がより広範に、また長い間行なわれてきたためです。最近の研究結果では、離婚または別居している同性カップルの子どもも、親の別れに続く家族の混乱に適応する際に、同じような情緒的体験をすることが示されています。

離婚した母親の状況

　一口に「女性」と言っても、一人ひとり違った、その人にしかない個人的な事情があるものです。しかしほとんどの女性が経験することは、多かれ少なかれ、離婚に関する統計結果に示されている状況と無関係ではありません。以下の数字にはハッとさせられます。

・離婚は母親の経済状況にネガティブな影響を与える。アメリカ国勢調査局（US Census Bureau）によると、離婚後の1年間に、貧困生活をし公的支援を受けている人は、男性よりも女性の方が多い[7]。オーストラリアとイギリ

スのデータでも、離婚後は、男性に比べて女性の収入の方が減少するという結果が示されている。

- 2009 年に離婚した家庭の子どもの 75 パーセントが母親と暮らしている。[8]
- 離婚した父親は子どもと音信不通になることが多く、その状況では母親一人に育児の全責任がのしかかる。アメリカ国立精神保健研究所（National Institute of Mental Health：NIMH）の助成による、離婚した家庭の子ども 1423 人を対象にした調査では、52 パーセントの子どもが過去 1 年以内に父親から連絡を受けておらず、このうち 35 パーセントの子どもが、父親と 5 年間まったく連絡を取っていないという結果だった。[9]

　こうした相互に絡み合った一連の事実は、子どもが何歳であろうと、離婚した母親の日々の生活や情緒的な体験に深刻な影響を及ぼします。経済的な不安、収入が乏しくなった結果として生じたライフスタイルの大きな変化、子どもの第一の責任者という立場は、離婚した母親にとって深刻なストレスとなります。

　子育ての習慣や日課がまだ完全に築かれていない赤ちゃんやトドラーがいる母親は、さらにもっと厳しい時期を過ごすことになるかもしれません。なぜなら、子どもの世話を頼める選択肢は乏しく、また費用がかかるうえ、ごく幼い子どもは母親のエネルギーや情緒的な資源に対して高度な要求を突きつけるからです。しかし、こうした苦労にもかかわらず、大部分の女性は、幼い子どもを持つシングルマザーであるという難しい状況をうまく乗りきっています。

離婚した父親の状況

　離婚についての父親の思いは、2 つの大きな問題に集中する傾向があります。養育費という経済的な負担と、子どもに会う機会が限られているという心理的な負担です。対立的な状況がある中では、これらの問題がしばしば絡み合っています。母親が養育費の支払いを促そうとして面会交流の機会を見合わせ、金銭的な目的を達成するために子どもを人質として使っているに違いない、と思っている父親は多くいます。父親からよく耳にする不満は、子どもの養育費と配偶者の生活費の支払いという裁判所に課せられた義務を果たすために、自

分はこれまでよりももっと長時間働かなくてはいけない、仕事を掛け持ちすることすらある、というものです。経済的な負担が増えた分、子どもの生活に積極的に関わり続ける時間とエネルギーが減ったと主張する父親もいます。

　国勢調査のデータからは、男性を全体として見た場合の離婚の影響に関してこうした認識があることは見えてきません。しかし、離婚した父親の中には、確かにこうした窮地に立たされている人たちがいるのです。単一収入で2つの世帯を支えなければならない状況にある人もいるでしょう。子どもに近づく機会が母親によって制限されたり、厳密に管理されたりしている場合もあるでしょう。これはプレッシャーを与えるためだったり、育児のスタイルについての不一致によるためだったりします。父親は、経済的責任や親としての責任を果たせなかったことで、子どもがいる前で母親になじられたり、非難されたりすることもあるかもしれません。

　双方の不満はもっともだとしても、夫婦がお互いに敵意を抱いていると、しばしば何の前触れもなく、対立が激化して一触即発の状況に陥る可能性があります。このことを理解するのは難しくありません。離婚は、親のまさに心の核心に触れ、自分は孤独で弱くて無防備だという気持にさせます。これらはちょうどトドラーが癇癪を起こす引き金となる状態と同じであり、大人同士の怒りの争いは、これと同じ状態からもたらされるのです。

　離婚は私たち人間の最悪の面を浮き彫りにし得るもので、たいていは実際にそうなります。多くの場合に、恨み、被害者意識、激しい怒りの感情が主導権を握り、その結果、復讐心に駆られたり、腹いせしようと躍起になったりします。このような衝動は、自制心を保とうとする親の最大限の努力をあっという間に覆してしまいます。報復的な行為を封じ込めるための唯一の希望は、離婚の前であろうと後であろうと、親の対立によって最初に苦しむのは子どもだということを思い出すことでしょう。

「生きた子どもを二つに引き裂く」

　王は言った。「生きた子どもを二つに分け、半分をこちらに、半分をあちらに与えよ」
　　　　　　　　　—— 旧約聖書『列王記 上』3：24[*1]

ソロモン王は、争点となっている子どもの運命を決定するという苦悩が、いつの日か、親同士が親権をめぐってお互いに相手を訴えるという形でありきたりな出来事となるなんて、予見できたでしょうか？　この答えは永遠にわからないと思いますが、私たちが現代の身なりをしながら、こうした聖書に書かれているようなジレンマにどれだけ頻繁に直面しているかを思うと、非常に考えさせられます。

　それどころか、偉大なる王の板挟みなど、現代の法的紛争に比べたら取るに足りないものに思えるかもしれません。ソロモン王は、欲に目がくらんで子どもを死なせる裁定に同意した、偽の母親の強欲な利己主義をあらかじめ想定することができました。現代の親権争いはこれほど明快ではありません。どちらの側も、自分こそが子どもの利益を最優先に守ろうとしていると心から信じているのですから。

　ソロモン王の知恵を現代の状況に最も有益な形で応用するとしたら、それはおそらく、この聖書に出てきた事件を心理学的に捉えることでしょう。親権をめぐって争う親はみな、この話に出てくる3人の登場人物を一度に全て体現しています。子どもの幸せと自分の望みを区別することができずに、自分の要求を撤回するくらいなら子どもが目の前で傷つけられる方がましだと考える、偽の母親になる可能性は、どの親の心の中にもあります。同様に、どの親も、子どもを守りたいという願いが自分の私欲よりも優先する、愛情深い真の母親の姿を身をもって示すこともできるのです。

　また、どの親も、ソロモン王の知恵を自分の心の中に授かっているものです。ソロモン王は、両極端の親の態度を天秤にかけたときの、平衡点を象徴しています。その片方の手には、自分の望みのために子どもを犠牲にする態度を、もう片方の手には、子どものために正当な個人の要求を取り下げる強い意志を載せているのです。ソロモン王は個人的な願望と願望の衝突を、母親の心の最も奥にある動機を試す試練に転換することにより、解決法を見出したのです。それは、子どもを所有する権利ではなく、子どもを守り愛する意志に基づく方法でした。

　子どもが一番元気でいられるのは、母親にも父親にも会うことができ、このどちらもが自分の個人的な不満を脇に置いて、子どものために協力し合う場合です。だからといって、友人同士になるとか、恋人同士のままでいる必要があ

るという意味ではありません。それぞれの正当な要求を軽視するという意味でもありません。どちらの親も子どもの人生において特別な役目を果たしており、子どもの発達の過程で相手の代役を務めることはできず、子どもが感じる愛情において相手と取って代わることはできないのだ、と認識することが必要なのです。

かつて夫婦だった二人はお互いに、子どもと自分との関係と、子どもと別れた相手との関係とを切り離しておく必要があります。子どもは、どちらか一方の親の味方になってもう一方の親と敵対するべきではないし、両親がぶつけ合う不満や非難の証人になるべきでもありません。

にもかかわらず、子どもの前で相手をけなすことは、離婚する親が犯す間違いとして最も一般的なものです。相手の子育ての仕方について、何から何までこと細かくあら探しをし、子どもにジャンクフードを食べさせた、子どもを清潔にしてあげていない、刺激を与え過ぎだ、日々のスケジュールが予測しやすいものになっていない、子どもに甘過ぎる、厳しく制限し過ぎている、などと激しく非難することがよくあります。また、相手が子どもの面倒を見ている間に起きたこと（一緒に何をして、誰に会って、どこに行ったか）を十分に説明してくれない、と不満に思うこともあります。

こうした問題は、面会交流を減らそう、制限しようと意気込むような事態につながることが多いのですが、ほとんどの場合、これは大きな間違いです。長い目で見れば、クッキーを1枚、いや4枚多く食べたって、お昼寝を抜かしたって、全然たいしたことではありません。子どもの幸せにとっては、どちらの親とも心地良い関係を築かせてもらえることの方が、ずっと大切なのです。

お互いを批判し合う親が、具体的に子どもの食生活や日課について議論することはめったにありません。実際のところ、子どもの人生を自分一人だけで管理しようと必死です。どちらの親も無意識のうちに、自分を理想的な親、子どもが一番愛すべき親に仕立て上げているのです。

子どもが元配偶者と別個に関係を持つことの重要性を認めるにあたり、親は自分が今後、子どもの人生の大部分について知ることができなくなるという悲しい事実に、正面から取り組まなければなりません。わが子がもう一方の親やその友人たちと、今までとは違う新しい関係を築くのを、目にすることはできないでしょう。子どもの発達上の節目の出来事や日々の喜びや苦しみを、自

分と同じくらい熱意を持って子どもに関わってくれるパートナーと分かち合うことは、もうないでしょう。子どもが体験することの中で、自分が理解できず、管理できない領域のものもたくさん出てくるはずです。

　これらは離婚による、癒えることのない痛ましい結果です。こうなることを避けるために、自分が子どもの人生における唯一無二の中心人物になろう、もう一方の親を周辺的な役割に押しやろうと骨を折る親はたくさんいます。しかしそうすることで、親は図らずも、子どもの情緒的発達を乏しいものにし、貴重な支えを生み出す関係、つまりもう一方の親による子どもへの情緒的な関わりを遠ざけることになってしまいます。

　子どもは両親が自分のために力を合わせてくれるのを見ると、計り知れないほど安心するものです。子どもが家に帰ってきたとき、「まあ、長靴が泥だらけ！　きっとパパと一緒に、すごい冒険をしたのね！」と言って出迎える母親は、長靴を洗う仕事を自分に押しつける父親の思慮のなさについて、憤慨したコメントを言って子どもを出迎える母親よりも、子どもの心の平安にはるかに大きく貢献しています（母親がムッとするのはもっともですが）。娘に向かって、「ママはお前のことが大好きだから、お別れをするのに時間がかかるんだね」と共感的に言える父親は、同じ状況で、「この子にしがみつくのは、やめろよ」と、母親にとげとげしい言葉をぶつける父親よりも、はるかにしっかりと子どもの心の健康を守っていると言えます。

　たとえ一方の親がもう一方の親に激怒しているとしても、子どもの自尊心を支える形で、その状況を理解の枠組みにはめ込むことは可能です。ある母親は、週末に父親が子どもをなかなか迎えに来ないことに、ひどく迷惑していましたが、子どもが明らかに心配して不安そうにしていたので、こう言って対応しました。「心配しないで。パパは残業しなくちゃならないこともあるから。あなたに会いたくて、きっと早く来ようって思ってるはずよ」（後で母親はこの件について、子どもに聞こえないところで父親と話し合いました）。別の母親が似たような状況で見せた反応は、それほど建設的ではありませんでした。思わず、こう口走ってしまったのです。「あの人は自分さえ良ければいいのよ。あなたとママが待っていることなんて、気にしてないんだから！」

　最初の母親は、父親の愛は変わらないはずだ（たとえ不完全だとしても）と安心したいという子どものニーズに、自分の意識を向けようとしました。2番目

の母親は、子どもの父親に見捨てられ、利用されたと感じて怒りを抑えることができませんでした。娘が別のもっとポジティブな関係を発展させることを許せず、娘も自分と同じように父親に利用され、愛されていないと感じるよう導いてしまったのです。

　両親が離婚しても、それぞれの親は変わらず安全基地としての役割を果たすことができると、トドラーが再び信じられるようになるためには、親の助けが必要です。もし両親がお互いに支え合うなら、子どもは、父親と母親からの別々の心からの関わりを、「自分は一番重要な二人から大切にされ守られているのだ」という、まとまりのある自意識に統合することができるでしょう。

　もしもこれとは反対に、両親がお互いのことをないがしろにすれば、そのお互いへの不信感を子どもは内在化し、この親たちに育てられて自分は健全でいられるのかどうか、不安になるかもしれません。また、片方の親と楽しい時間を過ごしているときに、もう片方の親を裏切っているのではないかと心配になることもあるでしょう。

　こうした不安は幼い子どもにとって、あまりにも大きな重荷です。どちらの親も子どもに対し、「向こうの親のことが大好きで、一緒に楽しく過ごしてもかまわない。私たちは二人ともあなたを愛していて、あなたの面倒を見るために助け合う」ということを伝えて、安心させる必要があります。そして、本当にそのとおりにすることが大切です。

親子間の認識と願望のミスマッチ

　トドラー期の親子関係におけるパートナーシップの質は、お互いの考え方を理解しようとする努力によって決まってきます。離婚という体験は、そうした努力が急に途絶えることを意味します。なぜなら、家の中に強烈な感情を抱えている人がいると、他者の考え方を受け入れるときに必要とされる明瞭な思考が、妨げられてしまう可能性があるからです。トドラー期に両親が離婚した、就学前の子どもに関するある研究には、両親の離婚後2年間における、子どもとその親権を持つ母親のさまざまな体験を理解する手がかりが示されています。[10]その研究で、母親は、自分の個人的な体験や、子どもともう一人の親であり元配偶者である父親との関係も含めた社会的ネットワークについて、説明するよう求められました。子どもは、3つの人形（母親、父親、子ども）を使ってお話

をするように言われました。研究者は母親と父親の人形を、「違うおうちに住んでいる」と言って紹介しますが、子どもにお話をするよう頼む際は、離婚についてはっきりとは言及しませんでした。

　この研究結果から、子どもと母親それぞれが父親に抱いている認識や考え方の違いが示されました。母親は父親について、自分と子どもの社会的サポートの一員としてより、ストレスの原因として話すことの方がずっと多い傾向が見られました。4分の3以上の母親が父親のことを、子どもに十分に寄り添わず、また十分な思いやりがない、と捉えていました。しばしば父親のことを「頼りない」「自分勝手」「無神経」という言葉を使って表現しました。また、子どもが父親の家にいる間の子どもの安全や、不適切な体験にさらされること（アルコールやドラッグを使用するところや性行動を目にしたり、子どもの健康面でのニーズに対応されなかったりすること）についても心配していました。およそ半数の母親が、父親の育児のやり方を良しとしておらず、父親が言った自分の悪口を子どもから伝え聞いて、腹を立てていました。また、父親について子どもに肯定的に話すことがいかに難しいかを語ってくれる母親も多く見られました。

　子どもが人形を使って語ってくれたお話には、父親に関して、母親の表現とは違った捉え方が表れていました。男児も女児も、支え合う親子関係をテーマとした話を遊びで表現し、敵意、攻撃性、暴力といったテーマに比べて、ポジティブなテーマの方がずっと多く見られる傾向がありました。子どもは父親の人形を、「養育者」「権威ある大人」「仲間」として物語に組み入れる傾向がありました。また、家族の再統合の場面の再現も多く見られました。母親、父親、子どもの人形をごく近くに配置する、3人の登場人物のポジティブな交流を示す、2つの家をくっつけたり、上下に重ねたり、2つも家はいらないから1つ片づけてと頼んだりする、2つの人形に互いに愛情表現をさせる、親の2つの人形を一緒に寝かせたり、踊らせたり、旅行させたり、その他の活動を一緒にさせたりする、という様子が見られました。葛藤、喪失、裏切りといったテーマも見られましたが、両方の親を有能な養育者として示すテーマの方が、ずっと多く見られたのです。

　残念ながら、この研究は父親を対象には行なわれませんでした。そのため、父親が自分たちをどのように捉え、元配偶者でありもう一人の親である母親をどう認識しているかについてのデータはありません。こうした限界はあるもの

の、この研究は、家族の調和を求める子どもの願いと、離婚したとしても両方の親をポジティブに捉えようとする子どもの傾向について、目を向けさせてくれます。以降の項で、子どもの体験のさまざまな側面をより詳しく見ていくことにより、以上のテーマをさらに掘り下げて説明します。

父親が恋しいとき

　離婚した家庭の子どものほとんどは母親と一緒に暮らしており、父親と連絡を取り合う頻度はさまざまです[11]。このため、父親を恋しく思い、父親が電話をしてくれたり訪ねてきてくれたりすることを待ち望むことが、子どもが体験する親の離婚の主な要素となります。

　どの年齢の子どもにとっても、理想としては定期的に頻繁に父親に会える方がプラスになると考えられますが、とりわけトドラーは、その特徴的な認知的・情緒的なニーズのために、確実な面会交流のパターンを必要とします。

　トドラーが築く愛着関係はまだ発達の途上にあり、こうした関係における情緒的な質は、親が身体的・情緒的に子どもに応えられる度合いが変化するなどの、外的な環境の影響を強く受けます。これまで安定した愛着を築いていた場合も、もしその親が子どもに関わらなくなったら、不安を帯びたものになるかもしれません。逆に、不安に満ちた愛着を築いていた場合でも、もし親がもっと情緒的に子どもに波長を合わせるようになれば、大きく改善される可能性があります[12,13]。

　トドラーの場合、親から数日間何の連絡もないというのは、より年長の子どもに比べ、はるかに落ち着かない状態であると言えるでしょう。年長の子どもは親のイメージをよりしっかりと内在化でき、より洗練された対処メカニズム（言語、象徴遊び、満足感を先延ばしできる力も含めて）を身につけていて、親との分離に耐えるうえで支えとなる関係や活動のネットワークの幅がもっと広いためです。トドラーは、約束が守られなかったり、面会交流の予定がキャンセルになったりすると、強く反応します。テリーと父親が予約していたセラピストのセッションに来る前の日、父親は息子に会う予定でしたが訪ねることができませんでした。セッションの中で、テリーは自分のがっかりした気持ちを表現しました。以下はセラピストによる報告です。

テリーと父親は、数分遅れでやってきました。彼らが激しい緊張関係にあることは、すぐにわかりました。テリーは父親を見ようとせず、Ｆ氏の方はといえば、息子に腹を立てているようです。Ｆ氏はセッションの冒頭で、「ここに来るのに息子を迎えにいったら、息子がひどくぐずったんです」と不満を述べました。セラピストは、どうしてテリーはそんなにぐずったのだと思うか、と尋ねました。話がいろいろと脱線した後、Ｆ氏は前日、テリーとの定期的な面会交流に行かなかったことが明らかになりました。Ｆ氏が息子に向かってではなく、セラピストに対してその理由を説明している間、テリーはせっせと部屋にある椅子を全部ひっくり返し、それからその椅子を一つ残らず、足で軽く蹴り始めました。父親が息子に注意を払わずに話し続けていると、テリーはとても早口に、まるで独り言のように、こうつぶやきました。「このくそったれ！」

　テリーのように、治療的なセッションという安全な環境の中で、自分の気持ちを表現する機会がある子どもは多くありません。セッションの中では、子どもの行動は見守られ、理解され、また感情を体験し、それに対処するのを手助けしてもらえます。このような好ましい環境においてでさえ、テリーを一番に助けてやれるのは、結局のところは父親です。父親が、息子にとって自分がどれだけ大事な存在なのかに気づき、面会交流がその価値に見合うべく優先されるように予定を立てることで、テリーの力になれるのです。

　父親を恋しく思いながらも定期的に会うことができないトドラーは、父親に会いたくてたまらないという思いを募らせ、それを睡眠の乱れやその他の症状として表現することもあるかもしれません。小児精神科医のジェームズ・ハーツォグ（James Herzog）の報告によると、彼は半年間に、夜驚のためにクリニックに連れてこられた12人の男児（生後18〜28ヵ月）を診察しました。その子どもたちは夜中に目を覚まし、叫び声を上げ、父親を呼び求めたといいます。どのケースでも、親が過去4ヵ月の間に別居または離婚していました。ハーツォグは、母親一人では子どもを支えることが難しいものの、父親や別の男性の助けがあれば、子どもの恐れが軽減することを発見しました。母親本位の乳児の世界から、男児としての性に固有のアイデンティティーを発見する段階へと移行するこの時期において、この子どもたちは、自分と重ね合わせお手本に

できる父親像が必要だという、発達上のニーズに根ざした反応をしていたのではないか。ハーツォグはそう結論づけました[14]。

　女の子もまた、自分の女性性について理解し、異性との関わり方を実践的に学ぶうえで、父親という存在が必要です。女の子が抱く父親に会いたいという思いは、ハーツォグの研究に出てきた男の子たちほどドラマチックには表現されないかもしれません。また女の子というのは全体的に、ネガティブな気持ちを内在化し、「良い子」（この子たちにとっての「良い子」とは、多くを求めず控えめということ）であろうと超人的な努力をする傾向が男の子に比べて強いため、この思いが簡単に見過ごされることもあるでしょう。完璧でどんなときでも愛情いっぱいの想像上の父親、という理想化した空想を抱くことによって、父親に会いたいという思いに何とか対処することもあるかもしれません。また、自分の人生に登場する別の男性を、本当の父親だと主張することもあるでしょう。

　　アントーニアは、2歳6ヵ月の賢い女の子です。この2ヵ月間、父親に会うことはなく、また連絡もありませんでした。父親が遠くに住んでいるとわかっており、ベッドの脇に大事に置いている父親の写真に、しょっちゅうキスをしていました。そうしながらも、いつも想像上の父親との対話を繰り広げていました。その父親はアントーニアの部屋のすぐ外にある庭に住んでいて、この子の秘密を何もかも知っているのでした。また、アントーニアは愛情深い母方のおじいちゃんも、そしておじさんも自分の本当の父親だと言い張ります。アントーニアはこうした矛盾した考えを、全て同時に持ち続けることができました。まるで、別のパパを見つけようとすることで、父親がいないことの埋め合わせをしているかのようです。なぜなら母親が「あなたのパパが」などと口にするとき、それが誰のことかはっきりわかっていたからです。父親がついに電話をくれたとき、アントーニアはその電話では話すのを拒絶しましたが、後になって、バレンタインデーのカードを送ってほしいとお願いしました。アントーニアにとっては、父親がやって来たり行ってしまったりすることに対して、ある程度でも自分でコントロールする必要があったのです。連絡を拒むか受け入れるかを自分で決めることで、それができたのでした。

自分の人生において父親が捉えどころのない役割を担っていることに、アントーニアがひどく嘆き悲しんでいることは、他の場面でもはっきりと見て取れました。保育園で、ほんのささいなことで慰めようもないほどに泣いたり、探しているものがすぐに見つからないとひどく不安がったりすることがありました。アントーニアの悲しみに内在している怒りは、母親に対する断固とした反抗的な態度や、庭にたくさんいるアリを殺すときに見せる嬉々とした様子に表れました。ハーツォグが説明した幼い男児のように、アントーニアもまた、夜中に泣きながら目を覚まし、おばけに襲われそうだと訴えるのでした。

母親を責めるとき

母親に対するアントーニアの反抗的な態度は、トドラーによく起きがちな現象を描いています。つまり自分が体験したことで何かおかしいことがあれば、それを全て自動的に母親のせいにするのです。

この苦々しい傾向は、幼い子どもの生活の情緒的側面において、母親が中心的な存在であることを考えると、妥当な副産物だと言えます。子どもを良い気分にも悪い気分にもできるという、ただそれだけの理由で、赤ちゃんとトドラーの目には、母親は全能の存在に見えるのです。キスで痛みを消し去ることもできるし、ギロッとひとにらみするだけで、世界を粉々に打ち砕くこともできる。母親がいないと悲しく心細くなり、母親がいると明るさと喜びがよみがえる。これは当然のことです。トドラーが覚えている限り、ミルクや食べ物の世話やオムツ替え、抱っこや添い寝、ほめたり諭したり、手助けすることもあれば、お灸を据えることもある —— こうしたことを一番よくしてくれるのは、ママなのです。母親は子どもの「自分はこういう人間だ」という感覚と分かちがたく結びついています。子どもの世界において起きるあらゆることに対して、一体他の誰が責任を負えるでしょうか？　わかりやすい例をいくつか挙げてみましょう。

マークのおばさんは、昔ながらの考え方をする人です。裸んぼのマークが、ビーチで自分のおちんちんを砂にうずめては、誇らしげに引き出しているのを見て、ショックを受けました。おばさんは、まるで精神分析の論文集から抜け出してきた典型的な魔女みたいに、口でシーッと音を立てて

「そんなふうにして遊んでいたら、おちんちんが取れちゃうわよ」と言います。マークの母親が甲高い声で、「そんなことないのよ、マーク。ヘレンおばさんは、ちょっとふざけているだけよ」と言いますが、時すでに遅し。この後の数時間というもの、マークはおばさんの予言が本当かどうか確かめるかのように、何度も自分のおちんちんを引っ張っています。母親は息子に、「マーク、ヘレンおばさんが言ったこと、まだ心配してるのね」と言います。マークは、「おばさん、僕に何て言った？」と尋ねます。「おちんちんが取れちゃうって」と母親が口ごもりながら言うと、マークは絶対的な確信を持って答えます。「おばさんじゃないよ。ママが言ったんだよ」。母親は歯がゆい気持ちでいっぱいですが、息子の考えを変えることはできません。マークにしてみれば、そんな衝撃的なニュースの出どころは母親以外にあり得ないので、その認識に合うように事実を変えてしまったのです。

　　リサは、父親に精神疾患による症状が表れたとき、父親のせいでひどい傷を負いました。意識を取り戻したリサは、隣にいる母親を見て叫びます。「ママ、なんで私にあんな痛いことしたの？」

　　ミナは木製の遊具を一生懸命よじ登ろうとしますが、動きがぎこちないため、地面に落ちてしまいます。母親が娘を助けようと駆け寄ると、ミナは叫びながら母親をぶちます。「ひどいママ！」

　また、離婚の問題となると母親は、その事態を招いた張本人と見なされることもよくあります。これは母親が全能だからというだけでなく、子どもと暮らすことになるケースが多いので、子どもの怒りや悲しみの的となりやすいためでもあります。こういうとき、母親は気をつけなければなりません。自分自身も離婚に伴う苦悩を抱いているために、うっかり錯覚を起こして、子どもの非難を受け入れてしまうことがあるからです。母親は、「あなたがママに怒っているのはわかるけど、それはママのせいじゃない」と言える冷静な信念を自分の中に見出す必要があります。

母親を守ろうとするとき

　それとは反対のことが起きる場合もあります。トドラーが母親の痛みや落ち込みを痛切に感じ取り、母親を守らなければと強く思うケースです。母親の涙を拭ったり、母親を悲しませないために、わざと陽気に振る舞ったり、過度におりこうさんになったりします。子どもがこのような反応を見せるときは、親子の立場が逆転していると言えます。子どもが親を保護してケアしようとし、親は自分一人では何もできない、か弱い子どもの立場になっているのかもしれません。この年齢であれば、子どもには助けを求めたり必要なものを訴えたりする情緒が自然にわき起こるものですが、こうした立場の逆転が親子の関係性全体に作用している場合、子どもは、そうした情緒を犠牲にして、年齢にそぐわないほど有能で過度に大人びた様子を見せます。早熟な有能さとして最もよく見られる形は、子どもが母親の幸せを案じたり、過剰な気づかいをしたりするというものです。母親に心配しないよう言ったり、母親が大丈夫か気にかけたりする言動が見られるかもしれません。

　こうした行動が繰り返し見られたときには、母親はその行動の意味をよく考え、ママは自分のことは自分でできるし、自分でやるつもりよ、あなたはママの世話をするには小さ過ぎるのよ、と伝えて安心させてやるとよいでしょう。やり方は簡単です。子どもがいない一人の間に自分が何をしたかを子どもに聞かせたり（「あなたがパパと過ごしている間、ママはゆっくりお散歩に出かけて、とってもかわいい子犬を見たのよ」）、楽しい予定について話したり、心配しないでと子どもに言ったっていいのです（「ママは大きくて強いし、お母さんでいることはママのお仕事なの。ママのお世話をするのは、あなたのお仕事ではないのよ」）。

親が養育者として不適格なとき

　もちろん、親のもとにいる間に、子どもが身体的・心理的に傷つく恐れがあるという状況も考えられます。こうした状況は間違いなく複雑なため、関連するあらゆる要因をじっくり評価したうえで初めて、子どもを守るための長期計画を立てることが求められます。似ている状況は二つとないので、多くの場合に直面するであろう苦痛や骨折りやつらい妥協を、魔法のように消し去ってくれる一つの方程式を探し求めようとするのは適切ではありません。

　こうした状況では、乳幼児メンタルヘルスの専門家（児童心理学者、児童精神

科医、発達を専門とする小児科医、児童ソーシャルワーカーや、3歳までの子どもの情緒的問題に精通している専門家）に相談してみることが最も有益であり、しばしば決定的な役割を果たすことがあります。経験豊富で共感的な専門家であれば、おびえきった親が、元配偶者に対する親としての信頼性への懸念と、離婚の手続きに伴う強い感情とを区別するのを手助けしてくれます。

　親としての適性が問題となっていない場合にも、思いやりのない、冷たい、時に不愉快な行動すら取ってしまう親は多いものです。破綻しつつある結婚生活やその余波の中にあっては、パーソナリティの問題、衝動的な行動、怒りの爆発は悪化します。また、家族が今より幸せだった頃にもはっきり見て取れた、相手の慢性的な性格上の欠点に苦しむ親もたくさんいます。悩まされている方の配偶者は、わが子がママ（あるいはパパ）のことを敬愛し尊敬している姿から目を背けたくなることもよくあります。この子からこんな無批判な愛情を得る資格など相手にはないと知っているからです。子どもの考えを正したい、子どもにママ（パパ）の「本当の姿」を言ってやりたい、と願ってやまないこともあるでしょう。こうした衝動は通常、子どもが後でがっかりしないで済むようにと願う気持ちから生まれます。しかしこの仕事を親自身が引き受けなければならないような状況は、ほとんどありません。子どもは成長し、親をより客観的に見ようとする姿勢が強くなるにしたがって、親の弱点を見抜けるようになります。親を理想化することは、トドラーにとって必要なことです。なぜなら、トドラーは自分が親の中に感じ取った強さや善良さを通して、自分の中にもその資質を見つけられるようになるからです。

　一方の親がもう一方の親や子どもに対して身体的な攻撃を行なうなど、恐ろしい破壊的な行動を取る様子を、子どもが目撃したり体験したりすることもあります。こうした行動を大目に見たり、その悪影響を無視したりすることは、子どもが身につけつつある善悪の理解をゆがめ、道徳心の発達を損ねてしまいます。このような状況がある場合に必要なのは、子どもが知っていること（たとえば、親が何か痛いことや、間違ったことをしたなど）を事実だと認めることです。このように認めるときの情緒的な質感は、メッセージを伝えるときの重要な要素です。怒ったふうにも言えるし、悲しげな口調でも言えます。その間違った行動が、いかにもその親そのものだと言わんばかりの口調で言葉を発することもできれば、子どもが大好きだが見過ごしている、その親のポジティブな面を

盛り込んだ言い方をすることもできます。以下は、幼い子どもに離婚の理由を説明する際の親の話し方の例です。

- 「パパは怒ると、言葉を使うのを忘れてしまって、叩いたり、物を投げたりするの。とても怖いわよね。あなたもママも、パパに傷つけられるわけにはいかないわ。だから、もうこれ以上、パパと一緒には住めないのよ」
- 「ママはワインをたくさん飲むだろう、そしてちゃんと考えることができなくなって、お前の世話ができなくなるよね。ママはお前と二人で過ごせるようになるまで、もっと具合が良くなる必要があるんだよ」
- 「パパはあなたのことを愛しているんだけど、お父さんになる方法を知らないの。だから出ていったの。とても悲しいことね。あなたはすばらしい子だし、もしパパがお父さんになる方法を知っていたなら、とても喜んだはずなのにね」

こうした説明は、誠実で、正確で、そして明快です。また、残念な状況を事実に基づいて述べながらも、子どもが子どもなりにその状況を別の側面から体験できる余地を残すことにより、保護的にも働いています。親のネガティブな面を思い出すこと、それを感じ取ること、それについて話すことを認めつつ、同時に、ポジティブな面や楽しい瞬間を思い出す余地を与えることは、親の欠点に苦しむ子どもにとって、すばらしい贈り物になります。このおかげで子どもは、善と悪は共存すること、人間は誤りを犯すこと、愛する人に対し、愛情や悲しみや怒りなどのさまざまな感情を抱くこともあるし、必要であれば自分を守るために行動を起こすこともあることを理解できるようになります。さらに、自分が望むような親を持つことができないことを嘆き悲しむことだって、良しとされるのです。

親としての適性のなさは、必ずしも不変とは限りません。人は良い方向に変わることができるものですし、薬物乱用、暴力、情緒的な問題を抱えている多くの親が、子どもへの愛に動機づけられて自分自身で努力し、こうした問題を克服したり、これに対処したりしています。ストレスの高いトラウマ的な体験後の親子関係の修復のために開発された介入法は、親が自分の行動が子どもに及ぼす影響を理解することができる場合に、有望な成果を示しています。この[15,16]

理解は、自分自身の子どものときの育てられ方や、恐怖、怒り、寂しさについての記憶を呼び起こせる力量と関連があると言えます。そのような記憶と情緒が再びつながることで、親は、自分は今、かつて自分がされたことを子どもにしているのだと気づけるようになるのです。この洞察は、親世代から子世代につながる道筋を、恐れと疎外の軌跡から、親密さと希望の軌跡へと変える原動力としての機能を果たすのです。

新しいパートナーと子どもとの関係

　離婚は時に、親の人生に現れた新しいパートナーの存在と切り離せないこともあります。このパートナー自身にも子どもがいる場合があり、その子の性別や年齢がトドラーと同じこともあれば、違うこともあります。状況は本当にさまざまで、そのどれもが、子どもにとって特有の試練となることもあれば、プラスに働くこともあります。

　個々の状況にはさまざまなバリエーションが考えられるものの、一般的な原則を覚えておいて損はないでしょう。一番避けた方がいいのは、新しいパートナーやその子どもと親密な情緒的つながりを持つよう、トドラーを急かすことです。特に、親とそのパートナーとの関係がまだ浅く試験的なものであるならば、その関係の中に子どもたちをあまりにも早く加えたせいで、パートナーとの関係に不健全なひずみが生じるおそれもあります。離婚した親は、新しい家族を再構築したいと願い、子どもを巻き込んであまりにも早急に新しい関係に踏み出すことがたまにありますが、つながりは徐々に深める方がよいでしょう。そうすれば、万が一、新しい関係がうまくいかなくなったとしても、子どもをさらなる喪失から守れるからです。

　新しいパートナーが、子どもの「心理的な」親になりたいと思うことがあります。もし、子どもの実の母親あるいは父親が関与していなければ、親の役割を担いたいという熱意ある人物の存在は、もちろん子どもにとって絶好の巡り合わせです。しかし反対に、両親がどちらも積極的に子どもの人生に関与している場合は、その代わりを務めようとするのは良い考えではありません。継親となる人は、「もう一人の親」である実親と張り合う必要はないし、逆もしかりです。おのおのが、子どもの人生において貴重な役割を持っているのです。

　離婚した家庭のトドラーにとって最も幸せなのは、大人たちが、子どもに

とってのそれぞれの重要性をお互いに尊重し合うことです。一人ひとりが自分の役割に自信を持っていれば、子どもは親のような存在が3人以上いたとしても、混乱せずに関係を築くことができます。継親とその子どもは直接的に、あるいはトドラーの親に対する情緒的な支えと安定の供給源として、トドラーの人生を豊かにすることができるのです。

子どもの養育に関する理想的な取り決めとは

完璧な親権[*2]の取り決め方法を追求することは、まるで完璧な生涯のパートナーや完璧なダイエット法を探し求めるようなものです。そのような方法にはなかなかお目にかかれず、結局は徒労に終わってしまうのに、それでも強い欲望をかき立てられます。

親権に関してどのような取り決めを行なうかは、時代の風潮によって変化します。かつては、母親が子どもを養育するのが最も理想的であり、子どもは母親と一緒に暮らして、父親のところを定期的に訪ねるという形が当たり前と見なされていました。その後、共同親権が取り決めの選択肢の一つに加わり、それ以降、親のさまざまな予定を調整するためには、離婚する前でさえ手に余るほどだった協力と柔軟性がさらに必要になることが明らかになりました。

親権に関する取り決めには、「手っ取り早い解決法」というものはありません。どの取り決めにも大変な労力、柔軟性、相手に合わせようという意欲、そして交渉力が求められます。また、ある時期にはうまく機能していた取り決めが、その後、子どものニーズや家族の状況の変化に応じて、他のやり方に変えた方が望ましくなることも起こり得ます。

以下は、トドラーのニーズに合った取り決めを実現するにあたって、考慮に入れておくと役に立つポイントです。

- 子どもの気質はどうか。日課の変化に動揺しやすいか、あるいは両親の家を行き来する生活にすぐに順応できるか。親と別れるときや再会するときに心理的に消耗するあまり、家の行き来をこなすことがその子の機能に全般的に影響を与えるか。

- 一方の親をもう一方の親よりも明らかに好んでいるか。
- どの程度言葉が話せるか。誰がいつ迎えに来るかを言葉で説明したら、子どもは理解できるか。いつ何が起きるかについて、子どもは質問することができるか。
- 子どもに充実した時間を与える能力において、両親の間に大きな差が見られるか。
- 両親がお互いに協力し合って、家の行き来の枠組みを決めることができ、その行き来の予定をこなさなければいけない子どもを支えられるか。
- 両親の家はどのくらい離れているか。家を行き来する際の移動距離が長くて子どもが疲れてしまうとか、両親が送り迎えを継続するのが難しいということはないか。
- 行き来の間、子どもが連続性を感じられるよう手助けしてくれる、きょうだいはいるか。

　一般的に、共同親権の取り決めが一番うまくいくのは、子どもが比較的柔軟で、家の行き来に伴うストレスを親の助けで和らげることができ、言葉による説明を理解して、自分から基本的な質問もできる場合です。さらに、どちらの親にも情緒的なつながりを感じており、別れるときや再会するときの雰囲気が支持的で情緒的なものとなるよう、両親がお互いに協力できる場合もそうです。

　こうした条件を満たせない場合や、良かれと思って試した結果、共同親権では子どもがうまくやっていけない場合には、一方の家だけで子どもが暮らし、もう一方の親にも十分に会える機会を持たせるという取り決めにすることを考えた方がいいかもしれません。

　親権の取り決め内容そのものよりも、その合意内容をちゃんと実行しようとする気持ちの方が大切だとも言えます。子どもの養育や面会の権利をめぐる手続きが、失敗に終わった結婚に残る未完の課題があらわになる、格好の材料を提供する場合があります。もしこうした状況にあるのなら、親権に関するこのような取り決めなど、ない方が子どもにとっては有益です。もしそうではなく、こうした権利が本来の意味で理解されるのであれば、つまり両方の親と子どもとの関係を保護し維持するための合理的な取り決めがなされるのであれば、さまざまなタイプの取り決めが、基本的にはうまくいくと言えます。

家を行き来する子どもをサポートする

　両親の家の行ったり来たりが、離婚における最も困難な側面を象徴しています。つまり、家族単位としての一体感が失われたことを意味するのです。子どもを受け渡す際に親同士が顔を合わせるとき、どちらもお互いに対する恨みや非難と、別々の道に向かう岐路に立っている事実に対する悲しみに、間違いなく直面することになります。己の感情に流されている親には、子どもが一方の親に別れを告げ、すぐにもう一方の親に自分を合わせなければならないときに、その切迫したニーズに対応すべく最善を尽くすことなど、ほぼ不可能です。

　別れと再会は、たとえベストな状況下にあっても、トドラーにとっては困難なものです。それがピリピリした雰囲気の中で行なわれた場合、子どもは心理的な負担が大きいあまり、しばしば気が動転してしまいます。その結果、胸が張り裂けるような状況を目の当たりにするかもしれません —— 片方の親にしがみついたかと思うと、次の瞬間にはもう片方の親にしがみつき、留まることも行くこともできずに泣く、わが子の姿です。

　このように苦しむ子どもを目にすると、親はしばしば無力感を覚えます。何の手助けもできず、わが子が感じる困難の原因を相手のせいにして責めるという手段に出ることもあるでしょう。もう一方の親のことを、子どもをそそのかして自分のことを悪者にしようとしていると疑うかもしれません。あるいは、子どもの苦痛を目にして、あっちの親がいいかげんである、またはもっとひどい育て方をしていることの証拠だと捉える場合もあるでしょう。

　両親の家の行き来が子どもにとってつらい時間でなくなることは、この先もないかもしれません。もし両親が、家を行き来することは必要なことで、もう一方の親と接触を持つのは大切なことだ、と心から信じることができれば、この自信が子どもにも伝わり、やがて別れるときの苦痛はずっと軽くなるでしょう。以下に、役に立つヒントをいくつか挙げてみます。

- 家の行き来について、もう一方の親と二人だけで話し合う時間を設けます。子どもは両親のどちらとも過ごす必要があり、それによって子どもは恩恵を受けるのだという強い思いと、行き来を関係者全員にとってできるだけストレスのないものにしたいという気持ちを説明します。問題の原因を探り当て、双方が取り組める建設的な提案をしてみます。このやり方を元配

偶者や元パートナーが即座に歓迎しないとしてもカッとせず、あきらめずに努力を続けましょう。

- 子どもが出かける前、または帰ってくる前に、自分自身が心の準備をしておきます。子どもが出かけるとき、戻ってくるときの自分の感情に耳を澄ましてみましょう。ほっとする？　心配な気持ちになる？　怒りがわく？あまりにもつら過ぎる？

- 行き来の際、子どもにも心の準備をさせます。もう一方の親が子どもと一緒に過ごすために迎えに来ることを伝えます。子どもが出かける前に、二人で静かに過ごす時間をできるだけ作りましょう。とはいえ、もう一方の親の到着によって中断されるほど没頭してしまうようなことは、ここではしないようにします。

- もう一方の親と出かけることについて子どもに話すときは、自信に満ちた、頼もしい口調で言います。別れるのは悲しいという気持ちをためらわず認めつつも、もう一方の親とも楽しい時間を過ごせるよと子どもに念を押して伝えることも、同じく心得ておきます。

- 移行対象を活用します。たとえば、子どもが持っていき、持ち帰ることのできる、お気に入りのおもちゃや毛布などです。

- もう一方の親と、お互いに子どもには電話の制限をしないことに同意します。子どもが自分と一緒にいるときに、もう一方の親に電話する機会を与えます。

- もう一方の親のことや、自分とその親の関係性について、積極的に子どもに話します。

　別々に暮らす両親というのは、子どもにとっては、一枚岩の家庭という安全基地の分裂を意味します。子どもは分裂した半分ずつを集めて、まとまりのある安全基地を作らなければならず、さらにそれを自分の中で内在化して安定した自分の一部にする必要があるのです。どちらの親も、行動と言葉を通じて、このように奮闘する子どもの力になることができます。それぞれがいつまでも共同養育者でいることによって、それが可能となるのです。

＊訳注

1 旧約聖書『列王記 上』3：24──2人の遊女がもめごとの解決を求めてソロモン王のもとにやってきた。女たちは一緒に暮らしており、それぞれ赤ん坊を産んだが、一方の女が赤ん坊を誤って窒息死させてしまった。その女は死んだ自分の子どもと、もう一人の女の子どもとを密かに取り替えたのだが、王の前で、どちらの女も、生きている方が自分の子だと主張する。そこで王が刀を持ってきてこの言葉を言ったところ、生きている子どもの本当の母親だけが、そんなことをするくらいなら、生きている子どもをその女に与えてください、と頼んだ。王は、この女こそが生きている子どもの本当の母親だ、と裁いた。

2 親権──本書では親権を、主として子どもを養育する権利義務である身上監護を指すものとする。なお、アメリカと日本では親権制度が大きく異なり、日本では離婚後の共同親権は認められていないため、本書に書かれているような親権の取り決めは、そのままでは日本の状況には当てはまらない。ただし、親権を持たない親の面会交流権について取り決める際などに参考になると思われる。

第 **10** 章

トドラーにとっての保育体験

ダミアンは、保育園のテーブルの席に座ってぼんやりと宙を見つめたまま、口をモグモグと動かしています。「ダミアン、何を噛んでるの？」と保育者が尋ねると、ダミアンは「僕、ママを噛んでるの」と夢見心地で答えます。[1]

ダミアンのまるで俳句のように簡潔な答えから、誰かに預けられる、どこかに預けられるということが、トドラー（1、2、3歳児）にとってどんな体験なのかを表す重要な側面が見えてきます。親に会いたいと思いながら、記憶や希望や想像がごちゃ混ぜになったイメージを通して、その姿にしがみついているのです。親のイメージを噛みしめることで、ダミアンは親をどこよりも確かな場所、つまり、自分の体の中にしまっているわけです。

ダミアンは私たちに、保育というのは、人間関係や人とのつながりにおける最初の重要な課題であることを思い出させてくれます。「親は必ず戻ってくる」と信じながら、いかにして親から離れるかということであり、また、一日を過ごす中で深まり、その後も続いていく保育者や他の子どもたちとの新しい人間関係を、どうやって築くかということでもあります。

こうした体験、つまりバイバイを言えるようになることと、新しい出会いを楽しめるようになることは、密接に絡み合っています。子どもが親と分離するとき、悲しいけれど我慢できる場合には、苦痛に圧倒されてしまう場合に比べて、より上手に人と関わりを持つことができます。その裏返しで、保育の場を

楽しめると、親が去るときの子どもの心細さや苦痛は和らぎやすくなります。

　親にとってもまた、保育は人間関係の問題です。「朝から晩まで一緒にいられないからといって、子どもが傷つくことはない」と信じながら、いかにして幼いわが子を手放すかということであり、また「子どもはそこにいて安全であり、ちゃんと面倒を見てもらえ、楽しい時間を持つことができる」と信じて、その日一日を過ごすということです。親はそう思うことで、相次いで押し寄せる子どもへの恋しさと罪悪感という、おそらく働く親にとって定番の感情を埋め合わせることができるのです。さらに、保育者とのコミュニケーションの取り方をより良いものにしていくことも重要になります。それが、子どものために保育者と揺るぎないパートナーシップを築くことにつながるからです。

　保育の体験を良いものにするためには、親以外の人に子どもを預ける際の3つの重要な側面に、十分に注意を払うことが求められます。それは、①毎日の別れと再会という移行、②一日を通しての情緒的体験の質、③親と保育者との関係の質です。この3つの要素は、保育の場がどこであろうと重要です。自宅であれ、保育者の家であれ、保育園（比較的規模の小さい託児所なども含む）であれ、そこに違いはありません。

保育への移行 ——「バイバイ」するとき

　子どもが親から離れて一日を過ごすことのプレッシャーを描いた、2つの対照的な場面を詳しく見てみましょう。

　ある月曜日の朝早くのこと、チャーリーと母親は一緒に楽しい時間を過ごしています。週末は、家族全員でリラックスした時間を過ごしました。家の用事は両親の間で何の対立もなく片づき、公園に行ったり、ゲームをしたり、みんなでファミリー向け映画を観たりする時間も持てました。特にこの月曜の朝は、全員がパッと目を覚まし、父親は子どもたちを急かすために声を荒げる必要もなく、上の子どもたちを遅れずに学校に連れていきました。チャーリーの母親は、「何だかんだ言っても、共働きだって家族の調和は保てるのだ」と感じています。母親は上機嫌な様子で、チャー

リーにその日着る服を着せ、今日は一日会えなくて寂しいわと言い、今日の夕飯は何にしようかな、と二人でおしゃべりします。チャーリーを預けに行く途中、一緒にヘンテコな歌を歌います。保育園に到着すると、チャーリーの母親はしばらくそこに留まって、保育士に週末のチャーリーのかわいらしい行動について話をします。そして、すでに他の子どもたちのところに向かっているチャーリーに対し、ママは行くからね、と言います。それからチャーリーに近寄ってハグとキスをしてから、夕方迎えに来るわね、と言ってその場を去ります。チャーリーは母親の姿が見えなくなる数秒間、ドアを見つめます。そして悲しげな短いため息をついた後、他の子どもたちが遊んでいる中に再び入っていきます。

　木曜日の朝。物事はスムーズに進みません。1週間の仕事や学校、家事、そして夜には上の子どもたちの宿題の時間もあり、家族全員が疲れています。週末はまだまだ先のように思えます。みんな怒りっぽくなっています。さらに面倒なことに、チャーリーはお着替えのときに駄々をこねます。緑色のオーバーオールを着たいのに、洗濯中なのです。その後、器に入ったシリアルを床にこぼします（幸い、仲良しの犬が食べてくれました）。母親がチャーリーに怒鳴ると、チャーリーは負けじとばかりに怒鳴り返します。車のところまで行く途中、チャーリーはつまずいて転び、手がつけられないほど泣きます。まるでこの小さなアクシデントが、朝からたまっていた緊張を解き放つきっかけとなったかのようです。母親は息子を抱え上げ、よしよしと抱きしめてやりますが、時間が気になって仕方がありません。すでに15分遅れています。保育園に向かう途中、母親は猛スピードで車を飛ばし、何度も車線変更をし、黄信号は全て無視します。できるだけ早く職場に着くことで頭がいっぱいで、後部座席ですすり泣いている息子に注意を払うことができません。保育園でのお別れは、せかせかとして投げやりです。母親はその日、罪悪感とかわいい息子への恋しさを胸に一日を過ごします。ふと気づけば、仕事になかなか集中できない自分がいるのでした。別れたときのチャーリーの悲しい顔が何度も頭をよぎり、ああ、今朝は大変だったね、とチャーリーと話ができればよかった、チャーリーのことを大好きな気持ちは変わらないし、もう怒ってないよと伝えればよ

　この2つの場面から、いかに同じ親子のペアが、その時々の気分や周りの状況によってまったく違った形で分離を体験するかがはっきりと見て取れます。さらに、分離は実際に親子が別れるずっと前から始まっており、その影響はしばらく経っても長く尾を引くということもわかります。この過程を意識しておけば、親にとっても子どもにとっても、状況はかなり改善されます。

　トドラーにとって、分離には少なくとも2つの発達上の意義がありますが、何よりも大きいのは、この年齢で非常によく見られる「親を失う恐れ」を引き起こすきっかけとなるということです。この恐れと深く結びついているのは、何か自分のしたことが原因で親が去ってしまうという空想です。つまり、親を失うのは悪い行動を取ったためであり、自分が悪いのだという想像です。親から離れて過ごす長い一日には、子どもがこの恐れをどんどん脚色して、今日親はお迎えに来てくれないのではないか、だって赤ちゃんを噛んだから、おしっこに行かなかったから、シリアルを吐き出したから、親が選んだ服をイヤだと言ったから——とあれこれ心配する時間がたっぷりあります。

　こうした子どもの気持ちに対処する一番の方法は、分離に対する思いに直接的・共感的に賛同してあげることです。実際、子どもに「会えないのは寂しいわ」「離れている間も、あなたのこと思い出すからね」「お別れするのはつらいな」「一日の終わりに会えるのが待ち遠しいわ」と言うのは有効です。こうしたメッセージによって、たとえ一緒にいられ

なくても、あなたが私にとって大切であることに変わりはない、「目の前から
いなくなる」からといって、「心の中からいなくなる」わけではないと、子ど
もに伝えることができます。朝にケンカをしたのなら、その後で仲直りしてお
くことも、日々の対立なんて、揺るぎない親子の情緒的つながりには何の長期
的影響も及ぼさない、ということを子どもに伝え、安心させるための重要な方
法です。

　親が分離によってわき起こる感情を体験するまいと思う場合、分離の体験そ
のものを丸ごと避けようとしがちです。子どもが気づかないうちにこっそりそ
の場を去るとか、「ちょっとトイレに行ってくるけど、すぐ戻ってくるから」
と言ってしまうこともあるかもしれません —— 本当は一日中帰ってこないの
に。

　大人が子どもに嘘をつくのは、たいていの場合、子どもの感情を傷つけない
ようにというよりは、自分が嫌な思いをしないためです。年齢相応の事柄であ
れば、親が穏やかに励ますような言い方で説明をし、子どもがその内容に反応
を示す機会や、理解が進むにつれて浮かぶ疑問を尋ねる余地を十分に与えてあ
げれば、子どもが聞けないことや吸収できないことなど、何もありません。

　分離について嘘をつかれた子どもは、親の言うことを信用できなくなります。
いつ置いてきぼりにされるかわからないため、過度に警戒心を強めたり、親に
べったりくっついて離れなくなったりします。いつ何が起きるかについて大人
が率直に言ってくれるとは信じられないため、見捨てられるサインがないかと
周りを警戒して観察しなければならなくなります。人間関係の大切さを軽視す
るようになる子どももいます。親密な情緒的結びつきを避け、親が来るか来な
いかという不安に対処する方法として、無関心な「それがどうした？」といっ
た態度を身につけてしまうのです。

　子どものもとを去るのが難しい親は、こっそりいなくなるのとは正反対のこ
とをするかもしれません。まったくその場を離れることができず、別れを言う
瞬間を先延ばしにして、いつまでも子どもの周りに留まっています。子ども
の「もうちょっと」ここにいて、という訴えに何度も説得されてしまうのです
—— しきりに「本当にもう行かなくちゃいけないの」と言いながら。このよ
うな、口で言っていることと実際の行動との不一致は、子どもを大きく混乱さ
せ、子どもは自分が求めるものを手に入れるのにこの作戦が紛れもなく有効な

ため、ここにいて、と言い続けることになるでしょう。

　親がもう少し長くいてやることが、子どものニーズへのきめ細かな対応となり得るとしたら、それは親がその時間を、分離について子どもに説明し、子どもが保育者やお友達、お気に入りの活動へと移行できるよう手助けするために活用できる場合です。その反対に、もしその場を去ろうと試みつつも、もう少し残っていようかと、気乗りしながら判断するようなことを優柔不断にダラダラと続けるなら、逆効果を招くことになります。というのも、分離というのは、親が恐れているように情緒的に対処できないものなんだというメッセージを、子どもが受け取ってしまうからです。

預けられて過ごす一日

　バイバイする行為そのものは、親がいなくなるということを最も端的に表すものではありますが、それは分離という体験のほんの始まりに過ぎません。今や子どもの前には、親から離れて過ごす長い一日が立ちはだかっているのです。親の不在によって子どもは不安を感じ、物事に対処するために必要な資源をすり減らしてしまいますが、心強い親のイメージを子どもの心にいきいきと留めておく方法はいろいろあります。

心の隙間に「橋」をかける

　トドラー期の子どもが、主たる養育者からどれだけ苦もなく離れられるようになるかには、発達段階によって違いがあります。生後12〜18ヵ月の間の子どもは、分離に対する苦痛をより強く感じます。生後24ヵ月を過ぎると、ほとんどの子どもは母親から離れて過ごすのがより容易になり、この傾向は2歳半ば以降により顕著になります。記憶、言語、象徴遊びの領域において子どもが継続的に発達しているということは、つまり、親の不在に対処するという課題に対し、より洗練された認知的・情緒的スキルで応じることができるということです。

　この発達の筋道が、保育をスタートする時期を決定する指針となることもあります。スタートするのが遅ければ遅いほど、子どもがよりスムーズに順応で

きる可能性が高まります。

　いつスタートするにせよ、子どもにとっては、必要なときだけ利用する短時間の分離よりも、朝から夕方まで毎日預けるフルタイムの保育の方が大変です。優れた観察に基づいて著されたある文献によると、数時間だけの保育の方が、まるまる8時間なり10時間なりを家から離れて過ごすよりも、順応に要する子どもの資源が少なくて済むといいます。ほとんどの子どもにとって、自分の親が何をおいても一番大好きな存在であり、一日の終わりに親と再会するときには、たとえ表には出さなくても安心感を覚えます。

　このような状況から考えると、保育の場と家との隙間を埋めるための「橋」をかけることが、特に重要になってくると言えます。保育の場が自宅の場合、つまり保育者が子どもの家に来る場合は、子どもは親の存在や親との暮らしを思い出させる、身近で安心感の持てるものに囲まれています。一方、保育が自宅以外の場所で行なわれる場合、意識的かつ入念に橋を築き、それを維持する必要があります。

　サリー・プロヴァンス（Sally Provence）とイェール大学の同僚らは、連邦児童局（US Children's Bureau）の助成金により1967年にニューヘブンに開設された、「子どもの家」（Children's House）と呼ばれる保育園において、幼い子どもの分離を助けるために用いる数々のシンプルかつ効果的な方法を開拓しました。[2] 彼らの業績は現在でもなお、発達を重視し家族に焦点を当てた保育が、乳幼児やその家族に何を提供できるかを示すモデルであり続けています。臨床医、保育従事者、研究者がこのモデルを踏まえて、あらゆるタイプの保育環境にプロヴァンスらの技法を適用し、発展させ、変更を加えてきました。[3] このようにして得られた方法のうち、いくつ実現できるかは家庭の状況によりますが、以下にまとめたものは、家庭から保育へ移行するときの大変さを和らげるための最適な方法です。

1. 保育の環境とそこでの一日のスケジュールを把握しておきましょう。こうすることで、保育の日課について子どもと話をすることができます。それだけでなく、子どもがその日の出来事を話してくれるときに、子どもの言っていることをより理解しやすくなります。
2. 保育が実際にスタートする前に、保育者や新しい環境のことを、子ども

によく知らせておきましょう。この「慣らし」の期間をどのくらい集中的に、また大々的に設けるべきかは、子どもの気質、これまでの経験、新しい環境への適応のしやすさによって、ある程度変わってきます。わが子の反応がこれを測る一番のバロメーターとなります。

3. 子どもの好み、得意な領域と不得意な領域、しつけの仕方をはじめとする親自身の子育ての価値観について、保育者と話し合います。これにより、保育者はその子どもとの関係においてこうした情報を活用することができます。何か特別な出来事があれば、保育者に共有しましょう。そうすれば、保育者は一日のうちのどこかで、その話題について子どもと話すことができます（おじいちゃんとおばあちゃんが、家に来てるの？　ワンちゃんが逃げちゃったの？　夕べ、すてきな映画を観たの？）。

4. もし可能であれば、最初は短時間の分離から始め、新しい環境に適応するのに合わせて少しずつ時間を長くしていきましょう。初回の分離をどの程度短くすべきかについては、子どもの過去の分離の経験や新しい環境への適応のしやすさなど、多くの要因を考慮する必要があります。

5. 子どもを置いてさっさと行ってしまわないようにしましょう。子どもがその場に落ち着くまで、少しの間そこに留まりましょう。

6. もし可能なら、その日一日のどこかで、子どもと連絡が取れるようにしましょう。昼休みに立ち寄ったり、電話をかけたりしてもよいでしょう。電話による連絡は2歳以上の子どもに特に有効ですが、生後18ヵ月くらいの幼い子どもでも、家庭との連続性が感じられることが支えとなることがあります。まだ十分に話せなくても、子どもは親の声を認識して親とのつながりをしっかりと味わうことができます。

7. 子どもがかなり激しい苦痛を示したら、親と電話で話してもいいと子どもに伝えてほしい、と保育者に頼んでおきましょう。この対応について、親代わりとしての役割を奪われたと感じたり、保育の日課の妨げとなると感じたりする保育者も多いものです。その場合は、その保育者と話をする中で、子どもの生活においてその人の存在がいかに重要かということについて、親としての存在感を手放すことなく、感謝を伝えることが必要かもしれません。

8. 家から保育の場に持っていける何かを子どもに渡してあげましょう。お

もちゃや安心毛布でも、また親の持ち物でも結構です。こうした移行対象は、具体的な形のある親代わりの物として機能し、自分の家が自分の人生から消えてなくなったわけではないことを、子どもに思い出させるのに役立ちます。

9. 親の写真を子どもに渡しましょう。この写真を子どものロッカーに入れておいて、保育の途中で子どもがいつでも見られるようにしておくのもよいでしょう。この大切な資源をどう使えばいいか、子どもにはすぐわかります。ストレスを感じたときには写真のところへ行きますが、順調であれば何週間も見ることはないかもしれません。

10. 「離れているのはどんな感じ？」「一緒にいるのはうれしいね」と子どもと話をしましょう。こうすることで、分離の際にわき起こる気持ちを、親子のコミュニケーションにおいて当たり前に生じる類いの出来事として扱うことができます。

11. かくれんぼや隠した物を見つける遊びなど、分離体験の克服が期待できるゲームや、別れと再会をテーマにした人形遊びをしましょう。こうしたゲームは、子どもの「対象の永続性」（人や物は視界から外れて見えなくなっても存在し続けること）の感覚を強化します。

こうしたアドバイスは自分の子育てのスタイルに合っていると思う親もいれば、そうでない親もいるでしょう。同様に、保育者や保育の環境が、子どもの家庭とのつながりを築こうというこうした試みに対し、すぐに協力できる場合もあれば、そうでない場合もあるかもしれません。実行する枠組みそのものよりも重要なのは、家から離れていても子どもがくつろいで過ごせるための有効な方法にたどり着くうえで、親と保育者が発揮するパートナーシップの精神です。

子どもと保育者の関係

保育の場は子どもにとって、その日一日の大部分を過ごす第二のわが家です。発達上の節目となる出来事のほとんどは、保育中に起きます。ジャンプする、走るなどの新しい運動スキル、トイレトレーニング、遊ぶことや物を操作することを通して身につける学習、探索やお散歩を通して獲得する、より広範囲の環境についての学びなどです。

こうした発達は全て、人間関係を背景として生じます。親がフルタイムで養育している子どもと同じように、保育園などに預けられているトドラーにも、周りの環境を探索するための出発点となる安全基地が必要です。家では親がこの安全基地となりますが、保育の場では保育者がその役割を担います。

　子どもと保育者の関係は、子どもが味わう保育という体験の、まさに最も重要な要素です。幼い子どもは親とのやり取りだけでなく、親以外の重要な人物とのやり取りの性質をも内在化します。保育者との関係は、家庭の外での人とのつながりから得られる事柄の重要なひな型となるのです。

　子どもと保育者の関係が、慈しみや信頼感、時には喜びにも満ちたものであるなら、たとえ親が近くにいなくても、人とのつながりを慰めと互恵性の源として信じる心を強化し、育むことができるでしょう。子どもは、親だけでなく他の人もまた信頼に値する存在なのだということを学ぶのです。

　その反対に、子どもが保育者との関係の中で、心理的に見捨てられたような気持ちになり、助けが必要なときや自分の発見を誰かに教えたいときに、力になってくれる信頼できる大人が一人もいなかったとしたら、そこでの保育の体験は、子どもが自分自身や他者や世界全体と情緒的な関わりを持つことを難しくするでしょう。

　不適切な状況に対する反応の仕方は、子どもによって異なります。一番好ましいケースとして、他の子どもに比べて何でも上手にでき、回復力の強い子どもであれば、芽生え始めた自分の対処能力を頼みとして、その状況で得られるものは何でも最大限に活用します。実際よりも年長っぽく自立的に振る舞った

り、その日一日何かやりがいのある目標や興味が持てるものを見つけようと、同年代の子どもと密な関係を築いたりするかもしれません。また、何か自分一人でできること、たとえば、空想遊びや積み木などの組み立て遊びに没頭するかもしれませ

ん。こうした活動自体は建設的で、子どもの成長につながるものと言えますが、子どもが不安に対する防衛としてこれらを用いる場合は、結果として情緒的な孤立を招くこともあります。

　子どもによっては、献身的に自分の力になってくれる保育者がいないと、それほど創造的に対処できないこともあります。こうした子どもは力なく辺りをうろうろし、周りの何か目につくものに一瞬興味を持つものの、気にかけてくれる大人の支えがないため、その興味を持続させることができないかもしれません。このような子どもはその日一日を、親が迎えに来るまでただ待機しているような状態で過ごします。まるで、「本当の」人生が再開するまでの間、感情も思考も魂もどこかにしまい込んでいるかのようです。心が消耗する保育園での長い一日の終わりに、自分の感覚を比較的無傷のまま取り戻すことのできる子どももいれば、失ったものをそのまま別の場面に持ち込んで、不信感や攻撃性、情緒的な引きこもりといった形で表現する子どももいます。

　これは好ましいことではありません。ゼロ・トゥ・スリーのジェリー・ポール（Jeree Pawl）はこのことについて、次のように簡潔に述べています。「親は、わが子が保育中に親を恋しがることは仕方がないと思えるが、自分自身を見失ってしまうことは受け入れられない[4]」。子どもは一人の人間として花開くために、情緒的にいきいきした感覚を常に抱いている必要があるのです。

　親には保育の環境を、有意義な人間関係を子どもに与えてくれるかどうかという観点から見定める義務があります。何よりもまず、一日の大部分を子どもと一緒にうまく過ごすことのできる保育者を一人、あるいはごく数人のグループでもいいので、見つけることです。

　これはおそらく口で言うほど簡単なことではないでしょう。プロヴァンスらの認識では、生後15〜30ヵ月のトドラーの発達ニーズに合わせたプログラムを作るのは、それより年少、あるいは年長の子ども向けのプログラムを考え出すよりも難しいようです。その大変さについて、次のように詳しく述べています。

　　トドラーだけからなる集団と一緒に生活するのは、簡単なことではない。トドラーは大人と、あるいは子ども同士で、激しく、ほぼひっきりなしに衝突する。あの目まぐるしい変化 ―― 無力な状態から自立した振る舞いへ、反抗的な態度から天使のような聞き分けの良さへ、頑固なしがみつき

から突発的な締め出しへ、大人と一緒にいたいという訴えから一人でいたいという主張へ、周りの人への優しさから敵意へ、自発的な行動から受身的な態度へ ── このようにがらりと変わる行動は、大人にとって身体的にも心理的にも、ほとほと疲れるものである。[5]

どこの親も、トドラーのこうした内面の状態や外に表れる行動の数々には、心当たりがあるでしょう。もし親（子どもを心の底から愛している親）が、猫の目さながらにコロコロ変わる、時には正反対のものに変わってしまう子どもの気まぐれに手を焼いているとしたら、保育者には一体何を期待できるというのでしょうか。保育者は、たとえ子どものことを本当にかわいいと思える理想的な状況であっても、親と同じようにはその子を心の中心に据えないものです。

トドラーと一日中ずっと一緒に過ごすことに面白味を見出し、子どもが新しく身につけた動き回る能力、性器への好奇心、トイレトレーニングの必要性、分離不安、自己主張を試す実験などの発達上の難題を乗り越えられる大人（親も含めて！）は、そう簡単には見つかりません。それでも、そういう大人は確かに存在するものです。[6]そうした人を探すにあたって覚えておくとよいのは、保育者は（親と同じく）、全知全能である必要はないということです。保育者に求められるのは、子どものニーズを知ってそれに共感することと、自分が担当する子どもとの関わりに献身的に自分を捧げる能力があり、そのための意欲もあることなのです。

保育中の活動

関係性というのは、周囲から切り離されて展開するものではありません。関係性が最も実りあるものとなるのは、それが自分自身やお互いのことや世界について知るための媒体となるときです。トドラーにとって、何かすることがあるという状態は、こうした全ての学びに必要不可欠な条件です。

保育の枠組みには、そこで採用している方針において、かなりの幅が見られます。文字や数字を習うといったお勉強に重きを置く、非常に体系化したカリキュラムが用意された環境もあります。また、構造化されたプログラムがまったくなく、自由遊びや自発的な活動でほぼ成り立っているところもあります。

同様に、自宅で保育を行なう場合でも、子どもに刺激を与えて楽しませる能

力においては個々の保育者によって大きな違いが見られます。面白い遊びのアイデアを次々と思いつく、驚くほど機知に富んだ人もいれば、時間が経つと子どもがすっかり退屈してしまうくらい、やる気のない人もいます。

その日一日をどう過ごすかという活動の構成そのものよりも、それを進めるときの心持ちの方が重要です。学習を重視することで、子どもの知性をかき立てることはできるかもしれませんが、学ぶことが大好きになる過程で自発性がとても重要な要素となる年齢において、内容があまりにも構造化されてしまうリスクもあります。逆に、自発性を重視した、まったく構造化されていない雰囲気では、もし保育者が周りで起きていることを把握できない場合、大混乱や無秩序の状態に陥ってしまうことがあります。

どんな環境で一番うまくいくかは、子どもによって違うと言えるでしょう。前もって活動の予定がわかっているという安心がどうしても必要な子どももいますし、その時々で自分が一番面白いと思うことをする原動力にあふれ、サークルタイムなどでお話を聞く時間をみんなと過ごすことが難しい子どももいます。

トドラーにとって最適な保育の環境は、構造化された活動をしながら、子ども一人ひとりのニーズが十分に配慮されているというものです[7]。いくら最初は夢中になっていた活動でも、トドラーがやたらと長い間、一つのことを続けるということはあまりありません。どんな活動でも続けられるのは15分程度、という認識のもとで構成された保育スケジュールは、この年齢の子どもの集中力が持続する長さに見合った、現実的なものと言えます。もちろん、こうした時間の枠組みの中にも柔軟さは必要で、「赤ちゃんの寝かしつけ」を終わりまでさせてあげる、積み木の作品の最後の仕上げをさせてあげる、という姿勢が大切です。

つまり保育の環境では、新しいスキルの発達を通して自由に遊ぶ機会と周りのことを学ぶ機会の両方が、子どもに提供される必要がある、ということです。次に紹介する素材や活動を保育に取り入れると、子どもは夢中になってさまざまな発見や達成に精を出すことができるでしょう。

- 微細運動（手や指を使った細かな運動）による操作や、視覚と運動の協応の発達を促す、組み立ておもちゃやパズル。

- 普段家でやっている日課を再現したり、想像を広げていろんな家事を創作したりする遊びを促す、おままごと用の道具。
- 赤ちゃんや病人などのお世話をテーマとした遊びを促す、人形やおもちゃの家具。
- 子どもが身につけようと奮闘している身体的な動きを、体を使って表現することができる、粘土、絵の具セット、自分の手や体でぐちゃぐちゃにして遊べる材料（フィンガーペイント、スライム、泥など）、水遊びのおもちゃ。
- 美的な感性を体で表現するための、歌や踊りを促す楽器。
- 他の存在になってみるという象徴的な実験ができる、扮装用の衣装。
- 子どもがエネルギーを発散し、粗大運動（姿勢保持や移動に関わる全身を使った運動）のスキルを獲得、発展させて、さらに磨きをかけるための屋外の遊び場。

　遊びと探索のためのこうした方法のうち、全部は無理でも大部分を提供できる保育の環境が、トドラーの発達上のニーズを十分に理解したものと言えるでしょう。保育が家庭で行なわれる場合は、公園や地域のコミュニティセンター（公民館や多目的施設など）や遊びのサークルに出かけることで、日々の活動に広がりを持たせることができます。

　身体的安全は、保育の場において欠くことのできない要素です。これがなくては、他の全てが台無しです。身体的安全はそれ自体が重要なだけでなく、その場の環境の質を測る指標としての役目も果たします。保育研究の分野においてスタンダードとなっている研究実績のあるキャロリー・ハウス（Carollee Howes）は、身体的安全と子どもに対する保育者の姿勢に関連性があることを発見しました。環境が安全な場合、保育者は子どもの活動をそんなに制限する必要がなく、より自由に探索をさせることができます。また安全な環境では、保育者は自分が担当している子どもと、より多くのスキンシップを図ります。これはおそらく、用心しなければと感じることが少なくて済むので、結果的によりリラックスして、大らかに振る舞えるからだと考えられます。[8]

仲間との関係

　保育中の子どもは、他の子どもたちと相互に影響し合う、安定した有意義な

関係を築きます。実際、保育仲間との友人関係は、丸一日続く親との分離によるつらさを和らげてくれます。

　さらに、保育を利用している子どもは、終日母親に世話をされている子どもよりも、仲間と交流したり、お互いの名前を覚えたりする年齢が早く、そのうえ、より洗練された「ごっこ遊び」をします。保育に参加している子どもに見られる仲間との遊びが、このように認知的・社会的な面でより複雑であることからわかるのは、子どもは他の子どもとの友人関係のおかげで、親からの分離という日々のストレスを、より上手に乗り越えることができるということです。

　このような友人関係の安定性は、子どもにとってプラスとなります。同じ子どもと長期的な友人関係にあるトドラーは、保育の場で人気が高く、より人と打ち解けて交流する傾向があります。大人と同じく子どもも、ずっと前から知っている友達とやり取りする方が楽です。同様に、トドラー期に友達を失うことは、子どもの社交性にはっきりとした影響を与えます。友達が保育の利用を辞めてしまったトドラーには、1年経つと以前ほど他の子どもと関わっていない傾向が見られます。

　こうした研究結果から浮かび上がってくるのは、子どもに安定した保育を与えられるよう努力することの大切さです。親はわが子の友達が去ることに対してはどうすることもできませんが、自分が原因で生じる変化を少しでも減らそうとすることはできます。大人と同様、子どもだって友達を恋しく思いますし、大切な関係を失った後は、それまでよりも自己防衛的になることがあるのです。

　子どもが母親や保育者とどのような関係にあるかは、他の友達との友人関係を築く能力に大きな影響を及ぼします。養育的で安定した、相互に満足のいく関係を親とも保育者とも築いているトドラーは、どちらの大人との関係においても心もとなく感じている子どもに比べ、全体的により社交的である傾向が見られます。こうした発見の数々は、社会性に関するトドラーの可能性を広げていくうえで、保育者の存在が要であるのと同様に、母親もまた重要であり続けることを強調しています。情緒的に寄り添ってくれる親と、親代わりの人がそれぞれに与えてくれる安全基地は、仲間との関係を探索するうえで、子どもの自信を支えてくれるのです。

「おかえり」の瞬間 ── 再会の喜びとストレス

　離れて過ごした長い一日が終わり、親子が再び対面するという体験は、双方にとって、喜び、安堵、怒り、疲労の全てがさまざまな度合いで入り混じったものとなります。再会は、親子が再び直接的な交流に戻れることを示すのに重要な機会なので、もしそれにより親子関係を強化したいなら、分離と同じくらい十分に配慮する価値があります。

　再会は待ち望まれるものでありながら、いざそれが叶うと、ちょっと期待外れなこともあります。親と子どもの気分がちぐはぐな場合もあるでしょうし、一方はあふれんばかりに元気いっぱいなのに、もう一方は疲れて控えめな態度ということもあるでしょう。もっとひどいケースになると、どちらも不機嫌で要求がましく、ともに分かち合える情緒的な資源がほとんど残っていないという場合もあります。

　一日の終わりのお迎えのとき、子どもが喜びを見せないことはよくあります。遊びに夢中で、たまには親を待たせたっていいだろうと思うのかもしれません。また、分離させられたことに腹を立てており、それを「よそよそしい態度」や、あからさまな攻撃によって示すかもしれません。あるいは、心の中で激しくひしめき合う、うれしい気持ちと嫌な気持ちを処理するために、自分が心から温かい「おかえり」が言えるまで、親から距離を取ろうとする場合もあるでしょう。

　愛情あふれる再会を楽しみにしている親にとって、こうした子どもの素振りは実に散々な出迎えのように思えます。子どもに必要とされていない、ないがしろにされたような気分になって、親は情緒的に引きこもるなどの反応をするかもしれません。この一連の子どもの反応とそれに対する親の反応が、その晩のムードを親子の心が離れたままという状態に決定づけてしまうこともあるでしょう。

　再会は、離ればなれの体験による感情的なお荷物の影響を受けるため、ある程度のアンビバレントな態度がどうしてもついて回ります。そのため再会に対して、すぐさま完璧に情緒的なつながりが持てるはず、という期待を過剰につぎ込むのは賢明とは言えません。離れているという現実を処理し、それに取り組むために使った対処メカニズムを手放し、肩の力を抜いて再び元の一緒の状

態に戻れるようになるまでには、いくらか時間がかかるのです。親がその日に職場で起きたことに気を取られているときには、子どもとの再会時にも心の中では相変わらず大人の問題を処理しているものだから、子どもと一体感を再構築するというときに、「自動操縦」的な対応をしてしまうこともあるかもしれません。

　親自身にとっても子どもにとっても有益な方法は、再会の際に表れるさまざまな感情に意識的になり、罪悪感も非難もなく、そうした気持ちを受け入れることです。保育の場にしばらくの間留まる、子どもに会ったら温かく声をかけながらも、今やっている遊びなどを終える間を与え、それが済むまで近くで待っている、保育者や他の子どもとおしゃべりをする —— このような、ささいなことだけれど意味のある振る舞いが、一緒に楽しく過ごせるようになるまで時間がかかってもいいのだと親子がお互いに思える雰囲気を作り出すうえで、大きな役割を果たすのです。

親と保育者との関係

　保育従事者に対して実施した調査結果によると、子どもや同僚と築いている関係が、仕事をするうえで最も満足感を覚える点だということです。この回答は、また別のことも思い出させてくれます。それは、保育とは何よりもまず、関係性の問題だということです。

　親は、子どもの世話をともに担う同志として、保育者の重要なパートナーとなり得る立場ですが、親と保育者との関係にはそれに値する関心が向けられていません。ある研究によれば、親が保育の場所に滞在する時間は一日あたり平均7分間で、10パーセントの親は中に入りもしません。親が子どもの保育者とこんなにわずかしか接しないのでは、子どものために保育者と充実したパートナーシップを築く機会を失っていることになります。

　この形だけのつながりを生み出してしまう要因は、はっきりしています。朝、親はとても急いでおり、一日が終わる頃には、みんな疲れていて家に帰りたいわけです。しかしながら、もともと親と保育者との関係に敵対意識も備わっているので、それが理由でお互いのコミュニケーションが不十分になるという場

合もあります。

　おそらく、敵対意識の出どころとして最も際立つものは、子どもは「誰のものか」ということについてのある種の不安感でしょう。子どもが家にいるときは、親の価値観や育児のやり方が絶対的ルールなのは明らかです。保育の場では、保育者自身の方針がこれに取って代わります。異なる考え方ややり方がぶつかり合う場面はたくさんあります。卒乳に適した年齢は何歳か、トイレレーニングをいつどうやって始めるか、体に関する子どもの興味にどう対応するか、友達とのケンカをどう仲裁するか——例を挙げれば、きりがありません。

　意見が一致しない類いのことは、容易に親と保育者との間の緊張感のきっかけや、敵意の発端にすらなることがあります。相手への非難や自分への保身の気持ちを、両者そろって感じながら。もしこうした感情がある程度の善意でもって調整されるようなことがなければ、どちらの側も「子どもはこんなふうに（私が好むやり方で）育てるべきで、この子は私が世話をすれば一番ちゃんと育つ」と感じるようになるかもしれません。

　保育者は、その多くが自分よりも収入が高く、生活スタイルがより洗練されている親に、ただ利用されているだけのように感じてしまいがちです。「お手伝いさん」のように扱われていると感じることもあるかもしれません。子どもの世話を期待されはするものの、そのために負っている責任に対し、当然受けるべき敬意や尊敬を払われていない、というように思うのです。こうした体験は、親の保育料の支払いが遅い、帰りのお迎えが遅い、という状況が伴う場合にさらに増大します。また、保育者が、差別を受けた歴史があり軽視されやすいマイノリティー集団の出身で、親の方は文化的に主流の層に属している場合にも、こうしたことが起きやすくなります。

　親もまた、保育者に非難されていると考えがちです。すでに罪悪感や不安を感じている場合は、特にそうです。相手に対しそれぞれが抱く不満は、保育の契約終了を招きかねない対立を防ごうとするあまり、お互いを避け合う結果につながることがよくあります。

　親と保育者の関係を強化することで、関係者全員（親、保育者、そして何よりも子ども）の生活の質が向上します。以下のアドバイスは、この過程を円滑に進めるうえで役に立つでしょう。

- どの保育を利用するかを決定する前に、そこの保育者との面談の機会を最低1回は設けましょう。子どもの発達や子育てにおいて自分が重視していることに関し、保育者の見解を引き出します。よくありがちな状況、たとえば、子どもが言うことを聞かないとか、子どもが親に会いたいと強く求めるとき、それにどう対処するかを尋ねましょう。また、親との連絡の取り方に関し、保育者が親に求めることも確認します。たとえば、保育時間の途中に親が連絡なしに立ち寄ってもいいか、などです。保育者の回答や、この会話をしているときの感情表現の仕方に満足でき、安心感が持てるなら、それは両者の間で効果的なパートナーシップが築ける良い兆候です。

- 時間を決めて定期的に保育者と会話をし、子どもについて意見交換をするよう努めましょう。こうした会話の頻度や長さは、状況によって、また保育がどの程度順調に進んでいるかによって、変わってくるかもしれません。とはいえ、重要な問題が起きたときはいつでもお互いに話ができる、という意識を持ち続けることが不可欠です。

- 家族の生活において、保育者は確たる存在感を持つ人である、ということを忘れないようにしましょう。保育者との交流を保育関連の事柄だけに限定せずに、保育者と親しくなり、気さくな関係作りを心がけます。ちょっとしたおしゃべりをするとよいでしょう。もし相手が疲れているようだったら、それに関してねぎらいの言葉をかける、前に体調を崩していたのなら、「具合はどう？」と聞いてみたり、「お子さんは元気？」などと尋ねたりします。お互いの間でどこまでできるか、どこまでが適切かを気負わずに探ってみることです。お互いの関係が温かいものであればあるほど、子どもは保育の場と家庭との連続性をより強く感じます。子どもは自分が好きな大人を熱心に観察しています。親と保育者がお互いにどう関わり合っているかに気がつき、そこでたどり着いた結論が、今度は自分が親や保育者と築く関係の心地良さに影響するのです。

- もしわが子が保育者の振る舞いについて、何か普通でないような、気がかりなことを報告してきたら、子どもの想像の産物だとしてしりぞけないようにしましょう。子どもは驚くほど正確な観察者であり報告者です。その一方で、幼い子どもは出来事を間違って解釈することがあることも覚えて

おきます。子どものどに詰まった食べ物のかけらを取り除こうとしている保育者は、小さな観察者の目には、子どもの背中を叩いているように捉えられるかもしれません。報告された出来事について、それが起きた文脈の中で理解しようとしましょう。そのうえで、落ち着いた、非難をこめない言い方で、当の保育者にその話を持ちかけます。

- もし保育者との間に対立が生じたら、解決に向けて動き出そうと試みる前に、どのような方法を取るかを検討しましょう。時間に余裕があるのなら、身近な信頼できる人に話したり、自分の気持ちを整理する時間を取ったりして、うっぷんを晴らしておきましょう。保育者と話し合うときは、その問題をポジティブな文脈で表現するようにします。可能なら、まず相手の保育のスタイルを高く評価していることから会話を始め、徐々に懸念しているテーマに話を持っていきます。人は（保育者も親も含めて）、自分の長所に気づいてもらえ、評価されているとわかって安心すると、はるかに良い反応を相手に示すものです。

問題を示すサイン

　子どもにとって保育の場での生活が順調にいっていない場合もあります。それはどうすればわかるでしょうか。その兆候は、子どものパーソナリティの多様さと同じくらいさまざまだと言えますが、頻繁に見られる警戒信号には、以下のようなものがあります。

- 子どもの行動に悪い方向への変化が急に表れ、それが数日では消失せず、家庭でのストレスの増加が原因とは言えない場合。たとえば、子どもがいつになく攻撃的、べったりとつきまといがち、怖がり、挑戦的、反抗的になるなど。本書のあちこちで説明しているような不安の兆候の高まりが見られた場合、それは、保育の場で起きていることをより詳しく調べるべきだという警告かもしれません。
- 特定の保育者を避けたり怖がったりする。
- 一貫して保育の場に行くことを拒み、それがずっと続く。特にこの拒絶が、

保育の利用がスタートした後に突然始まる場合。

- 学びと探索に対する情熱が失われ、悲しみや情緒的な引きこもりが見られる。
- ある保育者や子どものことを嫌いだと繰り返し言い、誰かが怒鳴ったり叩いたり、怖いことをしたりする、と報告する。

子どもが大人の行動を誤解している場合もありますが、経験したことを正確に言っていることの方が多いものです。子どもの言葉による報告や行動の変化に注意を払うことは、常に重要です。これがいかに大切なことかは、以下の2つの例を見ればわかるでしょう。

> 3歳のケリーが母親に、「私たちをお昼寝させようとして、先生は私たちの上に寝そべるの」と言います。母親は、この子はきっと大げさに言ってるんだろうと思います。2週間後、母親はお昼寝の時間帯に保育園を訪ねたときに、アシスタントの保育士が、一人の子どもの上に体全体でのしかかって、寝るまいと奮闘するその子を「抑え込もうとしている」ところを目撃します。

> 2歳のトリムは毎朝、おばあちゃんの家に連れていかれることに、必死で抵抗します。「ぶつの、イヤ」と泣きます。母親が息子の脚にできたアザを見たとき、おばあちゃんがこれまでずっと息子をぶっていたことを知ります。

保育の中で子どもが感じる苦痛は、必ずしも虐待によるものとは限りません。ある子どもは怖いお話を聞いた後、1週間、保育園に行きたがりませんでした。また別の子どもは、自分よりも年長の強くて攻撃的な子どもに日々いじめられた結果、悪夢を見るようになりました。また、大好きだった保育者が何の知らせもなく突然辞めてしまった後、トイレトレーニングの進み具合が後退し、親にべったりですぐ泣くようになった子どももいます。

苦痛のサインが表れたら、親はそれを何かの警戒信号だと捉え、保育の場で子どもが経験していることを、よりつぶさに調べてみる必要があります。こういうときこそ、保育者との関係作りのための努力が本当に実を結ぶときです。

親と保育者がともに手を取り合い、協力して子どもの苦痛の原因を探り、一緒に解決に向けて動くことができればできるほど、両者は保育の場を子どもの情緒的成長を支える安全基地にするのに効果的な役割を果たすことができるのです。

保育が情緒面にもたらす効果と影響

　保育を利用することは、子どもの母親への愛着に何らかの影響を及ぼすでしょうか。幼い子どもの発達に与える保育の影響については、発達の専門家の間で活発に議論がなされてきています。専門家の中には、日常的な長時間の分離は、母親の不在に関する不安を乳幼児に生じさせるとして懸念する人もいます。一方、幼い子どもは、保育という、より広い社会との関わりの中で、大切な社会的スキルを身につけるのだと反論する専門家もいます。[14, 15]

　この議論は、理論的・方法論的な問題についての意見の相違をめぐって展開されていますが、20年間にわたる研究によっても、人生早期の保育経験が母子関係に相当の悪影響を及ぼすという信頼性の高い結論には達していません。ごく小さい頃に保育を経験したことのある乳幼児の大多数は、安定した愛着関係を築いています。[16]

　こうした研究は、愛着理論を含め、多くの理論的な観点から見ても理にかなっています。心理学者のアラン・スルーフ（Alan Sroufe）が述べたように、分離が予測可能なものであり、再会も同様に予測可能なものとして起きるということ、そして保育者が情緒的に寄り添ってくれることや、親と保育者が分離に対する子どものアンビバレントな気持ちを受け止めてくれることを、乳幼児が徐々に理解できるなら、子どもにとって問題はないと思ってよいでしょう。[17]

　一般的には、親子の情緒的な絆は非常に力強いため、共働きの必要な家庭の事情や、母親業だけでなく他の興味も追求したいという母親の願いのせいで、その絆が弱まることはありません。親が常にそばにいなくても、子どもを思う親の熱烈で唯一無二の愛情は、子どもの心の中で、親を他のどの保育者とも違う存在に位置づけるのです。一日中仕事だったにもかかわらず、わが子に対する親の情熱には、その情緒的な強さ（歓喜や喜びから、いら立ち、ひいては怒りま

で）において多くの微妙な意味合いが失われることはなく、子どもの人生における他のどんな関係も、その情熱には太刀打ちできません。ほんの小さな乳児でさえ、この情熱的な関わりを認識し、親と同じやり方でそれに報いることができるほどの賢さを備えています。異議を唱える研究者もいるかもしれませんが、幼い子どもが一番よく知っているのです。

「早期の保育は親子関係にとって有害か」という問いには、ノーと答えるべきでしょう。この問いは、次のようであるべきです。「両親が外で共働きをしている場合に、適切な代わりの養育を得られないことによる、子どもにとっての情緒的損失はどのようなものか」

アメリカでは、大多数の母親が、出産後 1 年以内に仕事に復帰しています。[18]この文脈で考えると、早期の保育が子どもの発達に及ぼす影響に関する学術的な議論を、共働きが必要な（あるいはそれを望む）場合に、代わりに子どもを見てくれる良い保育がないことによる人的損失を軽減するための公共政策的な措置へと、そろそろ転換させてもよい頃でしょう。早期の保育は有害な影響を及ぼさないこと、そして質の良い保育は子どもの発達にとって有益であることを示す、科学的根拠がそろいつつあります。この議論は、親の代わりとなる適切な保育を構成する要素にはどんなものがあるか、という問いにつながります。

質の良い保育選び

良質な保育とは、何によって成り立っているのでしょうか。これを見極めるのは容易ではありません。というのも、保育の形態にはいろいろなタイプがあるからです。保育の提供者は、大好きな親戚の人（おばさんやおばあちゃん）かもしれないし、保育の目的のために特別に雇われた人かもしれません。個別に面倒を見るタイプの保育かもしれないし、集団保育のような形かもしれません。保育を行なう場所も、子どもの自宅の場合もあれば、保育者の家や、保育園の場合もあります。保育者が一人の場合も、複数の場合もあります。認可されているかいないか、営利目的の活動か、教会やコミュニティセンターなどの非営利組織の後援によって運営されているか、これもいろいろです。

これだけ多様だと、あるタイプの保育に適用される品質基準が、他のタイプ

のものには無関係なことも出てきます。一番わかりやすい例として、集団の大きさ、つまり子どもの人数は、子どもが単独で一人の保育者に見てもらっているケースでは関係のない問題ですが、集団保育の質を評価するうえでは重要な要素となります。

　保育のタイプによっては、調査しやすい環境のところもあります。保育園は、他のタイプのものに比べて体系的な研究がしやすい場所です。なぜならアメリカの場合、保育園は少なくとも名目上は、州の基準を満たす責任のある公式な施設だからです。民間の保育施設やファミリー・デイケア・ホーム[*1]の提供者は無認可で運営しているところも多く、自分たちは形式張らない保育を行なっており、体系的な評価研究には適さない、と主張する可能性が高いと言えます。このような理由から、品質を測る指標に関する研究のほとんどは保育園で実施され、その正当性が立証されてきました。以下に挙げるのは、良質な集団保育の条件となる信頼性の高い指標として、浮かび上がってきたものです。[19, 20]

1. 保育者の安定性 —— 子どもが同じ一人の保育者、または同じ顔ぶれのごく少数の保育者に常に関わってもらえるか。このことは、保育者が次々と辞めたり交替したりすることで損なわれることのない、信頼し合える情緒的関係を築いていくための必要条件です。また、長期間、その仕事に献身的に取り組んできた保育者は、保育を一時的な仕事としか捉えていない保育者よりも、発達の観点から見て適切な、良い刺激となる方法で子どもと関わります[21]。

　主にこの2つの理由から、保育者の安定性は保育の質において極めて重要な要素と言えます。最適な集団保育では、子どもがある特定の保育者を安全基地として最大限に活用できるよう、少人数のトドラーに対しメインの保育者を1人配置する形を取ります。当然のことながら、保育者の安定性は、個別保育であっても集団保育と同じくらい重要です。

2. 保育者のトレーニング —— 保育の提供者は、子どもの発達に特化したトレーニングを受けることで、より質の高い保育を行なうことができます。年齢に特有のさまざまな問題に関する知識があれば、保育者は子どもの行動を適切でより幅広い視点で捉えることができます。たとえばトドラーの反抗や癇癪には、この年頃に見られる自律へのもがきや激しい感情につい

て理解している保育者が細心の配慮をすることでうまく対処することができます。

　それぞれに対立するニーズや要求のある複数のトドラーを何人も見なければならない保育者にとって、トレーニングはとりわけ重要です。もし子どもの発達について特別な知識を持っていなければ、その保育者は自分の個人的な体験に頼るしかありませんが、その体験は目の前の難題に取り組む備えとしては不十分かもしれません。しっかりとトレーニングを受けた保育者はまた、行動上の問題のサインを早く見つけ、自分の意見を建設的に親に伝える能力に長けています。

3. 子どもと大人の比率 —— 保育者は1人につきごく少数のトドラーを担当し、その子どもたち全員と頻繁に調和的に関わることができるか。保育に関する調査の中で、保育者は自分の業務に関する質問に対し、「あまりにも大人数の子どもを担当することは、仕事関連のストレスを生む主な要因である」と報告しています。保育者はこうした状況に対し、お決まりの活動により重きを置き、自然発生的な子どもとの個別のやり取りを減らすことで対処しています。大人1人につき子どもが3〜5人という比率であれば、子どもと思いきり遊ぶことができ、そうする中でもし子どもがぐずり始めたとしても、お手上げにならないうちにすぐに注意を向けられる状態を作ることができます。子どもの比率が高くなればなるほど、保育者が個別に子どもと関わる状態を維持することが難しくなります。

4. 集団の大きさ —— 1人の大人が見る人数が適切だとしても、大集団の中のトドラーは、すぐに疲れて手がつけられない状態になります。音が騒がしいうえに、あちらこちらで同時に要求が発生し、気が散るものが多過ぎます。せいぜい8〜10人ほどのトドラーの集団であれば、保育者は子どもとの遊びや情緒的な寄り添いに意識を集中させることができ、柔軟性を欠いた集団管理を行なう必要性を減らすことができます。

5. 他の大人の存在 —— 保育者一人ひとりが、他の大人、つまりそばにいて物理的かつ心理的な面で協力を申し出てくれたり、手を貸してくれたりする誰かに支えられているか。第二の保育者がいることで、子どもへの虐待が生じる可能性を低くすることもできます。というのは、一つには、目撃者となり得る人が近くにいるためです。もう一つは、どの保育者も極限ま

で追い込まれて物事が手に負えなくなる前に、もし自分の責務を他の人に任せられるなら、理性を失うリスクを減らせるからです。

保育の質は重要？

一番短くて正確な答えは、「そのとおり」です。質は非常に重要です。質の高い保育は子どもの幸福感を高め、質の低い保育は幸福感を損ないます。最近の調査研究のうち、少なくとも 12 の研究でこの結論が立証されています。質の高い保育を利用している乳幼児から就学前までの子どもは、より情緒的な安心感を抱いており、またより発達した社会的・認知的スキルを身につけていると言えるのです。[22, 23]

保育の質は重要ですが、その一方で保育の選択に対する家族の尽力も重要です。過度の負担を抱えている親は、どの保育を利用するかを選ぶにあたって広範囲に下調べすることができないため、収入や保育料の金額にかかわらず、つい子どもを質の低いところに預けてしまうかもしれません。[24] 質の良い保育に比べ、可もなく不可もない保育を行なうところが圧倒的に多いため、どの要素を考慮すべきかを整理するには助けが必要です。この章で紹介した情報の他に、保育情報センター（Child Care Resource Center: CCRC）、全米幼児教育協会、ゼロ・トゥ・スリーなど、幼少期の育児に関する優れたウェブサイトには、入手した知識や情報に基づいて何をどう選択していくかについての有用な指針が載っています。

現在の保育に見られる社会的現実

社会として、良い保育を形づくるのにどんな要素が必要かはわかっても、私たちはまだ全体として、それを全ての子どもたちに行き渡らせるという決断をしてはいません。良質な保育の基準は、広範囲で費用のかかる研究によって労を惜しまず収集されるものですが、その基準はいつも決まって覆される結果となります。なぜなら、研究資金に引き続いて、実際にその基準を生かした保育

の提供に資金を投入することに対して、国による義務づけがないためです。

　その結果、学術的な情報は意欲的に収集されるものの、それを生かそうとしないために、活用されないままの情報がどんどんたまっていくことになります。多くの知識は、本や雑誌の中に留まっていたり専門家の学会で広まったりしているだけで、何百万もの子どもや家族の人生を向上できるかもしれないその潜在的な価値は、実現されることのないままです。

　アメリカでは、保育の品質基準を定め、それを反映するにあたり、それぞれの州にどれだけ実効性があるかが目下の論点です。認可は州の管理下にあり、これが保育の質を規制する主要な手段となります。ガイドラインを実際に定めている州では、最低基準の観点に立って指針が組み立てられることがよくあります。つまり、ガイドラインの目的が「発達的に見て適切な環境を確保すること」というよりは、単に「子どもをケガなどの身体的な危害から防ぐこと」となっているのです。要するに、保育の質に関する研究の成果が、州の規制に体系的に取り入れられていないということです。

　この状況は、保育の質に直接的な影響を及ぼします。保育者は全国的に見ても最も賃金の低い職業の一つであり、多くの保育従事者が、公式貧困レベル以下の収入しか得ていません。この救いのない状況を、トレーニング不足による当然の結果だとして弁解することはできません。なぜなら、教育レベルや経験年数にかかわらず、保育従事者には標準以下の賃金が適用されているからです。ところが、保育の仕事以外でより大きな収入を得られる保育者は、この分野を離れる傾向にあります。そのため、結果として、高度に訓練された保育者を見つけることが実質的に難しくなっているとも言えます。

　このような事態になってしまった理由は何でしょうか。一番有力なのは、社会に深く根ざした「女の仕事」に対する態度に、さまざまな要因が組み合わさった結果だという見方でしょう。子どもの世話は伝統的に、母親が無償でやってきました。その後、社会的・経済的状況が移り変わるのに従って、母親たちも就労するようになりました。私たちは、「子どもの世話は母性本能に深く根を下ろしたもので、経済問題とは無関係の無償の活動だ」という理想化されたイメージを、なかなか手放すことができずにきたのです。

　このステレオタイプは、保育の分野には女性、中でも特にマイノリティーの女性が非常に多いという事実によって強化されています。入手可能な最も新し

いデータによると、保育に従事する人の95〜98パーセントが女性であり、その大部分が文化民族的マイノリティーに属しています。[26]従来、女性やマイノリティーの人々は低賃金であり、これが、保育を需要と供給の市場原理とは無縁の職業と見なす、本質的な風潮を作り上げている要因の一つです。[27]

　こうした点を考慮することで、保育者の日々の体験を理解するための予備知識を得ることができます。低賃金のうえに過重労働を強いられた保育者は、このストレスによってエネルギーや子どもに情緒的に寄り添う力を吸い取られてしまうため、質の高い保育を行なうことが難しくなります。反対に、職場環境に満足している保育者は、より適切な保育を行ないやすいと言えます。アメリカ進歩センター（Center for American Progress: CAP）の2015年の報告書には、次のように記述されています。「研究結果から、早期の学習環境の質を測るうえで最も重要な指標は、子どもと保育者の交流であることが示された。発達に応じた形で学習と探索とが構造化された、温かく、養育的で、語りかけの豊富な環境を保育者が提供する場合に、子どもは健やかに成長するのである」[28]

　保育従事者に対し、今以上の賃金とより快適な労働条件を提供することにより、彼らの安心感は高まり、保育を受ける子どもにとって養育的な環境を整える力が向上します。

　要するに、良い保育というのは、私たち全員（社会全体、保育者、親）が、子どもの利益のために効果的なパートナーシップを築いた結果として実現するということです。成長してきちんと機能する大人になるためには、安定性と連続性が極めて重要です。それらを全ての子どもに与えるためには、良い保育のために資金を提供し質の水準を維持するという、国を挙げての取り組みが欠かせません。このような社会の枠組みは、全ての親、子ども、家族にとって利益となります。なぜなら、こうした枠組みがあれば、子どものそばにいて力になろう、子どものニーズに情緒的にしっかり応えようとする親や保育者の、一日一日の、一瞬一瞬の努力は促進され、支えられるからです。よく言われるように、子どもは私たちの未来であり、未来は私たちの行動を通して、今この瞬間から始まるのです。

1　ファミリー・デイケア・ホーム ── 保育者の自宅で子どもを預かるサービス。日本では、主に自治体が「ファミリー・サポート・センター事業」の一つとして提供している。

結論

そばにいつつ、手放すこと

　赤ちゃんがトドラー（1、2、3歳児）になり、自律的に行動できる領域を確保したいというニーズを主張し始めるにつれ、親はわが子を養育し保護するうえでの自分の限界に直面するようになります。子どもを安全で満足した状態にしておくには、親が身体的・情緒的にそばにいれば十分だという幻想は、子育てには願っても拭えない失望や困難、時には危険すらあるのだという認識に取って代わられます。

　子どもによくしてやりたいという願いは、子どもを失望させてしまう必然性 ―― 有用性とすら言えるかも ―― と、切っても切り離せません。

　知識が豊富で善意に満ちた多くの親が、あらゆる悲しみを未然に防ごうと、子どもが考えていることや感じていることの微妙なニュアンスを言葉にしようと試みてきました。そうすれば子どもに寂しさや恐れを感じさせないで済むはずだ、と信じて。この過程で、親は子どもから、心の中で不確実なことと闘い、自分だけのごく個人的な洞察や解決策を見出すという誇らしい体験を、奪ってしまうかもしれません。子どもの内的世界に過度に自分を関与させることで、親は子どもが自分らしい自己を発達させる機会を、取り上げることになるかもしれないのです。

　子どもが思春期に入ると親は再び、トドラー期と同じくらいたくさんの子育てのジレンマに直面することになります。実際、生後2年目と3年目は、ティーンエイジャーが投げかける難題に向けての絶妙な練習の機会です。トドラー期は、急速な身体的成長と、親が定めた境界線から外に飛び出そうとする

衝動が見られるという点で、思春期と似ています。いずれの時期でも、自立を求める奮闘は、この世界の中で前進しようともがく自分を上手に抑えて守ってほしいという隠れた願いと、しばしば強く結びついて存在しています。親とトドラーがお互いの違いにどう折り合いをつけるかという、そのやり取りが、児童期、そしてティーンエイジャー期の数々の反抗を経る中で、変わらずパートナーでいられる力を持ち続けるための下準備となるのです。

　トドラーは思春期の子どもと同じように、揺るぎない個人の主体性と社会への確かな所属感とを統合するアイデンティティーを築き上げます。どちらの時期においても、親が向き合う課題は、いつ一人でいることを尊重するか、いつそばにいてやるか、親としての確固たる権威をいつ行使するかを見極めることです。親の選択が子どものニーズに合っていれば、トドラーの反抗は、就学前になって自信にあふれた自己主張として姿を変えて表れます。思春期の感情の嵐が、青年期にその自尊心に支えられて自然に静まるのと、ちょうど同じです。

　成長の過程においてコミュニケーションは大切ですが、自分の頭で考え、心で感じる機会を持つことも大事です。たまに子どもをそっとしておくことは、一緒にいるのと同じくらい価値のあることです。トドラー期に始まり、生涯にわたって続くレッスンが教えてくれる教訓の一つは、時には子どもの手を（ほどほどに）放すことが、そばにいるための一番確かな方法である、ということなのです。

子どもの激しい情動体験を
豊かな情緒体験に変える魔法を知る

青木紀久代

本書は、アリシア・リーバーマン（Alicia F. Lieberman）博士の著、*The Emotional Life of the Toddler*, New York: Simon & Schuster, 2018（Revised and Updated Edition）の翻訳です。

1995年に初版が刊行されてから、およそ四半世紀ぶりのこの改訂版は、内容の増補版とも呼べるものです。子どもの様子の年代的な変化というよりも、この間により洗練されてきた心理学的な知見が盛り込まれたところがあるためです。

著者には孫ができ、子どもへの温かなまなざしがさらに強くなったと感じます。それとともに、親に対しても同様のまなざしを向け、どうしたらよいかを一緒に考えてくれる。そんな心強いメッセージを感じられることでしょう。

またトピックごとに、「アタッチメント」「トラウマ」「不安」「自律」「情動調整」「心の理論」「脳科学」等に関する高度な専門的研究に裏打ちされた理論を背景としながら、子育て支援現場で活躍するさまざまな実務家に役立つヒントにあふれています。もちろん著者は、子育て中の親御さんたちに直接読んでもらうことも想定しています。

一日に何度も、親からの分離を求めながら、分離を恐れるという矛盾に苦しみ、強い情動に飲み込まれて自分を見失う危機に陥るトドラーたち。そこで毎日格闘しなければならない親御さんたちが、子どもとの関係を振り切らずに、子どもの立場で彼らの気持ちを理解するゆとりを持つことほど難しいことはないと思います。

だからこそ、子どもと親の関係を丸ごと共感的に抱えながら、両者の間の葛

藤や緊張を和らげ、安心と安全感が取り戻せるようになることを目指して、関係性を援助する他者の存在が、少しの間、重要となるのです。援助者は、子ども側の体験や視点から、いま親子の間に起こっていることをとらえ直し、親にわかりやすく、タイミングよく伝える必要があります。それがいかに難しいことかを、私たちは毎日思い知らされます。リーバーマン先生の言葉に、多くの専門家が魅了されるのは、まさにそこを射抜いてくれるからでしょう。

　自分たちの臨床の現実、自分たちの子育て文化を真ん中において読み進めてもらうことを、この本は歓迎してくれるでしょう。一問一答で正解が並んでいるわけでは決してありません。それなのに、ふと自分の心の中に、かつて気になったトドラーや親御さんとのやり取りの記憶が浮かんできて、不思議なくらい、当時は思いつかなかった言葉が浮かんでくる。そんな魔法体験が読者の中に起こってくることを願っています。

*

　最後に訳語について、少し触れておきたいと思います。リーバーマン先生は、主に世界乳幼児精神保健学会とその支部の貢献で、日本の子育て支援の専門家にすでに広く知られており、複数の著書の邦訳があります。このため、比較的訳語は定まりやすかったのですが、本書の対象となる中核的な年齢の子どもたち「Toddler」については、訳者と監訳者で、悩ましいやり取りが最後まで続きました。

　0〜3歳までの子どもを示す「Infant」は、この分野で「乳幼児」と訳されることが多いのですが、保育や教育の場では、乳児が0歳児で、1歳児からは幼児とされ、乳幼児という用語は保育所指針や指導要領などには存在しないという矛盾もあります。発達的な変化の大きな時期ですので、何歳児のことを示しているかはとても重要なことですが、英語と日本語にずれがあるのです。私たちは結果的に、訳語を「トドラー」と決め、このユニークな心性を持つ発達時期を生きる子どもたちのことをそのまま迎え入れていくことにしました。実際の保育や子育て場面を考えてみると、0歳児と1、2歳児の区別は自然であり、3歳児は、4、5歳児の保育への移行を1年かけて見守るという実態とマッチしているように思います。

*

　共同監訳者の西澤奈穂子先生と訳者の伊藤晶子さんは、学会での出会いから

しばらくして、2019年の寒い日に私の研究室をお訪ねくださり、翻訳の実現について強いお気持ちを示されました。福村出版の宮下基幸社長は、子育て支援分野での心理臨床について日頃からその啓発に尽力されており、今回も本書の訳出意義を瞬時に理解して応援を申し出てくださり、本当に助けられました。

　西澤先生は、リーバーマン先生とこのプロジェクトをオープンに架橋くださり、学術的な部分でも私自身の理解を進めることのできる新たな機会となりました。これからのコラボレーションがとても楽しみです。

　訳者の伊藤さんは、翻訳家であると同時に、子育て支援の現場で実際に活躍されておられるため、これまでにない生き生きとした文体で本書の魅力を引き出してくれました。子育て支援分野の新しいリーダーのお一人だと確信します。

　担当編集者の吉澤あきさんは、非常に繊細に訳語を吟味、校閲くださいました。やり取りはメールのみなのに、国内外にメンバーが散らばっていることを感じさせない作業手腕は大変心強く、リアルな議論が化学反応的に沸き起こることもあり、私自身とてもわくわくしながら加わらせていただけたこと、本当にありがたく思います。

　専門書の訳出には、時間がかかるのが常です。その上に、私の方がペースを保てずにお待たせしがちで、ご迷惑をおかけしてしまいました。それにもかかわらず、2018年に改訂された本書を、比較的早くお届けすることができたのは、こうした皆さんとの生きた出会いとつながりの幸運があってのことだと、強く思います。改めて関係者の方々に、厚く御礼申し上げます。

2021年8月
監訳者の一人として

アリシア・リーバーマン博士と
サンフランシスコ・ベイエリアの乳幼児メンタルヘルス

西澤奈穂子

　幼い子どもを理解する上で、専門家・養育者のどちらにも深い示唆と気づきを与えてくれる貴重な著書である、アリシア・リーバーマン先生の *The Emotional Life of the Toddler* の日本語版にかかわることのできたご縁を心から光栄に感じています。

　この日本語版プロジェクトの始まりは、2002 年の開校時から教鞭をとってきたカリフォルニア臨床心理大学院（CSPP）日本校（2020 年夏に閉校）の修了生であり、今は頼れる同僚である伊藤晶子さんが、親としても心理の専門家としても最も感銘を受けたこの本を、ぜひ日本語に訳したいと熱い希望を打ち明けてくれたことがきっかけでした。そして、2018 年夏にサンフランシスコで行なわれたアメリカ心理学会の年次大会で出会った青木紀久代先生のおかげで、この本の日本語版が実現しました。

　私は 2004 年からサンフランシスコ・ベイエリアの Through the Looking Glass（TLG）という組織で乳幼児メンタルヘルスの仕事に携わってきましたが、かつては CSPP 日本校の授業でリーバーマン先生の本を教科書に使いたくても日本語の訳書が見つからず、学生たちと、別の本の翻訳プロジェクトをしたこともありました。この日本語版の完成には、その陰に、多くの方々の思いやお力があることを改めて感じます。それだけ、リーバーマン先生のワークや乳幼児メンタルヘルスが長く日本でも求められてきたということかもしれません。

＊

　リーバーマン博士は、パラグアイで生まれ育ち、イスラエルのヘブライ大学で学び、アメリカ東海岸のメリーランド州のジョンズ・ホプキンズ大学で心理学の博士課程を修めた国際的で多文化の背景を持つ臨床家です。愛着理論

348

のエインズワースとともに研究活動を行なったあと、カリフォルニア大学サンフランシスコ校（UCSF）で、セルマ・フライバーグのもとで乳児－親心理療法（IPP）の実践を始めました。フライバーグは、「Infant Mental Health（乳幼児メンタルヘルス）」という語の生みの親であり、本書でも触れられている「赤ちゃん部屋のおばけ」の論文で知られています。精神分析家であると同時にソーシャルワーカーでもあり、その統合的視点から、乳幼児の発達と関係性の問題に焦点を当てた IPP を開発し、サンフランシスコ総合病院に「乳児－親プログラム」を設立して 0 歳から 3 歳の子どもと親を対象にした臨床を行なっていました。リーバーマン先生は、そこでの臨床経験を通して、その後、トラウマに焦点を当てた 0 歳から 5 歳の子と親の心理療法である「子ども－親心理療法（Child Parent Psychotherapy：CPP）」を開発しました。CPP については、青木先生が監訳された『子ども－親心理療法　トラウマを受けた早期愛着関係の修復』に詳しく書かれていますが、多くの効果検討研究からその効果が認められ、エビデンスに基づいた心理療法として、乳幼児メンタルヘルスの分野で最も多く用いられている心理療法の一つです。CPP はまた、リーバーマン先生の背景とご専門から、文化を重視したアプローチにもなっています。リーバーマン先生が、子どもと家族の文化を大切に考えていることは、この本を読んでいただく中で、きっと感じとっていただけるのではないかと思います。

＊

　この日本語版作成のさなかに、世界は新型コロナウイルス感染症のパンデミックとなり、子どもや家族も、未知で未経験のストレスへの対応を余儀なくされる事態となりました。リーバーマン先生がディレクターを務めるアメリカ国立子どもトラウマティックストレス・ネットワークも、外出制限や学校閉鎖などで特に影響を受ける子どもたちのストレスに対応するため、予想外の大きな役目を担うこととなりました。

　そんな中、何度も細かい質問に答えてくださり、日本語版の完成を楽しみにしてくださってきたリーバーマン先生と、忙しいリーバーマン先生に何度もつないでくれた UCSF の CPP トレイナーのヴィルマ博士、そしてこの日本語版プロジェクトをサポートし続けてくれた TLG 創設者のカーシュバウム博士に、心からお礼を申し上げます。

　この日本語版の発起人である伊藤さんは、養育者と専門家との両方を対象に

した文体を、丁寧に工夫された心のこもった日本語にしてくれました。監訳者の青木紀久代先生は、日本の学術界で活躍されてきた多くの知識と経験を惜しみなく分けてくださり、専門書としての質を持つ書に仕上げるための貴重なご助言とご支援をくださいました。福村書店の宮下基幸社長は、企画の提案時から完成まで、行き届いたご支援をしてくださり、編集者の吉澤あきさんは、校正で的確な助言をしてくださり、訳と文章を専門書として磨き上げてくださいました。皆さま、本当にありがとうございました。

　コロナ禍によって生活の全てに大きな変化を余儀なくされ、先の見えない混乱と不安で私たちの心の健康への影響も日に日に大きくなる中、子どもの未来を守る力を私たち大人に与えてくれるような、この貴重な本の日本語版の準備を続けることは、私に希望を与えてくれました。パンデミックの影響が続く中、この本を完成させて多くの方の手に届けるために、ご協力、ご支援くださった皆さまに、心から感謝いたします。

2021 年 8 月

参考文献

第 1 章

1. Bowlby, J. (1969) *Attachment and Loss, Vol. 1: Attachment*. New York: Basic Books.（J. ボウルビィ『新版　母子関係の理論（1）　愛着行動』黒田実郎他訳、岩崎学術出版社、1991 年）

2. Ainsworth, M. D. S., M. C. Blehar, E. Waters, and S. N. Wall. (1978) *Patterns of Attachment: A Psychological Study of the Strange Situation*. Hillsdale, NJ: Lawrence Erlbaum Associates.

3. Powell, B., G. Cooper, K. Hoffman, and B. Marvin. (2014) *The Circle of Security Intervention: Enhancing Attachment in Early Parent-Child Relationships*. New York: Guilford.

4. Lamb, M. E., ed. (2010) *The Role of the Father in Child Development*, 5th ed. Hoboken, NJ: John Wiley & Sons.

5. Boldt, L. J., G. Kochanska, J. E. Yoon, and J. Koening Nordling. (June 2014) Children's attachment to both parents from toddler age to middle childhood: links to adaptive and maladaptive outcomes. *Attachment & Human Development* 16(3): 211-29.

6. Kochanska, G., and S. Kim. (January 2013) Early attachment organization with both parents and future behavior problems: from infancy to middle childhood. *Child Development* 84(1): 283-96.

7. McHale, J., and E. Fivaz-Depeursinge. (2010) Principles of effective co-parenting and its assessment in infancy and early childhood. In *Parenthood and Mental Health: A Bridge Between Infant and Adult Psychiatry*, eds. S. Tyano, M. Keren, H. Herrman, and J. Cox. Chichester, UK: Wiley- Blackwell, 383-97.

8. *Lesbian & Gay Parenting* (2005) Washington, DC: American Psychological Association.

9. Farr, R. H., S. L. Forssell, and C. J. Patterson. (2010) Parenting and child development in adoptive families: does parental sexual orientation matter? *Applied Developmental Science* 14(3): 164-78.

10. Burt, T., A. Gelnaw, and L. K. Lesser. (January 2010) Do no harm: creating welcoming and inclusive environments for lesbian, gay, bisexual, and transgender (LGBT) families in early childhood settings. National Association for the Education of Young Children. https://www.naeyc.org/files/yc/file/201001/LesserWeb0110.pdf.

11. Harris, R. H. (2012) *Who's in My Family?: All About Our Families*. Somerville, MA: Candlewick Press.

第 2 章

1. Kierkegaard, S. (1938) *Purity of Heart Is to Will One Thing: Spiritual Preparation for the Feast of Confession*. New York: Harper Brothers.

2. Center on the Developing Child at Harvard University. (2017) Brain Architecture. http://developingchild.harvard.edu/science-key-concepts/ brain-architecture.

3. Grall, T. S. (December 2011) *Custodial Mothers and Fathers and Their Child Support: 2009*. US Census Bureau, Current Population Reports. https://www.census.gov/content/dam/Census/library/publications/2011/demo/p60-240.pdf.

4. Center on the Developing Child at Harvard University. (2007) *In Brief: The Impact of Early Adversity on Children's Development*. http://developingchild.harvard.edu/resources/inbrief-the-impact-of-early-adversity-on-childrens-development.

5. Zero to Three. (2016) Policy & Advocacy (2016) *The Impact of Early Adversity on Child Development*. zerotothree.org/policy-and-advocacy.

6. Ainsworth, M. D. S., M. C. Blehar, E. Waters, and S. N. Wall. (1978) *Patterns of Attachment: A Psychological Study of the Strange Situation*. Hillsdale, NJ: Lawrence Erlbaum Associates.

7. Bowlby, J. (1982) *Attachment and Loss, Vol. 1: Attachment*, 2nd ed. New York: Basic Books.（J. ボウルビィ『新版　母子関係

の理論（1）　愛着行動』黒田実郎他訳、岩崎学術出版社、1991 年）

8. Bowlby, J. (1973) *Attachment and Loss, Vol. 2: Separation: Anxiety and Anger*. New York: Basic Books.（J. ボウルビィ『新版 母子関係の理論（2）　分離不安』黒田実郎他訳、岩崎学術出版社、1991 年）

9. Uematsu, A., M. Matsui, C. Tanaka, T. Takahashi, K. Noguchi, M. Suzuki, and H. Nishijo. (October 2012) Developmental trajectories of amygdala and hippocampus from infancy to early adulthood in healthy individuals. *PLoS ONE* 7(10): e46970.

10. Gunnar, M., and K. Quevedo. (2007) The neurobiology of stress and development. *Annual Review of Psychology* 58: 145-73.

11. Buss, K. A., R. J. Davidson, N. H. Kalin, and H. H. Goldsmith. (July 2004) Context-specific freezing and associated physiological reactivity as a dysregulated fear response. *Developmental Psychology* 40(4): 583-94.

12. Anderson, J. W. (1972) Attachment behaviour out of doors. In *Ethological Studies of Child Behaviour*, ed. N. Blurton Jones. Cambridge, UK: Cambridge University Press, 199-216.（N. ブラートン・ジョウンズ編『乳幼児のヒューマンエソロジー ―― 発達心理学への新しいアプローチ』所収、岡野恒也監訳、ブレーン出版、1987 年）

13. Slade, A. (June 2014) Imagining fear: attachment, threat, and psychic experience. *Psychoanalytic Dialogues* 24(3): 253-66.

14. Erikson, E. (1950) *Childhood and Society*. New York: W. W. Norton.（E. H. エリクソン『幼児期と社会』1/2、仁科弥生訳、みすず書房、1977-1980 年）

15. Mahler, M. S., F. Pine, and A. Bergman. (1975) *The Psychological Birth of the Human Infant: Symbiosis and Individuation*. New York: Basic Books.（M. S. マーラー他『乳幼児の心理的誕生 ―― 母子共生と個体化』髙橋雅士他訳、黎明書房、2001 年）

16. Grall. *Custodial Mothers and Fathers*.

17. Mahler et al. *The Psychological Birth of the Human Infant*.

18. Marvin, R. S. (1977) An ethological-cognitive model for the attenuation of mother-child attachment behavior. In *Attachment Behavior: Advances in the Study of Communication and Affect, Vol. 3*, eds. T. Alloway, P. Pliner, and L. Kramer. New York: Plenum, 25-60.

19. Brazelton, T. B. (1989) *Toddlers and Parents: A Declaration of Independence*, rev. ed. New York: Delacorte/Seymour Lawrence.（『ブラゼルトンの 1・2 歳児をどう育てるか ―― 自立期のこころと育児』森上史朗訳、医歯薬出版、1983 年）

20. Lewis, M., and J. Brooks-Gunn. (1979) *Social Cognition and the Acquisition of Self*. New York: Plenum.

21. Tronick, E. Z., and J. F. Cohn. (February 1989) Infant-mother face-to-face interaction: age and gender differences in coordination and the occurrence of miscoordination. *Child Development* 60(1): 85-92.

22. Lewis, M. (2000) Self-conscious emotions: embarrassment, pride, shame, and guilt. In *Handbook of Emotions*, 2nd ed., eds. M. Lewis and J. M. Haviland-Jones. New York: Guilford, 623-36.

23. Barrett, K. C., C. Zahn-Waxler, and P. M. Cole. (1993) Avoiders vs. amenders: implications for the investigation of guilt and shame during toddlerhood? *Cognition and Emotion* 7(6): 481-505.

24. Furman, E. (1992) *Toddlers and Their Mothers: A Study in Early Personality Development*. Madison, CT: International Universities Press.

25. Chukovsky, K. (1963) *From Two to Five*, trans. M. Morton. Berkeley: University of California Press.

第 3 章

1. Patterson, G. R., and E. E. MacCoby. (1980) Mothers: the unacknowledged victims. *Monographs of the Society for Research in Child Development* 45(5): 1-64.

2. Fawl, C. L. (1963) Disturbances experienced by children in their natural habitat. In *The Stream of Behavior: Explorations of Its Structure and Content*, eds. R. G. Barker and L. S. Barker. New York: Appleton-Century- Crofts.

3. Minton, C., J. Kagan, and J. A. Levine. (December 1971) Maternal control and obedience in the two-year-old. *Child Development* 42(6): 1873-94.

4. Forehand, R., H. E. King, S. Peed, and P. Yoder. (June 1975) Mother-child interactions: comparison of a noncompliant clinic group and a non-clinic group. *Behaviour Research and Therapy* 13(2-3): 79-84.

5. Fawl. Disturbances experienced.

6. Patterson and MacCoby. Mothers.

7. Dix, T., A. D. Stewart, and E. T. Gershoff. (July/August 2007) Autonomy and children's reactions to being controlled: evidence that both compliance and defiance may be positive markers in early development. *Child Development* 78(4): 1204-21.

8. Craig, L., and M. Bittman. (January 2004) The effect of children on adults' time-use: analysis of the incremental time costs of children in Australia. Paper presented at the Conference on Cross National Comparisons of Expenditures on Children, Princeton University, Princeton, NJ.

9. Craig, L. (January 2005) How do they do it? A time-diary analysis of how working mothers find time for the kids. *Social Policy Research Centre Discussion Papers*, no. 136, 21.

10. Siegel, D. J., and M. Hartzell. (2003) *Parenting from the Inside Out: How a Deeper Self-Understanding Can Help You Raise Children Who Thrive.* New York: Jeremy P. Tarcher/Putnam.

11. Fraiberg, S. (1959) *The Magic Years: Understanding and Handling the Problems of Early Childhood.* New York: Scribner.（S. H. フレイバーグ『小さな魔術師 —— 幼児期の心の発達』詫摩武俊・高辻玲子訳、金子書房、1992 年）

12. Woodhouse, S. S., J. R. S. Beeney, A. E. Doub, and J. Cassidy. Secure base provision: a new approach to links between maternal caregiving and attachment. Manuscript under review.

13. Bowlby, J. (1982) *Attachment and Loss. Vol. 1: Attachment*, 2nd ed. New York: Basic Books.（J. ボウルビィ『新版　母子関係の理論（1）　愛着行動』黒田実郎他訳、岩崎学術出版社、1991 年）

14. Lecuyer, E., and G. M. Houck. (July/August 2006) Maternal limit-setting in toddlerhood: socialization strategies for the development of self-regulation. *Infant Mental Health Journal* 27(4): 344-70.

15. Greenspan, S. (1989) *The Essential Partnership: How Parents and Children Can Meet the Emotional Challenges of Infancy and Childhood.* New York: Viking.

16. Stern, D. N. (1985) *The Interpersonal World of the Infant: A View from Psychoanalysis and Developmental Psychology.* New York: Basic Books.（D. N. スターン『乳児の対人世界』理論編／臨床編、小此木啓吾・丸田俊彦監訳、岩崎学術出版社、1989-1991 年）

17. Letter from Kevin Frank, quoted in Murphy, L. B. (December 1988) When a child is inconsolable: stay near. *Zero to Three, Bulletin of the National Center for Clinical Infant Programs* 9(2): 15.

18. Bowlby, J. (1988) *A Secure Base: Parent-Child Attachment and Healthy Human Development.* New York: Basic Books.

19. Lieberman, A. F., P. Van Horn, and C. G. Ippen. (December 2005) Toward evidence-based treatment: child-parent psychotherapy with preschoolers exposed to marital violence. *Journal of the American Academy of Child & Adolescent Psychiatry* 44(12): 1241-48.

第 4 章

1. Brazelton, T. B. (1969) *Infants and Mothers: Differences in Development.* New York: Delacorte/Seymour Lawrence.（『ブラゼルトンの赤ちゃんの個性と育児 —— 発達の現れ方のちがい』平井信義監訳、医歯薬出版、1983 年）

2. Brazelton, T. B. (1973) The neonatal behavioral assessment scale. *Clinics in Developmental Medicine* no. 50. https://www.abebooks.com/Neonatal- Behavioral-Assessment-Scale.

3. Thomas, A., S. Chess, and H. Birch. (1968) *Temperament and Behavior Disorders in Children.* New York: New York University Press.

4. Stern, D. N. (1985) *The Interpersonal World of the Infant: A View from Psychoanalysis and Developmental Psychology.* New York: Basic Books.（D. N. スターン『乳児の対人世界』理論編／臨床編、小此木啓吾・丸田俊彦監訳、岩崎学術出版社、1989-1991 年）

5. Goldsmith, H. H., A. H. Buss, R. Plomin, M. K. Rothbart, A. Thomas, S. Chess, R. A. Hinde, and R. B. McCall. (April 1987) Roundtable: what is temperament? *Child Development* 58: 505-29.

6. Thomas et al. *Temperament and Behavior Disorders in Children.*

7. Ibid.

8. Thomas, A., and S. Chess. (1977) *Temperament and Development*. New York: Brunner/Mazel.

9. Thomas, A., and S. Chess. (1980) *The Dynamics of Psychological Development*. New York: Brunner/Mazel.（ステラ・チェス、アレクサンダー・トマス『子供の気質と心理的発達』林雅次監訳、星和書店、1981 年）

10. Chess, S., and A. Thomas. (1984) *Origins and Evolution of Behavior Disorders: From Infancy to Early Adult Life*. New York: Brunner/Mazel.

11. Brazelton, T. B. (1973) Neonatal behavioral assessment.

12. Escalona, S. (1968) *The Roots of Individuality: Normal Patterns of Development in Infancy*. Chicago: Aldine.

13. Greenspan, S. (1989) *The Essential Partnership: How Parents and Children Can Meet the Challenges of Infancy and Childhood*. New York: Viking.

14. Fox, N. A., H. A. Henderson, K. H. Rubin, S. D. Calkins, and L. A. Schmidt. (January-February 2001) Continuity and discontinuity of behavioral inhibition and exuberance: psychophysiological and behavioral influence across the first four years of life. *Child Development* 72(1): 1-21.

15. Kagan, J., N. Snidman, M. McManis, and S. Woodward. (December 2001) Temperamental contributions to the affect family of anxiety. *Psychiatric Clinics of North America* 24(4): 677-88.

16. Erikson, E. (1950) *Childhood and Society*. New York: W. W. Norton.（E. H. エリクソン『幼児期と社会』1/2、仁科弥生訳、みすず書房、1977-1980 年）

17. Thomas et al. *Temperament and Behavior Disorders in Children*.

18. Thomas and Chess. *Temperament and Development*.

19. Thomas and Chess. *The Dynamics of Psychological Development*.

20. Chess and Thomas. *Origins and Evolution of Behavior Disorders*.

21. Crockenberg, S. B. (September 1981) Infant irritability, mother responsiveness, and social support influences on the security of infant-mother attachment. *Child Development* 52(3): 857-65.

22. Gandour, M. J. (October 1989) Activity level as a dimension of temperament in toddlers: its relevance for the organismic specificity hypothesis. *Child Development* 60(5): 1092-98.

23. Parmar, P., S. Harkness, and C. M. Super. (2004) Asian and Euro-American parents' ethnotheories of play and learning: effects on preschool children's home routines and school behaviour. *International Journal of Behavioral Development* 28(2): 97-104.

24. Ghosh Ippen, C. M. (2012) The sociocultural context of infant mental health: toward contextually congruent interventions. In *Handbook of Infant Mental Health*, 3rd ed., ed. C. H. Zeanah. New York: Guilford, 104-19.

25. Bush, N. R., and W. T. Boyce. (2016) Differential sensitivity to context: implications for developmental psychopathology. In *Developmental Psychopathology, Vol. 2: Development Neuroscience*, 3rd ed., ed. D. Cicchetti. Hoboken, NJ: John Wiley & Sons, 107-37.

第 5 章

1. Provence, S., and R. C. Lipton. (1962) *Infants in Institutions: A Comparison of Their Development and Family-Reared Infants During the First Year of Life*. Madison, CT: International Universities Press.

2. Lieberman, A. F., and J. H. Pawl. (1988) Clinical applications of attachment theory. In *Clinical Implications of Attachment*, eds. J. Belsky and T. Nezworski. Hillsdale, NJ: Lawrence Erlbaum Associates, 327-51.

3. Fraiberg, S. (1959) *The Magic Years: Understanding and Handling the Problems of Early Childhood*. New York: Scribner.（S. H. フレイバーグ『小さな魔術師 —— 幼児期の心の発達』詫摩武俊・高辻玲子訳、金子書房、1992 年）

4. *Flexible, Fearful or Feisty: The Different Temperaments of Infants and Toddlers* (video, written by David Donnefield). (1979) Sausalito, CA: State Department of Education, Center for Child and Family Studies, Far West Laboratory for Educational Research and Development.

5. Parens, H. (1994) *The Development of Aggression in Early Childhood*. Northvale, NJ: Jason Aronson.

第 6 章

1. Kagan, J., and N. Snidman. (August 1991) Temperamental factors in human development. *American Psychologist* 46(8): 856-62.

2. Ibid.

3. Kagan, J., J. S. Reznick, and N. Snidman. (December 1987) The physiology and psychology of behavioral inhibition in children. *Child Development* 58(6): 1459-73.

4. Henderson, H. A., D. S. Pine, and N. A. Fox. (January 2015) Behavioral inhibition and developmental risk: a dual-processing perspective. *Neuropsychopharmacology* 40(1): 207-24.

5. Kagan, J., and H. A. Moss. (1962) *Birth to Maturity: A Study in Psychological Development*. Hoboken, NJ: John Wiley & Sons.

6. Kagan, J., J. S. Reznick, N. Snidman, J. Gibbons, and M. D. Johnson. (December 1988) Childhood derivatives of inhibition and lack of inhibition to the unfamiliar. *Child Development* 59(6): 1580-89.

7. Kagan, J., and N. Snidman. (1991) Infant predictors of inhibited and uninhibited profiles. *Psychological Science* 2(1): 40-44.

8. Kagan, J. (Winter 1991) The shy and the sociable. *Harvard Alumni Magazine*.

9. Chen, X., P. D. Hastings, K. H. Rubin, H. Chen, G. Cen, and S. L. Stewart. (July 1998) Child-rearing attitudes and behavioral inhibition in Chinese and Canadian toddlers: a cross-cultural study. *Developmental Psychology* 34(4): 677-86.

10. *Flexible, Fearful or Feisty: The Different Temperaments of Infants and Toddlers* (video, written by David Donnefield). (1979) Sausalito, CA: State Department of Education, Center for Child and Family Studies, Far West Laboratory for Educational Research and Development.

11. Helfinstein, S. M., N. A. Fox, and D. S. Pine. (May 2012) Approach-withdrawal and the role of the striatum in the temperament of behavioral inhibition. *Developmental Psychology* 48(3): 815-26.

第 7 章

1. Larson, G. (1993) *The Far Side Gallery 4*. Kansas City, MO: Andrews McMeel.

2. Fraiberg, S. (1959) *The Magic Years: Understanding and Handling the Problems of Early Childhood*. New York: Scribner.（S. H. フレイバーグ『小さな魔術師——幼児期の心の発達』詫摩武俊・高辻玲子訳、金子書房、1992 年）

3. Bowlby, J. (1973) *Attachment and Loss, Vol. 2: Separation: Anxiety and Anger*. New York: Basic Books.（J. ボウルビィ『新版 母子関係の理論（2） 分離不安』黒田実郎他訳、岩崎学術出版社、1991 年）

4. Humphrey, T. (1970) The development of human fetal activity and its relation to postnatal behavior. In *Advances in Child Development and Behavior*, vol. 5, eds. H. W. Reese and L. P. Lipsitt. New York: Academic Press, 1-57.

5. Field, T. (1990) *Infancy*. Cambridge, MA: Harvard University Press.

6. Humphrey. The development of human fetal activity and its relation to postnatal behavior.

7. Stern, D. N. (July 1971) A micro-analysis of mother-infant interaction: behavior regulating social contact between a mother and her 3½-month-old twins. *Journal of the American Academy of Child & Adolescent Psychiatry* 10(3): 501-16.

8. Ainsworth, M. D. S., M. C. Blehar, E. Waters, and S. N. Wall. (1978) *Patterns of Attachment: A Psychological Study of the Strange Situation*. Hillsdale, NJ: Lawrence Erlbaum Associates.

9. Graves, P. L. (1980) The functioning fetus. In *The Course of Life: Psychoanalytic Contributions Toward Understanding Personality Development, Vol. 1: Infancy and Early Childhood*, eds. S. I. Greenspan and G. H. Pollock. Washington, DC: US Government Printing Office, 235-56.

10. Ibid.

11. DeCasper, A. J., and W. P. Fifer. (June 6, 1980) Of human bonding: newborns prefer their mothers' voices. *Science* 208(4,448): 1174-76.

12. Field. *Infancy*.

13. Macfarlane, J. A. (1975) Olfaction in the development of social preferences in the human neonate. In *Parent-Infant Interaction*. Ciba Foundation Symposium 33. Amsterdam: Elsevier, 103-18.

14. Sander, L. W. (January 1962) Issues in early mother-child interaction. *Journal of the American Academy of Child & Adolescent*

Psychiatry 1(1): 141-66.

15. Greenspan, S. I., and N. T. Greenspan. (1985) *First Feelings: Milestones in the Emotional Development of Your Baby and Child.* New York: Penguin.

16. Bell, S. M., and M. D. S. Ainsworth. (December 1972) Infant crying and maternal responsiveness. *Child Development* 43(4): 1171-90.

17. Ainsworth et al. *Patterns of Attachment.*

18. Winnicott, D. W. (1965) *The Maturational Process and the Facilitating Environment: Studies in the Theory of Emotional Development.* Madison, CT: International Universities Press.（D. W. ウィニコット『情緒発達の精神分析理論 ── 自我の芽ばえと母なるもの』牛島定信訳、岩崎学術出版社、1977 年）

19. Parke, R. D., and R. Buriel. (2006) Socialization in the family: ethnic and ecological perspectives. In *Handbook of Child Psychology: Social, Emotional, and Personality Development*, vol. 3, eds. N. Eisenberg, W. Damon, and R. M. Lerner. Hoboken, NJ: John Wiley & Sons, 429-504.

20. Lamb, M. E. (1997) Fathers and child development: an introductory overview and guide. In *The Role of the Father in Child Development*, 3rd ed., ed. M. E. Lamb. Hoboken, NJ: John Wiley & Sons, 1-18, 309-13.

21. Parke, R. D. (2002) Fathers and families. In *Handbook of Parenting, Vol. 3: Being and Becoming a Parent*, ed. M. H. Bornstein. Hillsdale, NJ: Lawrence Erlbaum Associates, 27-73.

22. Pruett, K. D. (1987) *The Nurturing Father: Journey Toward the Complete Man.* New York: Warner Books.

23. Dixon, S., M. Yogman, E. Tronick, L. Adamson, H. Als, and T. B. Brazelton. (Winter 1981) Early infant social interaction with parents and strangers. *Journal of the American Academy of Child & Adolescent Psychiatry* 20(1): 32-52.

24. Main, M., and D. R. Weston. (September 1981) The quality of the toddler's relationship to mother and to father: related to conflict behavior and the readiness to establish new relationships. *Child Development* 52: 932-40.

25. Main, M., N. Kaplan, and J. Cassidy. (1985) Security in infancy, childhood, and adulthood: a move to the level of representation. In *Growing Points of Attachment Theory and Research*, eds. I. Bretherton and E. Waters. *Monographs of the Society for Research in Child Development* 50(1/2): 66-104.

26. Roiphe, H., and E. Galenson. (1981) *Infantile Origins of Sexual Identity*. Madison, CT: International Universities Press.

27. Lozoff, B., G. M. Brittenham, M. A. Trause, J. H. Kennell, and M. H. Klaus. (July 1977) The mother-newborn relationship: limits of adaptability. *Journal of Pediatrics* 91(1): 1-12.

28. Erikson, E. (1950) *Childhood and Society.* New York: W. W. Norton.（E. H. エリクソン『幼児期と社会』1/2、仁科弥生訳、みすず書房、1977-1980 年）

29. U.S. Department of Health and Human Services, Administration for Children, Youth, and Families. (2009) *Child Maltreatment 2007.* Washington, DC: US Government Printing Office.

30. Fantuzzo, J., and R. Fusco. (October 2007) Children's direct exposure to types of domestic violence crime: a population-based investigation. *Journal of Family Violence* 22(7): 543-52.

31. Grossman, D. C. (Spring/Summer 2000) The history of injury control and the epidemiology of child and adolescent injuries. *Future of Children: Unintentional Injuries in Childhood* 10(1): 23-52.

32. Fraiberg, S. (1982) Pathological defenses in infancy. *Psychoanalytic Quarterly* 51(4): 612-35.

33. Tremblay, R. (2003) Why socialization fails: the case of chronic physical aggression. In *Causes of Conduct Disorder and Juvenile Delinquency*, eds. B. B. Lahey, T. E. Moffitt, and A. Caspi. New York: Guilford, 182-225.

34. Dix, T., A. D. Stewart, and E. T. Gershoff. (July/August 2007) Autonomy and children's reactions to being controlled: evidence that both compliance and defiance may be positive markers in early development. *Child Development* 78(4): 120-21.

35. Bowlby. *Attachment and Loss, Vol. 2: Separation.*

36. Ibid.

37. Baillargeon, R. H., C. L. Normand, J. R. Séguin, M. Zoccolillo, C. Japel, D. Pérusse, H. X. Wu, M. Boivin, and R. E. Tremblay. (January 2007) The evolution of problem and social competence behaviors during toddlerhood: a prospective population-

based cohort study. *Infant Mental Health Journal* 28(1): 12-38.

38. Carter, A., M. Briggs-Gowan, K. McCarthy, and L. Wakschlag. (April 2009) Developmental patterns of normative misbehavior in early childhood: implications for identification of early disruptive behavior. Paper to be presented in the symposium. In *The Evolution of Disruptive Behavior Problems in Young Children*, ed. R. Baillargeon. Meetings of the Society for Research in Child Development, Denver.

39. NICHD Early Child Care Research Network and W. F. Arsenio (2004) Trajectories of physical aggression from toddlerhood to middle childhood: predictors, correlates, and outcomes. *Monographs of the Society for Research in Child Development* 69(4): 1-143.

40. Tremblay, R. E., D. S. Nagin, J. R. Séguin, M. Zoccolillo, P. D. Zelazo, M. Boivin, D. Pérusse, and C. Japel. (July 2004) Physical aggression during early childhood: trajectories and predictors. *Pediatrics* 114(1): 43-50.

41. Fraiberg. Pathological defenses in infancy.

42. Einon, D., and M. Potegal. (1994) Temper tantrums in young children. In *The Dynamics of Aggression: Biological and Social Processes in Dyads and Groups*, eds. M. Potegal and J. F. Knutson. Hillsdale, NJ: Lawrence Erlbaum Associates, 157-94.

43. Carter, et al. Developmental patterns of normative misbehavior in early childhood.

44. Wakschlag, L. S., and B. Danis. (2009) Characterizing early childhood disruptive behavior: enhancing developmental sensitivity. In *Handbook of Infant Mental Health*, 3rd ed., ed. C. H. Zeanah. New York: Guilford, 392-408.

45. Fraiberg. Pathological defenses in infancy.

46. Lieberman, A. F. (1985) Infant mental health: a model for service delivery. *Journal of Clinical Child Psychology* 14(3): 196-201.

47. Lieberman, A. F., D. R. Weston, and J. H. Pawl. (February 1991) Preventive intervention and outcome with anxiously attached dyads. *Child Development* 62(1): 199-209.

48. Lieberman, A. F., C. Ghosh Ippen, and P. Van Horn. (2015) *Don't Hit My Mommy!: A Manual for Child-Parent Psychotherapy with Young Children Exposed to Violence and Other Trauma*. Washington, DC: Zero to Three. (アリシア・F・リーバマン、シャンドラ・道子・ゴッシュ・イッペン、パトリシア・ヴァン・ホーン『虐待・DV・トラウマにさらされた親子への支援——子ども−親心理療法』渡辺久子監訳、日本評論社、2016年)

49. Ainsworth, et al. *Patterns of Attachment*.

50. Sroufe, L. A., B. Egeland, E. A. Carlson, and W. A. Collins. (2005) *The Development of the Person: The Minnesota Study of Risk and Adaptation from Birth to Adulthood*. New York: Guilford.

51. Matas, L., R. A. Arend, and L. A. Sroufe. (September 1978) Continuity of adaptation in the second year: the relationship between quality of attachment and later competence. *Child Development* 49(3): 547-56.

52. Sroufe, L. A. (1983) Infant-caregiver attachment and patterns of adaptation in preschool: the roots of maladaptation and competence. In *Minnesota Symposium in Child Psychology* 16, ed. M. Perlmutter. Hillsdale, NJ: Lawrence Erlbaum Associates.

53. Arend, R., F. L. Grove, and L. A. Sroufe. (December 1979) Continuity of individual adaptation from infancy to kindergarten: a predictive study of ego-resiliency and curiosity in preschoolers. *Child Development* 50(4): 950-59.

54. Lewis, M., C. Feiring, C. McGuffog, and J. Jaskir. (February 1984) Predicting psychopathology in six-year-olds from early social relations. *Child Development* 55(1): 123-36.

第 8 章

1. Bowlby, J. (1973) *Attachment and Loss, Vol. 2: Separation: Anxiety and Anger*. New York: Basic Books. (J. ボウルビィ『新版 母子関係の理論（2） 分離不安』黒田実郎他訳、岩崎学術出版社、1991年)

2. Fraiberg, S. (1959) *The Magic Years: Understanding and Handling the Problems of Early Childhood*. New York: Scribner. (S. H. フレイバーグ『小さな魔術師——幼児期の心の発達』詫摩武俊・高辻玲子訳、金子書房、1992年)

3. Brazelton, T. B. (1977) *Toddlers and Parents: A Declaration of Independence*. New York: Bantam/Doubleday. (『ブラゼルトンの1・2歳児をどう育てるか——自立期のこころと育児』森上史朗訳、医歯薬出版、1983年)

4. Kagan, J. (1981) *The Second Year: The Emergence of Self-Awareness*. Cambridge, MA: Harvard University Press.

5. Brazelton. *Toddlers and Parents*.

6. Owens, J., and M. M. Burnbaum. Sleep disorders. In *Handbook of Infant Mental Health*, 3rd ed., ed. C. H. Zeanah. New York: Guilford, 362-76.

7. Ibid.

8. Daws, D. (1989) *Through the Night: Helping Parents and Sleepless Infants*. London: Free Association Books.

9. Minde, K., K. Popiel, N. Leos, S. Falkner, K. Parker, and M. Handley-Derry. (May 1993) The evaluation and treatment of sleep disturbances in young children. *Journal of Child Psychology and Psychiatry* 34(4): 521-33.

10. Guilleminault, C. (1987) Disorders of arousal in children: somnambulism and night terrors. In *Sleep and Its Disorders in Children*, ed. C. Guilleminault. New York: Raven Press, 243-52.

11. Devaney, B., P. Ziegler, S. Pac, V. Karwe, and S. I. Barr. (January 2004) Nutrient intakes of infants and toddlers. *Journal of the American Dietetic Association* 104(1): s14-21.

12. Carruth, B. R., P. J. Ziegler, A. Gordon, and S. I. Barr. (January 2004) Prevalence of picky eaters among infants and toddlers and their caregivers' decisions about offering a new food. *Journal of the American Dietetic Association* 104(1): s57-64.

13. Milano, K. (September 2007) Prevention: the first line of defense against childhood obesity. *Zero to Three Journal* 28(1): 6-11.

14. Johnson, S. L. (December 2000) Improving preschoolers' self-regulation of energy intake. *Pediatrics* 106(6): 1429-35.

15. Galloway, A., L. Fiorito, Y. Lee, and L. Birch. (April 2005) Parental pressure, dietary patterns, and weight status among girls who are "picky eaters." *Journal of the American Dietetic Association* 105(4): 541-48.

16. Johnson. Improving preschoolers' self-regulation of energy intake.

17. Gillman, M., S. L. Rifas-Shiman, A. L. Frazier, H. R. Rockett, C. A. Camargo Jr., A. E. Field, C. S. Berkey, and G. A. Colditz. (March 2000) Family dinner and diet quality among older children and adolescents. *Archives of Family Medicine* 9(3): 235-40.

18. Hart, S., and H. Carrington (July 2002) Jealousy in 6-month-old infants. *Infancy* 3(3): 395-402.

19. Buss, D. M. (2000) *The Dangerous Passion: Why Jealousy Is as Necessary as Love and Sex*. New York: Free Press. （デヴィッド・M・バス『一度なら許してしまう女　一度でも許せない男 —— 嫉妬と性行動の進化論』三浦彊子訳、PHP 研究所、2001 年）

20. The National Child Traumatic Stress Network (2016) Types of Traumatic Stress. https://www.nctsn.org/trauma-types.

21. Ibid.

22. Scheeringa, M. S. (2009) Post-traumatic stress disorder. In *Handbook of Infant Mental Health*, 3rd ed., ed. C. H. Zeanah. New York: Guilford, 345-61.

23. Lieberman, A. F., and P. Van Horn. (2008) *Psychotherapy with Infants and Young Children: Repairing the Effects of Stress and Trauma on Early Attachment*. New York: Guilford. （アリシア・F・リーバーマン、パトリシア・ヴァン・ホーン『子ども - 親心理療法　トラウマを受けた早期愛着関係の修復』青木紀久代監訳、福村出版、2014 年）

24. Lieberman, A. F., C. Ghosh Ippen, and P. Van Horn. (2015) *Don't Hit My Mommy!: A Manual for Child-Parent Psychotherapy with Young Children Exposed to Violence and Other Trauma*. Washington, DC: Zero to Three. （アリシア・F・リーバマン、シャンドラ・道子・ゴッシュ・イッペン、パトリシア・ヴァン・ホーン『虐待・DV・トラウマにさらされた親子への支援 —— 子ども - 親心理療法』渡辺久子監訳、日本評論社、2016 年）

25. Blum-Ross, A., and S. Livingstone. (July 2016) Families and screen time: current advice and emerging research. London School of Economics Media Policy Brief 17.

26. Zero to Three. (March 2016) *Tips for Using Screen Media with Young Children*. https://www.zerotothree.org/resources/386-tips-for-using-screen-media-with-young-children.

第 9 章

1. Hetherington, E. M. (May 2003) Social support and the adjustment of children in divorced and remarried families. *Childhood* 10(2): 217-36.

2. Piaget, J. (1959) *The Language and Thought of the Child*. London: Routledge and Kegan Paul.

3. Macfarlane, J. A. (1975) Olfaction in the development of social preferences in the human neonate. In *Parent-Infant Interaction*. Ciba Foundation Symposium 33. Amsterdam: Elsevier, 103-18.

4. DeCasper, A. J., and W. P. Fifer. (June 6, 1980) Of human bonding: newborns prefer their mothers' voices. *Science* 208(4,448): 1174-76.

5. Fagan, J. F. (December 1973) Infants' delayed recognition memory and forgetting. *Journal of Experimental Child Psychology* 16(3): 424-50.

6. Nachman, P., and D. N. Stern. (1983) Recall memory for emotional experience in pre-linguistic infants. Paper presented at the National Clinical Infancy Fellows Conference, Yale University, New Haven, CT.

7. Grall, T. S. (December 2011) *Custodial Mothers and Fathers and Their Child Support: 2009*. US Census Bureau, Current Population Reports.

8. Ibid.

9. DeCasper, et al. Of human bonding.

10. Bretherton, I., and T. F. Page. (Summer 2004) Shared or conflicting working models? Relationships in postdivorce families seen through the eyes of mothers and their preschool children. *Development and Psychopathology* 16(3), 551-76.

11. Grall. *Custodial Mothers and Fathers and Their Child Support*.

12. Thompson, R., M. E. Lamp, and D. Estes. (February 1982) Stability of infant-mother attachment and its relationship to changing life circumstances in an unselected middle-class sample. *Child Development* 53(1): 144-48.

13. Lieberman, A. F., D. R. Weston, and J. H. Pawl. (February 1991) Preventive intervention and outcome with anxiously attached dyads. *Child Development* 62(1): 199-209.

14. Herzog, J. M. (1980) Sleep disturbance and father hunger in 19- to 28-month-old boys: the Erlkönig syndrome. *The Psychoanalytic Study of the Child* 35: 219-36.

15. McHale, J. P. (2010) Shared child rearing in nuclear, fragile, and kinship family systems: evolution, dilemmas, and promise of a coparenting framework. In *Strengthening Couple Relationships for Optimal Child Development: Lessons from Research and Intervention*, eds. M. S. Schulz, M. K. Pruett, P. K. Kerig, and R. D. Parke. Washing-ton, DC: American Psychological Association, 77-94.

16. Lieberman, A. F., C. Ghosh Ippen, and P. Van Horn. (2015) *Don't Hit My Mommy!: A Manual for Child-Parent Psychotherapy with Young Children Exposed to Violence and Other Trauma*. Washington, DC: Zero to Three.（アリシア・F・リーバマン、シャンドラ・道子・ゴッシュ・イッペン、パトリシア・ヴァン・ホーン『虐待・DV・トラウマにさらされた親子への支援——子ども−親心理療法』渡辺久子監訳、日本評論社、2016 年）

第 10 章

1. Provence, S. (1986) Presentation at the Symposium on Early Infant and Toddler Care, San Francisco Psychoanalytic Institute Extension Division, San Francisco.

2. Provence, S., A. Naylor, and J. Patterson. (1977) *The Challenge of Daycare*. New Haven: Yale University Press.

3. Kalmanson, B. (1990) Understanding responses to separation. In *Psychosocial Issues in Day Care*, ed. S. Chehrazi. Washington, DC: American Psychiatric Publishing, 159-75.

4. Pawl, J. H. (February 1990) Infants in daycare: reflections on experiences, expectations and relationships. *Zero to Three, Bulletin of the National Center for Clinical Infant Programs* 10(3): 1-28.

5. Provence et al. *The Challenge of Daycare*, 104.

6. Roemer, J. (1989) *Two to Four from 9 to 5: The Adventures of a Daycare Provider*. New York: Harper & Row.

7. Lally, J. R., ed. (1990) *Infant/Toddler Caregiving: A Guide to Social-Emotional Growth and Socialization*. Sacramento: California Department of Education.

8. Howes, C. (January-March 1983) Caregiver behavior in center and family day care. *Journal of Applied Developmental Psychology* 4(1): 99-107.

9. Howes, C. (October 1985) Sharing fantasy: social pretend play in toddlers. *Child Development* 56(5): 1253-58.

10. Nachman, P. A. (1990) A companion study of toddlers cared for by mother or by substitute caregivers. In *Psychosocial Issues in Day Care*, ed. S. Chehrazi. Washington, DC: American Psychiatric Publishing, 147-58.

11. Howes, C. (September 1987) Social competence with peers in young children: developmental sequences. *Developmental Review* 7(3): 252-72.

12. Ibid.

13. Howes, C., C. Rodning, D. C. Galluzzo, and L. Myers. (1990) Attachment and child care: relationships with mother and caregiver. In *Infant Day Care: The Current Debate*, eds. N. Fox and G. G. Fein. Norwood, NJ: Ablex, 169-82.

14. Belsky, J. (1990) The "effects" of infant day care reconsidered. In *Infant Day Care: The Current Debate*, eds. N. Fox and G. G. Fein. Norwood, NJ: Ablex, 3-40.

15. Clarke-Steward, K. A. (1990) "The 'effects' of infant day care reconsidered" reconsidered: risks for parents, children, and researchers. In *Infant Day Care: The Current Debate*, eds. N. Fox and G. G. Fein. Norwood, NJ: Ablex, 61-86.

16. Thompson, R. A. (1990) The effects of infant day care through the prism of attachment theory: a critical appraisal. In *Infant Day Care: The Current Debate*, eds. N. Fox and G. G. Fein. Norwood, NJ: Ablex, 41-50.

17. Sroufe, L. A. (1990) A developmental perspective on day care. In *Infant Day Care: The Current Debate*, eds. N. Fox and G. G. Fein. Norwood, NJ: Ablex, 51-59.

18. Laughlin, L. (October 2011) *Maternity Leave and Employment Patterns of First-Time Mothers 1961-2008: Household Economic Studies*. US Census Bureau, Current Population Reports.

19. Howes, C. (1990) Current research on early day care. In *Psychosocial Issues in Day Care*, ed. S. Chehrazi. Washington, DC: American Psychiatric Press, 21-36.

20. Phillips, D. A., and A. E. Lowenstein. (2011) Early care, education, and child development. *Annual Review of Psychology* 62: 483-500.

21. Berk, L. E. (June 1985) Relationship of caregiver education to child-oriented attitudes, job satisfaction, and behaviors toward children. *Child Care Quarterly* 14(2): 103-29.

22. Howes. Current research on early day care.

23. Phillips and Lowenstein. Early care, education, and child development.

24. Whitebook, M., D. Phillips, and C. Howes. (2014) *Worthy Work, STILL Unlivable Wages: The Early Childhood Workforce 25 Years After the National Child Care Staffing Study*. Berkeley: Center for the Study of Child Care Employment, University of California.

25. National Institute of Child Health and Human Development (NICHD). (January 2006) *The NICHD Study of Early Child Care and Youth Development*. NIH publication no. 05-4318.

26. Whitebook et al. *Worthy Work, STILL Unlivable Wages.*

27. NICHD. *The NICHD Study of Early Child Care and Youth Development.*

28. Gould, E. (November 5, 2015) Child care workers aren't paid enough to make ends meet, Economic Policy Institute. Issue Brief 405.

監訳者紹介

青木紀久代（あおき きくよ）

社会福祉法人真生会理事長。同法人白百合心理・社会福祉研究所所長。博士（心理学）。臨床心理士。公認心理師。

乳幼児－母親相互交流の縦断的観察研究から、早期の親子関係性援助の重要性を知る。前職お茶の水女子大学大学院にて臨床心理士養成に携わりながら、全国の保育園や、アジアの貧困地区などへ出向き、子育て支援を行う。現職において、社会的養護（乳児院・母子生活支援施設等）における乳幼児のアタッチメント形成に関する実践研究の他、子ども－親心理療法を実践している。

子育て支援に関連するこれまでの社会的活動に、文京区子ども・子育て会議長、『子育て支援と心理臨床』（福村出版）初代編集長などがある。また現在の学術的活動として、『心理臨床学研究』（日本心理臨床学会）編集委員長、『小児保健研究』（日本小児保健協会）編集委員などを務める。

著書に、『いっしょに考える家族支援 —— 現場で役立つ乳幼児心理臨床』（編著、明石書店、2010）、『社会的養護における生活臨床と心理臨床 —— 多職種協働による支援と心理職の役割』（共編著、2012）、『子ども－親心理療法 トラウマを受けた早期愛着関係の修復』（監訳、2014）、シリーズ『これからの対人援助を考える くらしの中の心理臨床』①うつ、②パーソナリティ障害、③トラウマ、④不安、⑤認知症、⑥少年非行（共監修、2015 〜 2019、以上、福村出版）他多数。

西澤奈穂子（にしざわ なほこ）

カリフォルニア州認定クリニカルサイコロジスト。アライアント国際大学名誉教授。NPO 法人日米心理研究所理事長。Psy.D. 心理学博士。

早稲田大学第一文学部卒業、オレゴン大学心理学部卒業、カリフォルニア臨床心理大学院アラメダ校臨床心理博士課程修了。2004 年から Through the Looking Glass（家族子ども心理支援・発達支援を行うカリフォルニア州バークレイ市の NPO）にて臨床を行う傍ら、アライアント国際大学カリフォルニア臨床心理大学院日本校でファカルティを務める。同校で、2011 年から准教授、2018 年からプログラム・ディレクター（2020 年閉校）。現在、Through the Looking Glass にてトレーニング・ディレクター兼臨床スーパーバイザー。

専門領域：臨床心理学、家族と子ども、コミュニティ、障害、文化。

主な論文・著書に、「ACT すこやか子育て講座 日本版」（アメリカ心理学会、共訳、日米心理研究所）、International child abuse prevention: Insights from ACT raising safe kids. （共著、*Child and adolescent mental health*, 22 (4), 2017, pp. 194-200. https://acamh.onlinelibrary.wiley.com/doi/abs/10.1111/camh.12238）、「日米ケアネットワーク —— 東北地方太平洋沖地震から学ぶ心理社会的な日米国際交流活動」（共著『ストレスマネジメント研究』Vol. 9 No. 2, 2013, pp. 63-67）。

訳者紹介

伊藤晶子（いとう あきこ）

東京大学教育学部教育心理学コース卒業。アライアント国際大学カリフォルニア臨床心理大学院修士課程修了。NPO 法人日米心理研究所、国立成育医療研究センター勤務。専門は臨床心理学をベースとした育児支援。アメリカ心理学会による育児支援プログラム ACT-RSK の日本語版「ACT すこやか子育て講座」の開発に携わり、国内での実施および研究活動に取り組む。訳書としては他に『7 日間脳活プラン —— 衰えかけた記憶力が再びアップ』（共訳、バベルプレス、2020）がある。

著者紹介

アリシア・F・リーバーマン（Alicia F. Lieberman, PhD）

アーヴィング・ハリス基金教授として乳幼児メンタルヘルスについて指導するほか、カリフォルニア大学サンフランシスコ校の精神医学科教授も務めている。著書に、『子ども－親心理療法 トラウマを受けた早期愛着関係の修復』（青木紀久代監訳、福村出版、2014）、『虐待・DV・トラウマにさらされた親子への支援── 子ども－親心理療法』（渡辺久子監訳、日本評論社、2016）など多数。親子の愛着に関する著作で世界的に名高い。2017年ホールチャイルド賞（Simms/Mann Institute）、2016年ルネ・スピッツ賞（世界乳幼児精神保健学会）など、受賞歴も多い。

トドラーの心理学
1・2・3歳児の情緒的体験と親子の関係性援助を考える

2021年10月5日　初版第1刷発行

著　者	アリシア・F・リーバーマン
監訳者	青木紀久代・西澤奈穂子
訳　者	伊藤晶子
発行者	宮下基幸
発行所	福村出版株式会社
	〒113-0034　東京都文京区湯島2-14-11
	電話 03-5812-9702　FAX 03-5812-9705
	https://www.fukumura.co.jp
印　刷	株式会社文化カラー印刷
製　本	協栄製本株式会社

©Kikuyo Aoki, Nahoko Nishizawa 2021
ISBN978-4-571-24096-6　C3011　Printed in Japan

福村出版◆好評図書

◎価格は本体価格です。